司法与诉讼制度研究中心

司法评论 第三卷

JUSTICE REVIEW

谢佑平◎主　编　　吕海庆◎副主编

中国检察出版社

图书在版编目（CIP）数据

司法评论. 第 3 卷/谢佑平主编. —北京：中国检察出版社，2012.10
ISBN 978 - 7 - 5102 - 0733 - 4

Ⅰ.①司…　Ⅱ.①谢…　Ⅲ.①司法—工作—中国—文集　Ⅳ.①D926 - 53

中国版本图书馆 CIP 数据核字（2012）第 223549 号

司法评论

（第三卷）

主　编　谢佑平　副主编　吕海庆

出版发行：中国检察出版社

社　　址：北京市石景山区鲁谷东街 5 号（100040）

网　　址：中国检察出版社（www.zgjccbs.com）

电　　话：(010) 68682164（编辑）　68650015（发行）　68636518（门市）

经　　销：新华书店

印　　刷：三河市西华印务有限公司

开　　本：720 mm × 960 mm　16 开

印　　张：23 印张　插页 4

字　　数：427 千字

版　　次：2012 年 10 月第一版　2012 年 10 月第一次印刷

书　　号：ISBN 978 - 7 - 5102 - 0733 - 4

定　　价：40.00 元

卷 首 语

我国是一个法治后进的国家，尤其在司法与诉讼制度领域，与发达国家相去甚远。在某种意义上说，一个国家是否有科学的诉讼制度和程序法，是衡量其法治程度和法治水平的重要标志。在一个国家内部，诉讼法只是司法领域中的程序法，它并不是程序法的全部。法治国家的程序法更重要地表现在国家管理和行政决策当中。比如选举法，在法治国家普遍被视为最典型、最重要的程序法。宪法中也包括国家管理的重要程序和基本原则。就个人而言，是否有良好的规则意识和程序观，关系其素养和品质。无视规则和随心所欲的人，普遍被视为缺乏素质。因此，可以说，程序法无处不在，诉讼法只是广义程序法中的一部分。改革开放三十多年来，我国法律制度建设取得了重大成果，程序法制的进步也是有目共睹的。但是，也应当看到，与法治国家相比，仍相当落后。在司法领域，冤假错案的产生，究其原因，无不与程序不科学、程序虚无和践踏程序相关。因此，大力开展司法与诉讼制度研究，提升程序法制的水平，是建设社会主义法治中国的不二选择。

程序法，是一个与司法实践联系十分紧密的部门法。程序理论的研究，需要司法实务部门提供鲜活的案例与素材，为理论研究提供课题与研究对象，否则，理论研究会成为无源之水，无本之木。闭门造车式的研究，根本上不适合于诉讼法学。同时，司法实务和司法实践，也离不开诉讼理论的支持，需要与理论研究相结合，司法实践中时刻在产生各种各样、纷繁复杂的新问题，这些问题的解决，需要得到理论上的解释与配合。在此背景下，有必要在理论上加强司法和诉讼制度的研究，繁荣程序法学。复旦大学司法与诉讼制度研究中心，是经复旦大学校长办公室批准正式成立的专门研究机构。中心现有专职研究员 8 名，兼职研究员 18 名。复旦大学司法与诉讼制度研究中心的任务，在于强化科研与教学的组织和管理，制定长远研究规划，建立起与司法实务的联系和研究机制，实现理论与实务的互动与双赢，进一步做大做强，发挥其在促进和推动我国司法与诉讼制度进步中的应有作用。研究中心是一个开放型学术与实务成果交流的平台，诚邀有志于推动中国司法制度进步的学者、研究人员、律师事务所、司法机构加盟。中心致力于研究基地建设，共享研究成果和资源。目前已有研究基地四个，分别是：上海恒建律师事务所、上海宝山区人民检察院、宁波市海曙区人民检察院和南京东南司法鉴定中心。中心建有"司法与诉讼制度研究中心"专业网站。

自 2001 年以来，在复旦大学的重视和法学院的关怀下，复旦大学司法与诉讼制度的教学和科研水平有了飞跃式发展。以刑事司法研究方向为例，该方向从无到有，从小到大，现已具有培养硕士、博士研究生的水平和能力；完成和正在研究的国家重点课题、一般课题和省部级课题有 10 多项；主编和参加编写的教育部、司法部和复旦大学校级教材有 8 本；在《中国法学》、《法学研究》等权威和核心期刊发表的论文近 100 篇；在法律出版社、中国检察出版社等出版的专著有 10 多部。经过近几年的建设，复旦大学司法与诉讼制度的研究，已经在全国具有重要地位，得到了兄弟单位和相关部门的认可。复旦大学司法与诉讼制度研究中心编辑出版《司法评论》，目的在于繁荣我国司法与诉讼制度研究，打造理论研究的新平台，展示理论与实务工作者的学术研究成果，促进我国程序法治建设。它的面世，本身也是理论与实务互动与双赢的结果。《司法评论》立足上海，面向全国，以书代刊，连续出版，每年由中国检察出版社出版一至二卷。

谢佑平

2012 年 9 月 1 日

目　录

·理论前沿·

公设辩护人基本属性与独立性探析 ……………………… 谢佑平　吴　羽/ 3

论美国针对恐怖主义活动的电子监视制度

　　……………………… 威廉·芬克　著　林喜芬　等译/ 19

·法学专论·

司法文化结构论 ………………………………………… 李建波/ 35

刑事强制措施的实体性标准及体系完善：以犯罪分层理论

　　为视角 ……………………………… 孙道萃　黄帅燕/ 45

论我国侦查启动程序的完善 ……………………… 夏年立　马　俊/ 53

在法律解释中蹚出刑事法治之路

　　——以目的解释在刑事审判中的运用为视角 ……… 陈泉鑫　田艳晖/ 62

·检察制度·

机遇、责任和应对：检察职能与新刑事诉讼法 ………… 汤景桢/ 75

建立执法办案风险评估机制的实践与思考 ……………… 俞俊波/ 91

论新型知识产权犯罪侦查监督机制的构建 ………… 马海舰　葛绍志/ 100

浅论法律监督公信力 ……………… 罗海妹　陈小炜　刘小荣/ 114

·审判研究·

刑事证人出庭作证制度研究 …………………………… 杨婉秋/ 127

论正当防卫的正当化根据及其解释论意义 ………… 张佃江　薛　培/ 154

浅议我国刑事诉讼翻译制度的构建 …………………… 李　剑/ 177

论刑事被告人的公平受审权 …………………………… 孔凡洲/185

审判信息公开：自媒体时代的司法应对 …………………… 谢 澍/201

·立法建议·

浅谈我国监视居住强制措施

——以新刑事诉讼法为视角 …………………… 吕海庆 胡 瑛/215

论拒不执行判决、裁定罪规定的缺陷与完善 ………… 王永兴 刘世界/222

论社区矫正法律监督存在的问题及对策 …………… 杨建平 王 英/231

《刑法修正案（八）》中老年人犯罪从宽处罚规定的

若干探讨 …………………………………………… 吴巧新 方春科/244

·硕博论坛·

无罪推定的原则及理念体系思考 …………………………… 姚荣武/259

新刑事诉讼法中的非法证据排除规则探析 ………………… 孟庆华/283

期待可能性理论研究 ………………………………………… 董 倩/293

论精神病人强制医疗的制度构建 …………………………… 王 懿/305

英美法禁止双重危险规则研究

——兼谈其在我国的建构 …………………………… 吴承栩/321

·研讨与报告·

英国模拟法庭录像资料发布与理论研讨会实录 ………… 姚荣武 等/337

完善《刑事诉讼法（草案）》研讨会综述 ………………… 汤景桢/357

稿 约 …………………………………… 《司法评论》编辑部/363

理 论 前 沿

LiLun QianYan

公设辩护人基本属性与独立性探析

◎ 谢佑平　吴　羽*

内容摘要：

公设辩护人的双重身份（公务人员与辩护律师）可能在司法实践中引发职业伦理冲突问题。对此，从现代刑事诉讼构造的应然性、关于公设辩护人的法律层面及历史沿革三个视角分析，公设辩护人的基本属性应为辩护律师；作为领薪受雇于国家的辩护律师，公设辩护人还面临着人们对其独立性的担忧与质疑，然而公设辩护人独立与否，在很大程度上受制于其"地方性"因素。

关键词：

公设辩护人　基本属性　独立性

一、问题的提出

律师辩护权是公民享有的一项基本人权，然而，世界各国普遍面临一个事实：刑事案件中绝大多数被追诉者是贫困者，他们并无资力自行聘请律师为其提供辩护。国家如何兑现自己所应承担的刑事法律援助义务，也成为现代国家对法治的基本承诺。因此，世界各国根据自身政治结构、司法体制、社会文化、法律传统等"地方性"因素建立起符合其"国情"的刑事法律援助提供模式。从整体上而言，这些提供模式大体上分为三种类型：指定律师制度（assigned counsel system）、合同制度（contract system）与公设辩护人制度（public

＊ 谢佑平，复旦大学司法与诉讼制度研究中心主任，教授，博导，中国刑事诉讼法学会副会长；吴羽，复旦大学法学院博士研究生。本文系 2011 年度国家哲学社会科学基金重点项目"公设辩护人制度研究"（项目编号：11AFX013）的阶段性研究成果之一。

defender system）。一般意义上而言，刑事法律援助体系中，指定律师制度被认为是指司法机关（也存在其他国家机构或社会组织，如司法行政部门、律师协会等）指定私人律师为贫困犯罪嫌疑人、被告人提供辩护服务，律师费用由国家支付的刑事法律援助模式；合同制度是指国家机关或其他相关机构与律师个人、律师事务所、律师协会等签订为贫困犯罪嫌疑人、被告人提供辩护服务的合同，并由私人律师具体实施辩护服务，律师费用按照合同约定由国家支付的刑事法律援助模式；公设辩护人制度是指由国家设立的公共机构或者以非营利性组织形态出现，并通过公设辩护人办公室的形式，雇用全职或兼职公设辩护人，为贫困犯罪嫌疑人或被告人提供辩护服务的制度模式。虽然指定律师制度与合同制度存在明显区别，但是二者本质上都属于私人律师模式，即国家为履行为贫困者提供辩护服务的义务与责任，向私人律师购买法律服务，私人律师具体实施辩护服务。公设辩护人制度则是国家直接雇用辩护律师，专职从事辩护服务。与私人律师模式相对应，我们也可以将公设辩护人称为公职律师模式。

　　现代意义上的公设辩护人制度诞生于美国，世界上第一家公设辩护人办公室成立于 1914 年的洛杉矶。从美国公设辩护人制度历史沿革上看，其产生很大程度上是为了弥补私人律师模式固有的弊端，因为后者被指存在无法保障辩护服务质量及成本昂贵等缺陷，① 因此，西方不少国家对公设辩护人的出现给予了很大的期待。然而，公设辩护人诞生之初，它被认为是"法律中的一个异常事物"，② 这多少是人们基于公设辩护人双重身份的一种评判。显然，作为公

---

　　① 不过，需要指出的是，与指定律师制度相比，合同制度是一种较为新颖的模式，它在辩护质量保证、成本控制以及维护律师执业独立性方面具有一定优势；而对于私人律师而言，合同制度可以使他们获得稳定的案源，因此此种模式对私人律师也具有很大的吸引力。另外，英国学者杰拉尔德·汉隆也曾指出合同制度具有如下五个优势：其一，对成本的控制——合约将预先规定服务的价格；其二，目的定位——合约将限于特定案件的服务，以便能够让法律援助委员会去满足国家和地方优先性的需要；其三，质量——执业者将不得不满足质量标准以便有资格订立合约，其工作将受到监管；其四，效率——服务将以最好的价格被购买；其五，确定性和公平性——合约将有助于确定成本会是多少，并有助于将这一信息传达给对手（参见［英］杰拉尔德·汉隆：《律师、国家与市场：职业主义再探》，程朝阳译，北京大学出版社 2009 年版，第 113 页）。

　　② See Mayer C. Goldman. The Necessity for a Public Defender. Journal of the American Institute of Criminal Law and Criminology, 1915, Vol. 5：664.

务人员的公设辩护人，若不能厘清其基本属性，必然会在司法实践中引发职业伦理冲突①问题。如果将公设辩护人的基本属性界定为辩护律师，独立性便自然成为其最为重要的职业属性，而客观上人们基于公设辩护人的公务人员身份，往往又对其独立性存在担忧与质疑。基于此，本文将对上述公设辩护人的两个基本问题进行分析考察。

二、公设辩护人的基本属性剖析

（一）公设辩护人双重身份下的职业伦理冲突

公设辩护人受雇于国家，同时又为犯罪嫌疑人、被告人提供辩护服务。受雇于国家，表明其公务人员身份；② 提供辩护服务，说明其在担任辩护律师角色。由此，公设辩护人集公务人员与辩护律师于一身。学者黄祥睿将公设辩护人的角色称为"双重又微妙"，因为公设辩护人一方面属于"自由执业之专业人士"，另一方面又是支领公家报酬的"公务人员"。③ 在我国台湾地区，也有"立法委员"指出："公设辩护人既为公务员，亦代表政府执行任务，则在刑事案件中类同原告，为被告辩护似乎不尽适当。"④ 显然，公设辩护人双重身份引发的职业伦理冲突问题值得我们思考。

---

① 法国学者爱弥尔·涂尔干在《职业伦理与公民道德》一书中指出："军队、教育、法律、政府等具有公共性质的群体。在这些功能群体中，每个群体都构成了界限明确的实体，不仅具有自己的统一性，还有自己的特殊规定，而且专门机构也会遵照指令保证这些规定得到强化。"（参见爱弥尔·涂尔干：《职业伦理与公民道德》，渠东、付德根译，上海人民出版社 2000 年版，第 10 页）显然，职业伦理（或职业道德）是各群体之间"界限"的重要标志，根据《现代汉语词典》解释，职业道德是指人们在从事某一职业时应遵循的道德规范和行为规范。（参见《现代汉语词典（第 5 版）》，商务印书馆 2005 年版，第 1750 页）换言之，每一种职业都有其特定的职业伦理，正如爱弥尔·涂尔干所言："倘若没有相应的道德纪律，任何社会活动形式都不会存在。……所以，任何职业活动都必须得有自己的伦理。"（参见爱弥尔·涂尔干：《职业伦理与公民道德》，渠东、付德根译，上海人民出版社 2000 年版，第 16—17 页）

② 当今世界各国一般都建有公务员制度，如英国称为"public servant"，美国称为"governmental employee"，虽然各国关于公务员的内涵及范围略有差异，但是其一般表现为：统一编制、履行公职、受薪等。如我国《公务员法》第 2 条规定："公务员，是指依法履行公职、纳入国家行政编制、由国家财政负担工资福利的工作人员。"

③ 参见黄祥睿：《美国公设辩护制度》，裕文实业有限公司 1994 年版，第 165 页。

④ 我国台湾地区《"立法院"公报》，第 75 卷第 63 期，第 15 页。

一方面，公务人员职业伦理的基本特征是上令下从与追求效率。如我国《公务员法》第 12 条规定了公务员应当服从和执行上级依法作出的决定和命令，并努力提高工作效率。我国台湾地区也有类似规定，其"公务员服务法"第 1 条规定：公务员应遵守誓言，忠心努力，依法律命令所定，执行其职务；第 2 条规定：长官就其监督范围以内所发命令，属官有服从之义务；第 3 条规定：公务员对于两级长官同时所发命令，以上级长官之命令为准。可见，上令下从与追求效率是公务人员的基本特征。对此，也有学者指出，"一般公务员（事务官）系上命下从，服从长官命令……对一般公务员之工作可要求其效率优先……"① 公设辩护人在履行其辩护职责是否也应当如其他公务员一般，讲究服从上级与追求工作效率呢？事实上，公设辩护人因其公职身份已经使人们产生了将其视作国家法律机关（state's legal apparatu）组成部分的观念，② 公设辩护人被认为是代表政府。

另一方面，辩护律师职业伦理的核心是忠实义务，③ 即辩护律师应当对当事人负有忠实义务。季卫东教授指出，律师职业伦理的核心内容是为最大限度地确保客户的合法权益而奋斗，即所谓的"党派性忠诚原则"（the principle of

---

① 姜世明：《法律伦理学》，元照出版有限公司 2010 年版，第 14 页。

② See Edwin Rekosh, Kyra A. Buchko, Vessela Terzieva. Pursuing the Public Interest: A Handbook for Legal Professionals and Activists. Public Interest Law Initiative in Transitional Societies, Columbia Law School, 2001: 233.

③ 需要说明的是，辩护律师职业伦理的核心内容是对当事人的"忠实义务"，但同时辩护律师还负有"公共利益及社会责任的义务"（具体包括对法庭的责任，即"真实义务"），"忠实义务"与"真实义务"（外延可以为公共利益义务）是辩护律师的两大职业伦理内容，这也反映在各国或地区的律师职业伦理规范中。如日本《律师法》第 1 条规定，"律师以维护基本人权，实现社会正义为使命"；又如我国台湾地区《律师伦理规范》第 7 条规定，律师应体认律师职业为公共职务，于执行职务时，应兼顾当事人合法权益及公共利益；第 11 条规定，律师不应拘泥于诉讼胜败而忽略真实之发现；第 20 条规定：律师应协助法院维持司法尊严及实现司法正义，并与司法机关共负法治责任。从某种程度上来说，辩护律师履行的"公共利益及社会责任的义务"与公务人员的职业伦理要求存在某些相同之处，但是在实践中，"忠实义务"与"公共利益及社会责任的义务"时有冲突。辩护律师有三种选择：一是以法院为中心，着重"真实义务"（或公共利益义务）；二是以当事人为中心，着重"忠实义务"；三是二者并重（参见王惠光：《法律伦理学讲义》，福汇企管顾问有限公司 2007 年版，第 61、81、273 页）。本文的基本立场是：辩护律师首要职业伦理是对当事人的"忠实义务"。

partisanship），因此，律师在维护公益与私利面前应当有所选择，律师维护私益更在于防止了肆意化的国家权力对个人权利的侵害，并最终实现公益。① 同样，也有美国学者指出，辩护律师"为被告人辩护时，为社区利益而工作并不是一位律师预期的职责之一。更明白地说，当事人的利益是最重要的，其他的都无所谓"。② 因此，辩护律师的首要职业伦理是维护当事人权益，也可称为对当事人的"忠实义务"，由"忠实义务"又引申出辩护律师对当事人的"保密义务"。

　　如上所言，公设辩护人的双重身份使得两种职业伦理集于一身，若当公设辩护人为犯罪嫌疑人、被告人提供辩护服务时，两种职业伦理产生冲突将如何处理？换言之，公设辩护人受雇于政府，却要站在政府的对立面为当事人提供辩护服务，在这种双重角色的内在矛盾下，他们能否做到有效辩护？正如有学者指出：公设辩护人的身份是比较尴尬的，在刑事诉讼过程中可能出现伦理问题。例如，犯罪嫌疑人告诉公设辩护人有警方尚未掌握的关键证据的地址所在，公设辩护人是否应该检举？作为公务员有义务揭发犯罪，但作为辩护律师是不能揭发的。再如，律师隐瞒对当事人不利的重要证据不违法，但作为公设辩护人却是违法的。③ 的确，对于公设辩护人而言，他们在提供辩护服务时，有可能会处于两难境地，他们是忠实于当事人，还是积极代表政府利益？由于公设辩护人不是当事人聘雇的，他是国家雇用的辩护律师，他是否会受到其雇主——国家的影响呢？对此，有学者指出，"当事人经济利益冲突难以解决的原因显而易见，律师的决定必定受到其雇主意愿的影响，对刑事案件中的公设辩护人和指定律师来说这是事实，正如对民事案件中的私人律师来说一样"。④ 事实上，如果我们将刑事诉讼视为国家与个人之间的一场纠纷，那么公设辩护人双重身份导致职业伦理冲突的根源便在于：国家在刑事司法活动中的目标并非都与当事人一致，甚至是对立的，如国家希望通过重典解决社会治安、降低

---

　　① 参见季卫东：《法治秩序的结构》，中国政法大学出版社 1999 年版，第243—244 页。

　　② ［美］罗纳尔多·V. 戴尔卡门：《美国刑事诉讼法——法律和实践》，张鸿巍等译，武汉大学出版社 2006 年版，第 514 页。

　　③ 参见《公设辩护人制度基本内容与发展前景理论研讨会实录》，载谢佑平主编：《司法评论》（第二卷），中国检察出版社 2011 年版，第 333 页。

　　④ Stephen J. Schulhofer & David D. Friedman. Rethinking Indigent Defense：Promoting Effective Representation through Consumer Sovereignty and Freedom of Choice for All Criminal Defendants. American Criminal Law Review，1993，Vol. 31：74.

法院案件积压等问题时，那么国家可能就更倾向于更严厉、更快地解决犯罪问题，显然，当国家持这一立场时将不利于被追诉者的权益保障。因此，在美国，人们甚至认为由对抗方（实为政府）选择或付费（直接或间接）的律师在诉讼中为一方当事人提供代理是非常不道德（unethical）的。① 在我国台湾地区，公设辩护人置于法院体系，这一设置也备受质疑，"在现行司法体系的审判设计下，他们其实是个突兀、定位不清的角色。公设辩护人接受法院管辖，但又代表被告对抗国家的检察官，法院因此有球员兼裁判的嫌疑，公辩本身则遭受是否能善尽保障被告权益职责的质疑"。②

（二）公设辩护人的基本属性：辩护律师

诚如上文所分析的，我们需要思考的问题是，在双重身份下的公设辩护人的基本属性是什么？对此，笔者将从现代刑事诉讼构造的应然性、关于公设辩护人法律层面及历史沿革三个角度对公设辩护人基本属性进行分析。换言之，我们应界定公设辩护人基本属性是辩护律师还是政府雇员。这样，才能解决实践中公设辩护人可能出现的职业伦理冲突问题。

首先，从应然性角度来看，这要求我们将公设辩护人置于现代刑事诉讼构造中进行思考。"整个刑事诉讼的过程就像是在演一出戏，每个角色都必须要把自己的功能确实地弄清楚，这样才可以'演什么，像什么'。同样的道理，参与刑事诉讼程序的辩护人，在清楚地了解自己在当中的法定功能以及地位之后，可以适当地实行自己的任务。"③ 所以刑事诉讼中的各个角色只有适当履行其职能，彼此之间各司其职、有所适从，刑事诉讼的功能才能实现。现代刑事诉讼活动由控、辩、审三种角色或职能构成，以"等腰三角结构"方式演绎。简言之，法官站在公平对待当事人的立场上，担负着"从良心出发"、"仅仅以宪法和法律为准绳"来做判断的基本责任；检察官担负着"对刑事案件进行公

---

① See Stephen J. Schulhofer & David D. Friedman. Rethinking Indigent Defense: Promoting Effective Representation through Consumer Sovereignty and Freedom of Choice for All Criminal Defendants. American Criminal Law Review, 1993, Vol. 31: 74. 事实上，美国绝大多数刑事案件中的辩护律师都是由国家支付报酬的，因为除了公设辩护人制度直接受雇于国家外，为贫困者提供辩护服务的指定律师制度与合同制度中，虽由私人律师提供辩护服务，但其报酬却是由国家支付。

② 林意淳：《竞逐人权：国家与律师专业团体共谋下的公设辩护人制度》，国立清华大学 2009 年版，第 8 页。

③ 吴俊毅：《辩护人论》，正典出版文化有限公司 2009 年版，第 13 页。

诉，请求法院正当适用法律”的责任；① 因此，辩护律师则应代表当事人，积极为当事人的利益进行辩护。只有控、辩、审三种角色发挥了应有的功能，刑事诉讼活动才能顺利展开。显然，公设辩护人在刑事司法体系中担当的是"辩"的角色，他只有积极履行辩护职责，刑事诉讼这场"戏"才能演好，否则，"等腰三角结构"就变成了线性结构。就此而言，基于现代刑事诉讼构造的基本要求，公设辩护人基本属性是辩护律师，履行的是辩护职责，而不是遵守公务人员的行为规范。

其次，从立法角度来看，公设辩护人基本属性也取决于相关的法律规定。在我国台湾地区，法律明文规定公设辩护人乃辩护人。如《公设辩护人管理规则》第5条：公设辩护人办理案件，除法令另有规定外，适用刑事诉讼法关于辩护人之规定。同样，美国多个司法判例表明，在刑事诉讼活动中，公设辩护人是辩护律师，而非政府雇员（公务人员）。例如，1975年在斯普林诉康斯坦丁（Spring v. Constantino）案中，法院指出，公设辩护人在为贫困者提供代理时不是"政府雇员"（public official）；② 1978年在米尔斯诉霍尔（Mears v. Hall）案中，法院指出，在公设辩护人制度之下，法官指定的公设辩护人不是公职人员或雇员（public officer or employee），而是在刑事案件中为贫困被告提供代理的私人律师；③ 同年在宾夕法尼亚联邦诉威尔科克斯（Com. v. Wilcox）案中，法院指出，公设辩护人并非以官方（officially）形式为犯罪嫌疑人进行代理，但他们积极参与程序，实现了犯罪嫌疑人的律师辩护权；④ 1980年在布兰迪诉芬克尔（Branti v. Finkel）案中，法院指出，与公共责任更广的政府官员比如检察官相比，助理公设辩护人的主要责任之一是在与国家的对抗中为公民个人代理；⑤ 1981年在波克县诉多德森（Polk County v. Dodson）案中，法院指出，在刑事程序中，公设辩护人为被告辩护行使律师传统功能时，并非《民权法案》（Civil Rights Act）第1983条所指的以州法名义行事，除了报酬来自政府，公设辩护人与当事人的关系，与其他任何私人律师与当事人的关系是完全

① 参见泽登文治：《律师的专门职责》，载〔日〕森际康友：《司法伦理》，商务印书馆2010年版，第3页。

② See Spring v. Constantino, 362 A. 2d 871（1975）.

③ See Mears v. Hall, 569 S. W. 2d 91（1978）.

④ See Com. v. Wilcox, 392 A. 2d 1294（1978）.

⑤ See Branti v. Finkel, 100 S. Ct. 1287（1980）.

相同的;① 2003 年在亨森诉印第安娜州（Henson v. State）案，法院指出，公设辩护人不受州或州任何雇员的控制，也不必忠诚（loyalty）于后者。② 在笔者看来，无论是我国台湾地区的相关立法，还是美国的司法判例，都表明了公设辩护人的基本属性是辩护律师。换言之，在刑事司法领域中，他们的基本职责是为贫困者提供辩护服务，充当辩护律师角色，而非基于公务人员立场，公设辩护人只是具有公职身份的辩护律师。

最后，从历史沿革来看，公设辩护人制度被认为经历了由履行政府职能角色向履行辩护职能角色转变的过程，如在美国，最初建立公设辩护人制度时，人们更多把它视做政府机构，而非当事人利益的捍卫者。美国于 19 世纪末开始正式倡导建立公设辩护人制度，1914 年成立首家公设辩护人办公室，1963 年吉迪恩诉温莱特（Gideon v. Wainwright）案后得以大规模发展。公设辩护人制度从概念提出、设立到全面发展，经历了一个漫长的过程。关于公设辩护人制度角色演变的历程，美国学者金·泰勒·汤普逊（Kim Taylor Thompson）指出，当初改革者们建议设立公设辩护人办公室来集中实行刑事辩护，提高刑事司法体系的效率，而提及公设辩护人办公室为贫困被告人提供的服务，出资机构为了证明为公设辩护人办公室花费是正确的（因为在公设辩护人办公室设立之前，美国几乎没有在贫困被告人律师指定方面的实际花费，州法院一般都是依靠私人律师的志愿服务，实际上也仅仅在死刑案件中需要指定律师），还承诺这将帮助法院降低案件积压、处理沉重的案件负荷、提高法院效率来增强对法院体系的进一步尊重，如纽约设立公设辩护人办公室，即志愿辩护人委员会（the Voluntary Defenders Committee），将其角色定位为"法庭帮手"（arm of the court）。因此，一开始，这些新的公设辩护人办公室里的公设辩护人更多地把自己看做政府职员（public officials），并非当事人利益的独立捍卫者。公设辩护人不像因采取攻击手段与国家对抗而饱受争议的私人刑事辩护律师，他们寻求的是减少与控方的冲突，所以洛杉矶公设辩护人办公室设立后的第一年寻求更多的认罪答辩（pleas of guilty）、提交更少的申请、使更少的案件进入庭审；同样，在纽约，如果被告人向辩护人认罪，志愿辩护人委员会拒绝该案进入庭审。对此，汤普逊（Thompson）教授认为，这些辩护人办公室采用的运作理念

---

① See Polk County v. Dodson, 454 U. S. 325, 318（1981）. 另外，美国《民权法案》（Civil Rights Act）第 1983 条规定了任何人以州法等名义剥夺公民权利的，应对受害方负责。

② See Henson v. State, 798 N. E. 2d 540（2003）.

与我们现在期望他们扮演的角色迥然不同，他们会促成认罪，仅仅为那些明显无罪的被告人争取无罪释放；对抗性辩护被认为是不需要的，因为多数贫困被告人被认为有罪。因此，在刑事司法体系中，公设辩护人办公室更注重的是效率，而不是为他们的当事人提供有效帮助。① 公设辩护人办公室作为"法庭之友"（friend of the court）角色转变的契机是 1963 年吉迪恩诉温莱特案，该案确立了"律师是必需品，而不是奢侈品"的基本理念，明确了贫困被告人律师辩护权是公平审判不可或缺的基本条件。自此，公设辩护人办公室不仅在全美广泛设立，更为重要的是，基于最高法院判例的精神，公设辩护人办公室开始转向保障贫困被告基本权益的立场，积极实施辩护职能。对此，汤普逊认为："意义更加深远的是，辩护人办公室被允许自行决定在刑事司法体系中的角色。的确，随着这些公设辩护人办公室的发展，新的辩护精神产生了，不再是接受外部机构强加的角色，这些办公室将辩护人更多地界定为当事人的辩护律师，而非'法庭之友'，辩护人甚至会为了有罪的当事人的利益挑战庞大的国家。"② 显然，公设辩护人办公室角色的转变与沃伦法院（Warren court）时期（1953—1969）对正义的追求（pursuit of justice）的理念是一致的，"沃伦法院开始关注政府对刑事被告的待遇，公设辩护人办公室开始对当事人个人需求的关注胜过对刑事司法制度的需求……不像他们的前辈，他们的运作与私人刑事辩护律师一样……公设辩护人将自己的角色定为为每位当事人热情代理，为每位当事人追求合法权益"。③ 事实上，公设辩护人办公室为了适应这种角色的转变，为了给贫困犯罪嫌疑人、被告人提供有效代理，其开始实施法律培训计划、制定案件负荷量标准、实行"垂直代理"以及雇用支持性职员等措施。因此，美国公设辩护人制度的发展历程表明了其从"法庭之

---

① See Kim Taylor – Thompson. Individual Actor V. Institutional Player: Alternating Visions of the Public Defender. Georgetown Law Journal, 1996, Vol. 84: 2423 – 2425. 另外，汤普逊（Thompson）还提到，纽约志愿辩护人委员会采用三个主要目标：（1）降低因私人辩护律师的争讼、对抗行为导致的社会不安（social unrest）；（2）增强司法的信心；（3）消除刑事司法制度中声名狼藉律师的存在。显然，此种定位则是将公设辩护人置于"法庭帮手"的角色。

② Kim Taylor Thompson. Individual Actor V. Institutional Player: Alternating Visions of the Public Defender. Georgetown Law Journal, 1996, Vol. 84: 2426.

③ Kim Taylor Thompson. Individual Actor V. Institutional Player: Alternating Visions of the Public Defender. Georgetown Law Journal, 1996, Vol. 84: 2426, 2428.

友"向当事人权益捍卫者角色的转变，由此可见，公设辩护人的基本属性应当是辩护律师。

综上，我们可以得出如下结论：公设辩护人的基本属性是辩护律师。那么，随之而来的问题是：我们应当如何划定公设辩护人的公职身份与辩护身份的界限？美国学者简·M. 沃德（Jane M. Ward）在分析联邦公设辩护人时指出，联邦公设辩护人与政府之间存在独特的"雇用"关系，公设辩护人的职位由联邦政府设立，并由政府提供报酬，公设辩护人的案件负荷量在一定程度上也是由政府决定，当为贫困当事人提供代理服务时，公设辩护人参与案件的类型也是政府所期待的；然而，尽管联邦政府决定公设辩护人做什么、什么时候做好，但是联邦公设辩护人可以独自地掌控如何实施代理。因此，在沃德教授看来，联邦公设辩护人被作为雇主的政府控制的必要元素并不存在，如果存在，也是不充分的；"雇员（employee）是仆人（servant）的同类词"，因为一位律师要在特定的时间严格忠诚于他或她所代理服务的人，因此，一位公设辩护人不可能作为政府的仆人。①在笔者看来，在公设辩护人的双重身份中，"公设"（public）代表"结构或形式"（form）安排，即从公设辩护人的身份及职业保障的角度来说，公设辩护人作为公务人员，其应与法官、检察官处于同等地位、获得相同待遇（如薪水、晋升等），换言之，公设辩护人受雇于政府、领取固定薪酬的目的在于对其进行身份保障以便促使其更好地履行辩护职责，而非受制于政府以致丧失其作为辩护律师应有的独立性；"辩护人"（defender）体现基本"功能"（function），即公设辩护人以为贫困者提供辩护服务为其存在价值，他们与私人律师的诉讼权利义务相同，并且同样受到规范律师行为准则的约束，实施的不当行为也将受到类似对私人律师一样的惩戒，从这一角度而言，公设辩护人办公室在职责上与一般私人律师事务所并无本质区别。申言之，公设辩护人的公职身份是形式，辩护身份是本质。如果公设辩护人完全被吸收到"国家的科层制机构"中，不得不服从其公职身份，受到国家行政纪律管束，那么他们维护当事人权益的立场必将受到摧毁，公设辩护人存在的正当性将会受到质疑。因此，回到最初的问题：如何应对公设辩护人双重身份在实践中可能引起的职业伦理冲突？如果我们将公设辩护人的基本属性定位为辩护律师，他们在履行辩护职

---

① See Jane M. Ward. Sullivan v. United States：Are Federal Public Defenders in Need of a Defense. Villanova Law Review, 1995, Vol. 40：251 - 252.

责时，应首先遵守律师职业行为规范，而非公务人员行为规则，诚如沃德教授所言："作为一位具有伦理责任的律师，公设辩护人被要求应独立地、热情地为他或她的当事人利益服务，而不是政府的利益。"①

三、公设辩护人的独立性探讨

（一）对公设辩护人独立性的担忧与质疑

律师职业属性之一是独立性，因为"法律服务活动的本质要求需要律师具有独立性"，② 甚至可以说，独立性是律师最为重要的职业属性。事实上，如果我们将律师的使命定位为"保障基本人权"、"维护社会正义"，那么"律师必须从拥有权力的势力中独立出来"，③ 律师的独立性意味着他们应独立于国家机关、社会团体、公民个人等，不受后者的干涉。唯有如此，律师才能成为"专制政权的挑战者"、"正义守护者"。公设辩护人的基本属性是辩护律师，所以其在实施辩护活动时保持独立性自然是其作为辩护律师的题中应有之意，换言之，"律师和那些公设辩护人的职业标准，要求一个公设辩护人像私人律师（非雇用律师）一样不受政府控制和指示"。④ 美国律师协会（ABA）制定的《公设辩护服务制度十项原则》（The ten principles of a public defense delivery system）第一项原则就要求公设辩护应当独立运作、独立于政治影响。美国律师协会（ABA）认为，公设辩护运作，包括公设辩护的选举、经费提供、报酬支付是独立的。为了达到独立性，该项原则还要求，公设辩护必须独立于政治影响力，并且只有在与聘用律师（retained counsel）相同的方式和程度上受制于司法监督。⑤ 我国台湾地区为了确保公设辩护人能够独立履行职责，在其《公设辩护人条例》第 12 条规定：公设辩护人对于法院及检察官，独立行使职

---

① Jane M. Ward. Sullivan v. United States: Are Federal Public Defenders in Need of a Defense. Villanova Law Review, 1995, Vol. 40: 256.

② 谢佑平：《社会秩序与法律职业——律师角色的社会定位》，法律出版社 1998 年版，第 44 页。

③ 森山文昭、加藤良夫：《律师自治》，载［日］森际康友：《司法伦理》，于晓琪、沈军译，商务印书馆 2010 年版，第 264 页。

④ Jane M. Ward. Sullivan v. United States: Are Federal Public Defenders in Need of a Defense. Villanova Law Review, 1995, Vol. 40: 252.

⑤ See American Bar Association. The Ten Principles of a Public Defense Delivery System. 2002.

务。显然，公设辩护人能够独立进行辩护活动，是其保证辩护服务质量的关键条件，否则，他们就极有可能沦为权力的附庸，侵害弱势者的帮凶，诉讼程序形式正当化的工具而已。

　　然而，在公设辩护人所面临的正当性质疑中，有人便认为他们缺乏独立性，事实上，关于公设辩护人制度的争议中，公设辩护人的独立性问题是争论的一个焦点。"对公设辩护人的另一个质疑在于：公职人员的身份将妨碍他们像私人辩护律师一样激烈地与控诉方进行对抗。虽然像加利福尼亚这些实行过公设辩护人的地区，认为这些质疑是不成立的，但是，完全可以理解人们仍然会有一种看法：在刑事诉讼中，私人律师可以为被告人提供更好的辩护服务。另外，人们还有一种顾虑：政府控制的各种行为很可能会导致迟钝、循规蹈矩以及官僚的结果。"① 显然，人们的质疑是因为公设辩护人受雇于政府，直接从政府那里领取薪水，"在一般意义上'雇用'（employee）这个词意味着一个人在另一个人的管理、支配之下"，② 因此，他们又怎么可能在与雇主（政府）的对抗（刑事诉讼活动）中保持独立性，而积极为犯罪嫌疑人、被告人提供辩护服务？如美国联邦最高法院在吉迪恩诉温莱特案中明确了政府对实现贫困者律师辩护权负有义务后，当时公设辩护人制度成为一种备选方案而广为各司法辖区所关注，然而克拉克（Clark）大法官依然指出："（我们）并不支持建立一个庞大的公设辩护人体系……我们应将这一职能置于私人律师之手，而不是政府。"③ 在笔者看来，克拉克大法官在一定程度上对公设辩护人制度的独立性心存疑虑。对此，还有美国学者指出，"公众聘用方式的最大缺陷是它损害了律师行业的自主权，瓦解了它的独立性。……政府作为律师的雇主，有权限制律师，不让他们对政府的滥用职权提出上诉。作为律师行业的'老板'，政府会制定一些成文或不成文的聘用条件，限制对某些案件的上诉"。④ 当英国开始考虑设立公设辩护人服务（Public Defender Service）试点时，公众就表达了对公共机构雇用的律师是否拥有足够独立性的担忧：公设辩护人是否可以不顾任

---

① Anthony Lewis. Gideon's Trumpet. New York：Random House，1964：208.

② Jane M. Ward. Sullivan v. United States：Are Federal Public Defenders in Need of a Defense. Villanova Law Review，1995，Vol. 40：252.

③ See Anthony Lewis. Gideon's Trumpet. New York：Random House，1964：209.

④ ［美］肯尼斯·吉普尼斯：《职责与公义：美国的司法制度与律师职业道德》，徐文俊译，东南大学出版社 2000 年版，第 179 页。

何机构或政治压力积极代表当事人的最大利益？无论如何，对英国民众而言，带薪辩护是史无前例的，是一项非同寻常的试验，他们对与政府有雇佣关系的辩护律师无法充分独立于政府表示出顾虑。① 加拿大《安大略省法律援助评论报告：公共资金支持的法律援助蓝图》（Report of the Ontario Legal Aid Review：a Blueprint for Publicly Funded Legal Services）在讨论"法律独立"问题时指出，在讨论专职律师模式（staff model）的运用时，经常被提出的担忧是：政府的控制和付酬会更为直接地导致专职律师在独立性上比私人律师差，另外，法律领域可能也会影响到法律独立性的看法，例如，在家事法中，政府通常在当事人的争议中没有直接利益，但一些人认为，在刑事法中当事人的命运与政府的利益存在直接联系，他们的命运受控于广泛公共机构（public sector），以及公共机构的雇员——检察官（Crown Attorney）。② 也诚如前文所述，在刑事案件中，政府是实施控告的一方当事人，其必然会对一些案件的结果有着积极的兴趣，当其实施控诉行为时，政府已经相信被追诉者存在犯罪事实，只要政府愿意或者迫于压力（如民众对打击犯罪的关注等），它就会在这场对抗中发动足够的力量去获得他们想要的结果，由政府雇用的公设辩护人怎能不受到其影响？③ 另外，不仅公设辩护人受雇于国家，一些公设辩护人办公室也靠近于法院，由此也引发了人们对其独立性的质疑。在美国，"典型的公设辩护人办公室坐落于靠近刑事法庭的地方，尽管它可能对它的委托人更加方便，但是公设辩护人方案还是希望不与刑事法庭在同一座建筑物内，由此来保持对控方和法官的独立性。被告人已经怀疑公立的领薪律师的服务，因此，他们与对抗方保

---

① See Lee Bridges, Ed Cape, Paul Fenn, Anona Mitchell, Richard Moorhead and Avrom Sherr. Evaluation of the Public Defender Service in England and Wales. 2007：279；沈宜生：《法律扶助制度之研究——以英国法律扶助制度为本》，元照出版有限公司 2007 年版，第 129 页。

② Ontario Legislative Library Technical Services & Systems. Report of the Ontario Legal Aid Review：a Blueprint for Publicly Funded Legal Services. 1997. 另外，加拿大学者柯里（Currie）也提道：常常有人评论，专职律师不能像私人律师那样独立于司法体系。（See Albert Currie. Legal Aid Delivery Models in Canada：Past Experience and Future Developments. University of British Columbia Law Review, 2000, Vol. 33：300）

③ 值得说明的是，在所有刑事法律援助方案中，其实都存在确保独立性的问题，如私人律师模式中的指定律师制度与合同制度，他们是政府作为第三方付费，即由政府购买私人律师的法律服务，后者再向贫困被告提供辩护服务，"私人律师"也有可能受控于政府，如合同制度中，私人律师为了得到下一个合同，其独立性可能会降低。

持距离是必要的"。① 而在我国台湾地区，公设辩护人更是置于法院体系内部，并在法院内设办公室。如上所述，人们对公设辩护人的独立性的担忧与质疑并非没有道理。

（二）公设辩护人独立性考察：基于实践与理论的分析

如前文所述，人们对公设辩护人的独立性普遍存在担心与质疑，但是，实际情况似乎比理论分析要好些，至少在英国，有研究指出公设辩护人并没有因其受雇于国家而影响到其独立执业。《2007 年英格兰与威尔士公设辩护人服务评估》（Evaluation of the Public Defender Service in England and Wales，2007）报告指出：对公设辩护人关于他们与私人执业律师在独立性问题上是否存在区别的访谈中，大多数受访者（20 位，占总数的 64%）认为公设辩护人与私人执业律师在独立性上是相同的；6 位（占 19%）受访者称公设辩护人比私人执业律师更具独立性；只有 2 位（占 7%）受访者称他们更不独立。另外，受访的办公室负责人一般也认为公设辩护人更为独立，因为公设辩护人不会受到利润驱动的影响，所以更能保持独立性，如有受访的公设辩护人说道："因为没有利润刺激，就没有除了为当事人更好地工作之外的其他压力。"一位办公室负责人也表达了类似观点，他说道："不，我认为这个问题完全不存在，完全没有缺乏独立性的问题，我们处理案件的方式是逐案（case by case）办理，唯一能够指导我们的是当事人的利益，没有任何人对我们处理问题的方式施加压力。"因此，该评估报告得出如下结论：没有发现公设辩护人、他们的当事人以及其他刑事司法专业人员、私人执业事务律师对公设辩护人的个案处理受到干涉存在顾虑；相反，一些公设辩护人办公室更倾向于建议在警察局阶段（police stations）的当事人行使沉默权。这类证据有力地表明，公设辩护服务拥有独立的途径为他们的当事人进行辩护；此外，也没有证据显示，当事人认为公设辩护人服务比签约的私人执业辩护律师的独立性差。很多公设辩护人认为他们处理案件的独立性更强，因为他们的工作并非为了利润（not‑for‑prof-it），并且他们对特定当事人和案件投入的时间更少受到限制。②

从英国经验来看，公设辩护人并未因领薪律师的身份而影响其独立执业。

---

① Paul B. Wice. Public Defenders and the American Justice System. Westport：Praeger，2005：11.

② See Lee Bridges，Ed Cape，Paul Fenn，Anona Mitchell，Richard Moorhead and Avrom Sherr. Evaluation of the Public Defender Service in England and Wales. 2007：279.

事实上，人们质疑公设辩护人的独立性，主要认为其经费与管理受控于国家，因此易受政治权力的干涉，"就人类天性之一般而言，对某人的生活有控制权，等于对其意志有控制权"。① 然而，值得深思的是，法院体系运作的经费也同样来自国家财政拨款，但是，并非所有国家的法院与法官都不具有独立性，相反，一些法治化程度较高的国家已经完全实现了司法独立运作。② 法院与法官获得独立的关键原因在于：人们首先认识到司法独立的价值，并基于司法特性而建构一套制度体系来保障法院与法官的独立性。因此，司法独立的经验表明，经费来自何方并非其是否获得独立性的关键性要素，由此也表明即便是受雇于国家的公设辩护人也并非不能获得独立，然而，其前提也必须是只有当人们深刻体会到公设辩护人独立性的价值后，并基于公设辩护人的特性而建构一套制度体系来保障其独立运作。事实上，可资借鉴的经验并不少，如关于经费来源，应将行政机关的干预限定在一个最小的范围内，并通过立法方式加以确定；关于公设辩护人的监督管理者，可以设立一个独立的、非营利性机构进行监督管理，以最大限度排除外来因素的干涉；关于公设辩护人的薪水，至少应当与法官、检察官相当，通过优待措施以维护公设辩护人职业的稳定性、独立性，等等。当然，如果从更为广泛的意义上看，这些措施是否有效果受制于"地方性"因素，即一个国家特有的政治结构、整体司法环境、社会文化、民族心理、法律传统等因素是公设辩护人能否获得独立性的根本性因素。但是，仍需要指出的是，国家设立公设辩护人制度是其履行刑事法律援助义务的重要方式，国家理应关注公设辩护人制度实施的效果，这也反映了国家是否兑现了应尽之义务，所以国家应该有权获悉公设辩护人的辩护状况并进行评估检测、公设辩护人的经费使用等情况。国家对公设辩护人进行必要的行政管理具有正当性，当然，国家所享有的知悉、评估、管理等权力都以不得影响公设辩护人独立实施辩护活动为限。

---

① ［美］汉密乐顿、杰伊、麦迪逊：《联邦党人文集》，程逢如等译，商务印书馆1980年版，第396页。

② 南非总检察长在谈到公设辩护人制度取代私人律师模式时，针对由国家发给薪金的专职律师提供法律援助是否影响律师的独立性时指出，法官是国家经费保障的，不影响其独立性。参见《南非法律援助制度简介》，载宫晓冰：《外国法律援助制度简介》，中国检察出版社2003年版，第219页。

四、结语

我国宪法明文规定"被告人有权获得辩护"，然而实践中，刑事律师辩护率低下与辩护效果不佳已严重阻碍了我国刑事诉讼的现代化进程，辩护权不彰可以说是我国司法积弊的根源所在。富有深意的是，"尊重和保障人权"正式写进了 2012 年新刑事诉讼法，我们也因此更加有理由期待，我们的刑事诉讼法能成为"被告人权利大宪章"以体现"尊重和保障人权"的精神。这意味着我们必须建构一套完善且富有成效的辩护体系来解决律师辩护权问题，否则刑事诉讼法"尊重和保障人权"的规定不可能转化为被追诉者的"实有权利"。因此，我国刑事法律援助制度应当进行适时改革以顺应并推动刑事诉讼的现代化发展，而我国刑事法律援助体系中引入公设辩护人是值得进一步探究的问题。① 笔者以为，在我国建构公设辩护人制度应当明确如下两方面的问题：一方面，我们应当明确公设辩护人的基本属性乃辩护律师，换言之，公设辩护人的基本职责是为犯罪嫌疑人、被告人提供辩护服务，他们应当首先遵行的是律师职业伦理规范。因此，公设辩护人与 1980 年《中华人民共和国律师暂行条例》所界定的"国家的法律工作者"是有本质区别的。另一方面，我们应当明确维护公设辩护人的独立性乃是公设辩护人基本属性的必然要求。如果不能确保公设辩护人的独立性，那么公设辩护人的辩护职能将无法体现出来。因此，在我国"地方性"因素的背景下，如何建构公设辩护人制度需要进行审慎的分析论证，以避免"南橘北枳"的结果。

---

① 2010 年 12 月 18 日，复旦大学司法与诉讼制度研究中心举办的"公设辩护人制度基本内容与发展前景理论研讨会"上，与会专家、学者、律师等代表就我国建构公设辩护人制度的必要性与可行性进行了广泛、深入的分析探讨，相关内容可参阅《公设辩护人制度基本内容与发展前景理论研讨会实录》，载谢佑平主编：《司法评论》（第二卷），中国检察出版社 2011 年版，第 309—351 页。

论美国针对恐怖主义活动的电子监视制度[*]

◎ 威廉·芬克[**] 著 林喜芬 梅 强 陈 橙[***] 译

内容摘要：

"9·11"事件发生之前，基于法律与实践的双重缘由，外国情报收集（包括反情报收集和反恐怖活动）沿袭着与执法机关迥然不同的办案方式，只是偶尔才会重合。而且，在过去的75年中，美国涉及政府搜查的法律因其目的不同——或收集刑事案件中的犯罪证据，或为了追求其他目的——而表现出明显的区别。所以，此前对外国信息的电子监视几乎很少与刑事追诉目标联系在一起。但是现在，情报收集和执法活动之间的区别，因为打击国际恐怖活动或者对恐怖主义宣战而日趋复杂。本文旨在提供情报收集和执法活动之间出现差别的历史与语境，然后提出今后需要探讨和解决的问题。

关键词：

电子监视 情报收集 执法活动

在过去的75年中，美国涉及政府搜查的法律因其目的不同——是为了收集刑事案件中的犯罪证据，还是为了追求其他目的——而表现出明显的区别。不仅如此，基于法律上与实践中的双重缘由，截至"9·11"事件发生，外国

* 本文原载于《密西西比法学杂志》2011年总第80期。经作者授权同意，在中国刊发中译本。本文翻译得益于上海市哲社青年项目（西方经验与中国模式：反恐打黑的特殊诉讼机制2010EFX005）、上海交通大学文理交叉项目（计算机科学在刑事司法中的实践应用与法律规制10JCY09）的资助。

** 威廉·芬克，刘易斯/克拉克法学院法学教授。

*** 林喜芬，上海交通大学凯原法学院副教授，法学博士；梅强，上海交通大学凯原法学院诉讼法学硕士生；陈橙，上海海洋大学外国语学院讲师，英语语言文学博士。

情报收集（包括反情报收集和反恐怖活动）沿袭着与执法机关迥然不同的办案方式，只是偶尔才会有所雷同。因此，之前对外国信息的电子监视几乎很少与刑事追诉目标联系在一起。

而如今，打击国际恐怖活动或者对恐怖主义宣战，已使得此前在情报收集和执法活动之间的区别日趋复杂，正如它混淆了传统刑事审判与那些被认为在战争中可适用的操作规则之间的区别。① 本文的目的在于：首先，提供情报收集和执法活动之间出现差别的历史与语境；其次，正如我们所提出的，需要探讨今后我们应如何解决这些问题。

美国至少从南北战争开始就已经以收集情报为目的实施电子监视，在这一时期的大多数情况下，美国联邦最高法院通过解释联邦宪法第四修正案保护条款②来对抗政府搜查，从而规制在刑事案件中对被告人不利的证据使用。③ 换言之，政府可以将第四修正案理解为，它并不限制情报信息收集，只要这些信息不被作为审理案件中的证据使用。而且，在 1928 年，联邦最高法院宣布电

---

① 2010 年 4 月 6 日《纽约时报》报道，总统授权暗杀了一位美国公民。参见斯考特·肖恩：《美国批准了针对美国牧师的目标打击》，载《纽约时报》2010 年 4 月 7 日第 A12 版，http：//www. nytimes. com/2010/04/07/world/middleeast/07yemen. html 这位美国公民显然正躲藏在也门，并被认为涉嫌阴谋实施在美国的恐怖活动。理查德·里德（一个鞋子炸弹客 shoe – bomber）在普通法庭以违反联邦刑事法律而接受审判；约瑟·帕迪拉（被称为脏弹客）最初被军队查获，并计划在军事委员会受审，但最终也是在普通法庭以违反联邦刑法进行审判；哈立德·谢赫·穆罕默德（被认为是"9·11"事件的策划者），起初拟由普通法庭进行审理，但现在似乎要被转移给军事委员会审理，正如 1942 年美国第 317 号判例 Ex Parte Quirin 中的纳粹破坏者一样。

② 美国联邦宪法第四修正案规定："公民的人身、住宅、文件和财产不受不合理搜查和扣押的权利，不得侵犯。除非依照合理根据，以宣誓或代誓宣言保证，并具体说明搜查地点和扣押的人和物，否则，不得签发搜查令和扣押令。"

③ 参见 Boyd v. United States, 116 U. S. 616, 633 (1886)。（"第四修正案中所谴责的不合理搜查和扣押几乎总是为了迫使刑事案件被告人提供不利于己的证据，或者迫使刑事被告人作为不利于己的证人，这些也均是第五修正案所要谴责的。"正因如此，第五修正案所包含的含义可以为理解第四修正案中"什么是不合理的搜查扣押"提供启示。）同时参见 Frank v. Maryland, 359 U. S. 360, 365 – 67 (1959)。（"历史表明，我们有权免受到刑事控诉中或财产没收中的证据搜查，这是一场为基本自由而战的斗争。……作为一种保障一般公共福祉的社会管制措施，无令状的检查，却不可以用来实施刑事执法活动，这种观念已深深植根于我们的历史之中。"后被 Camara v. Mun. Ct., 387 U. S. 523 (1967) 案推翻。）

子监视（不包括非法侵入住宅安装监视设备的行为）不受第四修正案的约束，因为它并不构成一项"搜查"。① 然而，1934 年美国出台了一部适用于窃听的法案——《美国通信法》，② 它规定任何拦截、泄露或发表有线通信或者无线广播信息的行为均构成犯罪，③ 而且，美国联邦最高法院将该条款解释适用于政府。④ 尽管如此，政府仍然根据字面意思理解为，该条款只禁止通过截获信息并将其泄露或传播于联邦之外的情况。⑤ 也就是说，政府认为通过窃听获取情报信息并不违反这一规定。因此，政府相信，以获取情报为目的而进行的物理搜查和电子监视都是合法的，并不受第四修正案或其他法律的规制。

　　这种情形一直延续到 1967 年，联邦最高法院在两起案件中的判决根本性地改变了政府的理解方式。首先，在卡马拉诉市政法院（Camara v. Municipal Court）⑥ 一案中，联邦最高法院完全推翻了之前所作出的判决，认为第四修正案保护条款和法官事先的许可令状不应仅仅适用于收集刑事案件证据。如今，第四修正案规定的令状要求适用于任何形式的政府搜查。其次，在卡茨诉美国一案（Katz v. United States）⑦ 中，联邦最高法院推翻了奥姆斯泰德案，认为电子监视是受制于第四修正案的一种搜查。因此，从表面上看，这两个案件消除了以信息获取为目的的搜查或电子监视的两个合法性基础——"不是旨在搜集刑事证据"与"该电子监视不受制于第四修正案"。尽管如此，卡茨案的判决书中还是包含了这样一个脚注："当涉及国家安全的情形时，治安法官司法

① 参见 Olmstead v. United States, 277 U. S. 438, 465（1928）（"第四修正案的意思不能被延伸和扩展到包括可以从被告人的房屋和办公室连接到外部世界的电话线。电话线并不是他的房屋和办公室的一部分，更不是它们向外延伸触及的信息世界"）。

② 47 U. S. C. § 605（1964）.

③ Id.

④ 参见 Nardone v. United States, 302 U. S. 379（1937）（排除窃听获得的证据）。另参见 Nardone v. United States, 308 U. S. 338（1939）（排除监视的"毒树之果"）。

⑤ 参见 S. REP. NO. 95 - 604, at 10（1977）。

⑥ Camara v. Mun. Ct. , 387 U. S. 523（1967）［推翻了 Frank v. Maryland, 359 U. S. 360（1959）］。

⑦ Katz v. United States, 389 U. S. 347, 359（1967）.

令状之外的保护措施是否符合第四修正案的要求，本案对此暂时不予评判。"①也正是因为这一脚注，政府将很多一直在进行的操作合法化。

这一表述虽然没有认可信息搜查或电子监视可以无须获取令状，却清楚地说明在卡茨案中并没有要求一份司法令状。而且，鉴于电子监视和物理搜查的等同性，同样的不确定性也将适用于以获取信息为目的的物理搜查。1968 年美国国会通过了《综合安全控制和街道安全法》。② 在一般情况下，该法案将电子监视视为犯罪，但在某些特殊情况下，该法案又授权公诉方运用电子监视的权力，以获取证据，从而对某些罪行进行起诉。这使得因国家安全而采用电子监视的法律规范状态，变得愈加不确定。然而，它同时也包含了一项但书，即该法案的任何条款均不能被理解为可以限制总统在宪法上的下述权力："为了获得被认为对美国国家安全必要的外国情报信息，或者，为了防止美国国家安全信息落入外国情报机构之手……采取他认为必要的措施以保护美国政府不被暴力推翻……（或者）存在其他任何针对美国政府安全或结构的清楚而现实的危险。"③

政府的回应是制定新的内部程序，包括在未经司法官事先令状许可时采取信息搜查或电子监视，需要获得由总统直接委任的总检察长的个人授权。在缺乏明确的立法规范的情况下，这种针对搜查和电子监视的明确法律授权，仍将是总统获得必要情报信息的固有宪法权力。这种内部行政程序提供了必要的保护措施，使得搜查和电子监视具有合理性。

1972 年，联邦最高法院在美国诉美国地区法院（United States v. United States District Court）一案，也就是著名的凯斯（Keith）案中（在该案中，地区法院的法官成了被告人），限缩了收集信息的例外规定。④ 本案中，政府在没

---

① Id. at 358 n. 23. 脚注的来源并不确定；在政府的备忘录中没有提及国家安全。然而，在卡茨案前一年，总检察长提供了一份关于在法律实施中微型话筒秘密监视的补充文件，解释说历史上联邦调查局"在关涉国内安全和国家安全时已经使用这种装置进行信息而非证据收集了……当前……实践……禁止在除了关涉国家安全的一切情况下使用这种窃听装置，以及对电话和其他有线通信的拦截"[S. REP. NO. 95 - 604, at 12 (1977)]。这项最近的揭示肯定在制作卡茨案判决时已存在于法官的头脑中了。

② Pub. L. No. 90 - 351, 82 Stat. 197 (1968) [codified at 18 U. S. C. § § 2510 - 2520. (Supp. V. 1965 - 1969)].

③ Id. at § 2511 (3).

④ United States v. U. S. Dist. Ct. (Keith), 407 U. S. 297 (1972).

有司法令状的情况下基于国家安全实施了电子监视。有观点指出："那些基于国家安全而需要进行电子监视的某些特殊情形，使得令状许可规定有了设定例外的必要。……我们还被进一步告知，这些监视主要用于收集和保存那些与颠覆势力有关的信息，而非旨在针对某一特定的刑事犯罪收集证据。这种类型的电子监视不应受制于那些传统上用于规制刑事犯罪侦查的令状要求。"①

法院一致否决了这种观点，认为事前的司法令状许可对基于国家安全的电子监视行为而言是必须的。但是，该观点还是包含一项但书："该案件只涉及国家安全的国内方面，对于涉及外国势力及其组织的行为，我们并未涉及，也没有表达任何观点。"② 因此，政府仍可以继续实施收集外国情报信息的电子监视，只要总检察长认为它指向外国政府及其组织，而无须获取司法令状。

尽管一些下级法院的法官支持这种监视行为，只要它的基本目的是为了获得外国情报信息，③ 但是，这种所谓的针对外国情报信息的监视无须令状许可，在法律基础上依然不太明确。华盛顿特区巡回上诉法院全体法官组成的法庭曾以多数意见判决指出，即使电子监视针对的是外国势力或其组织，一项事前许可令仍是需要的。④ 由众议院和参议院委员会实施的诸多调查，揭示了一系列电子监视被滥用的情形，其中包括针对民权组织以及越南战争期间的反战组织实施电子监视。⑤ 这些调查最终导致一系列旨在禁止电子监视的议案被提出。⑥ 不仅如此，因为第三方提供了实施外国信息监视的必要帮助，所以经常被以滥

---

① Id. at 318 – 319.

② 参见 id. at 321 – 322。

③ 参见 United States v. Truong Dinh Hung, 629 F. 2d 908, 915 (4th Cir. 1980) （"只要监视的主要目的是为了获得外国情报，那么行政官员应该需要一份许可令"）；United States v. Buck, 548F. 2d 871, 875 (9th Cir. 1977) （"无令状的监视在目的上是为了获得外国情报的情况下，是合法的"）；United States v. Butenko, 494 F. 2d 593 (3d Cir. 1974) （如果主要目的是为了获得外国情报信息，那么窃听是有效的）；United States v. Brown, 484 F. 2d 418 (5th Cir. 1973) （支持对美国公民的无令状监视）；United States v. Clay, 430 F. 2d 165 (5th Cir. 1970)；United States v. Smith, 321 F. Supp. 424, 425 – 26 (D. Cal. 1971)。

④ Zweibon v. Mitchell, 516 F. 2d 594, 651 (D. C. Cir. 1975).

⑤ 参见 S. REP. NO. 94 – 755, Book II, at 67 – 74 (1976)。

⑥ 参见 1975 年《国家安全监视法》，S. 743, 94th Cong. (1975)；1974 年《免于监视法》，S. 4062, 93d Cong. (1974)；1973 年的《监视实践与程序法》，S. 2820, 93d Cong. (1973)。

用电子监视的同谋而被起诉，以至于他们也不愿再提供帮助。① 最终，福特政府支持了参议员肯尼迪提出的一项法案，该法案要求对外国信息进行监视需取得一项特殊的许可令，这一议案后来就成为《外国信息监视法》，简称 FISA。②

然而，《外国信息监视法》并没有遵循传统的第四修正案对司法令状的要求，例如，如果实施监视的机构相信被监视的个人违反了刑法或者通过监视可以揭露犯罪证据，那么监视方不需要出示他们这一想法所基于的可能的原因。另外，它区别了"美国人"③ 和"非美国人"④，并对美国人给予更多的保护。而且，与《综合安全控制和街道安全法》第三篇规定的"电子监视需获取常规司法令状的标准"不同，它有一条一般性的规则，规定不必通知被电子监视的个人这种监视行为的存在，并且，电子监视的时间可以非常长，例如一项电子监视可以长达一年，而且可以多次延长。再者，不像《综合安全控制和街道安全法》第三篇规定的适用于执法目的的常规司法令状，它无须将获得的信息限制在令状特定描述的范围内。在这一点上，二者截然不同，《外国信息监视法》取消了信息披露和使用方面的限制规定。

这些与标准许可令的区别被认为是正当的，因为政府必须证明"监视的目的是为了获得外国信息"。⑤ 与《外国信息监视法》实施之前的实践一致，政府将这一观点解释为要求监视的"基本目的"是为了获得外国情报信息，而不

---

① 参见 Foreign Intelligence Surveillance Act：Hearings Before the H. Subcomm. on Courts, Civil Liberties, and the Administration of Justice of the Comm. on the Judiciary, 95th Cong. 64 (1978)（statement of Hon. Morgan F. Murphy, Chairman, Subcomm. on Legis. of the H. Intelligence Comm.）（证明《外国信息监视法》的立法使电话公司在配合电子监视方面感到更加安全）。另参见 To Amend The National Security Act of 1947 to Improve U. S. Counterintelligence Measures：Hearings on S. 2726 Before the Select Comm. On Intelligence of the United States, 101st Cong. 116 – 171, 136（1990）（美国司法部情报政策评审局的法律顾问 Mary C. Lawton 的证言）（表明电话公司不能配合电子监视的要求）。

② 50 U. S. C. § 1801 et seq. (1982).

③ "美国人"是指美国公民或者有永久居住权的外国人，包含美国公民或者拥有永久居住权的外国人的组织，以及在美国境内成立且不受外国政府控制的公司。50 U. S. C. § 1801 (i).

④ 这些人不仅包括非法的外国人，还包括合法的非移民外国人，例如外国学生和工人。

⑤ 50 U. S. C. § 1804 (a) (7) (B) (1984).

是为了实施刑法。① 此后，在每一个《外国信息监视法》的合宪性受到质疑的案件中，法官都认为《外国信息监视法》的令状许可要求是合宪的，而且，在每一个该问题得以解决的案件中，法官所基于的都是这一"基本目的"。②

在 1995 年，美国国会将《外国信息监视法》的特殊令状许可制度延伸适用于在美国境内实施的旨在获取外国信息的物理搜查。③

以上讨论显示了将监视目的诉诸于"旨在获取外国情报信息、而非刑事案件证据"的重要性。基于前一目的而实施的监视无须遵从传统第四修正案的令状许可要求，而后者则受其约束。

然而，如果一项并非以法律实施为目的的监视发现了犯罪证据，那么该证据是可以被采纳的。在信息收集领域之外，有大量的授权规定可以使那些在非致力于执法目的的搜查或电子监视中偶然获取的证据被合法化。④ 这一观点来源于"一目了然原则"，它允许执法官员在其他合法的执法活动中一目了然地发现犯罪证据时，根据该原则可以合法地扣押该证据。⑤ 在《外国信息监视

① 参见 William Funk, Electronic Surveillance of Terrorism: The Intelligence/Law Enforcement Dilemma – A History, 11 LEWIS & CLARK L. REV. 1099, 1123 – 25 (2007)。参见 Pub. L. No. 107 – 56, § 218, 115 Stat. 291 (2001)，在《美国爱国法》颁布之后，《外国信息监视法》改变为只要求"主要目的"是为了获得外国情报。参见 In re Sealed Case, 310 F. 3d 717, 721 (FISA Ct. Rev. 2002)，要理解政府关于原意是怎样发生改变的。

② 参见 United States v. Johnson, 952 F. 2d 565, 572 (1st Cir. 1992) (认为需要主要目的); United States v. Pelton, 835 F. 2d 1067, 1075 – 76 (4th Cir. 1987) (认为需要主要目的); United States v. Badia, 827 F. 2d 1458, 1464 (11th Cir. 1987) (认为需要主要目的); U-nited States v. Duggan, 743 F. 2d 59, 77 (2d Cir. 1984) (认为需要主要目的); United States v. Falvey, 540 F. Supp. 1306, 1314 (N. Y. Sup. Ct. 1982) (推断出主要目的的标准)。

③ 参见《1995 财年情报授权法》Pub. L. No. 103 – 359, § 807, 108 Stat. 3423, 3443 – 3453 [codified as amended at 50 U. S. C. § 1822 – 29 (2006)]。

④ 参见 Illinois v. Lidster, 540 U. S. 419 (2004) (为了事故调查而进行的路障搜查); New Jersey v. T. L. O., 469 U. S. 325 (1985) (为了实施学校规章而对个人财产进行搜查); United States v. Martinez – Fuerte, 428 U. S. 543 (1976) (边界检查处搜查)。还参见 New York v. Burger, 482 U. S. 691 (1987) (对车辆拆解操作的行政搜查); United States v. Biswell, 406 U. S. 311 (1972) (对武器商的行政搜查); Colonnade Catering Corp. v. United States, 397 U. S. 72 (1970) (对酒商的行政搜查)。

⑤ 参见 Coolidge v. New Hampshire, 403 U. S. 443, 465 – 66 (1971)。并参见 18 U. S. C. § 2517 (允许通过符合第三编规定的监视获取犯罪证据并进行披露和使用，即使该监视并不涉及监视目的)。

法》实施之前，所有法官都认为一目了然的原则适用于对外国信息的电子监视，① 而《外国信息监视法》则明确规定了可以使用偶然获得的证据。②

　　如果一项搜查可以无须令状而合法，或者只需行政许可并以偶然获取的方式将证据用于刑事诉讼，那么，这将促动政府表面上声称搜查不是以执法为目的，而实则是因为不能够满足传统司法令状许可的严格要求。因此，法官就会认真审查"声称搜查不是以执法为目的"是否只是一种借口。如果真正的目的是为了获得犯罪证据，那么，就仍然需要满足传统司法令状许可的要求。在密歇根州诉克利福德案（Michigan v. Clifford）③ 中，法官决定：如果检查的主要目的是为了查明火灾的原因，那么可以通过行政许可来检查被火烧的房屋；但是，一旦火灾的原因被确定是纵火，其主要目的就变成为收集犯罪证据，那么，就需要满足传统的令状许可要求。在收集外国情报信息的领域，也适用同样的规则。在因涉嫌间谍而被指控并上诉至联邦最高法院的案件中，阿贝尔诉美国案（Abel v. United States）可能是最著名的。④ 在该案中，克格勃间谍鲁道夫·阿贝尔上校被基于一项驱逐出境的移民逮捕令状被逮捕，而该移民逮捕令状的获取主要是基于联邦调查局的信息——根据联邦调查局提供给美国移民归化局的信息显示，鲁道夫·阿贝尔是一名非法入侵的外国人。在逮捕过程中，当移民归化局官员对阿贝尔实施逮捕时，联邦调查局特工对阿贝尔的住宅进行了搜查，寻找并获得了涉嫌间谍行为的证据。阿贝尔质疑该搜查行为的合法性，他辩称：针对他实施的移民逮捕无非只是一个旨在让联邦调查局搜查他住宅的诡计。对此，法官认为："如果相关记录能证实这一主张，那么，它将的确揭示出执法官员存在严重的违法行为。这种政府故意使用行政令状来收集刑事犯罪证据的行为必须受到法院的严格限制。刑事诉讼的初期阶段应严格遵

---

　　① 参见 United States v. Truong Dinh Hung, 629 F. 2d 908, 915 (4th Cir. 1980); United States v. Butenko, 494 F. 2d 593 (3rd Cir. 1974)。

　　② 参见 50 U. S. C. § 1801 (h) (3)。

　　③ 464 U. S. 287 (1984).

　　④ 参见 Abel v. United States, 362 U. S. 217, 226 (1960)。同时参见 LOUISE BERNI-KOW, ABEL. (Ballantine Books 1982) (1970) （关于 Abel 的生平报道，主要集中于他的间谍工作、逮捕、审判，以及美国政府用 U－2 间谍飞机的飞行员 Gary Powers 交换他）；Federal Bureau of Investigation, Famous Cases：Rudolph Ivanovich Abel (Hollow Nickel Case), http：// www. fbi. gov/libref/historic/famcases/abel/abel. htm （关于 Abel 的间谍工作以及联邦调查局的追击调查的概况）。

守美国宪法和法律的保护性与限制性规范。"①

此外，在美国诉张庭红案（United States v. Truong Dinh Hung）② 中，电子监视开始时的主要目的是为了在某种程度上获得外国情报信息，后来其主要目的变成了旨在获得犯罪证据。联邦第四巡回上诉法院认为，在这时，电子监视已不能再以获得外国信息的目的而获得合法性，它已变成了一项以执法为目的的监视，需要有符合《综合安全控制和街道安全法》第三编规定的司法令状许可。

只要对外国信息的收集是旨在获得纯粹的外国信息、传统的反间谍信息，甚或那些在美国外完成的不是针对美国为目标的国际恐怖活动信息，则如何区分情报收集和执法活动一般就是没什么问题，因为刑事指控很少会以这些目的而进行。③ 然而，当国际恐怖活动从"在美国外以非美国为目标"转移到"以美国国内为目标"或"在美国外实施的以美国为目标"，问题的性质就改变了。此时，刑事追诉，或者至少是人身监禁或吊销资格，就可能成为基本目标，尽管对恐怖分子的联系、计划及组织方面的信息收集也非常重要。甚至，即使在初期，什么是"主要"目的往往都是不甚清楚的。

在"9·11"事件发生后，政府宣称《外国信息监视法》的目的要求已经

---

① Abel, 362 U. S. at 226.

② 629 F. 2d 908 (4th Cir. 1980).

③ 成功的反情报侦查措施，往往并非以提起公诉为终结，而是以其他形式（例如，使间谍成为"双面间谍"）为终结。这如果不是常规操作方式，至少也是经常性的。例如，Rudolf Abel 是一个苏联间谍，在纽约潜伏了 10 年之久，只是在无法使其成为双面间谍的情形下才予以逮捕的。参见 Abel, supra note 33, at 223。另参见 140 CONG. REC. S2883 - 02 (1994)（per Sen. Cohen）。（"控诉只是一种方法，并且仅仅只是一种方法，而非最好的对付间谍活动的方法，使间谍成为'双面间谍'或者让其将功补过或者提供错误情报是其他的方法，而命令他找出其他间谍以及他们的交易活动和装备，可能是非常有用的。控诉方式尽管可以使被发现的间谍失去从事间谍活动的能力，但是，这可能只意味着外国政府用另一个间谍取代他，而发现他可能要花去很多年，甚至难以发现。"）另参见 H. R. REP. NO. 95 - 1283, pt. I, at 43 - 44 (1978)。（"命令在美国从事间谍活动的恐怖分子去发现未知的恐怖分子、他们的国际支援机构以及武器和爆炸物的地点，这在打击国际恐怖活动方面可能更有效果。"）

使联邦调查局在情报收集和执法活动之间的协调开展步履维艰①，因此，随后出台的《美国爱国法》采取了以下解决方案：将电子监视从《外国信息监视法》中的"必须以获取外国信息为目的"改为现在的只要"以获取外国信息为主要目的"即可。② 如今，电子监视的基本目的可能是收集用于刑事案件的证据，即使当获取该监视令状并不要求显示存在合理的根据（probable cause）表明调查目标正实施非法活动或可能获得犯罪证据。当然，问题是，这种解决方案是否符合第四修正案的要求。

第一个对《美国爱国法》修正《外国信息监视法》这一问题进行合宪性审查的法院是外国信息监视复审法院（the Foreign Intelligence Surveillance Review Court），它是由《外国信息监视法》创设的一个特别上诉法院，专门审理那些因政府对外国信息监视法院驳回申请的裁定不服而提起上诉的案件。③ 外国信息监视复审法院认为，尽管修正后的《外国信息监视法》缺少获得外国信息的基本目的要求，但是从形式上看是合宪的；并且认为它的答复不受任何法律上权威回答的约束。④ 外国信息监视复审法院认为，合适的议题应该是一项《外国信息监视法》规定的搜查是不是合理的，正如第四修正案要求的一样；而不是《外国信息监视法》赋予的监视授权是否满足一项搜查令的宪法性标准。它也承认，法院认为在没有事前法官许可令的情况下进行基本目的检测是合乎宪法要求的。但是，该法院认为除去根据总统的宪法授权监视外国信息外，《外国信息监视法》确立的其他保护措施能够使监视授权从表面上看是合理的。外国信息监视复审法院指出《外国信息监视法》和《综合安全控制和街道安全法》第三篇在电子监视方面的规定存在很多相似之处，尽管也承认两者在合理根据和监视对象特定化方面有着巨大差异。通过回顾凯斯（Keith）案中联邦最高法院的判决意见——即便是基于保护国内安全的电子监视都可能受到

---

① 参见 nat'l comm'n on terrorlst attacks upon the e. s. , the 9/11 commission report 78 – 79（2004）；see also office of the inspector general, a review of the fbl's handling of intelligence information related to the septemebr 11 attacks 21 – 42, available at http：//www. fas. org/irp/agen-cy/doj/oig/fbi – 911/chap2. pdf。

② 参见 Pub. L. No. 107 – 056，§ 218，115 Stat. 291（2001）。

③ 参见 In re Sealed Case, 310 F. 3d 717（FISA Ct. Rev. 2002）。

④ Id. at 746。

与普通犯罪调查不同的程序约束，① 外国信息监视复审法院总结到，考虑到外国信息监视的特性，《外国信息监视法》和《综合安全控制和街道安全法》第三篇在电子监视方面的相似性就显得比差异性更为重要了。

尽管外国信息监视复审法院的判决具有很强的说服力，但是，应该注意到该判决的做出乃是通过一个单方面的程序（ex parte proceeding）来挑战修正后的《外国信息监视法》的形式有效性。② 后来，尽管也存在大量质疑基于《外国信息监视法》实施的电子监视的情形，但除两个例外情形之外，剩下的要么忽略了目的要求的变化，③ 要么认为在任何情况下监视的主要目的都是为了获得外国信息。④ 这两个例外情形来自两个联邦地区法院判决：一个认为修正后的《外国信息监视法》由于缺少主要目的的要求而违宪；⑤ 而另一个则认为，这仍是合乎宪法的。⑥ 法律评论上关于修正后《外国信息监视法》合宪性问题的文章很多，⑦ 有些认为它是合宪的，有些则持相反观点。总而言之，这个问题仍没有得到最终解决。

---

① 参见 Keith, 407 U. S. 297, 322（1972）。（"我们认为《综合安全控制和街道安全法》第三编规定的标准和程序不必然同样适用于这个案件，我们承认国内安全监视可能涉及与'普通犯罪'监视不同的政策和实践考虑。"）

② 外国信息监视复审法院在这个案件中的确邀请了美国民主自由联盟和美国刑事辩护律师协会作为法庭之友来起草文件，但是这应该不能改变单方面程序（ex parte proceeding）的本质。

③ 参见 United States v. Damrah, 412 F. 3d 618, 625（6th Cir. 2005）; United States v. Benkahla, 437 F. Supp. 2d 541, 554 – 55（E. D. Va. 2006）。

④ 参见 United States v. Stewart, 590 F. 3d 93, 128（2d Cir. 2009）; United States v. Islamic American Relief Agency, 2009 WL 5169536（W. D. Mo. 2009）。

⑤ 参见 Mayfield v. United States, 504 F. Supp. 2d 1023（D. Or. 2007），基于其他原因被撤销和发回重审, 599 F. 3d 964（9th Cir. 2010）。

⑥ 参见 United States v. Abu – Jihaad, 531 F. Supp. 2d 299, 304（D. Conn. 2008）。

⑦ 例如，参见 Robert C. Power, "Intelligence" Searches and Purpose: A Significant Mismatch Between Constitutional Criminal Procedure and the Law of Intelligence – Gathering, 30 PACE L. REV. 620（2010）; William C. Banks, The Death of FISA, 91 MINN. L. REV. 1209（2007）; Diane Carraway Piette & Jesselyn Radack, Piercing the "Historical Mists": The People and Events Behind the Passage of FISA and the Creation of the "Wall," 17 STAN. L. & POL' Y REV. 437（2006）; David S. Kris, The Rise and Fall of the FISA Wall, 17 STAN. L. & POL' Y REV. 487（2006）; Viet D. Dinh & Wendy J. Keefer, FISA and the PATRIOT Act: A Look Back and a Look Forward, 35 GEO. L. J. ANN. REV. CRIM. PROC. iii（2006）; Richard Henry Seamon & William Dylan Gardner, The PATRIOT Act and the Wall Between Foreign Intelligence and Law Enforcement, 28 HARV. J. L. & PUB. POL' Y 319（2005）。

根据美国以其独特方式确立的宪法学说，此处的问题并非在于《外国信息监视法》的修改是否合宪；相反，此处的问题乃是"打击国际恐怖活动的本质是什么"以及"采取何种合适的措施打击恐怖主义活动，才能使之与发达国家的公民期待的自由保护相一致"。首先，当两党在国家安全领域为了平衡国家安全和公民自由而努力达成合意时，我们不应期望这一合意可能被法院基于联邦宪法第四修正案而予以推翻。正如：在"9·11"事件发生后，《美国爱国法修正案》立即得到颁布，在创设之初，它就包含一条落日条款，即规定在未来相对安定的环境下应重新考虑它的适用问题。然而，它被考虑了，并且关于"重要目的"的变化也被保留了下来。换言之，尽管我们一般依靠法院来保护我们的个人自由，但是，历史表明，当国家安全受到外国侵略者的威胁时，法院可能会听从于政府部门的意愿。而且，鉴于国会材料中所包含的、旨在保护公民自由和国家安全的双重考量，此处的服从似乎特别值得。

其次，"向恐怖主义宣战"并非仅被作为一个简单的代号而被人接受，相反，乃是作为美国的一个法律概念，并进一步以此支持诸多"战时"举措被采纳。与"向毒品宣战"或"向犯罪宣战"不同，向恐怖主义宣战，或者至少是根据《军事武力使用授权决议》（the Authorization for the Use of Military Force）授予的武力使用①——从许多法律目的来看——已经达到战争的程度。② 在国外被逮捕的人，至少会被当成敌方作战人员对待；而且那些被宣称已经违反战争法的人（正如当今恐怖分子通常被宣称的一样），可能被军事委员会以违反上述法律予以追究，而非作为普通的刑事罪犯被起诉，即使他们的行为可能很恰当地符合联邦犯罪的构成要件。在美国境内被逮捕的嫌疑人，特别是美国公民，是否可以被作为非法的敌方作战人员在军事委员会进行审判（正如 Ex Parte Quirin 案中的阴谋破坏者一样），③ 这一点仍有待进一步确定，尽管美国政府明显认为它可以这样做。④

---

①   Pub, L. No. 107 – 40, 115 Stat. 224 (2001).

②   参见 Hamdi 诉 Rumsfeld 案，542 U. S. 507 (2004). ub, L. No. 107 – 40, 115 Stat. 224 (2001)。

③   317 U. S. 1 (1942).

④   Jose Padilla 是一个美国公民，在美国境内被作为敌方作战分子逮捕。两个独立的上诉法院对这种方式表示质疑，认为他只能受到刑事控诉。一个在结论上支持 Padilla，参见 Padilla v. Rumsfeld, 352 F. 3d 695 (2d Cir. 2003)。另一个在结论上支持政府，参见 Padilla v. Hanft, 423 F. 3d 386 (4th Cir. 2005)。然而，第一个判决基于其他原因被推翻了，参见 Rumsfeld v. Padilla, 542 U. S. 426 (2004)。后者经政府有效策划，将 Padilla 从军事法庭转移至普通法庭，以构成联邦犯罪进行审理。

因此，那些针对以普通执法活动为目的的电子监控所设置的限制，或许是合适的，但是，如果指控是基于战争法并发生在军事法庭，这些限制就显得不那么合适了。

与此同时，尽管政府宣称其有能力使用军事特别法庭，但到目前为止，还从未被使用过，并且将来它也似乎不太可能被用于任何在美国境内被逮捕的人。这符合欧洲国家的实践，即使是对于那些曾经受到恐怖分子严重侵袭的国家，也是如此。尽管北爱尔兰政府多次使用迪普洛克法院（Diplock courts）代替普通法院审判爱尔兰共和军成员，以及至少在其中一个案件中审判了基地组织的支持者。①

再者，《外国信息监视法》在收集国际恐怖活动（和外国势力及其组织）的情报信息方面的限制，也许会成为促进采取监视公民行动的一个不同的合法性基础。一个典型的例证就是，跨边境问题可能使得在其他场合不合法的政府行为合法化。例如，美国允许在没有任何怀疑的情况下实施边境搜查，以及基于合理怀疑、而非合理根据的入侵边境搜查。尽管《外国信息监视法》没有被限制在或者主要指向跨界的通信联系，但是，若要使搜查技术具有合法性，其搜查目的必须涉及外国因素或者与外国政府有关联。考虑到一方面若不使用电子监视，美国政府在获取外国信息方面的能力将大为受限；另一方面，美国政府在获取外国信息方面也缺乏获取国内信息时除电子监视以外的诸多措施，由此，对外国信息采取更为灵活的电子监视就可能被认为是正当的了。

针对以下可能被提出的问题，本文只是抛砖引玉。例如，为了逮捕和指控而对美国人进行电子监视是否合适？是否可以不遵循传统的合理根据之要求？就这些问题而言，参考其他发达国家在处理如何保障个人自由方面的经验，可能是有借鉴意义的。尽管如其他领域的研究一样，宣称美国具有独特性的论断可能对遵循其他国家的做法表示质疑，但是，这种参考也许会帮助我们找到一个合适的解决方案。

---

① 参见 Al‑Qaeda Terror Suspect Convicted, BBC NEWS, Nov. 24, 2005, available at http://news. bbc. co. uk/2/hi/uk_ news/northern_ ireland/4467640. stm。

法学专论

FaXue ZhuanLun

司法文化结构论

◎ 李建波 *

内容摘要：

司法文化是具有丰富内容的系统，要深刻而生动具体地把握它，有必要对其进行结构剖析。司法文化的结构可分为两个角度进行剖析：一是纵向结构，从该角度进行剖析，划分为表层结构和深层结构，旨在说明司法文化结构的层次感，由浅入深地认识司法文化的构成；二是横向结构，从该角度进行剖析，列举出若干主流司法文化，包括司法公正、高效、权威、独立、民主、廉洁、敬业、认同、合作、和谐文化等，旨在说明主流司法文化应有的内涵要求与构成要素。

关键词：

司法文化 结构 系统 司法改革

所谓结构，是指作为一个整体而存在的事物的诸组成要素及其相互关系，或称为一个系统、一个整体、一个集合。结构主义认为，结构是由具有整体性的若干转换规律组成的一个有自身调整性质的图式。① 结构范畴是随着结构主义思潮的勃兴而受到重视的。结构范畴的产生是同人对文化和人文社会科学的研究进程和研究水平密切相关的。具体来说，是随着人文社会科学从技术经验研究向抽象理论研究，从因素研究向因素相关性研究，从表层研究向深层研究

＊ 李建波，上海市金山区人民检察院检察官。

① 参见［瑞士］皮亚杰：《结构主义》，倪连生、王琳译，商务印书馆 1984 年版，译者前言第 2 页。

的过程而产生的。① "结构"的意义主要体现在它是处理整体与部分之间关系的关键，也是认识事物本质的必由途径，因为结构在一定程度上决定事物的性质，不同结构会产生性质不同的事物。司法文化是具有丰富内容的系统，要对其有一个深刻而生动具体的把握，仅有概念解读、生成因素分析和形态诠释是不够的，还需要对司法文化进行结构剖析。司法文化的结构是司法文化基本理论研究中的一个极为重要的问题，研究司法文化的结构旨在通过剖析司法文化的构成要素及其组合方式，说明司法文化"由什么构成"、"是一个什么样的文化体系"、"构成要素相互关系如何"，它是对司法文化内容研究的一个逐步展开和深化的过程，对于研究司法文化具有不可忽视的功能和作用。笔者将司法文化的结构分为两个角度进行剖析：一是纵向结构，从该角度进行剖析，旨在说明司法文化结构的层次感，由浅入深地认识司法文化的构成；二是横向结构，从该角度进行剖析，旨在说明主流司法文化应有的内涵要求与构成要素。

一、司法文化的纵向结构

司法文化是一个内容丰富的文化结构复合体，从纵向结构角度对其进行剖析，便能发现其清晰的层次，即司法文化的表层和深层。一般认为，司法文化是一个由外显的表层结构和内隐的深层结构组成的整体化文化结构图式。由表入里，亦是对司法文化内容研究的一个逐步展开和深化的过程。司法文化的表层结构和深层结构又分别包括若干层次。表层结构包括物质形态、行为形态、组织形态和制度形态的司法文化，主要有司法依据、司法制度、司法组织机构、司法技术、司法行为、司法设施等；深层结构，即意识形态的司法文化，主要包括司法道德、司法价值、司法意识、司法理念、司法精神、司法传统、司法思想体系等。各个层次之间相互作用、相互影响，并构成一个有机统一的司法文化整体。

（一）司法文化的表层结构

司法文化的表层结构，指的是司法文化中外在化的表现形态，包括物质形态、行为形态、组织形态、制度形态。司法文化的物质形态是指物质形态的司法文化要素，它是司法文化的物质化表现和物质载体，当然也是属于司法文化范畴的，主要包括审判场所、办公环境、司法设施、司法装备等。司法文化的行为形态是指行为形态的司法文化要素，它是司法文化的行为化表现和行为载

---

① 刘进田、李少伟：《法律文化导论》，中国政法大学出版社 2005 年版，第 117 页。

体，主要包括立案行为、庭审行为、诉讼调解行为、司法文书制作行为、法官业外活动、司法礼仪等。司法文化的组织形态是指组织机构形态的司法文化要素，它是司法文化的组织化表现和组织载体，主要包括法院设置、审判庭设置、法官配备、陪审员配备等。司法文化的制度形态是指制度形态的司法文化要素，它是司法文化的制度化表现和制度载体，通俗地讲就是指制度化了的司法文化，即司法制度。

司法文化的表层结构以物质化、行为化、组织化、制度化的外显方式展现在人们的视野中，易于为人们所感知。表层结构对司法文化的传播与交流发挥着重要作用，因为司法文化的传播与交流一般是从司法文化的表层结构开始的。这体现了认识运动的规律，由表及里。认识运动的规律，即人类认识的产生和发展的总规律。毛泽东指出，通过实践而发现真理，又通过实践而证实真理和发展真理。从感性认识而能动地发展到理性认识，又从理性认识而能动地指导革命实践，改造主观世界和客观世界。实践—认识—再实践—再认识，这种形式循环往复以至无穷，而实践和认识之每一循环的内容，都比较地进到了高一级的程度。这就是辩证唯物论的全部认识论，这就是辩证唯物论的知行统一观。① 在司法文化的传播与交流中，人们往往先是外显的表层结构的交流、学习，然后由表入里，进行内隐的深层结构交流，再指导表层结构的交流，如此循环往复地不断提高司法文化交流的深度与层次。

（二）司法文化的深层结构

司法文化的深层结构，指的是司法文化中内在的意识形态，它处于司法文化立体结构中内隐的、较为深层的地位。司法文化的意识形态，或称司法文化的观念形态、精神形态，即意识形态的司法文化要素，它是司法文化的精神载体和核心要素。司法文化的意识形态主要包括司法精神、司法理念、司法思想、司法态度、司法传统、司法价值、司法道德等。

司法文化的深层结构对司法设施的制备、司法行为的形成、司法组织的架设、司法制度的制定具有指导作用。由于各国司法文化的深层结构不同，导致了人们所看到的表层结构的冲突，其实质是深层结构的司法文化冲突的外显。回顾我国司法现代化进程中的各种冲突，其实质就是以一定物质生活为基础的司法文化在深层结构层面尤其是价值理念的世界性与本土性、现代化与非现代化的较量。对中国司法的走向，近代思想家们在"师夷长技以制夷"、抗击海

---

① 《毛泽东著作选读》（上册），人民出版社1986年版，第136页。

外与变法自强的矛盾情境下进行深重思考。辛亥革命前顽固派与维新派你死我活的争斗,法理派与礼教派旷日持久的论战,北洋军阀政府和南京国民政府以本土性为实、以世界性为形的法制模式,均折射出司法现代化进程中司法文化本土性与世界性、传统性与现代性的对立与融合。① 在迈向司法现代化的今天,我们借鉴国外的先进的司法经验和司法文化,必须分析中西传统法律文化和司法文化的深层结构差异及其形成的原因,这将有助于人们对中国实现司法现代化途径的探索。

二、司法文化的横向结构

经过对司法文化的纵向结构剖析,司法文化结构的表里层次性为我们清晰可见。而司法文化是一个内容丰富的文化结构复合体,其结构具有纵横交错、有机统一的特点。基于此,有必要认识司法文化的横向结构,从横向结构剖析司法文化,以更全面、系统地认识司法文化。笔者认为,从横向结构角度考察司法文化,也可以说明主流司法文化应有的内涵要求与构成要素。这些主流司法文化包括司法公正文化、司法高效文化、司法权威文化、司法独立文化、司法民主文化、司法廉洁文化、司法敬业文化、司法认同文化、司法合作文化、司法和谐文化等。值得注意的是,各个横向结构要素中又具有各自纵向结构和形态结构,比如司法公正文化,它作为横向结构的司法文化,本身又含有表层结构和深层结构,含有物质形态、意识形态、行为形态、组织形态和制度形态。如司法公正文化的制度形态之一公开审判制度就属于表层结构,而意识形态之一的司法公正理念便属于深层结构。这也恰恰说明,司法文化是有机统一的整体系统,司法文化的形态、纵向结构、横向结构互相交错、有机统一。

(一)司法公正文化

司法公正文化,是指司法机关及其人员在司法活动的过程和结果中坚持公平与正义的原则所形成的一种主流司法文化。公平正义作为一种崇高的价值理念,是人类社会孜孜不倦追求的理想。要把公平正义的价值理念贯穿于法治的全过程,就必须维护司法公正。司法公正应为社会公正提供保障。司法公正既要求司法机关的司法活动坚持正当平等的原则,也要求司法机关的裁判结果体现公平正义的精神。司法公正包括实体公正和程序公正。所谓实体公正,是指裁判结果的公平、正义,这是人类在诉讼活动中共同的追求。只有实体最终公

---

① 李修源:《司法公正理念及其现代化》,人民法院出版社 2002 年版,第 181 页。

正的裁判，才能赢得社会最为广泛的认同和最为持久的生命力。所谓程序公正，是指裁判过程的公平、正义，即裁判过程必须坚持正当程序，坚持中立、独立和廉洁。只有在程序公正的前提下作出的裁判，才有令人服判的基础。司法公正是维护社会公平正义的最后一道防线，是协调社会关系、化解社会矛盾的最后一条途径，也是法律公正的全权代表和集中体现。司法公正文化是司法文化中最为重要的主流文化，这是由司法的灵魂和本质所决定的，必须大力建设和发扬司法公正文化。

（二）司法高效文化

司法高效文化，是指司法机关追求司法资源的节约和司法资源有效利用的最大化所形成的一种主流司法文化。效率问题是司法文明的基本内容之一，也是评价司法文明的重要标准之一。[①]"迟来的正义为非正义"，这句西方谚语充分说明司法效率是正义的重要组成部分。对于"法与经济学"而言，效率性就是价值，就是一种法律意识形态。[②] 任何纠纷的存在，既表明纠纷当事人之间存在利益的冲突，也表明发生争议的社会关系处于不稳定的状态。尽快地解决纠纷，使失去平衡的社会关系及时恢复到稳定状态，这是对司法机关的必然要求。司法机关必须提高司法效率，尽快化解社会矛盾和纠纷。因此，效率是司法的内在品质，效率是司法的目标和追求，效率是当事人、社会的普遍要求。[③]提高司法效率，使当事人尽快获得公平裁判的结果，无疑也是民众对司法的要求与期待。要促进社会和谐与稳定，必须提高司法效率，最大限度地发挥现有司法资源的整体效益，最大可能地降低诉讼主体的讼累，最低成本地实现司法公正。

（三）司法权威文化

司法权威文化，是指司法机关的裁判活动在解决争讼的实践中所应当具有的权威性和公信力而形成的一种主流司法文化。司法权威是法治国家的根本要件之一，树立和维护司法权威，既是共产党民主执政、科学执政、依法执政的需要，也是依法治国的必然要求。众所周知，司法权产生于人类对和平的愿望与追求之中，发展至今，司法权服务于人类社会的这一初衷依然未改，而且越

---

① 范进学、夏泽祥、秦强：《法治文明论》，中国经济出版社 2008 年版，第 187 页。

② 季卫东：《法治秩序的建构》，中国政法大学出版社 1999 年版，第 342 页。

③ 徐安住主编：《司法创新——从个案到法理的展开》，中国检察出版社 2004 年版，第 97 页。

来越被公认为是解决纷争、保障社会公平正义的最后一道防线，成为防止社会动荡、维护国家长治久安的最佳途径之一。而司法权威又是确保司法权能够成为社会纠纷最终解决机制的最有力的保障。司法公正与高效必须要由司法权威来保障。换言之，司法没有权威，司法裁判得不到执行，司法也就失去了公信力，同时法律也就失去了权威。而倘若法律失去权威，法律就如列宁说的："那不过是毫无意义的空气震动而已。"司法也就丧失了其应有的价值。

（四）司法独立文化

司法独立文化，是指基于履行司法职能的需要，司法机关及其人员依法独立行使司法权，其所进行的司法活动不受任何外部干涉而形成的一种主流司法文化。西方国家不仅将司法独立写入了宪法，使之成为重要的宪法原则，而且建立了一套比较完整的法律保障机制，从而使司法独立这一宪法原则得到了贯彻实施并有效地发挥了作用。归纳起来，这套法律保障机制主要包括以下几个方面：（1）法院单独设置，自成体系；（2）法官选任严格，职务稳固；（3）法官的生活得到充分保障；（4）法官行为自由且有明确的准则和责任；（5）法院经费独立，列入国家预算。司法独立的主体包括法官、合议庭、法院；内容主要包括管辖独立、审判独立、执行独立、司法行政事务独立。① 司法独立在制度上得到确立，已经有了数百年的历史。在世界上最早确立司法独立的国家，可能要算英国。英国 1700 年的王位继承法确立了对法官的任期保障，被认为是司法独立的一个要素。② 我国香港特区几乎完全移植了英国司法制度，非常强调司法独立精神。从形式上及其司法实践来看，香港确实相当严格地遵循着司法独立原则。③ 这是我国香港司法文化的一个亮点。

（五）司法民主文化

司法民主文化，是指司法机关及其人员坚持民主的原则，倡导民主作风所形成的一种主流司法文化。司法民主，要求扩大司法的参与性和民主性。我国的司法是社会主义司法，民主是社会主义的根本要求，因此，司法必须坚持民主原则，按照民主法则行事，同时必须接受民主监督。要加强司法民主建设，

---

① 参见谭世贵：《司法独立问题研究》，法律出版社 2004 年版，第 70—101 页。

② 李昌林：《从制度上保证审判独立：以刑事裁判权的归属为视角》，法律出版社 2006 年版，第 6 页。

③ 顾敏康、徐永康、林来梵：《香港司法文化的过去、现在与未来——兼与内地司法文化比较》，载《华东政法学院学报》2001 年第 6 期。

从制度上保证人民群众广泛参与司法、监督司法，司法机关必须做到以下几点：第一，尊重广大人民群众的诉讼权利，切实解决群众"打官司难"的问题，特别是要使经济困难的当事人打得起官司；第二，为案件当事人参加诉讼活动提供充分的保障，包括及时告知当事人享有的诉讼权利，依法为当事人指定辩护人，要求有关机构为符合条件的当事人提供法律援助等；第三，切实贯彻审判公开原则，将审判活动置于人民群众的监督之下，依法受理当事人和群众对司法人员违法违纪行为的检举、控告并及时查处；第四，注意听取人民群众对司法工作的意见和建议，不断改进工作，提高司法的公正性与效率性。加强司法的民主性和参与性，也能进一步增强人们对司法的认同感。

（六）司法廉洁文化

司法廉洁文化，是指司法机关及其人员廉洁奉公，廉洁从政，秉公司法所形成的一种主流司法文化。廉洁，是对国家工作人员的基本要求，要求国家工作人员廉洁奉公、不以权谋私，不滥用职权，不徇私枉法，坚决杜绝腐败行为和不正之风。清正廉洁是保证法官公正司法的前提，也是其获得社会信任的前提。① 司法廉洁建设包括防腐与肃贪两个方面，要有效地预防和惩治腐败。司法是解决纠纷、保障公民权利、实现社会公正的最后一道防线，廉洁文化对于司法工作至关重要。廉洁是司法公正、权威的基础，是司法的生命根基。必须倡导司法廉洁文化，切实保障司法机关及其人员的廉洁性，维护廉洁司法，公正司法。2005 年最高人民法院在《法官行为规范》（试行）中规定保持司法廉洁，要求法官严格遵守有关廉政规定，不利用职务之便为自己或者他人谋取不当利益；不从事或者参与营利性活动、不在企业或者其他营利性组织中兼任职务；正确处理与当事人及其代理人、辩护人的关系，不得私下与一方单独会见，不得违反规定为其提供咨询意见，不得为当事人推荐介绍代理人、辩护人及中介机构，或者为律师、其他人员介绍办理案件；对当事人、代理人、辩护人的馈赠或贿赂行为，应当果断拒绝并给予批评。

（七）司法敬业文化

司法敬业文化，是指司法人员恭敬严肃地对待司法工作，对司法工作认真负责、尽心尽力、任劳任怨而形成的一种主流司法文化。中华民族历来有"敬业乐群"、"忠于职守"、"专心致志以事其业"的传统，敬业是中国人民的传统美德，中国古代不少司法者坚持真理、坚持正义的奋斗不息精神值得人们称

———————————

① 王新清主编：《法律职业道德》，法律出版社 2007 年版，第 55 页。

赞和仿效。① 司法工作中，要求司法人员要勤勉敬业，忠于职守，建设司法敬业文化是十分必要的，这样才能做好司法工作，履行司法职能，有效实现司法的价值。提倡司法敬业文化，还要求司法机关及其人员不断加强学习，提高司法能力和水平，法官必须在一个充满人文的环境里不断加强知识学习和品德修养，从而保证其能够适应社会发展和职业要求的需要，保持思维的时代性和人文理性。② 尤其是随着形势任务的不断发展变化，司法实践中面对的新情况、新问题越来越多，司法改革越来越深入，司法机关迫切需要倡导敬业、学习之风，营造敬业与学习的氛围，不断提高司法人员的素质、能力和司法水平。

（八）司法认同文化

司法认同文化，是指司法机关及其人员在行使司法权时追求人们对司法权运行的肯定、认可而形成的一种主流司法文化。司法认同，即人们对司法权运行的肯定、认可。而作为一种司法文化的司法认同，则应解释为司法机关及其人员在行使司法权时追求人们对司法权运行的肯定、认可的一种文化，否则会因其主体不是司法机关及其人员而被误解为人们对司法的态度，进而不属于司法文化。众所周知，权威的本质要求服从，即便人们认为这种服从与行为理由相冲突。由此可见，服从于权威毫无理性可言。同样，自治原则允许我们根据自己对各种道德问题的判断行为。③ 换言之，司法决定的权威性是因为它们来自于一个政治上被认可的源泉，而不是来自于人们对司法的价值判断。这样一来，就产生了司法认同问题。司法公正、司法高效不必然引起人们对司法的认同。要实现司法认同，必须坚持司法为民，方便群众诉讼。这就要求司法机关有一心为民的司法追求，要求法官心中必须时刻装着人民、必须对老百姓有深厚的感情，努力做到权为民所用、情为民所系、利为民所谋，采取便民的诉讼措施，着力解决群众最关心、最直接、最现实的诉讼困难，着力将矛盾化解在基层，着力研究解决构建和谐社会进程中遇到的司法新问题。

（九）司法合作文化

司法合作文化，是指司法机关本着开放的态度加强国际合作与交流所形成

---

① 郭成伟：《略论中国传统文化对司法制度的影响》，载陈光中主编：《中国司法制度的基础理论专题研究》，北京大学出版社 2005 年版，第 75 页。

② 汪习根主编：《司法权论——当代中国司法权运行的目标模式、方法与技巧》，武汉大学出版社 2006 年版，第 411 页。

③ ［英］约瑟夫·拉兹：《法律的权威》，朱峰译，法律出版社 2005 年版，第 4 页。

的一种主流司法文化。司法合作，意味着国家司法制度必须适应国际社会关于司法公正和保障人权的基本要求，同时借鉴各国的有益经验，不断改进司法工作；本国司法机关积极地与外国司法机关进行合作与交流，努力学习外国的先进经验，取长补短，互相配合，以更好地做好司法工作。当今世界由于经济一体化引发的法律世界化和司法国际化日益明显，同时随着各国间的联系日趋紧密，利益关系更加密切相关，各国之间的交流与合作也愈加频繁，加强司法合作，互通便利，共同惩治国际犯罪及处理跨国司法问题亦成为大势所趋。为此，我国必须倡导司法合作文化，进一步提高我国司法对外开放的程度和水平，展示中国司法良好形象，提高中国司法工作的国际地位。

（十）司法和谐文化

司法和谐文化，是指追求司法权运行的理想状态，即追求司法权力的个体和谐，包括司法权运行的法律效果与社会效果的有机统一，公正与效率的有机统一，权威与认同的有机统一而形成的一种主流司法文化。司法是关于正义的生活艺术，其魅力在于司法源于生活又高于生活，再现生活又复归生活，而安宁、和谐与有序正是社会生活的本质要求。司法机关的根本职责就是化解社会矛盾，维护社会稳定，保障经济发展，促进社会和谐，实现公平正义。① 这就要求司法的观念、司法的过程、司法的机制、司法的方式、司法的结果等都应当以协调、和谐为目标，使司法工作更加有利于社会稳定，有利于促进经济发展，有利于保护群众利益，有利于实现社会和谐。② 因此，和谐是司法的真实本性，司法和谐是司法权的本质追求。其实，"和谐"也是中华法系的价值理念，"和谐—无讼—伦理和谐"构成了中华法系和谐理念的系统形态。在这一系统形态中，"和谐"是目的性理念，"无讼"是工具性理念，"伦理和谐"是终极理念。这一系统形态体现了我国古代法的价值体系。③ 然而，新中国成立以来，对司法权的本质追求的认识经历了一段艰辛的探索过程。从新中国成立初期的"人民司法"，强调司法的人民性，到"文革"时期的"专政司法"，再到改革开放和市场经济战略转型期的"司法公正"与依法治国方略提出时倡导的"司法独立"，及近年来提倡的"司法为民"。提出"司法和谐"，高度概

---

① 《最高人民法院关于为构建社会主义和谐社会提供司法保障的若干意见》2007 年 1 月 15 日。

② 尹忠显：《坚持司法和谐共建和谐社会》，载《人民法院报》2007 年 3 月 1 日。

③ 潘丽萍：《中华法系的和谐理念》，法律出版社 2006 年版，第 1 页。

括和揭示了司法权的本质追求。① 司法权的本质追求不仅仅是人民性，同时包括中立性；不仅仅是司法公正，同时包括司法效率；不仅仅是司法权威，同时包括司法认同；不仅仅是司法的法律效果，同时包括司法的社会效果，而这些的综合体和高度概括便是"司法和谐"。② 倡导司法和谐文化，是司法工作本身的要求，也是构建社会主义和谐社会的要求。

---

① 谭世贵、李建波：《论司法和谐及其实现》，载《时代法学》2007 年第 4 期。

② 李建波主编：《司法和谐与社会主义司法制度革新》，中国民主法制出版社 2008 年版，第 10 页。

刑事强制措施的实体性标准及 体系完善：以犯罪分层理论为视角

◎ 孙道萃　黄帅燕 *

内容摘要：

刑事强制措施应遵循正当性原则，犯罪严重性作为实体性标准略显得抽象，可以借助犯罪分层理论加以理解。虽然现有五种刑事强制措施初步形成了一个具有梯度层次的结构体系，但与犯罪分层仍衔接不足。理想的犯罪分层模式为重罪、轻罪和轻微罪，应用以指导刑事强制措施实体标准的设定及体系完善。

关键词：

刑事强制措施　实体性标准　犯罪分层　犯罪分层模式

一、刑事强制措施的比例原则：实体性标准之困境与出路

刑事强制措施，是指公安机关、人民检察院和人民法院为了保证刑事诉讼的顺利进行，依法对刑事案件的犯罪嫌疑人、被告人的人身自由进行限制或者剥夺的各种强制性方法，具体包括拘传、取保候审、监视居住、拘留和逮捕。[①]作为一种重要的刑事诉讼制度，对于保证刑事诉讼的顺利进行具有重要的意义。但强制措施直接关系公民的人身、财产、私生活等基本人权。在尽量适用非强制性措施的同时，还要严格控制以免被滥用。正如边沁所言，"立法者应

---

* 孙道萃，北京师范大学刑事法律科学研究院 2011 级刑法学博士研究生；黄帅燕，北京师范大学刑事法律科学研究院 2009 级硕士研究生。

① 参见宋英辉主编：《刑事诉讼法学》，中国人民大学出版社 2007 年版，第 159 页。

以公共利益为目标，最大范围的功利应成为他一切思考的基础"①。因此，刑事强制措施在满足形式合法性的同时，也要确保公正性（正当性），这才符合宪政的内在要求。

有论者认为，适用刑事强制措施的基本原则有程序法定、比例原则和司法令状原则。② 这三个原则融程序法和实体法于一体，因而适用强制措施的标准有程序和实体之分。有论者认为，我国的刑事强制措施中的预防性羁押存在实体化倾向，倡导刑事强制措施的程序化指向改革。③ 这种观点不无道理，但立足于刑事一体化，应兼顾实体和程序标准（原则）。一般而言，刑事强制措施的适用要与犯罪的严重性、嫌疑程度（掌握证据的充分性）及案情的紧急性和必要性相适应。④ 笔者认为，这三个要素集实体与程序标准于一体，后两个要素主要涉及程序性标准。犯罪的严重性指比例原则，即适用刑事强制措施要遵循规制权力以保证其合目的的运作和保障权利以维护权力相对人的自治。作为一种实体性标准，如何理解抽象的比例原则始终令人困惑不解，理论界的阐释也不够全面。

笔者认为，可以考虑引入犯罪分层理论来把握适用刑事强制措施的实体标准。卢建平教授认为，"犯罪分层，指根据犯罪的严重程度将所有犯罪划分为不同层次的犯罪分类方法"。⑤ 在刑事法上，将所有犯罪按照严重程度区分为若干不同层次的表现形式的做法自古有之。犯罪分层的意义不仅体现在刑事政策、刑法体系和刑法规范上，也同样体现在司法组织和司法程序的设置上，即根据犯罪的轻重分别设定不同的处理机构和程序。⑥ 但犯罪分层的程序意义尚未"进入"刑事强制措施。笔者认为，根据强制力度的轻重，拘传、取保候审与监视居住、拘留、逮捕依次由轻到重排列，各自适用标准呈现出一定的层

---

① ［英］吉米·边沁：《立法理论》，李贵方等译，中国人民公安大学出版社 2004 年版，第 1 页。

② 参见孙连钟：《刑事强制措施研究》，知识产权出版社 2007 年版，第 63—114 页。

③ 参见杨雄：《刑事强制措施实体化倾向之反思——以预防性羁押为范例》，载《政法论坛》2008 年第 4 期。

④ 参见宋英辉主编：《刑事诉讼原理》，法律出版社 2003 年版，第 124—127 页。

⑤ 卢建平：《犯罪分层及其意义》，载《法学研究》2008 年第 3 期。

⑥ 如法国刑事诉讼法就规定，重罪由重罪法院审理，预审是必经程序，必须采用陪审团制，对被告人的人格检查也是必须的；轻罪由轻罪法庭管辖，预审是任择性的，实行专业法官的合议制，被告人的人格检查也是任择性的；违警罪则由治安法庭负责，一般不经预审，审判也采用简易程序，无须进行人格检查。

次。但刑事强制措施的体系层次性仍然不足，如拘留的标准模糊、取保候审和监视居住的标准统一、逮捕标准偏低，逮捕与非羁押性强制措施（主要是指取保候审和监视居住）的界限不明且层次不合理，等等。从应然性看，重罪、轻罪、违警罪所形成的相对稳定的犯罪分层是确定刑事强制措施体系架构和内部各自标准梯度的导引。

二、刑事强制措施的体系层次性及不足：以犯罪分层为基准的考察

在我国，刑事强制措施的适用标准是由刑事诉讼法及相关解释共同规定的，具体而言：（1）拘传。根据 1996 年《刑事诉讼法》第 50 条的规定，"根据案件情况"为其适用标准。（2）取保候审和监视居住。根据 1996 年《刑事诉讼法》第 51 条的规定，其标准为：可能判处管制、拘役或者独立适用附加刑的；可能判处有期徒刑以上刑罚，采取取保候审、监视居住不致发生社会危险性的。1998 年最高人民法院《关于执行〈中华人民共和国刑事诉讼法〉若干问题的解释》增加了"应当逮捕但患有严重疾病的，或者是正在怀孕、哺乳自己婴儿的妇女"情形。①（3）拘留。根据 1996 年《刑事诉讼法》第 61 条的规定，公安机关对于现行犯或者重大嫌疑分子，如果有"正在预备犯罪、实行犯罪或者在犯罪后即时被发觉的；被害人或者在场亲眼看见的人指认他犯罪的；在身边或者住处发现有犯罪证据的；犯罪后企图自杀、逃跑或者在逃的；有毁灭、伪造证据或者串供可能的；不讲真实姓名、住址，身份不明的；有流窜作案、多次作案、结伙作案重大嫌疑的"之一可以先行拘留。②（4）逮捕。1996 年《刑事诉讼法》第 60 条规定，对有证据证明有犯罪事实，可能判处徒刑以上刑罚的犯罪嫌疑人、被告人，采取取保候审、监视居住等方法，尚不足

---

① 根据 1997 年最高人民检察院《人民检察院刑事诉讼规则》（以下简称《高检规则》）第 37 条的规定，可以取保候审的有："（一）可能判处管制、拘役或者独立适用附加刑的；（二）可能判处有期徒刑以上刑罚，不予逮捕不致发生社会危险性的；（三）对被拘留的人，需要逮捕而证据尚不符合逮捕条件的；（四）应当逮捕但患有严重疾病的；（五）应当逮捕但正在怀孕或者哺乳自己婴儿的；（六）被羁押的犯罪嫌疑人不能在法定侦查羁押、审查起诉期限内结案，需要继续侦查或者审查起诉的；（七）持有有效护照或者其他有效出境证件，可能出境逃避侦查，但不需要逮捕的。"

② 根据《高检规则》第 76 条的规定，人民检察院对于有下列情形之一的犯罪嫌疑人，可以决定拘留："（一）犯罪后企图自杀、逃跑或者在逃的；（二）有毁灭、伪造证据或者串供可能的。"

以防止发生社会危险性，而有逮捕必要的，应立即依法逮捕。根据《高检规则》第 86 条的规定，"有证据证明有犯罪事实"是指同时具备"有证据证明发生了犯罪事实；有证据证明该犯罪事实是犯罪嫌疑人实施的；证明犯罪嫌疑人实施犯罪行为的证据已有查证属实的"情形。①

　　由上可见：（1）逮捕条件最高。决定逮捕犯罪嫌疑人、被告人必须同时具备"证据要件"、"罪行要件"和"必要性"三要件，往往是针对重罪而实施的，凡是符合逮捕条件的基本上是重罪。（2）拘留条件仅次于逮捕。在侦查过程中，遇有紧急情况下，依法临时剥夺某些现行犯或者犯罪嫌疑分子的人身自由。作为一种紧急处置措施，其强制力度仅次于逮捕，我国目前一律实施有证拘留。② 拘留主要针对现行犯和重大犯罪嫌疑人，列举的七种情形有些与逮捕条件相同或相似，可以作为针对重罪和轻罪的强制措施。但这个标准其实很模糊，与逮捕、取保候审与监视居住的明确性相比，缺乏实质性内容，难以与前三个强制措施形成明显的"层次"梯度，往往会导致拘留的标准偏低。（3）取保候审和监视居住条件相同。主要针对轻罪，即那些不需要逮捕但又危险性较高的犯罪嫌疑人或者被告人。但根据现行法律和解释的规定，取保候审和监视居住可以与逮捕进行相互变更，这说明二者之间的界限并非绝对分明，也间接解释了轻重罪的界限也非泾渭分明。（4）拘传条件最低。一般针对有证据怀疑其实施了某一特定犯罪的嫌疑人，或者已经被取保候审、监视居住的犯罪嫌疑人或被告人。理论上对何为"根据案件情况"存在两种观点：一是经过合法传唤而无正当理由拒不到案的；二是合法传唤不是先决条件。③ 一般认为，拘传和传唤在刑事诉讼中是两个独立的、性质不同的诉讼行为。拘传是为了强

---

① 1998 年最高人民法院、最高人民检察院、公安部、国家安全部、司法部、全国人大常委会法制工作委员会《关于刑事诉讼法实施中若干问题的规定》第 26 条规定，修改后的刑事诉讼法将原刑事诉讼法关于逮捕条件中"主要犯罪事实已经查清"的规定修改为"有证据证明有犯罪事实"。其中"有证据证明有犯罪事实"，是指同时具备下列情形：（1）有证据证明发生了犯罪事实；（2）有证据证明犯罪事实是犯罪嫌疑人实施的；（3）证明犯罪嫌疑人实施犯罪行为的证据已经查证属实的。犯罪事实可以是犯罪嫌疑人实施的数个犯罪行为中的一个。

② 因情况紧急来不及办理拘留手续的，应当在犯罪嫌疑人带至公安机关后立即办理法律手续。参见宋英辉主编：《刑事诉讼法学研究述评》，北京师范大学出版社 2009 年版，第 222 页。

③ 陈卫东、张弢：《论刑事强制措施的立法完善》，载《中国人民大学学报》1996 年第 2 期。

制到案接受讯问，强制力度最小，往往针对一些轻微罪或者轻罪，大量运用拘传有助于从司法环节树立轻微罪概念。

笔者认为，从适用标准看，由拘传到逮捕呈一定的体系层次性。逮捕基本上对应重罪，取保候审与监视居住主要是轻罪，拘留游离于重罪和轻罪之间，拘传应该是一些轻微罪。但除了取保候审和监视居住、逮捕标准相对比较明确外，拘传和拘留的标准相对比较宏观和抽象，给予司法人员的自由裁量权很高。而且取保候审和监视居住与逮捕条件衔接得过于紧密，二者的梯度设计不足，毕竟在性质上分别属于羁押性和非羁押性强制措施。另外，适用取保候审和监视居住的条件相同，这未能顾及二者的强制力度差异，使得非羁押性强制措施的梯度缺失。因而，刑事强制措施的体系性仍有待完善。

三、以犯罪分层模式推进刑事强制措施的体系完善

犯罪分层与刑事强制措施的关系为：犯罪分层是深入理解刑事强制措施实体性标准的认识媒介，应然犯罪分层模式是刑事强制措施体系完善的指导观念。尽管犯罪分层看起来是一个静态的概念，但犯罪分层标准和分层模式都是动态的，因而犯罪分层也是动态的概念。刑事强制措施看起来是一个动态的概念，但各种强制措施及适用条件理应呈现为相对静态，以满足程序的安定性。因而，犯罪分层理论与刑事强制措施可以在动静态之间实现有效的对接与契合。

犯罪分层理论是一个非常复杂的综合性命题，其核心是犯罪分层的标准，不同的标准产生不同的分层模式。有论者认为，"从当前所有国家刑法典对犯罪分层采用的标准看，可以分为两种：一是根据刑罚的轻重，即形式标准；二是根据犯罪行为本身的严重程度或者社会危害性和程度，称为实质、实体或严重程度标准"[1]。目前，我国理论界基本上根据法定刑（宣告刑）或者社会危害性（人身危险性）来划分犯罪层次。[2] 有论者认为，"我国应采取二分法，法定刑最高刑为 5 年有期徒刑以下刑罚的为轻罪，法定刑最高刑为 5 年有期徒刑以上刑罚的为重罪"[3]。笔者认为，区分轻重罪很有必要，但应进一步细化。

---

① 叶希善：《犯罪分层研究——以刑事政策和刑事立法意义为视角》，中国人民公安大学出版社 2008 年版，第 82 页。

② 参见陈旭文：《罪行轻重论》，中国检察出版社 2009 年版，第 15—24 页。

③ 田兴洪：《宽严相济语境下的轻罪刑事政策研究》，法律出版社 2010 年版，第 61 页。

此外，我国应倡导轻微罪（微罪）① 概念，并以此匹配拘传这一非羁押性强制措施。基于此，我国的犯罪分层模式应为重罪（重罪、次重罪）、轻罪（轻罪、次轻罪）和轻微罪（微罪）三层次。其理由为：逮捕和拘留都是剥夺人身自由的强制措施，应仅限于重罪；基于逮捕和拘留的强制力度差异，可以在重罪内部再分为两部分。如以死刑或有期徒刑为界分。取保候审和监视居住是限制人身自由的强制措施，应该适用于轻罪。根据 2012 年新刑事诉讼法②，要适当区分二者的适用标准。监视居住是替代性羁押措施，应主要限于轻罪中偏重的或者介于重罪和轻罪之间的情况。拘传的强制力度罪最轻，主要适用于轻微罪（微罪）。但重罪、轻罪和轻微罪之间发生交叉或重复的可能性客观存在且不可避免，实际上不可能有一个界限分明的犯罪分层理论和标准与模式，因而强制措施之间存在重合或者模糊地带亦不足为奇。

具体而言：（1）拘留和逮捕是羁押性强制措施。③ 从强制力的程度看，逮捕和拘留在同一层次上呈递减关系，与取保候审和监视居住具有本质性差异。从当前逮捕的条件看，尽管规定了一些变更为非羁押性强制措施的情形，但标准设置得似乎仍过低，使得刑事羁押率很高；而且往往导致刑事羁押与刑事判决的关联性，即一般采取羁押措施的犯罪嫌疑人和被告人就会进入刑事审判程序，为的是避免国家赔偿和业务业绩考核受损。拘留所规定的"现行犯和重大犯罪嫌疑人"过于抽象，尽管列举了七种情形，但这与强制力度相前后的逮捕、取保候审和监视居住之间的界限不是非常明确。虽然可以一定程度上有助

---

① 参见储槐植：《解构轻刑罪案，推出"微罪"概念》，载《检察日报》2011 年 10 月 13 日第 3 版。

② 可以取保候审的情形为：（1）可能判处管制、拘役或者独立适用附加刑的；（2）可能判处有期徒刑以上刑罚，采取取保候审不致发生社会危险性的；（3）患有严重疾病、生活不能自理，怀孕或者正在哺乳自己婴儿的妇女，采取取保候审不致发生社会危险性的；（4）羁押期限届满，案件尚未办结，需要采取取保候审措施的。可以监视居住的情形为：（1）患有严重疾病、生活不能自理的；（2）怀孕或者正在哺乳自己婴儿的妇女；（3）系生活不能自理的人的唯一扶养人；（4）因为案件的特殊情况或者办理案件的需要，采取监视居住措施更为适宜的；（5）羁押期限届满，案件尚未办结，需要采取监视居住措施的。对于符合取保候审条件，但犯罪嫌疑人、被告人不能提出保证人，也不交纳保证金的，也可以监视居住。

③ 在针对人身的刑事强制措施中，拘留和逮捕属于羁押性强制措施，是一种剥夺人身自由的行为，而非羁押性强制措施主要是限制人身自由的措施，主要是指取保候审和监视居住。参见魏玉明：《非羁押性强制措施研究》，法律出版社 2010 年版，第 15—16 页。

于司法裁量权的运用，但也往往导致刑事强制措施适用不当，如拘留期间过长所致的长期羁押现象①、本可以取保候审和监视居住却无法适用等。因此，提高逮捕的条件、明确拘留的条件、区分逮捕和拘留的标准是羁押性强制措施的主要任务。（2）取保候审和监视居住都是非羁押性强制措施。一方面，对"可能判处管制、拘役或者独立适用附加刑的"采取非羁押性强制措施是轻罪刑事政策的体现，但对"可能判处有期徒刑以上刑罚，采取取保候审、监视居住不致发生社会危险性的"的规定，虽然为羁押到非羁押措施提供了一条"通道"，但也模糊了二者的界限。更为可怕的是，在实践中表现为降低逮捕条件，使得刑事羁押率很高。② 另一方面，取保候审和监视居住是性质不同的两种非羁押性强制措施，监视居住的强制力度一般更高，必须加以区分。据统计，我国逮捕率高达85%，"构罪即捕"的做法使得高逮捕率、高羁押率，"一捕到底"和"一押到底"的做法也很普遍。③ 因而，我国非羁押性强制措施的适用率很低，通过扩大对轻罪适用非羁押性强制措施有助于缓解这一现象。（3）拘传的强制力度最小，适用对象相对不确定，"根据案件情况"可以做多重解释，现实中拘传转化为其他强制措施的概率很高。笔者认为，拘传应该首先且主要针对轻微罪案件。目前，理论界主要将广义的自诉案件归为轻微罪。根据《刑法》第37条、1996年《刑事诉讼法》第142条及《高检规则》第291条的规定，我国刑事立法中的微罪处分方式主要分为两种：一是在审判阶段，由人民法院判处免于刑事处罚的同时，根据案件的不同情况，对犯罪分子予以训诫或者责令具结悔过、赔礼道歉、赔偿损失或者由人民法院交由或建议主管部门予以行政处罚或者行政处分。二是在检察起诉阶段，由人民检察院作出不起诉的同时，根据案件的不同情况，对犯罪分子予以训诫或者责令具结悔过、赔礼道歉、赔偿损失或者由人民检察院交由或建议主管部门予以行政处罚或者行政处

---

① 有论者指出，超期羁押现象普遍存在。有的地方曲解《刑事诉讼法》第69条第2款关于对于"流窜作案、多次作案、结伙作案"的重大嫌疑分子，提请批准逮捕的时间可以延长至30天的规定，把该规定适用于本不属于这三种情况的其他案件，有意识地扩大适用范围，侵犯了犯罪嫌疑人的人身自由权；有的地方甚至公然地违反刑事诉讼法的明确规定，逮捕后超期羁押数月甚至数年的现象时有发生。参见陈光中、张小玲：《中国刑事强制措施制度的改革与完善》，载《政法论坛》（中国政法大学学报）2003年第5期。

② 在逮捕的适用上不区分重罪和轻罪，而且加上逮捕率是衡量打击犯罪的标志，由于逮捕的司法审查不足和逮捕标准的自身缺陷，逮捕的必要性审查往往流于形式。参见孙谦：《逮捕论》，法律出版社2001年版，第151页。

③ 参见魏玉明：《非羁押性强制措施研究》，法律出版社2010年版，第123—126页。

分。对于轻微罪采取拘传这一强制措施最具合理性：一方面拘传的自由裁量度更大，可以灵活掌握；另一方面可以迅速地变更为其他强制措施，起到了保障诉讼进行和衔接其他强制措施的作用。综上所述，我国刑事强制措施的体系如下表所示：

刑事强制措施体系完善与犯罪分层模式对照表

轻微罪（微罪）	轻罪（轻罪、次轻罪）	重罪（严重犯罪和一般重罪）
拘传	取保候审、监视居住	拘留、逮捕

四、结论

立足于刑事一体化，刑事强制措施与犯罪分层理论之间存在着密切的关联性。虽然我国不同刑事强制措施的适用标准不一，但内部体系层次性不足。刑事强制措施的体系设计和制度安排应受到应然犯罪分层的制约，契合我国国情的犯罪分层模式是调试和改良刑事强制措施体系及其适用标准的重要依据。正值刑事诉讼法修改的这一大好形势，"三模式"犯罪分层模式有助于刑事强制措施的体系化改良，应明确各自的适用标准，合理区分不同性质强制措施及其内部的梯度档次，尤其要提高逮捕标准、减少刑事拘留导致的羁押过长和超期现象、扩大取保候审和监视居住的适用范围、树立和培养司法环境中的轻微罪。由于宏旨所在，如何进一步细分犯罪分层模式及其对强制措施体系的深化调试只能另文阐释，笔者仅仅提出了一个问题，希望能做抛砖引玉之用。需要说明的是，不同的强制措施之间可以进行变更，并非一个平面式的结构，根据案件情况可以采取由轻到重或由重到轻的变更，笔者并不否定其内部的"沟通"与"变通"，毕竟没有一个绝对界限分明的犯罪分层标准与模式。

论我国侦查启动程序的完善

◎ 夏年立　马　俊*

内容摘要：

侦查启动程序作为开启侦查的必经环节，其完善程度对于侦查运作能否以公正、合法的方式进行起着至关重要的作用。本文从侦查启动程序的基本理论入手，立足于我国侦查启动程序的现状，对其进行理论剖析和制度展望，进而提出相应的完善措施，以期探索构建新的侦查启动程序之路。

关键词：

侦查　启动程序　完善

侦查工作是诉讼程序的初始环节，侦查工作的开展是否合法，侦查措施的运用是否有效，直接关系到整个诉讼程序的公正和效率。而侦查启动程序作为开展侦查工作的前提和基础，其重要性更是可窥一斑。

一、侦查启动程序的概念和模式

所谓侦查启动程序，即开启侦查的程序，是指具有侦查权的机关对其获取信息进行调查、核实，从而判断事件性质以及是否应通过侦查的途径解决问题的一个必经程序。就侦查活动而言，侦查启动程序是侦破案件的指针，是最终能否破案的关键和基础，更是开展侦查工作的起点。

由于刑事侦查程序的运作常以损害公民个人自由为代价，因此，随意启动刑事侦查程序，必将对个人自由造成极大的现实或潜在的威胁。德国检察制度

---

* 夏年立，浙江省宁波市海曙区人民检察院副检察长；马俊，浙江省宁波市海曙区人民检察院反贪局助理检察员。

的创始者法学家萨维尼就曾警告说："警察官署的行动自始蕴藏侵害民权的危险，而经验告诉我们，警察人员经常不利关系人，犯下此类侵害民权的错误。"① 因此，刑事侦查程序的启动必须兼顾及时揭露犯罪和依法保障民权的双重价值。一般认为，侦查程序的启动应遵循公共性和合理性两项原则。公共性原则要求，侦查权作为一项国家权力，其启动应当以维护公共秩序为目标，进而要求侦查程序只能针对犯罪行为而发动；而合理性原则要求，作为一种应激机制，只有在有理由认为确有犯罪发生的情况下，才能启动侦查程序开展调查。由于政治和文化主要是社会价值观和司法传统（包括程序架构和程序理念）上的差异，不同国家在实践中结合本国的具体国情和国内的法制环境，对合理性原则形成了不同的衡量标准，由此衍生出侦查程序在启动上随机型与程序型模式的差别。

随机型启动模式强调侦查程序在启动上的随机性和主动性，即侦查程序的启动以获悉犯罪消息为前提，一旦侦查机关通过各种途径获悉犯罪信息，就立即启动侦查程序加以调查，并不需要经过特别的案件处理程序如立案程序等。在随机型启动模式下，程序的及时性和效率价值得到重视，侦查程序的启动表现出高度的激动性和应激性，不必要的程序和环节得到省略。而程序型启动模式则强调侦查程序启动上的程序性而排斥随机性，即通常必须经过一道专门的开启程序之后，才能正式启动侦查程序，展开侦查。在采用程序型启动模式的国家中，侦查程序往往不被视为刑事诉讼程序的首要环节，而只是提起程序或立案程序的后续程序。程序型启动模式的典型国家是苏联以及全面继受苏联制度模式的社会主义国家②。

一个国家侦查程序的构建，是与该国特定的政治经济制度、法律传统和社会文化背景等诸多因素密切相关的。由于侦查程序具有权力制约和权力正当化两项社会功能。因此，侦查启动程序的意义在于，它不仅仅是从最初的环节指引了侦查程序的方向，而且在一定程度上昭示了紧接其后的程序是否具有合法性、公正性，是否有利于维护法律的权威和政府的公信力；不仅可以规范侦查权的运用及侦查行为的实施，保障侦查程序的合法性，而且能够增强司法的透明度，通过多方监督制约，从诉讼的初始环节遏制违反相关的程序性违法行为，保证整个诉讼程序的公正性，最终增强公民对法律的信任感，提高他们对司

---

① 转引自龙宗智：《论"侦检一体化"——兼论我国的侦、检关系》，载《法学研究》2000 年第 2 期。

② 谢佑平、万毅：《刑事侦查制度》，中国人民公安出版社 2003 年版，第 209 页。

法机关办案的公正性、合法性的认识，从而维护和提高社会主义法制在广大人民群众心目中的崇高威望，推进司法改革的进程，加快我国民主法治建设的步伐。

二、我国现有侦查启动程序及其缺陷

鉴于侦查启动程序对侦查工作乃至整个诉讼程序的重要性，对我国现存的侦查启动程序进行理论和实践上的剖析，就有了特殊、重要的意义。这不仅可以使我们透过现状重新审视我国的侦查启动程序及其所处的理论及制度框架，而且对构建更加科学合理的侦查启动程序也不无裨益。而对我国侦查启动程序现状的分析，又在很大程度上折射出其缺陷，昭示出对其进行完善的必要。

（一）我国现有侦查启动程序模式

1. 我国现有的侦查启动程序模式

我国侦查启动模式采用的是程序型启动模式，即需要由一个单独的程序来开启侦查程序。按照我国的诉讼阶段论，立案是我国刑事诉讼法中一个独立的诉讼阶段，也是一个过程，它是由一系列的诉讼活动组成的独立的程序，也是开启侦查的必经阶段。尽管这种侦查启动程序已被我国理论界和实践部门普遍接受并得到相应的肯定，但这并不能掩饰其弊端，尤其是它在启动侦查程序时的机械与僵硬，往往使侦查机关不能准确把握立法初衷并灵活运用其优势，而是囿于立案标准及立案条件的规定，错失追究犯罪与追究犯罪人的良机。

2. 我国现有的立案程序

我国的刑事诉讼程序与其他国家的刑事诉讼程序在启动上的明显差异在于：我国的刑事诉讼启动是一种制度性行为——立案，而其他国家的刑事诉讼启动则是一种事实性行为——侦查（包括询问、讯问、现场勘验、逮捕等行为）。

根据我国现行刑事诉讼法的规定，立案是指公安机关、人民检察院和人民法院对控告、检举或者犯罪分子自首的材料进行审查，根据事实和法律，决定是否将案件交付侦查或审判的诉讼活动。由于意识形态方面的原因，我国曾全面继受苏联的政治、经济制度，因此我国1979年刑事诉讼法在体例和内容上，都与苏联的刑事诉讼法非常接近。在1979年刑事诉讼法制定以前，无论是在理论上还是在实践中，通常都是直接借用苏联的"提起刑事案件"来指涉刑事诉讼的启动程序。1979年刑事诉讼法制定后，在侦查程序之前设立了"立案程序"，作为刑事诉讼的启动程序。1996年刑事诉讼法修改后，虽然通过免诉制度的废除、庭前程序的改造和对抗因素的引入，对起诉和庭审程序进行了相应的改革，但侦查程序的变动相对较小，侦查程序的基本构造仍得以维持，同时立案程序也得以保留。

我国现行刑事诉讼法在第二编第一章中规定了"立案"程序，据此，立案程序不仅是我国刑事诉讼法中一个独立、必经的启动程序，而且具有内容和形式上的真实性，是刑事诉讼法活动启动的标志。但其仅具有程序上的意义，而不具有证明或确认犯罪的实质上的功能。此外，立案前审查的结果是决定是否立案的关键。

3. 我国现有侦查启动程序的监督

当前，由于司法至上观念尚未牢固树立，我国在侦查启动程序的监督问题上虽然规定了检察机关对公安机关的立案监督，但却未解决检察机关如何监督到位的问题。同时，对检察机关侦查部门的立案监督，刑事诉讼法没有规定，而在相关规则中虽然规定了由本院刑检部门报告检察长决定的程序监督，但从根本上看这是自己监督自己。"同一官署忽而忙于维护国家利益，忽而又将国家利益弃置一边，忙于维护正义，显然极不协调"，① 从而也就难以保障司法的公正与平等。此外，我国现行的以配合制约原则为内容的检警关系是平等分立和双向制约的。这种关系已经导致了刑事司法实践中严重的"检警冲突"，一方面检察机关由于受到公安机关的制约，检控能力受损，诉讼效率降低；另一方面检察机关根本无法对公安机关进行有效的监督，我国现行检警关系的错位已经造成了诉讼的不畅。

（二）我国现有侦查启动程序的缺陷

由我国侦查启动程序的现状可见，其在理论和实践中的弊端已初露，这不仅导致了侦查工作的低效，甚至为侦查权的滥用留下了隐患，进而阻碍了刑事诉讼的顺利推进。从这个角度来看，对我国现有侦查启动程序的缺陷进行理论和实践上的剖析不仅是完全必要的，也是势在必行的，具有深远的理论及现实意义。

1. 我国现有侦查启动程序在理论上的缺陷

我国现有侦查启动程序在理论上的缺陷集中体现在侦查启动程序模式上。我国目前的程序型侦查启动模式采用的是一种"静态平衡观"，机械地强调自由价值与秩序价值的对等、平衡。试图将这两种相互冲突的价值不分先后地贯彻于侦查程序的任何阶段，显然是一种较为理想化同时也是难以付诸实践的制度设计。此外，基于诉讼科学性的理念，诉讼程序的架构设计应当服务于程序

---

① 钟晓咏：《侦查程序构造之优化》，载《司法制度热点问题探索》（第一卷），中国法制出版社 2002 年版。

目的本身，而国家设立的刑事侦查程序的最原始动机就是通过侦查机关的活动侦破罪案，惩罚犯罪，以维护社会的安全与秩序。因此，就侦查程序的启动而言，由于犯罪行为本身的隐秘性和突发性，以及侦查程序在启动上的滞后性（总是在犯罪后，才能启动刑事程序进行追诉），应当优先考虑秩序价值，否则，许多犯罪行为将难以受到及时的司法追究，国家、社会及公民的合法权益也将无从保障。

2. 我国现有侦查启动程序在实践上的缺陷

（1）我国现有的立案程序引发了大量问题，难以反映社会治安的真实状况

在司法实践中，我国现行刑事诉讼法实施过程中与立案有关的问题主要体现在为了片面追求所谓的破案率而实行"先破先立"、"不破不立"，甚至对一些重大刑事案件该立案而不立案，从而造成大量隐案，未能反映出社会治安的真实情况。据统计，现在很多地方统计上报的案件数仅占实际发案数的15%—25%，个别县（市）上报的案件数甚至只有实际发案数的10%。也就是说，我国近年来的隐案数仍占实际发案数的80%左右。此外，实践中很多侦查机关以未达到立案标准或立案条件为由，将应按刑事案件处理的案件当成一般治安案件来办，大案化小，重罪化轻，以罚代刑，从而放纵了犯罪分子，无法有力地保护人民群众的生命财产安全。

追根溯源，立案程序引发的一系列问题是各种错综复杂的因素综合作用的的结果。首先，立法上的不合理，使相当数量的案件不"破"难立；其次，将立案数作为考核侦查工作的主要指标，会导致"不破不立"现象的出现以及"撤案即错案"观念的形成；再次，检察机关以人立案的习惯与公安机关以人立案和以事立案并存的习惯，在对结伙作案、多次作案或牵连犯罪和派生犯罪如何立案，怎样才算立案等问题上存在分歧；最后，我国目前的刑事诉讼法立案监督的法律框架仍存在一定缺陷，不能保证法律监督的及时性和有效性。

（2）我国现有的侦查启动程序监督机制不健全

我国目前侦查启动程序的这种同体监督的形式，因缺乏有效的外部制约而存在重大缺陷，单靠侦查机关（公安机关和检察机关）的内部审查，是难以从根本上避免或减少侦查机关违法行为发生的。虽然现在检察机关的监督权较原来已有一定程度的强化，但在实际操作过程中，公安机关的权力膨胀已超出检察机关的能力所及，因此，这种监督越发形式化。而从实践效果来看，由于这种监督形式与我国现行的侦查体制密切相关，所以尽管各级公安机关纷纷要求转变执法观念，但在现有的制度框架内，尚难找到有效的对策。

（3）我国现有的侦查启动程序缺乏程序性制裁

制裁是法律的基本构成要素，是"法律秩序对不法行为的反应，或者说就是法律秩序所构成的共同体对作恶者、对不法行为人的反应"①。而程序性制裁，是指侦查、起诉、审判人员以及诉讼参与人因违反法定的诉讼程序所必须承担的程序上的不利后果。我国刑事诉讼法对程序性制裁的规定极其疏漏，且未规定在侦查启动程序中。而事实上，程序性制裁有利于实现制裁作为一种责任机制所应具有的双重功能，即对违法犯罪行为实施者进行谴责和惩罚，防止其再次实施违法犯罪行为；对违法犯罪行为的受害者进行精神上的抚慰和物质上的补偿，从而化解社会矛盾，修复被违法犯罪行为破坏的社会关系。因此，在侦查启动程序上设置程序性制裁，有利于对在侦查工作正式开始前违反相关程序规定的行为给予适当制裁，以确保侦查工作开展的前提的正确和所获信息的可靠，进而促进侦查工作的顺利、全面开展，避免因侦查启动程序中的违法、违规行为而使侦查工作发生方向上的偏差而走入误区，给侦查工作带来不必要的麻烦和损失。

三、完善我国侦查启动程序的构想

任何一个程序在其产生后，都必定经历一个由粗疏到精细、由简单到复杂的漫长的细化过程。完善我国现有的侦查启动程序，不仅有利于侦查及整个诉讼的顺利推进，实现侦查及诉讼的目的，体现其价值，而且可以彰显国家司法、行政机关以及法律的公正、权威，从而增强政府的公信力。

当前，我国侦查启动程序在理论与实践上的缺陷已日益凸显，其负面影响也日益剧增，这在很大程度上制约了我国侦查程序乃至整个诉讼程序的正常运作，从而使对我国侦查启动程序的完善成为必要；同时，随着我国司法观念的转变及人文环境的净化，国家及有关部门已意识到该问题的严峻性并通过相关立法及政策进行补救和调整，而整个司法改革的推进也为我国侦查启动程序的完善提供了新的土壤，并在配套措施的准备方面做了相应的努力，这些有利因素又使我国侦查启动程序的完善成为可能。上述各种因素共同构成了完善我国侦查启动程序的前提基础。

鉴于我国侦查启动程序的现状及国内相关法制环境，可从以下几个方面着手对其进行完善：

---

① 陈永生：《侦查程序原理论》，中国人民公安出版社 2003 年版，第 414 页。

（一）转换侦查启动程序模式，变程序型启动模式为随机型启动模式

我国目前采用的是程序型启动模式，但从诉讼科学性的角度出发，随机型启动模式较程序型启动模式更有利于实现侦查程序的目的和价值，因而也是一种更为科学合理的程序机制。

随机型启动模式采用的是一种"动态平衡观"，即主张自由和秩序的价值平衡应当纳入整个侦查程序的有机体内考察，同时，自由和秩序的价值平衡是一种整体的动态平衡，因此并不排斥在侦查程序启动、运行和终结的不同阶段采取不同的价值选择方案。据此，在侦查启动阶段，应以秩序为优先价值而维持侦查程序在启动上的随机性，而不应附加不必要的程序性限制。

（二）构建犯罪信息登记程序

根据侦查程序本身的特点来构建其启动程序，逐渐淡化立案程序的案件分流功能，取消其作为刑事诉讼的一个独立阶段的地位，将之改造为侦查程序的前期准备工序，即只作为一种犯罪信息登记程序，用以获悉和记载犯罪信息，作为侦查程序启动的信息来源，同时，将侦查行为作为刑事诉讼程序启动的标志。

从理论上来讲，法律对立案程序独立法律地位的明确界定，使得侦查机关在立案之前就被适用，则从立法和学理的角度来看，都是违法行为。由于刑事案件，尤其是公安机关管辖的案件，往往具有案发性、紧迫性和不确定性的特点，公安机关在接到报案、控告后，必须立即赶赴现场进行一系列行动，若稍有懈怠，便可能贻误战机，丧失许多重要的证据，造成不可挽回的损失。这就形成了实质上的侦查先于立案的状态。以现场勘查为例，有的专家学者认为现场勘查的主要任务是为确定立案、开展侦查服务的，而现场勘查又是一项法定的侦查措施，这就与侦查措施不可在立案前实施的规定构成了逻辑上的悖论。

（三）进一步完善对侦查启动程序的监督机制

侦查启动程序是对犯罪事实进行侦查的前提，只有对这一环节进行有效的监督，才能保证侦查工作及时有效的开展，从而揭露、证实和打击犯罪，实现刑事诉讼的根本任务。

1. 结合我国检警关系调整的模式，应加强侦查启动程序中检察机关对公安机关在执法观念、工作程序以及业务上的监督、制约和指导，但这种指导绝不能是指挥，更不同于目前国际上处理检警关系的通行做法——检警一体化，否则将对我国侦查程序的构建造成严重的冲击和不可逆转的后果。

从诉讼理论上分析，检察机关和公安机关的诉讼目的是一致的，即都是为了揭露和惩罚犯罪，但在侦查启动程序这一特定阶段，二者不仅工作重心迥然不同，而且优势各异，检察机关的优势在于对法律定性等法律专业方面的认

识，而公安机关的优势在于其拥有丰富的实践经验和相对齐全的仪器设备。因此，在解决如何协调检警关系这个优化侦查程序构造的焦点问题时，应对检察机关正确定位，检察机关只是以一种超然的态度和立场按法定要求对侦查启动程序的合法性进行审视和指正，为把握与控制其后的侦查活动方向奠定基础。

2. 基于审判中心主义的要求，根据现代法治国家的理念，许多国家赋予法院对公安机关采用逮捕、羁押等强制性措施以及其他强制性侦查措施的行为的司法审查权，同时规定法院对公安机关的这种制约是单向的。通过司法审查原则，法院可以防止侦控机关滥用强制权，非法侵害公民的权利。在我国，虽然配合制约原则的调整范围涉及公安机关和法院之间，但我国"条块分割"型的司法体制下的"侦审阻断制"却切断了两者直接发生业务联系的可能性。因此，实行司法审查有利于解决我国警、法关系缺位所引起的一系列问题，改变检察权监督不力、法院又无力监督的现状，提高侦查程序的法治化程度，加快侦查程序的改革——这个制约我国刑事司法程序现代化的"瓶颈"。

（四）建立程序性制裁，建立侦查启动程序中行为违法的责任性、后果性制约规范

为了强化刑事诉讼保障人权的功能，我国最高立法机关在 1996 年修订刑事诉讼法时对侦查程序进行了相应的完善。然而令人遗憾的是，这些规定在司法实践中得到落实的寥寥无几。之所以出现这种情况，一个关键的原因就在于缺乏相应的制裁机制，正如德国历史学家弗里德里希·迈内克所指出的："一个被授予权力的人，总是面临着滥用权力的诱惑，面临着逾越正义和道德界限的诱惑。人们可以把它比作附在权力上的一种咒语——它是不可抗拒的。"而既然不遵守法定的程序不会招致任何不利后果，那么司法实践中侦查人员普遍不愿遵守法律的规定也就不足为奇了。

改变这一现状的重要举措之一就是建立程序性制裁。具体而言，程序性制裁必须符合以下要求：首先，程序性制裁直接针对的是违反法定诉讼程序的行为。也就是说，程序性制裁直接惩罚的是违反程序法的行为，而非违反实体法的行为。其次，程序性制裁强制违法者承担的是程序上的不利后果，而非实体上的不利后果。也就是规定违反法定程序的行为不得产生预期的法律效力，而非直接对违反相关程序的行为者个人的权利进行限制或剥夺。

因此，建立程序性制裁不仅对侦查启动程序意义重大，而且对侦查工作乃至整个诉讼都有积极的意义。它不仅可以对所有违反刑事诉讼程序的行为进行制裁，以弥补刑事制裁、民事制裁、纪律制裁和国家赔偿实施机制的缺陷，而且有利于强化裁判结果的权威性和公信力，提升刑事诉讼的外在价值与内在价

值，进而体现现代法治保障公民权利、制约国家权力的基本观念，完善刑事诉讼的法律体系。

改革或优化侦查程序的构造是一个特殊而又复杂的系统工程，不仅要受到本国政治、经济、文化、道德等因素的内部制约，还要考虑国际因素的外部影响。目前，鉴于我国侦查启动程序在理论及实践中所暴露出的弊端，越来越多的理论及实践工作者已开始对我国现有侦查启动程序进行反思。同时，司法观念及执法方式的转变，司法改革的推进，以及对其他国家合理成果和经验的借鉴吸收，也为我国现有侦查启动程序的完善提供了契机，使之由必要迈向可能。

综上所述，我国侦查启动程序的现状使对其完善成为必然，这种趋势是不可阻挡的。鉴于我国的特殊国情，我们目前应该做的不是沉溺于对现状言过其实的褒扬中，也不是盲目照搬外国模式，而是在做好理论研究和进行相关论证的同时，循序渐进地转变法治观念，完善相关立法及配套措施，为侦查启动程序的完善创造良好的社会环境和人文氛围，为我国注入新的法治理念。侦查启动程序的完善不仅是我国侦查制度的分水岭，同时也是诉讼公正、法制文明的缩影，它将引领我们走向更加文明、理性的时代。

在法律解释中蹚出刑事法治之路

——以目的解释在刑事审判中的运用为视角

◎ 陈泉鑫　　田艳晖 *

内容摘要：

刑事法治的实现是理想，但并非幻想。当前法治建设重点虽逐渐从立法转向司法，但是对于法治具体实现方法上仍缺少关注，或者说未能将法律方法放置于实现刑事法治之路的时代背景下讨论。本文选取目的解释在刑事审判中的运用这一细小切口，通过对非典型案例的剖析，揭示目的解释方法在刑事审判实践中的能动图景和克制困境。在此基础上，对目的解释在刑事审判中适用的限度进行检视，最终围绕解释"目的"之确定和效力比较的内容对目的解释方法在刑事审判实践的路径进行辨析，以图完整展示法律解释作为一种微观的法治实现方法之于法治实现的重要意义。

关键词：

法律解释　适用限度　运用规则

刑事法治模式已成为现代文明国家的必然选择，即便在恩迪克特的《法治的不可能性》中，作者亦是努力通过对法治缺陷的揭示来寻找确定"法治如何可能"的方案。① 回顾近年来的刑事法治建设，理论家们较急于在立法上赶超西方，却在一定程度上忽视了法治具体实现方法的研究。从法治实现的角度

---

* 陈泉鑫，浙江省宁波市海曙区人民法院助理审判员；田艳晖，浙江省宁波市海曙区人民检察院办公室主任。

① ［英］恩迪克特：《论法治的不可能性》，陈林林、傅蔚冈译，载《比较法研究》2004 年第 3 期。

看，法律是否完善不能只用逻辑、体系的标准进行衡量，还要看有没有一个在法律出现问题后的修复机制。法律解释就是这样一个修复、完善的机制。法律解释及其活动是否有序，解释过程是否讲究实现公正的方法与艺术，是实现法治的关键因素之一。故此季卫东才大胆作出"在中国法治建设中解释者甚至比立法者更重要"① 的论断。从这层意义上看，法治不仅是宏大的理念与原则，更主要是细腻的方法与艺术。本文谨以目的解释方法在刑事审判中的运用为视角进行分析，从实践中的非典型案例入手展开分析，通过梳理刑法目的解释的理论困惑，检视其在刑事审判实践中运用的维度，最后对其运用机制进行论证，展示出精妙、严谨的刑事法律方法对于保证刑事法治实现的图景。

一、实证之考：非典型案例背后的典型问题

《刑法修正案（八）》的公布使得"醉驾是否应当入罪"的争论逐渐平息。转眼"醉驾入刑"已走过一年，但是对于"醉驾应否一律入刑"的争论却从未停止。

（一）非典型案例

[案例一] 2011 年 5 月 1 日凌晨，罗湖区一辆从西路正准备驶入深南路的黑色福特轿车被交警拦下。交警现场对司机朱某进行了酒精检测，从血液中检测出乙醇含量为 89.2mg/100ml，属醉酒驾驶。罗湖区人民检察院以危险驾驶罪对朱某提起公诉，朱某后被法院依法判处拘役 4 个月，并处罚金 1000 元。②

[案例二] 2011 年 6 月 3 日，在新疆克拉玛依市胜利路与昆仑路路口，王某酒后驾车被执勤民警拦停。经检测，王某血液酒精含量为 83.06mg/100ml。王某供述，当天他和妻子吵了架，心情郁闷，独自喝了一杯白酒后，开着单位的车出去散心，刚到路口就被交警拦住了。法院对该案公开宣判：王某构成危险驾驶罪，应判处拘役，并处罚金。但考虑到其酒后驾车是在夜深人静、道路上行人较少时，社会危害性相对较小，且被告归案后认罪态度较好，法庭认定此案"情节轻微"，不需要判处刑罚，依照《刑法》第 133 条、第 37 条规定，判处王某犯危险驾驶罪，免予刑事处罚。③

---

① 季卫东：《法治中国的可能性——兼论对中国文化传统的解读和反思》，载《战略与管理》2001 年第 5 期。

② 参见 http：//news.cntv.cn/20110514/104098.shtml，2012 年 5 月 2 日访问。

③ 参见 http：//news.xinhuanet.com/legal/2011 - 09/28/c_ 122098608.htm，2012 年 5 月 2 日访问。

　　这两个案例在情节上具有极大的相似：其一，两案发生时间都在深夜车少人少之时；其二，两人血液酒精含量大致相同；其三，两人都未因醉驾发生任何严重后果。但是，法院对两案却作出了不同的判决。"相同情况相同处理"、"类似情况类似处理"作为刑事法治的基本要求未能在两案中得到贯彻。同样是酒驾，结果却不一样，这不由引发人们的讨论。有人从文理解释出发，坚持醉驾属于典型的"危险犯"，只要事实上产生危害公共安全的危险即可认定为既遂；有人从体系解释的路径出发，坚持醉酒驾驶也应受"刑法第十三条但书"之约束，情节轻微的可以不认为是犯罪①等；还有人分别站在形式解释论与实质解释论的舞台上摇旗呐喊、互相交锋，但都无法得出一个令人信服的结论。

　　（二）典型问题

　　现在几乎很少人会再坚持"刑事法官根本没有解释刑事法律的权力，因为他们不是立法者"。② 因为"谁在起草法律时可能完全预见全部的构成事实，它们藏身于无尽多变的生活海洋中，何曾有一次被全部冲上沙滩？"③ 问题在于如何进行解释。张明楷教授指出，"解释的方法无穷无尽，但最终起决定性作用的是目的论解释"。④ 诸多观点从文理解释、体系解释等方面对其进行解释的无奈也从侧面说明了目的解释之重要性。但目的解释如何可以避免前述解释方法之弊端，并发挥"决定性"之奇效，至今仍少有人系统探讨。正如密尔指出的："人类一见事物不复有疑就放弃思考，这个致命的倾向是他所犯错误半数的原因。"⑤ 如何在坚持罪刑法定原则下合理运用目的解释，将那些宁静地安躺在刑法典中的刑法条文解释得恰当地与变动不居的现实案件相衔接，从而达成真义与正义的合致并实现刑事法治的目标。这是一条值得探讨的路径，也是本文研究的重点。

---

　　① 殷磊：《论刑法第13条功能定位——兼论（醉酒型）危险驾驶罪应一律入刑》，载《政治与法律》2012年第2期。

　　② ［意］贝卡利亚：《论犯罪与刑罚》，黄风译，北京大学出版社2008年版，第12页。

　　③ ［德］拉德布鲁赫：《法学导论》，米健等译，中国大百科全书出版社1997年版，第106页。

　　④ 张明楷：《刑法理念与刑法解释》，载《法学杂志》2004年第7期。

　　⑤ ［英］密尔：《论自由》，程崇华译，商务印书馆1959年版，第46页。

二、理论之惑：能动的图景与克制的困境

细观目的解释在刑事审判中的运用，可以发现这幅画卷是由两条并行且色调不同的主线织就而成：一条是强调目的解释重要性的能动场景；另一条是谨慎对待目的解释的克制场面，这令人生惑的场景贯穿目的解释在刑事审判的运用。

（一）能动的图景：作为"解释方法之冠"的目的解释

迄今为止，法律解释学最重要的贡献，莫过于为司法实践提供了一份列有各种解释方法的清单。清单上包括文理解释、历史解释、体系解释、目的解释等解释方法。而在其中，目的解释因可修复文理解释可能带来的不公正、消除条文之间的不确定乃至在特殊情形下直接作为法源被运用之功用，而长期被作为最具权威的解释方法。① 即使是在以严格解释著称的刑事审判中，著名刑法学家耶塞克仍大胆断言："刑法解释方法的桂冠当属于目的论之解释方法。"② 在一些人看来，作为解释方法之冠的目的解释充分符合当下对于司法能动的极力倡导。近年刑事司法实践中一些重要案例，更是将这种解释方法的妙处展现无遗。许霆案便是其中的典型。

从法律解释学的角度来看，许霆的最终胜利也是目的解释的胜利。从一审的无期徒刑到二审的五年有期徒刑，不过是源于对"金融机构"一词的解释。二审法官不仅仅停留在对"金融机构"一词的语义分析，而是走得更远。他采取了目的解释的方法进行解释：从立法原意来看，《刑法》第264条之所以规定"盗窃金融机构，数额特别巨大的"作为可以适用死刑的加重情形之一，目的主要基于对盗窃金融机构的危害性的认识。金融机构的存款涉及千家万户，一旦发生问题将对社会造成极大的影响，因此应予以重罚。但是，ATM机虽然在物理上属于金融机构的一部分，但是其机器内的钱数是有限的，即使发生如许霆之类的案件，也很难达到危害社会安全的目的。因此，许霆的行为难以纳入"盗窃金融机构"的范畴，实因其并无法实现刑法条文预想之目的。

许霆的终审判决引来无数掌声。目的解释也因其强调有助于弥合规范和社会价值目标之间的缝隙而被诸多学者所青睐，甚至被冠以"最主要解释方法"之名而被广受赞誉。

---

① 王世洲：《刑法方法理论的若干基本问题》，载《法学研究》2005年第5期。

② ［德］耶塞克等：《德国刑法学教科书：总论》，徐久生译，中国法制出版社2001年版，第193页。

（二）克制的困境：来自刑事审判实践的桎梏

在刑法解释方法中，目的解释遭遇了最多的争议。刑法目的解释至少受到两种桎梏：一是来源于罪刑法定原则的约束；二是来源于目的解释方法本身之缺陷的制约。

1. 罪刑法定原则的制约

刑法解释方法和民法解释方法等的最大区别就在于罪刑法定原则的制约。由于关乎人的自由、财产乃至生命，刑法解释受到严格的要求。严格解释规则是罪刑法定原则的当然要求。《法国刑法典》通则第 1114 条明确规定："刑法典应严格解释之。"① 依据这一严格解释规则，"负责适用刑法的司法者无权将其扩张至立法者并未指明的情况。凡是法律没有明文规定的行为均不受惩处。即使某一相类似的行为，情节甚至可能还要轻一些，但因为有规定而受到惩处，对法律没有规定的行为仍不得惩处"。② 即使是强调司法者自由裁量和适用解释的英美法系同样坚持"刑事法律必须被严格地加以解释，以排除刑事法律适用上的不公正"。③ 要克服文义僵化所带来的弊病，又不得违反条文所规定的应有之义。因此，"如果说法官解释法律是'戴着脚镣跳舞'的话，刑事法官戴的脚镣可能是最紧的"。④

2. 目的解释方法自身的缺陷

目的解释方法能带来明显的收益，但也不可避免地带来一些天生的缺陷：其一，目的解释方法虽具有较其他解释方法更强的证立功能，比如它能证立某一解释结果的正当性，但也能掩盖甚至粉饰不合理。正如苏彩霞指出的，"目的解释可能因追求妥当性、开放性而有损刑法的安定性，价值判断、目的考量有可能成为解释者恣意的借口"。⑤ 其二，目的解释方法运用具有模糊性。刘国副教授指出，法律之"目的"是异常复杂的。目的解释方法所探求的"目的"究竟是个别法律条文之目的还是整体之法律或者整体法秩序的目的？是立法者

① 《法国刑法典》，罗结珍译，中国人民公安大学出版社 1995 年版，第 2 页。
② ［法］卡斯东·斯特法尼等：《法国刑法总论精义》，罗结珍译，中国政法大学出版社 1998 年版，第 140 页。
③ 储槐植：《美国刑法》，北京大学出版社 1996 年版，第 45 页。
④ 杨艳霞：《正当性刑法解释研究》，2004 年中国政法大学诉讼法学博士学位论文，第 61 页。
⑤ 苏彩霞：《刑法解释方法的位阶与运用》，载《中国法学》2008 年第 5 期。

的主观目的还是法律之客观目的？是法律之具体目的还是抽象目的？① 显然，选择不同的目的会对案件的处理有决定性的影响乃至相反的判决。例如一种观点竭力声称条文的目的在于回应现实生活中发生的大量醉酒驾驶导致的大量恶性事故的，旨在规范发挥法律的引导、规范之功能，引导民众的驾驶行为走向理性和规范。另一种观点却声称刑法目的在于保障人权，限制国家刑罚权的行使，王某犯罪情节轻微可以免予刑事处罚，正是刑法目的的体现。两种观点都竭力声称其是目的解释之结果，但是却难以认定究竟何者最为合理。"公说公有理，婆说婆有理"的困境使得目的解释变得莫测而只能被十分谨慎地使用。所以陈金钊教授才说：目的解释方法具有复杂性、多样性和自由性，容易与罪刑法定原则发生冲突。② 故有学者主张，将目的解释作为一种处于辅助地位的解释方法。

三、检视之维：刑法目的解释的适用限度的推敲

正如张明楷教授指出的："发现法律的缺陷并不是什么成就，将有缺陷的法条解释得没有缺陷才是智慧。"③ 我们既不能因为目的解释的能动性而手舞足蹈失去方寸，也不能因其复杂性而动摇驾驭的信心。在能动与克制之间，关键是要确定刑法目的解释的限度何在。

（一）作为"最后选择"的解释方法

理论上对刑法解释方法之间是否存在一定的位阶存在争议。埃塞尔便认为："指望人们能够在'解释步骤的先后顺序中'编出一个分层目录注定是要失败的。"④ 但大多数学者还是承认解释方法之间存在一定的位阶关系。例如陈兴良指出："应当承认各种解释方法之间存在一定的位阶关系，尽管它并非固定不变。如果这种解释方法之间的位阶关系得不到遵守，可能会影响解释结论的合理性。"⑤ 从刑事审判的实践来看，目的解释应当作为一种位列最后的解释方法予以运用。理由如下：

---

① 刘国：《目的解释之真谛——目的解释方法中的"目的"辨考》，载《浙江社会科学》2012 年第 1 期。
② 陈金钊：《作为方法的目的解释》，载《学习与探索》2001 年第 6 期。
③ 张明楷：《刑法格言的展开》，法律出版社 2003 年版，第 6—7 页。
④ 转引自苏彩霞：《刑法解释方法的位阶和运用》，载《中国法学》2008 年第 5 期。
⑤ 陈兴良、周光权：《刑法学的现代展开》，中国人民大学出版社 2006 年版，第 78 页。

第一，刑法是成文法，它通过文字表达刑法立法者的立法精神和目的。由于文字本身具有客观的含义，作为解释者应优先适用最便捷的解释方法进行解释。诸如文理解释和体系解释等。法律解释的对象是成文的法律，完全脱离用语就是推测而不是解释。①

第二，如果将目的解释一味前置的话，容易造成价值观的先入为主从而干扰判断。将其他解释前置，可以为目的解释的推演"圈定"好"天马行空"的范围。

第三，一旦法官在刑事审判中诉诸目的解释，实质上已表明目前的规范以及体系已无法给予其所欲之答案，在某种意义上看俨然是一种法官造法行为。"对于法官来说，创制新的法律只是一种最后手段，即当现行的实在法渊源或非实在法渊源不能给他以任何指导时或当有必要废除某个过时的先例时他所必须诉诸的一个最后手段。"②

（二）作为解释结论不适之救济

目的解释的第二个限度应当作为解释结论不适之救济。刑法严格遵守罪刑法定原则，无论是立法语言还是规范周延都比一般法律要严谨精要。大部分刑事案件可以通过文理解释、体系解释、历史解释等方法得出合理的解释结论，但在小部分的疑难案件中，前述解释方法之间可能会产生出不适之结论。例如案例二的王某，采取文理解释的结论应当属于危险驾驶罪既遂无疑；但是从体系解释的结论来看，似乎其情节轻微，可以不认定为犯罪。结论与结论之间的不适，亟须一种新的并且更有说服力的解释方法来拨开云雾，这便是目的解释的启动时机。

至于如何判定解释结论不适之情形，可以适当借鉴学界关于刑法解释限度的两种主要学说：③一是解释结论之间不矛盾，但是与一般国民的预测可能性的范围存在不适；二是解释结论之间发生明显矛盾，且与法条文所表达的法文语义存在冲突。

（三）经受罪责刑均衡原则的检视功能

前两个限度旨在保证目的解释遵守罪刑法定原则的底限进行，但只要存在

---

① 张明楷：《刑法格言的展开》，法律出版社 2003 年版，第 10 页。

② ［美］博登海默：《法理学：法律哲学与法律方法》，邓正来译，中国政法大学出版社 1999 年版，第 416—417 页。

③ 龚振军：《刑法解释限度新论——以日本刑法学说为主要切入点》，载《当代法学》2010 年第 2 期。

犯罪和刑罚，罪与刑的均衡就始终是人们所关注的。因此，对刑法进行目的解释还要经受罪责刑均衡原则的检视。立法仅是就社会上已经出现的现象进行筛选后加以规范，其超前性是有限的，且立法中记载的大都是行为类型，尚无法穷尽某类行为的细枝末节。刑法不可能将每一种犯罪类型的行为细节和实施同一种行为的不同犯罪人，都毫无遗漏地加以规定和记录，立法上只能从基本方面使罪、责、刑的配置大体上相适应。罪责刑相适应原则便要求在对刑法目的作出解释过程中，要及时对可能导致的惩罚进行必要的检视。如果检视的结果与罪责刑原则有明显的冲突，那么就必须对假设的内同进行修正，重新对照待解释的问题。如此往返修正、循环对照，直到结论合理。

四、路径之辨：刑法目的解释的运用规则

日本学者町野朔指出，在进行刑法解释时，结局是必须考虑刑法是为了实现何种目的，必须进行适合其目的的合理解释。文理解释、体系解释或者主观解释，不能给予一义的解释或者即使暗示了某种解释，必须由"目的论解释"来最终决定。[①] 刑法目的解释的运用涉及两个重要的问题，即如何确定"目的"及解释之效力。

（一）刑法解释"目的"的确定

刑法目的的确定是刑法目的解释的中心问题。耶林曾说过："法律有一定目的，应受'目地律'的支配，故法律解释必先了解法律究竟欲实现何种目的，以此为解释之出发点，始能得其要领。"[②] 但是，关于何者是刑法的目的却众说纷坛。拉伦茨认为，探究法律的目的，需考虑两种因素：一是立法历史的背景因素；二是客观的社会需要所发出的理性要求。[③] 王泽鉴认为目的解释的"目的"，除法律的整体目的外，还应包括个别法条、个别制度的规范目的。[④] 梁慧星也持该观点。总之，"对什么是制定法或宪法的目的不存在共识。也许有了多种目的……不同的解释者对这些目的的各自分量会有不同的考虑"。[⑤] 然而，虽然学界对刑法目的的确定方法认识不一，但还是有一些共识性的认识，

① 转自张明楷：《法益初论》，中国政法大学出版社 2000 年版，第 216—217 页。

② 参见梁慧星：《民法解释学》，中国政法大学出版社 1995 年版，第 65 页。

③ ［德］拉伦茨：《法学方法论》，陈爱娥译，商务印书馆 2003 年版，第 199 页。

④ 王泽鉴：《民法判例研习丛书·基础理论》，台湾人学法学丛书编辑委员会 1993 年版，第 144 页。

⑤ 陈金钊：《文义解释：法律方法的优位选择》，载《文史哲》2005 年第 6 期。

比如立法材料的考察、保护法益的发现以及社会综合因素的检视等方法。

1. 立法材料的考察

在刑法目的解释中，首先要从立法资料角度对目的进行考察。这种考察适用刑法典的所有条文。

以醉驾入刑为例，著名刑法学家高铭暄教授对媒体回忆说，《刑法修正案（八）》在审议过程中也曾讨论过是否需要对醉驾行为设定情节条款的问题，但是最后经过审议，还是决定不予规定情节。也就是说，全国人大常委会对于是否要在修正案有关条款中加入"情节轻重"的语句是有充分考虑的，但是最终还是在两种方案中作出了选择或决断，这实际上很明显地表露了立法者的意图。① 这就是一种典型的立法资料的考量办法的运用。尽管有论者认为立法者作为若干具备主体意识的个人（即委员）之集合体并不存在一个统一的意志或意图，但是从立法权的行使和刑事政策的决断之角度看，必然存在作为整体的立法机关的意图，而这个意图就是通过最终的法律文本和相关立法历史、立法材料所表现出来。

2. 保护法益之发现

刑法的目的就是保护法益。② 诚如台湾学者林山田所言："刑法分则所规定之条款，均有特定法益为其保护客体。因之，法益可谓所有客观之构成要件要素与主观之构成要件要素所描述之中心概念。准此，法益也就成为刑法解释之重要工具。"③ 当立法资料没有明确说明时，这时候就必须采用对条文所欲保护之法益予以发现。这种方法主要适用于刑法分则的条文。

张明楷教授对如何确定法益进行过详细的阐述，大致可以按照以下几个步骤来进行：首先，根据具体犯罪所属的类罪确定法益的内容。现行刑法典的结构基本上就是按照法益的保护来进行区分的。因此，要确定刑法中某一个条文所要保护的法益就要先看其在刑法典中的位置。例如醉酒入刑条款在《刑法》第 133 条中，属于第二章危害公共安全罪，此处所保护的法益应为公共安全而非行人或者其他车辆上人员的人身安全。其次，在类罪确定的保护法益大概范围内，根据具体犯罪的规定确定法益的内容。主要有：（1）通过刑法条文对保护法益的明确规定来确定；（2）通过刑法条文规定的行为特征确定法益；

---

① 转引自秦前红、黄明涛：《宪法秩序下的刑法解释与司法裁量——"醉驾入刑"的法解释纷争及反思》，载《西部法学评论》2012 年第 1 期。

② 张明楷：《刑法分则的解释原理》，中国人民大学出版社 2004 年版，第 142 页。

③ 林山田：《刑法特论》（上册），台湾三民书局 1978 年版，第 6 页。

（3）通过刑法条文规定的结果确定；（4）通过刑法条文规定的行为对象特征确定；（5）通过刑法条文规定的犯罪所违反的法规内容确定；（6）通过刑法条文规定的犯罪孳生之物、供犯罪行为使用之物确定等。①

3. 社会综合因素的检视

法律都应以社会为基础，目的解释的结果应符合一般大众的价值理念。曾经轰动一时的"许霆案"由一审的无期徒刑改判为二审的 5 年有期徒刑便是这个制约类型的典型之作。一审量刑的畸重显然难以为一个普通人的价值评判所承受，二审的改判却是顺理成章。"许霆案"是个典型，但绝非个例。所以苏力才说："司法的根本目的并不在于搞清楚文字的含意是什么，而在于判定什么样的决定是比较好的，是社会可以接受的。"② 但是，因社会综合因素极其抽象，这就要求解释者必须心中充满正义的观念，才不至于偏离正义的应有轨道。该方法应限定在立法资料无明确规定对刑法总则的条文解释时方可适用。

（二）刑法目的解释的效力位阶

作为"最后选择"的解释方法，并不意味着其效力具有绝对优先或者绝对后位的效力。当目的解释方法与其他解释方法得出不同结论，甚至相互冲突时，应当如何选择？这便涉及刑法目的解释的效力位阶问题。

1. 在文义射程之内，目的解释具有优先性

王世洲教授曾介绍说，在德国刑法理论中，比较有影响的意见认为，由于目的性解释对于法条当前面临的任务具有特别重要的意义，因此被认为是最主要的方法。然而，在法条可能的意义可以得到确定的范围，这种可能的意义就必须表现为解释的界限；最后，解释所导致的结果，必须在价值决定和实践后果中，都能被人们看成是公正的和可以接受的。③ 在文义射程界限内，目的解释应具有优先的效力。一方面，因为"在进行刑法解释时，结局是必须考虑刑法是为了实现何种目的，必须进行适合其目的的合理解释。文理解释、体系解释或者主观的解释，不能给予一义的解释时，或者即使暗示了某种解释时，必

---

① 参见伍玉联、晏楚兴：《论法益考量在刑法目的解释中的运用——围绕最高人民法院公报案例的叙说》，载陈金钊、谢晖主编：《法律方法》（第 11 卷），山东人民出版社2011 年版，第 201 页。

② 苏力：《解释的难题：对几种法律文本解释方法的追问》，载梁治平主编：《法律解释问题》，法律出版社 1998 年版，第 58—59 页。

③ 王世洲：《关于刑法方法理论的思考》，载梁根林主编：《刑法方法论》，北京大学出版社 2006 年版，第 20 页。

须由上述'目的论解释'来最终决定。刑法解释方法与其他解释方法的不同，只是刑法的目的与其他法领域的目的不同而已。"① 另一方面，如果坚持文义射程范围内的文理解释优先，目的解释也无必要进行。

2. 在文义射程之"点"上，文理解释具有优先性

文义射程是刑法解释的界限，超出可能文义范围的解释是不允许的。"它画出法律解释活动的最大回旋余地"。② 当目的解释超出文义射程时，文理解释具有绝对的排除功能。"可能的文义标志着刑法解释的界限，这是刑法方法论上的铁则，是法治国原则与三权分立的要求。"③ 值得注意的是，被限定在目的解释方法的结论超出可能的文义时，文义要素方具有否定、排除其他解释方法的效力。

五、结束语：大有可为

该文只是一个切口，关键是为刑事法治实现提供一种思路。虽然时至今日，学者们仍未能在多种法律解释方法间建立一个如化学元素周期表的序列，但正如陈金钊先生指出："如何使用解释方法，对法治的实现程度以及后果有很大的影响。只有艺术地运用解释方法，才能彰显法律人的智慧。"④ 在法治实现的过程中，法律解释具有重要作用。美国就是因为艺术地解释宪法才成就了当代法治与权力分立机制的。故而刑事法治亦不应只是宏大的理念与原则，更主要是细腻的方法与艺术。如果以后我们在分析每个刑事案件时，都能够沿着一条逻辑严密又不乏视野广阔的既定锁链进行，而不是凭借所谓"法感"或某种抽象的正义观念，到那时我们的刑事审判无疑将更加有助于实现正义。因此笔者才说，在强调能动司法和刑事法治的今天，法律解释不仅可有为，而且是大有作为，因为"有为才有位"。

---

① 转引自张明楷：《法益初论》，中国政法大学出版社 2000 年版，第 216—217 页。
② 黄茂荣：《法学方法与现代民法》（第五版），法律出版社 2007 年版，第 340 页。
③ 转引自苏彩霞：《刑法解释方法的位阶和运用》，载《中国法学》2008 年第 5 期。
④ 陈金钊：《法律解释的艺术——一种微观的法治实现方法》，载《法商研究》2009 年第 2 期。

检察制度

JianCha ZhiDu

机遇、责任和应对：检察职能与新刑事诉讼法

◎ 汤景桢*

内容摘要：

与公安和法院比较，刑事诉讼法在涉及检察职能方面的修改内容繁多。这与检察机关在刑事司法程序中职能的多样性、全面性和重要性相关。全面和准确解读新刑事诉讼法关于强制措施、证据制度、侦查行为、起诉方式、特别程序、诉讼监督等的完善和改进，有利于检察机关正确行使检察权，充分发挥检察职能在打击犯罪和保障人权中的独特功用。为了确保新刑事诉讼法实施后检察职能的顺利运行，检察机关应做好观念更新、条文理解、职能调整、组织保障等准备。

关键词：

检察职能 法律监督 新刑事诉讼法

十一届全国人大五次会议通过的关于修改刑事诉讼法的决定，是在 1996 年刑事诉讼法修改的基础上，对我国现行刑事诉讼制度和司法体制的又一次重大改革和完善，使我国的刑事诉讼立法进入了一个新的发展阶段。此次修改与检察工作关系密切，涉及检察机关在刑事诉讼中职能的调整比较多，这给检察职能的进一步发挥带来了新的机遇和挑战。本文将以刑事诉讼法修改中涉及检察职能的相关内容为视角，分析检察职能的调整对未来检察工作的开展所造成的影响，探讨检察机关在新刑事诉讼法实施中应担当的责任和使命，以期检察机关能抓住刑事诉讼法再次修改的契机，推动检察工作更快更全面的发展。

---

* 汤景桢，复旦大学法学院博士研究生。

一、机遇：新刑事诉讼法对检察职能的新影响

检察机关在刑事诉讼中的职能是检察职能在刑事诉讼活动中的具体体现。检察机关在我国刑事诉讼中具有特殊的地位，它既是自侦案件的侦查机关，又是唯一的公诉机关，同时还是诉讼监督机关。这就决定着检察机关的活动贯穿于刑事诉讼全过程，在立案、侦查、起诉、审判等各个诉讼阶段都具有双重身份和双重职能。检察机关在刑事诉讼过程中履行侦查、公诉等控诉职能决定着刑事案件的办案质量，保证正确惩罚犯罪，保障无罪的人不受刑事追究；而通过行使立案监督、侦查监督、审判监督、刑罚执行监督等诉讼监督职能对不正确适用法律的诉讼违法行为进行监督矫正，有利于人权的保障和程序的合法，维护司法公正。检察机关正是通过运用控诉职能广泛参与司法正义的生产行为，并通过诉讼监督职能的运用来有针对性地参与司法不正义的矫正行为，合力实现刑事诉讼惩罚犯罪和保障人权的根本价值。① 因此，"检察职能的确定决定着我国刑事诉讼的结构。……检察职能的准确定位，事关我国刑事诉讼侦查制度、公诉制度、审判制度和执行制度的准确定位"。②

随着社会主义法制的不断完善，检察职能在我国法制建设中为检察权的优化配置，检察制度的健全完善发挥了日益积极的作用。但是，自1996年刑事诉讼法修改后，至今已过15年。在此期间，我国的社会结构、经济形态、文化形势乃至民众意识都发生了深刻的变化。为了呼应"国家尊重和保障人权"的入宪，弥补现行刑事诉讼法的不足，防止社会广泛关注的冤假错案的再次发生，缩小与国际刑事司法最低标准之间的差距，解决刑事诉讼活动中存在的刑讯逼供、超期羁押等问题，确保检察职能适应我国刑事司法不断发展的需要，此次刑事诉讼法的修改对检察职能有了新的调整和发展，从立法精神到具体条款，都对检察机关的执法能力和工作水平提出了更高的要求。

（一）新刑事诉讼法对检察职能的调整优化了检察权的配置

近年来，在我国进行的司法改革中，优化检察权的配置，调整检察职能，成为检察制度改革和发展的重要目标。"检察权的合理配置是当前检察制度改革和发展的重要课题。没有检察权的合理配置，就没有检察权的有效运行"。③

---

① 参见吕涛：《论刑事诉讼监督制度中存在的主要问题及其对策——以刑事诉讼活动中检察职能"二元论"为视角》，载《法治研究》2010年第9期。
② 晏向华：《检察职能研究》，中国人民公安大学出版社2007年版，第101页。
③ 陈光中：《刑事诉讼中检察权的合理配置》，载《人民检察》2005年第7期。

新刑事诉讼法立足于建设公正、高效、权威的社会主义检察制度，以强化法律监督、维护公平正义为主线，科学充实和优化配置了检察机关的职权。为了合理配置侦查权，新刑事诉讼法赋予检察机关办理自侦案件过程中决定采取技术侦查手段的权力，以保障检察机关职务犯罪侦查权的有效行使，保证高效打击职务犯罪。为了优化公诉权，新刑事诉讼法要求检察机关在适用简易程序审理的公诉案件中应当全面出庭履职，在一审程序中增加了与量刑有关的程序等内容。而对检察机关诉讼监督的修改更是贯穿刑事诉讼的各个阶段，扩大了监督范围，健全了监督程序，丰富了监督的途径，将"人民检察院依法对刑事诉讼实行法律监督"这一刑事诉讼基本原则更加具体化、法典化。

（二）新刑事诉讼法对检察职能的调整充分吸收了检察改革成果

随着司法改革的不断深入，检察机关推行的许多改革举措，经过实践的检验，为刑事诉讼法的修改奠定了坚实的实践基础。比如，2010 年最高人民检察院会同公安部制发了《关于人民检察院对看守所实施法律监督若干问题的意见》，进一步完善了检察机关对看守所监管执法活动的监督机制，有力促进了新刑事诉讼法中羁押必要性审查程序的建立。又如，为了进一步规范执法行为，提高执法水平和办案质量，最高人民检察院印发了《人民检察院讯问职务犯罪嫌疑人实行全程同步录音录像的规定（试行）》，有效防止了职务犯罪侦查中刑讯逼供现象的发生。对此，新《刑事诉讼法》第 121 条予以吸收，并根据实践探索中少数实务部门规避录音录像制度的做法，进一步强调了录音录像的"全程"和"完整性"。再如，新刑事诉讼法中的附条件不起诉、未成年人特别程序、量刑程序的规范化、逮捕程序的改革、非法证据排除制度等，都是借力检察机关在司法改革中的经验，以立法的方式加以肯定和转化。这些检察改革成果不仅推动了刑事诉讼立法进程的向前发展，而且为新刑事诉讼法的正式实施提供了实践指导。

（三）新刑事诉讼法对检察职能的调整解决了检察实践中迫切需要解决的问题

现行刑事诉讼法在过去十多年的实践中陆续暴露出许多问题，其中不少问题是检察实践中存在的，亟须通过立法层面加以解决。比如，近年来，检察机关承担的职务犯罪案件侦查任务非常繁重，加上这类案件的犯罪手段愈加高明、隐蔽，检察机关又面临着职务犯罪侦查手段少的问题，无形中使检察机关在保障犯罪嫌疑人和被告人的人权和诉讼权利方面意识淡薄，未能有效落实惩罚犯罪和保障人权双重任务。对此，新刑事诉讼法通过赋予检察机关技术侦查的手段，有效解决长期以来职务犯罪侦查手段受限的实际困难，提高了检察机关打击犯罪的能力。同时，又通过规定"尊重和保障人权"、非法证据排除、侦查人员应当在看守所对犯罪嫌疑人进行讯问等内容，对检察机关在侦查工作中的人权保障意识提出了更高的要求。又如，检察机关面临追捕外逃贪官的问题也是司法实践中迫切需要通过立法予以解决的。新刑事诉讼法特别设置了"犯罪嫌疑人、被告人逃匿、死亡案件违法所得的没收程序"，有针对性地解决了犯罪嫌疑人、被告人不到案，又能追缴其犯罪所得的问题，是对查处职务犯罪和追逃追赃面临严峻现实的有力回应。

二、责任：新刑事诉讼法对检察职能的要求

检察职能的运用在刑事诉讼活动中起着举足轻重的作用，因此，对检察职能的改革和完善向来是刑事诉讼制度改革的重点和焦点。新刑事诉讼法以加强法律监督为指导思想，对检察机关的侦查权、公诉权和诉讼监督权进行了重大的调整和变动，对检察机关职能的强化提出了新的要求。

（一）新刑事诉讼法对职务犯罪侦查权的加强和规范

刑事诉讼法修改对于侦查方面的立法指导思想是，"随着经济社会的发展和犯罪情况的变化，一方面，要完善侦查措施，赋予侦查机关必要的侦查手段，加强打击犯罪的力度；另一方面，也要强化对侦查措施的规范、制约和监督，防止滥用"。[①] 检察机关拥有对职务犯罪的侦查权，由于职务犯罪性质的特殊，加上近年来犯罪手段的隐蔽化和智能化，使得职务犯罪的侦查手段和侦查模式需要更新，以提高打击犯罪的能力。同时，职务犯罪的侦查工作中也出现了与新的犯罪态势不相符合的情况，滥用侦查权的问题也时有发生。因此，针对以上两个方面的问题，新刑事诉讼法对检察机关职务犯罪侦查权作了如下的修改和完善：

第一，新刑事诉讼法赋予检察机关在办理自侦案件过程中，根据侦查犯罪的需要，可以采取技术侦查措施。同时对技术侦查手段的适用范围、期限、审批手续、侦查机关的保密义务以及通过技术侦查收集的材料可以作为证据使用等内容作了相关规定。除了加强检察机关对自侦案件的侦查手段外，新刑事诉讼法将传唤、拘传的时间延长至24小时，有利于保证检察机关在羁押前控制犯罪嫌疑人的时间，以免因时间问题导致案件难以侦办。此外，新刑事诉讼法

---

① 郎胜：《关于〈中华人民共和国刑事诉讼法修正案（草案）〉的说明——2011年8月24日在第十一届全国人民代表大会常务委员会第二十二次会议上》，载 http://www.npc.gov.cn/huiyi/lfzt/xsssfxg/2011－08/30/content_1668529.htm，2012年5月3日访问。

增加了在案发现场和证人提出的其他地点来询问证人，将"提取指纹信息、采集血液、尿液等生物样本"的侦查行为纳入人身检查的范畴，并且为适应经济社会的发展扩大了查封、扣押和冻结的对象范围等。这些规定都扩大了检察机关使用侦查措施的权力。

第二，为了对检察机关职务犯罪侦查权加强制约和监督，新刑事诉讼法规范了侦查中检察机关讯问犯罪嫌疑人的行为。比如，规定拘留或逮捕后应当将被拘留人或者被逮捕人立即送看守所羁押，至迟不得超过 24 小时，并明确讯问被羁押的犯罪嫌疑人必须在看守所进行。同时，还规定对于可能判处无期徒刑、死刑的案件或者其他重大犯罪案件，应当对讯问过程进行全程录音或者录像，并保持录音、录像的完整性。另外，新刑事诉讼法对辩护权的强化也进一步规范了检察机关侦查权的行使。如新刑事诉讼法明确侦查阶段律师的辩护人身份，规定检察机关在办理自侦案件第一次讯问犯罪嫌疑人或对其采取强制措施时，应当告知犯罪嫌疑人有权委托辩护人。除特别重大贿赂犯罪案件，辩护律师凭"三证"就可以会见在押的犯罪嫌疑人、被告人，且会见时不被监听。在自侦案件侦查终结前，辩护律师提出要求的，检察机关应当听取辩护律师的意见，并记录在案；辩护律师提出书面意见的，应当附卷。这些规定对于遏制刑讯逼供，保障检察机关合法行使侦查权有着积极的意义。

（二）新刑事诉讼法对公诉权的改革和发展

"公诉权在世界各国几乎都是检察机关独享的一种国家权力，是检察权的一种标志性的权力。"[①] 检察机关通过公诉权的行使，不仅有利于刑事法律的正确实施，而且对于完善诉讼程序和检察制度有着十分重要的意义。新刑事诉讼法增加了公诉职能的许多内容，对检察机关正确把握国家刑事政策，切实履行公诉职责提出了新的标准和要求。归纳起来，主要有以下几方面的变革：

第一，新刑事诉讼法增强了公诉权与辩护权的对抗性。在现代刑事诉讼中，控诉和辩护是两项重要权能，既是审判权能产生的基础，也是保障审判权能顺利实现和客观公正的前提。新刑事诉讼法在辩护制度方面强化辩护律师的会见、阅卷、调查证据等相关权利的同时，要求检察机关在审查起诉时，应当听取辩护人的意见，并记录在案；辩护人提出书面意见的，应当附卷。同时，新刑事诉讼法增设的庭前预备会议中规定公诉人和辩护人可以对回避、出庭证人名单、非法证据排除等与审判相关的问题发表意见，这将有助于公诉人更早了解辩护方的证据和观点，整理案件的争议点，从而为庭审中公诉活动的展开

---

① 张智辉：《公诉权论》，载《中国法学》2006 年第 6 期。

做好充分准备。此外，新刑事诉讼法对证人、鉴定人和警察出庭制度的修改，势必加强庭审中的控辩对抗，这就对公诉人庭审时向控辩双方证人、鉴定人发问的内容、技巧、策略和临场应变能力等提出了更高的要求。

第二，新刑事诉讼法修改了不起诉制度，规定犯罪嫌疑人没有犯罪事实的作为法定不起诉的情形之一，对于两次补充侦查后仍然证据不足的案件，检察机关应当作出不起诉的决定。值得注意的是，对于检察机关提起公诉的方式，新刑事诉讼法又一次作出了修改，把1996年刑事诉讼法规定的"移送主要证据的复印件和照片"恢复到了1979年刑事诉讼法的全案移送案卷材料。对此，检察机关不能狭隘地理解为这是对原来制度的简单恢复，而应结合新增的庭前预备会议中非法证据排除程序和法院对检察机关提起的公诉材料仅进行形式审查来理解，更好地做好提起公诉的工作。另外，新刑事诉讼法新增了附条件不起诉，为进一步扩充检察机关的起诉裁量权提供了重要的基础。对于未成年人涉嫌轻微刑事案件，符合起诉条件，但有悔罪表现的，检察机关可以作出附条件不起诉的决定。检察机关根据法律规定作出附条件不起诉并不意味着对法院审判权的分割和侵害，而是基于对未成年人犯罪嫌疑人的教育和挽救，贯彻宽严相济的刑事司法政策，维护社会稳定，实现程序分流和节约诉讼资源。

第三，新刑事诉讼法对审判程序的修改给公诉权带来一定的挑战。首先，新刑事诉讼法对简易程序作了一个较大的改动，在扩大简易程序适应范围的同时，仅赋予了检察机关在提起公诉时适用简易程序的建议权，并且在追求诉讼效率的基础上遵循诉讼规律，规定对于适用简易程序审理的公诉案件，检察机关应当派员出席支持公诉。其次，新刑事诉讼法在一审程序中增设了庭前预备会议，检察机关根据审判人员的召集需要出席。同时，为了解决司法实践中"重定罪、轻量刑"的问题，一审程序中增加了"对与定罪、量刑有关的事实、证据都应当进行调查、辩论"的规定，这就强调了检察机关公诉工作在定罪和量刑两个方面的双向职责，要求检察机关在总结前期量刑程序改革经验的同时，做好量刑证据的收集和量刑意见的发表等工作。在刑事二审程序中，检察机关承担着查清案件事实，维护当事人权利的重要作用。1996年刑事诉讼法并没有明确二审检察机关的阅卷期限，影响了检察机关在二审程序中功能的发挥。新刑事诉讼法规定二审法院决定开庭审理后应及时通知检察机关阅卷，检察机关应在一个月以内查阅完毕，而且阅卷时间不计入审理期限。对于再审程序，新刑事诉讼法明确开庭审理的再审案件，检察机关应当派员出庭，强化了检察机关对再审案件的参与，避免再审案件的庭审程序流于形式。同时，新刑事诉讼法还明确了再审程序中适用强制措施的责任主体，规定检察机关提出抗诉的再审案件，需要对被告人采取强制措施的，由检察机关依法决定。最后，对于新刑事诉讼法新增的特别程序中的刑事和解制度，检察机关应当听取当事人和其他有关人员的意见，对和解的自愿性、合法性进行审查，并主持制作和解协议书。对于犯罪情节轻微，不需要判处刑罚的，检察机关可以作出不起诉的决定；对于仍需判处刑罚的，则向法院提起公诉，并提出从宽处理的建议。

第四，新刑事诉讼法在证据制度方面的修改涉及公诉权的主要有两个方面：一是明确了公诉案件中被告人有罪的举证责任由检察机关承担；二是与检察机关关系极为密切的非法证据排除。非法证据的排除是新刑事诉讼法的一大亮点，新刑事诉讼法规定，采用刑讯逼供等非法方法收集的犯罪嫌疑人、被告人供述和采用暴力、威胁等非法方法收集的证人证言、被害人陈述，应当予以排除。收集物证、书证不符合法定程序，可能严重影响司法公正的，应当予以补正或者作出合理解释；不能补正或者作出合理解释的，对该证据应当予以排除。检察机关在侦查、审查起诉时发现有应当排除的证据的，应当依法排除，不得作为起诉意见和起诉决定的依据。另外，新刑事诉讼法赋予检察机关对非法证据的调查核实权，并且在对证据收集的合法性进行法庭调查中由检察机关承担证据收集合法性的证明责任。非法证据排除制度的确立有利于减少冤假错案，对检察机关的文明执法提出了更高的要求。一方面，检察机关作为职务犯罪的侦查机关，必须在侦查工作中率先垂范，强化依法取证的意识，严格按照新刑事诉讼法的要求合法取证；另一方面，检察机关在进行侦查监督、刑事公诉等检察业务中，应当尽早排除非法证据，严把证据质量关，充分维护司法公正。

（三）新刑事诉讼法对诉讼监督权的全面强化

检察机关通过履行对诉讼活动的监督职能，可以保障诉讼的顺利进行，促使诉讼中的违法情况得以纠正，减少和避免司法不公，维护司法公正和法制统一。为了解决现行刑事诉讼法中法律监督存在的问题，加强对权利的制约，这次刑事诉讼法的修改将检察监督贯穿诉讼的各个阶段，把诉讼中的法律监督深化到诉讼的各个环节，全方位强化了检察机关的诉讼监督职能，凸显了立法者对诉讼监督的高度重视。

第一，在侦查监督方面，为了改变我国侦查权过于强大且缺乏制约监督机制的局面，新刑事诉讼法丰富了检察机关法律监督的方式和手段。首次确立了当事人及利害关系人对侦查违法行为的投诉处理机制，赋予检察机关对侦查违法行为的申诉进行审查与处理的权限，以期借力检察监督强化当事人对侦查权的制约。同时，新刑事诉讼法通过依法排除非法证据，加强了对非法取证行为的监督，规定检察机关接到报案、控告、举报或者发现侦查人员以非法方法收集证据的，应当进行调查核实和监督纠正，对于构成犯罪的可以依法追究刑事责任。此外，新刑事诉讼法还增加了检察机关对指定居所监视居住的决定和执行进行检察监督的规定。

第二，在审查批捕方面，检察机关近年来通过发布相关法律文件大力推行审查批捕时讯问犯罪嫌疑人，以确保逮捕质量和保障犯罪嫌疑人的合法权益。新刑事诉讼法肯定了这一做法，规定审查批捕时可以讯问犯罪嫌疑人，并对符合法律规定情形的应当讯问犯罪嫌疑人。同时，为了保证逮捕适用的准确性，审慎剥夺公民的自由权，改变以往行政化审查程序易造成偏听偏信的局面，新刑事诉讼法增加了审查批捕时证人等诉讼参与人和辩护律师参与的环节，辩护律师提出要求的检察机关必须听取意见。另外，为了强化检察机关对羁押措施的监督，新刑事诉讼法吸收了近年来实践探索经验，增设了逮捕后对羁押的必要性进行定期审查机制，防止超期羁押和不必要的关押，有利于人权的保障和司法成本的降低。

第三，在审判监督方面，新刑事诉讼法规定适用简易程序审理的公诉案件，检察机关应当派员出席，加强了检察机关对简易程序审判活动的监督，确保简易程序的正确适用；规定在法庭审理过程中，对与定罪、量刑有关的事实、证据都应当进行调查、辩论，加强了检察机关对量刑程序合法性的监督；规定在死刑复核案件过程中，最高人民检察院可以向最高人民法院提出意见，最高人民法院应当将死刑复核结果通报最高人民检察院，加强了检察机关对死刑复核的监督，保证死刑复核案件的质量；规定对于人民法院开庭审理的再审案件，同级检察机关应当派员出席，加强了检察机关对再审案件的监督，有利于再审案件得到公正审判。

第四，在执行监督方面，新刑事诉讼法规定监狱、看守所提出暂予监外执行的书面意见，有关执行机关提出减刑、假释的建议书时，应当同时抄送检察机关，检察机关可以提出书面意见。由此，将检察机关对刑罚执行的监督定位为同步监督，增强监督实效，有利于法院裁判的稳定和执行机关的严格执法，保证法律的严肃性和社会的稳定。

值得注意的是，除了以上四个方面外，新刑事诉讼法还通过其他一些条款进一步丰富了检察机关的诉讼监督理论，强化了检察机关的诉讼监督职能。比如，规定辩护人、诉讼代理人认为公检法及其工作人员阻碍其依法刑事诉讼权利的，有权向检察机关申诉或控告，检察机关对此应当及时进行审查处理。这就通过检察机关的诉讼监督维护了辩护人和诉讼代理人的诉讼权利。又如，新刑事诉讼法在特别程序的强制医疗程序中，新增了检察机关对强制医疗的决定和执行实行监督的规定，这对检察机关来说没有任何实践和改革经验，需要进一步积极探索，从而更好地履行监督职能。

三、应对：更好发挥检察职能需做的准备

2013 年新刑事诉讼法将正式实施，"徒法不足以自行"，一部再好的法律也要通过具体实施才能实现它的立法初衷。在对新刑事诉讼法中涉及检察职能的调整内容进行梳理后，我们清晰地发现，刑事诉讼法的这次修改对公安司法机关来说，受到挑战最大的无疑是检察机关。因此，如何在新刑事诉讼法的实施中更好地发挥检察职能，对于检察机关来说，不仅需要更新执法理念，真正树立保障人权与打击犯罪并重的思想，而且还需要做好工作机制、制度建设、组织机构、人员配置、物质资源等各个方面的应对。对此，笔者将选择新刑事诉讼法中对检察职能影响比较大的一些制度和程序，谈下检察机关在履行具体检察职权时需做的准备。

（一）强化人权意识，细化逮捕后羁押必要性审查制度

新《刑事诉讼法》第 93 条规定："犯罪嫌疑人、被告人被逮捕后，人民检察院仍应当对羁押的必要性进行审查。对不需要继续羁押的，应当建议予以释放或者变更强制措施。有关机关应当在十日以内将处理情况通知人民检察院。"这一规定确立了我国的逮捕后羁押必要性审查制度，对于促进逮捕与羁押相分离，防止超期羁押，降低羁押率有着重要的意义。检察机关在面对这一简单条款时，如何确保逮捕后羁押必要性审查制度在实践中真正发挥作用，这需要思想上的重视和具体规则的细化。

一方面，检察机关应当转变执法理念，在思想上重视逮捕后羁押必要性的审查。尊重和保障人权不仅仅是作为一个条文写入总则，更重要的是在具体制度的操作中得到落实。在我国的刑事司法实践中，长期以来犯罪嫌疑人一旦被逮捕就意味着羁押的必然；一些检察机关由于承担较多的刑事案件，往往重视逮捕前的审查工作，而忽视继续羁押的必要性审查；有些检察机关会认为逮捕后变更强制措施会有损检察机关逮捕工作的严肃性和权威性，这些都不符合人权保障的基本理念。检察机关应当树立"必要羁押"的理念，增加工作的主动性，对符合条件的犯罪嫌疑人，经过审查后依法改变其强制性羁押措施，这将有利于改变司法实践中"一捕到底"的做法，也有利于犯罪嫌疑人合法权益的保障和社会公平正义的维护。

另一方面，结合近几年检察机关关于逮捕后羁押必要性审查的试点工作，笔者认为，对该制度需要进一步细化具体的工作机制和操作流程，至少应明确

以下几方面的内容：第一，应明确羁押必要性审查的启动主体和方式。新刑事诉讼法规定犯罪嫌疑人、被告人及其法定代理人、近亲属或者辩护人有权申请变更强制措施。因此，逮捕后的羁押必要性审查既可以由犯罪嫌疑人、被告人一方向检察机关提出审查申请，也可以由公安机关向检察机关提出申请，检察机关也可以依职权主动提出审查。第二，应明确逮捕后羁押必要性审查的适用对象。首先应当排除累犯、惯犯以及重大、恶性犯罪案件的犯罪嫌疑人和被告人，主要限定于犯罪情节轻微、犯罪主观方面恶性小、犯罪后有悔罪表现、初犯、偶犯、未成年人犯罪等，对其改变强制措施不致危害社会的犯罪嫌疑人、被告人。第三，应明确逮捕后羁押必要性的审查标准。基于对犯罪嫌疑人和被告人适用逮捕措施后一段时间，社会危害性可能会发生变化，根据逮捕的适用条件以及羁押期间的具体表现等因素，综合评判有无继续羁押的必要性。第四，应明确羁押必要性的审查方式。新刑事诉讼法规定检察机关审查批捕的时候可以讯问犯罪嫌疑人，对符合条件的还必须讯问，同时还可以询问证人等诉讼参与人，听取辩护律师的意见。因此，在审查捕后羁押必要性时，检察机关不应该仅仅审查书面材料，在一定条件下还可以讯问犯罪嫌疑人，并听取相关人员的意见。第五，应规范检察机关内部对羁押必要性审查的工作程序，包括明确进行羁押必要性审查的具体部门，对变更强制措施有意见分歧时的处理和决定，明确犯罪嫌疑人、被告人一方对羁押必要性审查结果有异议时的救济，公安机关认为检察机关变更强制措施不恰当时的处理，规定检察机关审查羁押必要性的期限，以及对变更强制措施后犯罪嫌疑人、被告人进行跟踪回访等内容。第六，新刑事诉讼法只赋予了检察机关对不需要继续羁押的予以释放或者变更强制措施的建议权，而不能直接决定释放或变更。因此，检察机关应注意提出变更强制措施的建议后与相关机关和部门的工作衔接。

（二）强化证据意识，落实非法证据排除规则

新刑事诉讼法在 2010 年"两院三部"联合发布的《关于办理死刑案件审查判断证据若干问题的规定》和《关于办理刑事案件排除非法证据若干问题的规定》（以下简称"两个证据规定"）的基础上，在完善证据制度和制约监督侦查权力的背景下，以更宏观的角度和更开阔的视角，从刑事诉讼运行的整个过程对非法证据排除规则进行了设计。因此，作为参与刑事诉讼全过程的检察机关与非法证据的排除有着密切的联系。如何在检察职能的运行中确保侦查、审查起诉、开庭审理时对非法证据的排除，这是检察机关需要加以思考的。

一方面，检察机关作为新刑事诉讼法确立的非法证据排除主体，应明确自己在不同诉讼阶段的角色定位和工作重点，强化证据意识，保证非法证据排除

规则在新刑事诉讼法中切实有效地得到贯彻和落实。在侦查阶段，检察机关应当加强对侦查机关收集证据合法性的监督，对于自侦案件，检察机关不仅要以身作则、严格规范自身的取证行为，而且还要加强对自己侦查行为的监督和被审查；在审查批捕和审查起诉阶段，检察机关应当把握好非法证据排除的最佳时间，保证非法证据排除的及时性，做好合法证据的"守门人"，这对避免产生冤假错案起着非常重要的作用；在法庭审理环节，检察机关承担对证据收集合法性的证明责任，应及时调整对取证程序合法性的出庭应诉工作，配合法庭做好非法证据的排除。

另一方面，检察机关应当制定实施非法证据排除的操作程序规则。新刑事诉讼法通过规定禁止刑讯逼供、不得强迫自证其罪、以及非法证据的排除范围、调查处理程序等，确立了非法证据排除规则的主要内容。然而，长期以来非法证据排除规则在我国司法实践中未能得到很好的贯彻和落实，一个很重要的原因在于缺少一套具体的非法证据排除的程序规则。"非法证据排除规则及其背后所蕴涵的深刻的法治精神、人文价值还必须通过具体、可供实际操作的制度体系来支撑，由具体的操作规范来连接理论与现实之间的空白地带。"[①] 在2009 年 5 月，中国政法大学与江苏盐城市中级人民法院合作开展的"非法证据排除规则试点项目"中，盐城中级人民法院出炉了"全国首家非法证据排除的试行规则"，为试点法院的非法证据排除规则设立了一整套具体可操作的程序，主要包括启动程序、听证程序、决定程序、补救程序，并为各个程序设置了相应的规则。[②] 对于该试行规则，笔者认为其中许多做法和规定比较具有可操作性，为新刑事诉讼法关于非法证据排除的实施提供了非常有益的实践经验。因此，检察机关应当充分考虑自身的职能特点，以新刑事诉讼法的相关规定为前提，结合"两个证据规定"的内容，总结实践经验，做好与其他机关或部门的衔接，制定出非法证据排除规则的具体操作程序。

（三）强化量刑意识，完善量刑建议制度

2005 年最高人民检察院在前期调研的基础上，推出了《人民检察院量刑建议试点工作实施意见》，正式将量刑建议列为检察制度改革项目。随后几年来，量刑建议作为一项重要的刑事诉讼改革措施，一直由检察机关加以积极推进。

---

① 陈卫东、刘中琦：《我国非法证据排除程序分析与建构》，载《法学研究》2008 年第 6 期。

② 参见蒋安杰：《全国首家非法证据排除试行规则出炉》，载《法制资讯》2011 年第 2 期。

新刑事诉讼法为了解决刑事审判实践中存在的重定罪轻量刑，量刑活动的程序性不强，量刑过程的公开、透明度难以保证等问题，在法庭审理程序中增加规定量刑的内容，即第 193 条第 1 款规定："法庭审理过程中，对与定罪、量刑有关的事实、证据都应当进行调查、辩论。"然而，如此简短的一个条款，"更多的是一种宣示意义，是对近年来理论研究和司法实践中探索与尝试的独立量刑程序的一种表态和回应"①。新刑事诉讼法既未对检察机关的量刑建议权作出明确规定，更未将庭审中定罪和量刑相分离，新刑事诉讼法对庭审中量刑内容的增加需要检察机关从以下两方面进行理解和把握。

一方面，检察机关应当强化量刑意识，明确公诉工作应当包括定罪和量刑两方面，切实摒弃重定罪轻量刑的传统观念。量刑意识的强化不仅体现在观念上的改变，更重要的是落实在具体办案中的表现。比如检察机关在进行案件审查时，要对犯罪嫌疑人、被告人年龄、身份、作案动机、犯罪后表现等常见影响量刑的情节加强审查；在法庭审理中，在提高指控犯罪能力的同时，要合理安排证据的出示顺序，提高量刑辩护能力；平时要加强与法院的沟通联系，了解掌握法院在量刑方面的规律和特点，使量刑建议更具有针对性，提高量刑建议的准确性和采纳率；对于提出量刑建议的案件，在收到法院判决后，应当检查量刑建议和判决之间的差距，对符合抗诉的要依法提出抗诉。

另一方面，新刑事诉讼法虽没有采取建立独立量刑程序的庭审模式，仍维持了原来的刑事庭审的基本模式和框架，仅仅强调对量刑有关事实、证据应当进行调查与辩论。但笔者认为，庭审中开展对量刑事实和证据的辩论应当以量刑建议为前提，根据量刑建议展开辩论，这不仅有利于量刑过程的透明化，而且有利于诉讼效率的提高。因此，检察机关应当在总结前期量刑建议工作经验的基础上，进一步规范量刑建议制度，提高量刑建议的水平和质量，确保在庭审过程中针对有关量刑的事实和证据能真正展开调查和辩论。同时，为了更好地落实新《刑事诉讼法》第 193 条的规定，最高人民检察院还应对有关内容作出进一步解释和明确，如庭审流程对定罪和量刑是分开设置还是融合一起，提出量刑建议的形式和时间、量刑证据的证明标准应如何规定，在庭审焦点都集中在定罪时如何开展对量刑的调查与辩论，对于被告人认罪的量刑证据应如何把握等。

---

① 陈卫东主编：《2012 刑事诉讼法修改条文理解与适用》，中国法制出版社 2012 年版，第 256 页。

（四）强化监督意识，履行简易程序出庭公诉职能

刑事简易程序自 1996 年写入刑事诉讼法至今，在实践中得到了广泛的采用，有效地缓解了司法压力，提高了诉讼效率。然而，1996 年刑事诉讼法对简易程序的设置过于笼统，诉讼效率的获得往往以牺牲被告人程序性保护为代价，加上实践中公诉人通常并不出庭支持适用简易程序提起的公诉案件，这在很大程度上影响了检察机关对适用简易程序案件的庭审活动进行有效监督。新刑事诉讼法扩大了简易程序的适用范围，规定了被告人的程序决定权，而对检察机关来说挑战最大的变动是"适用简易程序审理公诉案件，人民检察院应当派员出席法庭"。这不仅在一定程度上增加了基层检察机关公诉部门的工作量，而且对加强检察机关在简易程序公诉案件中出庭支持公诉和诉讼监督工作提出了更高的要求。如何做好简易程序出庭支持公诉的准备，与 2013 年正式实施的新刑事诉讼法形成有效衔接呢？笔者认为，检察机关应当强化监督意识，在保障当事人权益的前提下简化诉讼程序，在确保案件质量的基础上提高诉讼效率。

一方面，检察机关应当高度重视检察机关出庭支持适用简易程序审理公诉案件的重要性。简易程序本质上属于诉讼程序，因此它也应当符合正当程序所要求的"控审分离、控辩平等、审判中立"的基本诉讼构造。检察机关派员出庭简易程序公诉案件是控方角色的归位，这既是契合诉讼规律的基本要求，也是对当事人程序性权利的必要保障。当然，对于适用简易程序审理公诉案件，公诉人从"可以不出庭"到"应当出庭"后，办案人员工作量增加，"案多人少"的矛盾必将凸显。对此，公诉人员不能有任何抱怨、惧怕、退缩等情绪，要在物质、财力和人力等方面做好充分的应对准备，迎接新刑事诉讼法的挑战。

另一方面，检察机关应当在实践中不断建立和完善适用简易程序审理公诉案件出庭支持公诉的工作机制。在刑事诉讼法修正案通过不久，最高人民检察院就下发了《最高人民检察院关于进一步加强适用简易程序审理的公诉案件出庭工作的通知》，要求 2012 年 10 月 1 日前，对简易程序公诉案件出庭率应尽量达到 50%，年底前原则上达到 100%。其实，早在刑事诉讼法修改前，一些地方的检察机关已经开展了简易程序派员出庭的改革试点，但是由于适用简易程序审理案件不受送达期限、讯问被告人、询问证人、鉴定人、出示证据、法庭辩论程序规定的限制，因此各地在庭审简化的具体做法上存在着不一致的做法，有的甚至存在不规范的现象。笔者认为，在实践中，检察机关应当和法院紧密联系，梳理简易程序公诉环节可能出现的问题，积极探索简易程序的启动、庭审程序的简要设计、公诉人出庭支持公诉的方式、工作文书的简化等内容。比

如，在公诉人中划分出专职出庭公诉人，培养他们熟悉简易程序出庭支持公诉的要求，掌握符合不同案件特点的庭审程序的简化。总之，在新刑事诉讼法实施前，根据最高人民检察院下发通知中所提的要求，各地检察机关应当大胆创新，积累经验，形成一些有效的做法让最高人民检察院在全国范围内进行推广。

（五）构建当事人和解公诉案件中检察机关的工作机制

自 2003 年以来，为充分发挥检察职能化解社会矛盾、实现社会和谐，许多检察机关根据司法实践的需要出台了检察机关办理轻伤案件可以由当事人自行和解或委托人民调解机构进行调解的相关规定。最高人民检察院于 2010 年 12 月通过了《关于办理当事人达成和解的轻微刑事案件的若干意见》（以下简称《若干意见》），对检察机关依法正确办理当事人达成和解的轻微刑事案件提出了具体要求。这次刑事诉讼法修改在特别程序中以三个条文对当事人和解的公诉案件的诉讼程序作出了框架性规定，其中"对于双方当事人和解的，在检察环节可以由检察人员听取当事人和其他有关人员的意见，对和解的自愿性、合法性进行审查，并主持制作和解协议书"的规定，改变了《若干意见》中确立的办理当事人和解案件的检调对接方式，对检察机关在 2013 年新刑事诉讼法实施后办理刑事和解案件提出了新的实践要求。

如何根据前期的司法实践经验和新刑事诉讼法关于刑事和解的三条法律规定，构建检察机关对当事人和解公诉案件的办案工作机制，是检察机关当前必须思考并解决的一个检察实务问题。笔者认为，对此应该明确以下几方面的内容：第一，适用当事人和解的公诉案件的犯罪嫌疑人、被告人是有罪的，但是自愿真诚悔过并获得了被害人谅解，并非是简单地以赔偿换取宽缓的处理。因此检察机关在办案过程中要注重对法律条文适用方面的解读性宣传，尽可能消除社会民众误认为刑事和解就是"以钱赎罪"等负面影响。第二，对于当事人和解的公诉案件，检察机关对和解的自愿性、合法性进行审查，应当把握好主动审查和被动审查的界线。笔者认为，只有在当事人自愿达成和解之后，检察机关再被动进行审查，除非对于一些社会影响力重大的案件，从化解社会矛盾和宣传教育的角度才可以主动听取意见，主持和解。第三，检察机关在进行审查，主持制作和解协议书时，不再适宜引入人民调解组织一起参与。第四，为确保当事人和解公诉案件的依法开展和有序进行，应当就具体的程序和方式等流程性架构及内容作出理性设置。第五，检察机关应当做好主持制作和解协议书的工作。根据以往的实践情况，当事人达成和解后由人民调解组织或者当事人向检察机关移交或者提交和解协议。根据新刑事诉讼法规定，和解协议书应当由检察机关主持制作，检察机关应当制定统一格式的和解协议书，载明各项和解内容，特别应列明犯罪嫌疑人、被告人采取何种方式弥补对被害人造成的影响，双方达成和解是否出于自愿、被害人一方是否愿意谅解并同意检察机关对犯罪嫌疑人从宽处理等。同时检察机关可以要求犯罪嫌疑人提供相应的担保或者保证，确保和解协议的顺利执行，以防诉讼资源的浪费。第六，检察机关应当加强对在审查起诉工作中办理当事人达成和解案件的监督检察，并做好检察机关内部的协调配合，以及与公安机关、法院的工作衔接与沟通。

（六）行使好对未成年人案件附条件不起诉的权力

未成年人附条件不起诉制度在刑事诉讼立法上的确立，是新刑事诉讼法的一大亮点。赋予检察机关对未成年人案件可以作出附条件不起诉决定的权力，扩大检察机关的不起诉裁量权，不仅有利于进一步加强未成年人的司法保护，而且有利于实现案件的繁简分流，降低司法机关的诉讼压力，提高诉讼效率。在我国的刑事司法实践中，一些地区对附条件不起诉制度进行了有益的尝试，取得了良好的社会效果，但也引发了不小的争议。新刑事诉讼法只对未成年人犯罪案件适用附条件不起诉制度，为将来附条件不起诉制度的推广开辟了"试验田"。正如有学者指出，这不仅有利于更好地保障未成年犯罪嫌疑人的权利，还可以通过在未成年人犯罪案件中的运用，于实践中不断总结积累经验，以利于将来附条件不起诉制度的大范围推广。[①] 附条件不起诉确立在刑事诉讼中的特别程序，因此，检察机关在实践操作中，既要体现其特殊性，又要遵循刑事诉讼的一般规定。

如何在检察环节贯彻落实未成年人的特殊刑事政策，在实践中行使好未成年人案件附条件不起诉的权力，笔者认为，应当从以下几个方面加以明确和细化。第一，正确区分附条件不起诉和相对不起诉。附条件不起诉是符合起诉条件的，由于犯罪嫌疑人罪刑轻，有悔罪表现的情况，设置一定条件暂时不予起诉，待条件实现后不起诉才真正完成。而相对不起诉是可以不起诉，并不符合起诉的条件，不需要设置任何条件就可以直接作出不起诉的，这需要检察机关在起诉过程中正确把握。第二，严格执行附条件不起诉的适用范围。鉴于实践中一些检察机关开展的试点工作与新刑事诉讼法最终确定的附条件不起诉的适用范围有一定的差距，可能导致按新刑事诉讼法的规定一部分犯罪嫌疑人要排除在附条件不起诉之外。对此，笔者认为，检察机关应当严格执行"可能判处一年有期徒刑以下刑罚"的规定，不能随意扩大或缩小。第三，细化未成年人

---

① 参见法制日报：《聚焦刑事诉讼法修改：附条件不起诉制度引发争议》，载 http://www.chinanews.com/fz/2011/10 - 14/3390036.shtml，2012 年 5 月 14 日访问。

附条件不起诉的程序。由于作出附条件不起诉决定后，并不意味着诉讼程序的终结，随着未成年犯罪嫌疑人在考验期内情况的变化，随时面临着提起公诉。因此，附条件不起诉的程序设置就更具有特殊性，比如附条件不起诉的文书怎么制定，检察机关在作出附条件不起诉决定前听取公安机关和被害人意见后，相互之间意见有矛盾该怎么处理，如何对新《刑事诉讼法》第273条第2项中"情节严重的"作出界定，如何明确检察机关在考验期内监督考察工作的内容等，这都需要进一步明确。第四，促进检察机关内部积极适用附条件不起诉制度。在先期的试点中，案多人少、内部审批程序复杂、案件承办"战线"长，工作量大、考核机制的不完善等往往会影响办案人员对附条件不起诉制度在办案过程中的积极适用。因此，在新刑事诉讼法实施前，应当通过完善相关未检机构和人员的专业化建设、考核评价机制等，推动附条件不起诉的应用。

建立执法办案风险评估机制的实践与思考

◎ 俞俊波 *

内容摘要：

执法办案风险评估机制，有利于及时发现可能影响社会稳定的苗头性、倾向性问题，作出预警，切实把不稳定因素清除在萌芽状态。检察机关要建立执法办案风险评估机制，把化解社会矛盾贯穿于执法办案始终。如何正确地把风险管理的理论和方法应用到检察业务管理，对于提高检察管理科学化水平，防止因执法不当引发涉检信访特别是群体性事件和突发性事件，具有重要意义。

关键词：

执法风险　风险评估　风险管理

凡事预则立，不预则废。作为化解社会矛盾、维护社会稳定、参与社会管理的司法机关，检察机关在深入推进三项重点工作中担当着重要的角色。执法办案风险评估机制，因其有利于及时发现可能影响社会稳定的苗头性、倾向性问题，作出预警，切实把不稳定因素清除在萌芽状态，备受关注。如何有效地构建执法办案风险评估机制以有效应对社会发展的形势需要，成为当今检察机关面临的一个突出问题。最高人民检察院检察长曹建明在第十一届全国人民代表大会第三次会议上所作的工作报告中也指出，检察机关要建立执法办案风险评估机制，把化解社会矛盾贯穿于执法办案始终。为贯彻中央和最高人民检察院的要求，笔者在涉检信访风险评估预警工作机制的基础上，对检察机关如何建立执法办案风险评估预警机制的相关问题作了进一步探索研究。

---

* 俞俊波，浙江省宁波市海曙区人民检察院反贪局助理检察员。

一、检察机关执法办案风险的来源及内涵

（一）执法办案风险来源于执法过程和执法结果

执法风险有广义与狭义之分。广义的执法风险是指外部环境和内部工作机制对执法造成不当干扰，以及执法过程和执法结果对社会产生不良影响的可能性。狭义的执法风险仅指执法过程和执法结果对社会产生不良影响的可能性，这种不良影响主要包括引发信访、群体性事件或者突发性事件等。笔者认为，检察机关执法办案风险评估机制中所指的执法风险是狭义的执法风险，因为来自内、外部干扰的风险不是建立执法办案风险评估机制所要解决的问题。社会主义司法制度必须保障在全社会实现公平和正义。司法的根本任务就是，依照法律和政策，化解社会矛盾，实现公平正义，维护社会和谐稳定。执法办案风险是司法机关执法办案过程中会出现的，司法机关办理案件过程中，案件办理人与当事人之间或者当事人与当事人之间的矛盾激化的可能性是存在的，只要有矛盾激化，就会产生风险。对于风险的来源，笔者认为主要有以下四类：一是执法过程中由于与案件办案结果或者程序有关的矛盾的激化，这是一类最主要的风险；二是某类风险来源于执法办案的环境，即由于部门利益或者地方保护主义所导致的执法过程中的风险；三是社会敌对势力或敌对分子引发的社会冲突，某些仇视政权的敌对势力对执法工作的破坏和阻挠；四是由于社会变迁过程中导致的个别特异性的社会个体无理由的情绪宣泄和社会破坏活动，导致对执法工作或执法工作者本人产生风险[①]。在这四类风险中，最为常见的就是执法办案过程中的风险，这和司法机关的主要职责是相联系的。因此，我们强调风险评估，对司法风险进行分类，最终的着眼点还是在办案，还是将落脚点放在司法机关的本职工作上，因此，对执法风险评估工作不能割裂地简单加以研究，一定要将其与执法办案的本职工作紧密结合起来，在办案中降低风险，在办案中防止风险的再次出现。具体地说，执法风险就是执法办案过程中法律得到实施的可能性与实际效果之间的差距。从某种意义上说，就是对法律的实施程度的量化，也就是社会大众对司法机关执法工作的认可程度。这种应然效果和实然效果之间的差值直接决定了执法风险的大小。

（二）执法办案风险需要正确的风险评估

检察机关对于执法办案风险评估机制的探索尚处在初始阶段，对其基本内

---

① 参见谢鹏程：《检察机关如何建立健全执法办案风险评估预警机制》，载《人民检察》2010 年第 13 期。

涵的把握还存在一定的争议。客观地说，检察机关的执法工作处理的一般是已经发生的、不可能完全再现的案件，这就需要司法机关通过内心确信对案情作出科学客观合理的判断，并作出权威性裁断，因此，司法工作是高度专业化的工作，必然存在风险。就笔者个人对执法办案风险的内涵理解概括，凡是办理的案件能够"案结事了"的，就意味着不存在风险，凡是能够导致"案不结、事不了"的因素都可以理解为风险。所以，风险评估的主要任务包括：识别组织面临的各种风险、评估风险概率和可能带来的负面影响、确定组织承受风险的能力、确定风险消减和控制的优先等级、推荐风险消减对策。执法机关在评估执法风险时应紧紧围绕法律问题，将执法风险的评估立足于法律的实施领域，强调用法律的手段、法律的视角解决风险问题，而不能简单、粗暴地采用行政手段对风险进行衡量与应对。应该充分考虑执法过程中法律得到公正实施的程度和民众的接受度，这也是执法风险评估的关键。

（三）执法机关在评估执法风险时应将执法风险的评估立足于法律的实施领域

传统意义上说，风险评估是指在风险事件发生之前或之后（但还没有结束），对该事件给人们的生活、生命、财产等各个方面造成的影响和损失的可能性进行量化评估的工作。即风险评估就是量化测评某一事件或事物带来的影响或损失的可能程度。风险评估的主要任务包括：识别组织面临的各种风险、评估风险概率和可能带来的负面影响、确定组织承受风险的能力、确定风险消减和控制的优先等级、推荐风险消减对策。执法机关在评估执法风险时应紧紧围绕法律问题，将执法风险的评估立足于法律的实施领域，强调用法律的手段、法律的视角解决风险问题，而不能简单、粗暴地采用行政手段对风险进行衡量与应对。应该充分考虑执法过程中法律得到公正实施的程度和民众的接受度，这也是执法风险评估的关键。

二、建立执法办案风险评估机制的理论基础和现实必要性

（一）建立执法风险评估机制是对传统执法理论的补充和完善

执法风险评估机制对依法办案中的"作为"和"不作为"提出了更加细致的行为特征方面的分解。传统的二元结构的作为与否的标准在风险评估领域中应被赋予更为广泛的外延。司法机关应当适应管理科学化的基本要求，对传统的作为与不作为的概念进行新的认识。检察机关的司法工作应是以作为为常态模式，将不作为反映为特殊化条件下的选择。因此，不作为的要件应该进一步丰富，应在合法的范围内，赋予检察机关一定可选余地的风险过大的不作

为，使其有权在理性选择后进行趋利避害行为，是国家赋予检察机关一定的自由裁量权限和风险规避的自主权。

检察业务风险管理的理论，包括检察业务风险管理的原理和方法，风险管理的规划，风险源、风险点的识别和界定，风险标准和预警机制的设置，风险处置预案的制作，风险的监控和反馈等。其实，在古今中外的执法实践中，执法人员一直根据经验来研判办案风险并确定处理方式。开展执法办案风险评估是检察业务风险管理的重要基础和首要前提，现在我们要建立健全执法办案风险评估机制，就是要把这些经验上升到理论和制度层面，使执法办案的风险控制更周到、更合理、更有效。建立健全执法办案风险评估机制的目的就是，更加有效地防范执法办案不当引发涉检上访，及时地化解社会矛盾，保证执法办案的法律效果、社会效果和政治效果的有机统一①。

（二）建立风险评估机制是检察机关防范和化解社会矛盾的需要

建立执法办案风险评估机制，是防范和化解社会矛盾，维护社会稳定工作机制的创新，深入推进三项重点工作特别是社会矛盾化解工作的重要途径，是实现检察业务管理科学化的重要形式。执法办案风险评估机制是检察业务风险管理的一部分。其核心要求是，在执法办案中真正做到科学民主依法决策。其主要目的是防范和化解社会矛盾，有利于检察机关及时发现、掌握、评判执法办案过程中容易产生引发社会矛盾问题的关键环节和因素，以便有针对性地采取措施，有效地化解社会矛盾；同时进行办案风险评估有利于检察机关发现和把握案件中容易引发社会矛盾的规律性问题，通过检察建议等方式，有针对性地参与重点人群、重点地区的社会治安综合治理，参与社会管理创新；也有利于通过有效地化解社会矛盾，提高公正廉洁执法水平，强化办案的法律效果、社会效果，乃至政治效果的统一，全面提升执法的公信力。因此，必须加强检察业务风险管理，提高管理科学化水平，在保证执法办案有效化解社会矛盾的同时，防止在执法办案中引发新的社会矛盾。只有在依法办案的基础上尽可能地提高效能，规避风险，才能实现检察工作的科学化。特别是适应中央提出的深入推进社会矛盾化解、社会管理创新、公正廉洁执法三项重点工作的要求，检察工作必须纳入科学管理的范畴，使检察机关的职能与自身执法能力相匹配，这对于检察机关的执法能力、执法素质和执法环境都提出了更高的要求。其中，提高执法风险的评估水平就是执法能力不断提高的一种表现形式，是如

---

① 参见李效安：《适应时代要求建立执法办案风险评估预警机制》，载《检察日报》2011 年 3 月 25 日。

何将潜在的执法能力转化为现实执法能力的一种途径，也是检察工作规范化操作与提高效能的保障。

三、如何正确构建执法办案风险评估机制

（一）准确把握执法办案风险评估的内涵

执法风险可能来源于被告人一方、被害人一方以及有关部门的干预，民意、舆论、媒体、社会的关注度等。执法办案机关对于所受理、办理的各类案件，可能引发群体性事件、个人极端行为、缠访闹访以及社会舆论负面评价、媒体炒作等风险隐患，必须进行预测、评判，提出有针对性的防范措施，预防和减少风险事故和由此造成的损失。

（二）科学界定风险评估的标准和范围

首先，检察机关评估执法办案风险的实质标准是，执法办案产生的不良影响，包括该化解的社会矛盾没有化解，该防止的信访、群体性事件或者突发性事件没有防止，甚至激化了社会矛盾，引发了涉检上访、群体性事件或者突发性事件。从风险的类别来说，主要有执法不清廉、不严格、不公正、不文明所产生的办案风险以及当事人和相关人员不理解、不信任、借机闹事等所产生的风险；从风险的表现形式来说，主要有个人上访、群体上访、群体性事件、突发性事件等。其次，检察机关评估执法办案风险的量化标准可以从风险发生的概率和影响的严重程度两个方面来界定。单纯地依靠风险概率来拟定几级风险评估机制尚且是不够完善的，因为是否采取和采取什么防范措施与风险本身的严重程度有关，虽然说具体标准可以量化，但是权重如何设置，具体情况如何去界定，这同时又是一个问题，需要根据现实情况来具体分析，这又给风险的等级划分造成一定的困难。需要依据现实危害程度、性质和影响，分别拟定风险等级和处置标准，并根据信访事件的变化动态和发展趋势，及时调整级别，并修订完善应对措施和处置方案。

评估案件的范围应该是重大的有影响的案件。效率和公正作为一对矛盾始终存在于执法过程之中，检察机关在强调执法风险的同时，也应关注检察工作的科学化。这就是说，检察工作应对效率和效果同等重视，并加以平衡。对于风险的评估和消除同样要贯彻该项基本原则。如果对任何案件都加以风险评估，必然影响整个检察工作的效能。但是如果没有成熟的机制和规则，有可能把具有高风险的案件忽略甚至遗漏，造成不必要的损失。因此，把握案件评估范围其实是对风险评估效率和效果的度的把握，具有重大的意义。笔者认为其应当包括但不限于：（1）在社会上有重大影响的案件；社会高度关注的案件；

（2）涉众型案件；（3）拟作出不予立案监督、不立案复议维持原处理决定的案件；（4）拟作出不立案或者撤销立案决定的职务犯罪案件；（5）拟作出不批准逮捕决定（或者撤销逮捕决定）、不起诉（或者建议公安机关撤回）、不抗诉决定的案件；（6）拟采取或变更强制措施的公诉案件；（7）拟作出维持原判或原处理决定的刑事申诉案件；（8）拟作出不予赔偿决定的刑事申诉案件；（9）民事行政申诉不予立案或者不提请抗诉的案件；（10）在查处署名举报控告线索中久拖不决、未查处、未答复的案件；（11）有可能引起群体性事件或个人极端行为、缠访闹访等情况的其他案件。具体哪些案件应当进行评估以及其重大与否的认定标准应由本院检委会根据实际案件情况和社会环境灵活地加以确定，从而保证评估案件效能的最大化。

（三）正确建立执法办案风险管理的程序和方法

1. 风险管理的基础是风险的识别和评估

第一，风险的识别和评估就是分析确定风险的性质，比如可能引发涉检信访还是群体性事件，划分执法办案风险的等级，最重要的是量化不确定性的程度和各种风险可能造成影响的程度，再如，对风险进行分类别、分等级，设置相应的预警机制。不过，在风险管理中，风险的识别和评估都不是一次性完成的、一成不变的，而是一个不断修正和确认的过程。领导机构和领导人都应当结合自己的经验、知识和掌握的信息对其下级所做的风险识别和评估进行审查和修订。第二，风险管理要着眼于风险控制，通常在评估风险之后要采用积极的措施来防范风险，降低风险发生的概率，控制其影响。控制风险的有效方法就是制订切实可行的应急方案，编制多个备选的方案，对办案所面临的风险做好充分的准备。当风险发生后，按照预先的方案实施，将影响控制在最低限度。第三，风险管理关键在于学会规避风险。在既定的执法环境条件下，改进检察管理和执法方式，从根本上消除执法办案的风险因素。第四，在检察机关建立风险管理机制，就要进行必要的培训，从人才和工作机制两个方面保障检察业务的风险管理。检察机关现行的业务管理机制基本上可以满足风险管理的需要，关键不在于增设机构，而在于增加两套机制：一是增设风险管理的工作流程，明确执法办案各个环节和各级领导风险评估、预警、防范、处置的相应责任；二是通过信息技术，领导机关和领导人能够及时采集、掌握、分析风险信息，评估预警和处置措施以及指挥处置措施的实施。在这方面，还需要引进和应用全面质量管理的理论和方法，对执法办案风险评估工作进行全程监控、指挥和不断完善。

2. 建立正确的案件风险管理工作程序

案件风险评估工作应当按照下列程序进行：部门承办人受理案件后，根据案件的审查情况，逐案对是否可能引发涉检风险情况进行分级评估，对符合上述所列风险等级情况的，提出风险等级评估的具体建议，并填写《案件风险评估预警登记表》；部门负责人进行初步评定；经主管检察长审定，提交案件风险评估预警领导小组办公室核定、评估；报领导小组并通知呈报部门及通报相关部门予以协调、配合。随着案件的进展，对出现风险等级升级的情况，承办人应逐级报告，及时调整风险等级并采取相应的化解措施。风险评估应当包括如下内容：被评估人基本情况、主要诉求、案件基本情况、评估预警分析、化解方案及措施，需要与本院其他部门及上级机关协调的问题。风险评估结果的处理和落实方式：对领导小组评估确定存在风险的处理，实行部门承办人、部门负责人、主管检察长三级负责制：（1）主责部门的主管检察长作为包案领导，负责息诉化解工作的组织领导、息诉化解方案的审定以及息诉化解工作的指导；（2）部门负责人负责落实领导小组和主管检察长的处理意见以及息诉化解方案的落实；（3）承办人负责对已确定的息诉化解方案具体执行，并将息诉化解工作的落实情况逐级报告，并书面向领导小组办公室备案。

（四）在检察一体化的基本原则下，对检察机关内设部门有所区分地进行有针对性的评估，并作出不同的预案和应对措施

职务犯罪侦查、批捕直接关系到公民的基本权利，如果执法不当，很容易产生"违法"的风险，而公诉、民行检察和控告申诉则属于程序和救济性质的，执法风险相对要小一些。在存在"国家赔偿"的制度背景下，应当建立对重大职务犯罪案件侦查和批捕的"风险评估制度"，尽量保证执法的准确性。检察机关在进行风险评估时，应当强调区分公民权利的剥夺和对公民权利救济的两类不同案件，加强对权利剥夺型案件的重视程度，从源头上对该类案件进行风险的预测，并积极做好应对准备，将保障人权贯彻到风险评估工作之中。

由于职务犯罪侦查、批捕、公诉、控告申诉等案件所处的诉讼阶段不同，案件保密、公开的程度不同以及案件本身涉及的当事人也会存在差异，因此应当针对案件本身所处的阶段性特点来有所区别地进行评估，并作出不同的预警和应对。比如，举报的案件，尤其是署名举报的，要关注举报人现实情绪表现，防止出现个人极端行为；侦查的职务犯罪案件，尤其是涉及企业生存、经济效益、职工就业、职工福利待遇等案件，应当采取恰当的措施，防止因为查处企业负责人引发企业破产倒闭、职工失业下岗、职工利益严重受损等问题的发生；批捕环节由于涉及的对象比较固定，应当重点防范被捕者家属、或者不

捕时受害人一方出现极端行为；公诉由于公开程度较高，应当重点关注案件当事人、当事人家属，尤其是涉众型案件被害人的行为表现，防止出现干扰诉讼进行的行为。控告申诉由于针对的一般是经历过一定司法程序的案件，申诉人对案件处理本身就不满意，容易出现缠诉缠访或极端行为，防止此类现象的发生是重点。而民行检察由于案件本身直接关系当事人的切身利益、关系民生。所以，维护保护当事人的利益是关注的重点，也是化解矛盾的基本途径。

（五）执法办案人员切实增强执法办案的风险意识，严肃对待风险评估和防范措施

检察业务风险管理确实要进行成本收益分析，用过高的成本防范过低的风险是不理性的，但是，检察业务风险一旦发生，其社会成本往往难以估量。因此，效率原则在检察业务风险管理中的运用往往是要打折扣的，甚至要退居二线。首先，应树立观念，即一切执法办案活动都存在一定的风险，每个执法办案人员都负有风险管理的责任。要切实增强执法办案的风险意识，认真查找风险点、风险源，严肃对待风险评估和防范措施。其次，做好执法办案风险管理工作要科学配置资源，合理区分主要风险与次要风险，明确风险管理工作的重点，把有限的资源用于最为必要的风险防范工作。从办案流程和关键环节来说，检察机关作出不批捕、不起诉、不立案、不赔偿、不抗诉、撤案等决定的环节以及直接接触当事人和人民群众的工作环节，应当着力加强风险评估；从案件类型来说，对于那些具有重要性、敏感性、涉众性或者涉及网络舆情的案件，应当重点加强风险评估。

从总体上来看，只要事先准备工作做得比较扎实，绝大多数的风险都是可测可控可防的，因此，解决好源头上可能产生风险的因素，远远比发现风险和出现危机后的补救更为有效，所以，提高检察官的执法素质和办案效能，有助于降低执法风险。检察业务风险评估管理是提高办案质量的重要措施和有效保障。它对于检务公开、检察文书说理、检察人员的职业道德素质都提出了新的、更高的要求。从这个意义上说，检察业务风险评估管理，不仅有助于防范和化解社会矛盾，而且有助于全面提升检察工作水平，加强检察队伍建设，是检察管理科学化的重要抓手，是深入推进三项重点工作的重要成果①。

执法办案风险评估是一个系统工程，需要与检察机关其他工作举措配套进行，齐头并进，才能最大限度地发挥其应有的功能和作用。比如，案件风险评

---

① 参见徐安：《立足检察职能做好新形势下群众工作》，载《检察日报》2011年3月29日。

估的目的是提高办案质量和效果，那么提高办案质量就应当将风险评估作为一项重要的指标和内容纳入案件质量考评中；案件风险评估需要一个公开透明的外部环境，那么自然要求检察机关要推行检务公开、阳光检务；减少案件风险的重要方法之一就是要让检察环节的诉讼决定令当事人信服，那么必然的要求是检察文书要释法说理；当然，检察人员的职业道德水平、职业素养是做好执法办案风险评估不可或缺的前提和基础。

四、结语

当前我国正处于社会转型时期，社会矛盾触点增多，敏感性、关联性、对抗性、破坏性增强，信访总量高位运行，群体性事件时有发生，执法环境复杂而敏感。这对检察机关的执法能力和执法水平提出了更高的要求，检察机关的维稳工作异常突出。党中央为更好地适应我国社会发展的新形势，着力解决影响社会和谐稳定的源头性、根本性、基础性问题，更好地掌握政法维稳工作的主动权，为政法维稳工作长远发展进步提供机制、制度保证，作出了深入推进三项重点工作的重大战略部署。《中央政法委员会、中央维护稳定工作领导小组关于深入推进社会矛盾化解、社会管理创新、公正廉洁执法的意见》和《最高人民检察院关于深入推进社会矛盾化解、社会管理创新、公正廉洁执法的实施意见》分别对建立社会稳定风险评估机制，建立健全执法办案风险评估预警机制提出了明确要求。检察机关必须围绕深入推进三项重点工作，贯彻落实有关部署和要求，通过检察业务风险管理，及时有效地防范和化解社会矛盾。而风险管理作为一门新兴的管理学科。19 世纪 30 年代风险管理开始萌芽，19 世纪 50 年代风险管理发展成为一门学科，19 世纪 70 年代以后逐渐掀起了全球性的风险管理运动。1983 年在美国召开的风险和保险管理协会年会上讨论并通过了"101 条风险管理准则"，它标志着风险管理的发展已进入了一个新的发展阶段。19 世纪 80 年代以来，我国风险管理的研究和应用领域逐步扩展。把风险管理的理论和方法应用到检察业务管理，对于提高检察管理科学化水平，防止因执法不当引发涉检信访特别是群体性事件和突发性事件，具有重要意义。

论新型知识产权犯罪侦查监督机制的构建

◎ 马海舰　葛绍志*

内容摘要：

侦查监督的内容和要求是建立动态同步的侦查监督机制，由于侦监力量不足、侦监能力受限、知情程度较低、法律规定滞后等因素，影响了动态同步侦查监督机制的建立。本文论述了知识产权权利人作为被害人参与侦查的必要性和可行性，针对目前侦查监督存在的问题，提出了以权利人侦查参与为中介构建新型侦查监督机制的设想，即权利人在侦监部门支持和主导下，代理侦监部门行使侦查监督职责。

关键词：

知识产权　侦查监督

侦查监督①是中国检察机关的一项重要工作，是宪法和法律赋予检察机关的一项重要职能。侦查阶段是收集证据的关键阶段，是公诉和审判的基础，地位十分重要。对知识产权犯罪案件实施侦查监督，对于提高办案质量，准确、及时惩治知识产权犯罪，防止冤、错、漏案件的发生，防止侦查权的滥用，确保侦查活动的合法性与准确性等具有十分重要的意义。2004 年，国务院副总理吴仪在全国知识产权专项行动电视电话会议上的讲话中指出："检察机关要依

---

* 马海舰，法学硕士，先正达（中国）投资有限公司品牌保护经理，中国外商投资企业协会优质品牌保护委员会最佳案例/执法委员会副主席，中国刑警学院客座教授，复旦大学司法与诉讼制度研究中心秘书长；葛绍志，安徽省亳州市人民检察院侦查监督处处长。

① 从检察机关职能部门的分工和职责看，不仅侦查监督专门负责侦查监督工作，公诉部门、控申部门和职务犯罪侦查部门也承担一定的侦查监督职责。本文所称的侦查监督仅指侦查监督部门实施的侦查监督。

法加强对行政执法机关移送涉嫌犯罪案件和公安机关立案查办侵犯知识产权犯罪案件的监督。"2004 年 4 月至 2005 年年底全国检察机关集中开展了打击制假售假、侵犯知识产权犯罪专项立案监督活动，取得明显成效，有力地配合了外交斗争，受到中央领导及社会各界的好评。①

为了更好地做好知识产权犯罪侦查监督工作，根据侦查监督的内容和要求，针对目前侦查监督存在的问题和知识产权权利人（以下简称"权利人"）的特点，笔者认为，应考虑以权利人侦查参与机制为中介，构建新型知识产权犯罪侦查监督机制。

一、侦查监督机制概述

2000 年 9 月 21 日，全国检察机关第一次侦查监督工作会议在杭州召开，最高人民检察院将审查批捕厅更名为侦查监督厅，提出了"加强对侦查工作的监督，全面强化法律监督职能"。最高人民检察院副检察长张穹在会上指出："强化侦查监督工作，包括了适时介入侦查、参与重大案件的讨论、要求侦查机关开展补充侦查及提供法庭所必需的证据材料；要运用好《提供法庭证据意见书》和《补充侦查提纲》两个文书；在工作方法上，必须加强与公安机关的互相配合，在配合中形成打击的合力，在配合中履行法律监督职责。因此，我们在纠正公安机关侦查活动违法的同时，今后要加强在配合中进行监督及公诉引导侦查机制这两个方面的探索和研究。"

审查批捕部门的更名，是最高人民检察院为了强化诉讼监督，维护司法公正采取的一项重大举措。更名后的侦查监督部门的职责和任务，可以概括为"三项职责八大任务"。"三项职责"即审查逮捕、刑事立案监督和侦查活动监督；"八大任务"是对三项职责的具体化：一是全力维护社会稳定；二是刑事立案监督；三是适时介入侦查，参与重大案件讨论；四是审查批准和决定逮捕；五是要求侦查机关开展补充侦查；六是要求侦查机关提供法庭审判所必需的证据材料；七是开展侦查活动监督；八是对强制措施执行情况开展监督。

由上可以看出，侦查监督包括两方面内容：一是指引侦查，提高办案效率、形成打击合力，确保案件质量，保障顺利公诉；二是制约侦查，规范和控制侦查权力，保障公民权利，实现诉讼民主。二者的关系是：在指引侦查中制约、规制侦查，在制约侦查中引导、配合侦查，目的是保证侦查活动的依法

---

① 参见杨振江：《三十年来检察机关侦查监督工作情况综述》，2007 年 12 月 4 日，载 http：//review.jcrb.com/200712/ca659302.htm，2012 年 5 月 9 日访问。

进行。

更名前，审查批捕部门的职责主要集中在审查批捕工作上，侦查监督工作具有静态性、被动性和片面性，工作机制往往是坐堂办案、书面审查，注重的多是批捕或不捕的质量，侧重点放在罪与非罪及定性的考察上，而不注重与量刑有关的证据及事实的审查，侦查意识、起诉意识不足。更名后，侦查监督部门的职责则贯穿了从刑事立案到侦查终结的全过程，既包括对适用法律、定性等实体公正方面的监督，也包括对收集证据、执行逮捕等程序公正方面的监督，工作方向主要是针对公安机关等侦查机关的侦查活动，保证侦查活动的依法进行。全国检察机关第一次侦查监督工作会议强调，各级检察机关要增强责任感和使命感，强化侦查监督工作，在"全面履行职责，加强配合，强化监督，引导侦查"几个方面下工夫。在 2002 年 3 月 11 日九届人大五次会议上，最高人民检察院检察长韩杼滨在最高人民检察院工作报告中，向大会提出"深化侦查监督和公诉工作改革，建立和规范适时介入侦查、强化侦查监督的工作机制"。这就要求侦查监督必须针对原有工作机制的弊端，按照"同步性"、"动态性"、"全面性"的要求，改革、创新工作机制。因此，建立既指引侦查又制约侦查的动态同步监督机制，既是侦查监督改革的目标和内容，也是侦查监督工作本身的要求。

二、建立动态同步侦查监督机制存在的障碍

全国检察机关第一次侦查监督工作会议明确指出侦查监督工作总方向及职能就是"全面履行职责，加强配合，强化监督，引导侦查"，要求侦查监督部门通过立案监督、提前介入、审查逮捕、制作《补充侦查意见书》或《提供法庭证据意见书》、捕后跟踪监督等一系列具体活动，将对刑事案件从立案到移送起诉的整个侦查活动的监督贯穿起来，成为一条线，这种监督具有动态性、同步性、全程性、及时性、准确性、有效性的特点，将有助于改变公、检、法对侦查权制约不力，监督权形同虚设的局面。

此后，侦监部门针对原有模式下的弊端，在监督"同步性"、"全面性"、"动态性"要求下，探索创新之路。较早探索侦查监督机制创新的是河南省周口市人民检察院，后北京市东城区人民检察院等单位立足于检警关系对侦查监督机制创新也进行了有益的探索。深圳市福田区人民检察院自 2006 年起，在现行法律框架下，结合本区司法活动实践及地域特点（辖区面积小，案件数量多，新型疑难案件逐年增多），逐步探索侦查监督前移案发一线的创新工作模式。福田区人民检察院在开展侦查监督前移机制的创新探索中，正是以指引侦

查为切入点，提出了由侦查监督部门派驻检察官到案发一线的基层派出所挂点开展提前介入和侦查指引，提高案件质量的工作思路，得到了公安机关的认同，建立了"驻所检察官"制度，即派出检察官驻派出所开展侦查指引活动。"驻所检察官"被命名为侦查联络检察员，简称联络员。选派业务能力强、综合素质高的业务骨干挂点 1 至 2 个派出所，由各派出所为联络员提供了办公场所和必要的办公设备。联络员的具体工作有：以专题讲座、专案剖析、参加法制例会等多种形式开展系列业务培训活动，提高侦查人员的证据意识和诉讼意识；应派出所要求，就一些疑难案件的定性和证据问题向派出所提供咨询和指导，注重解决案件的细节问题，从案件管辖、定性、取证证据方面提供详尽的法律指引；深入到案发的第一现场，对案件的定性和侦查方向提出指导意见，并对案发现场证据收集提供具体指引，提高证据收集的及时性和完备性，避免因证据灭失导致对犯罪嫌疑人无法批捕、起诉。①

虽然一些地方的检察机关按照要求进行了一些探索，取得了一定的成效，但从全国整体上看，动态同步的侦查监督机制仍未建立，实践中侦查监督往往陷入"监督线索少来源、监督效果常滞后、引导侦查欠依据、指导监督缺手段"的困境，没有真正实现工作职能向强化监督、引导侦查方向的转变。

动态同步的侦查监督机制仍未建立的主要原因如下：

（一）侦监力量不足

从全国看，截至 2006 年年底，全国检察机关侦查监督部门有 15800 余名干警，案多人少矛盾突出。2006 年全国检察机关侦查监督部门共受理审查逮捕各类犯罪案件 650944 件 1018089 人，1.58 万余名干警每年需要完成大约 100 余万犯罪嫌疑人的审查逮捕工作和近两万件立案监督工作以及各类专项斗争，侦监干警常年超负荷工作，侦查监督队伍建设工作面临巨大的压力和挑战。② 从基层看，案多人少是很多基层检察院面对的现实。以贵州省贞丰县人民检察院侦查监督部门来说，科室人员一共 3 人，2009 年全年受案 170 件 299 人，几乎平均每人要办 57 件 100 人，加上其他的上报材料、行政执法等繁杂的工作，人

---

① 参见邓象伟、贾济舟、杨娟：《侦查监督工作的机制创新》，载《法制与社会》2010 年第 26 期。

② 参见杨振江：《三十年来检察机关侦查监督工作情况综述》2007 年 12 月 4 日，载 http：//review.jcrb.com/200712/ca659302.htm，2012 年 5 月 9 日访问。

员配备尤显紧张。① 2009 年 11 月 18 日上午，全国外资商业机构保护知识产权座谈会在重庆召开，最高人民检察院侦查监督厅副厅长元明在发言中表示，检察机关在装备和人员方面的不足，也影响着专项活动的深入开展。②

在侦监力量严重不足的情况下，要建立动态同步的侦监监督机制，只能是"纸上谈兵"。

（二）侦监能力不足

侦监人员要履行好侦查监督的职责，必须具备相应的侦查、公诉知识，除具备准确地审查逮捕的能力之外，还要具备引导侦查能力和一定的审查起诉能力，只有具备"三种能力"，才能迅速适应更名的需要。对一些特定的犯罪如证券犯罪、涉税犯罪等，侦监人员还需具备特定的行业知识。以知识产权犯罪为例，知识产权犯罪涉及各行各业，具有鲜明的行业性特点，而且每个权利人的知识产权均与其他权利人的知识产权有所不同，因此要有效地对知识产权犯罪实施侦查监督，侦监人员除了要具备前述"三种能力"之外，还必须熟悉知识产权行业性知识，了解、熟悉涉案权利人的知识产权。但是受职业和活动范围限制，侦监人员不可能了解、熟悉所有的知识产权和假冒伪劣产品，缺乏熟悉行业性知识产权和涉案权利人知识产权的能力，监督能力受限。

（三）知情程度较低

变静态滞后监督为动态同步监督的前提条件是检察机关侦监部门必须有对侦查活动的知情权。只有知情，了解侦查进度，才可能及时发现侦查活动中存在的不当或违法之处。因此，强化侦查监督的第一步就是要提高对侦查活动的知情程度。但是从目前实际情况看，侦查监督知情渠道仍然比较单一，侦监信息过于封闭。主要表现在：一是人民检察院获取侦查活动监督线索主要是通过审查侦查机关报送的刑事案件材料发现，日常的执法检查工作也是对卷宗材料进行审查，从中发现侦查活动有无违法行为，但在实际工作中，侦查活动违法的情况直接从案卷中发现的毕竟是一部分，对一些比较隐蔽的违法侦查行为，检察机关是难以发现的。二是虽然目前在侦查阶段实施了提前介入制度，但在实践中也仅仅是对个别重大、复杂案件检察机关才派员参加，往往还是公安机

---

① 参见涂淑芳：《浅谈刑事和解制度下"提前介入"的外延拓展》，2010 年 8 月 13 日，载 http：//www. jcrb. com/jcpd/jcll/201008/t20100813_ 402548. html，2012 年 5 月 9 日访问。

② 参见杨成：《最高检：将推动建立知识产权信息共享平台》，载 http：//news. sohu. com/20091118/n268293679. shtml，2012 年 4 月 23 日访问。

关邀请检察机关提前介入，检察机关才提前介入，其介入的目的也主要是尽早熟悉案情、为快捕快诉做准备，而忽视了对重大刑事案件的侦查活动进行监督。除上述检察机关提前介入的重大刑事案件，大部分刑事案件的侦查活动基本上处于封闭状态，未能得到全面、及时、有效的监督和制约。① 深圳市福田区人民检察院坦承，在机制创新过程中还存在一些问题和困难，其中之一就是"驻所检察官"对侦查机关办案信息的获取渠道有待扩展，需要解决。②

（四）法律规定滞后

"引导侦查"职能的提出不仅仅是对原有单纯办案方式提出的新要求，而且体现出检察机关对强化侦查监督及在新庭审模式下提升案件质量的新思路，即"要从重职权的行使向重监督效果发展。要实现这一转变，就必须改进工作方式。不仅要坚持事后监督，更要注重引导侦查。通过及时介入公安机关的侦查活动，参与对于重大案件的讨论，积极提出侦查建议制作详细具体的补充侦查提纲，引导侦查机关及时全面地收集、固定和补充证据。"实践证明，"检察引导侦查"是强化侦查监督的有效途径，检察引导侦查能够避免事后监督、被动监督的弊端，使检察机关把侦查的全过程纳入视野，能够改变检察机关对侦查活动法律监督的滞后性和被动性，有效弥补当前检察机关对侦查活动事前监督、全程动态监督的空白，及时预防和纠正侦查活动中的违法行为。但现行法律规定的侦查活动监督主要是事后监督，一般都是在违法情况已经发生的情况下实施的监督，监督效果滞后，引导侦查职能陷入现实困境。表现在：一是现行刑事诉讼法明确了我国公、检、法三机关是"分工负责、相互配合、相互制约"的关系，公安机关在侦查活动中具有完全的独立性。因此，检察机关的侦查监督部门很难深入到公安机关的侦查活动中去，并实施有效的监督。这样就根本不能起到事前监督的作用，成为典型的事后监督。二是如前所述，虽然刑事诉讼法规定了提前介入制度，但"提前介入"针对的只是个案，并非常态的指引与监督，而且提前介入侦查的主动权通常掌握在公安机关手中，检察机关大多数是应邀而引导，以致处于被动地位。

---

① 参见王晓华：《如何完善侦查监督体制》，载 http：//www.jcrb.com/jcpd/jcll/201102/t20110221_500204.html，2012 年 4 月 23 日访问。

② 参见邓象伟、贾济舟、杨娟：《侦查监督工作的机制创新》，载《法制与社会》2010 年第 26 期。

三、权利人侦查参与概述

权利人侦查参与是指在知识产权犯罪侦查程序中，作为被害人的权利人依法积极主动介入侦查程序，参与侦查，配合、协助、指引、监督、制约公安机关侦查取证活动的总称。

参与不仅意味着合作，即配合、协助、支持、指引，还意味着发现问题进行制约、监督和纠正。因此，权利人侦查参与有两方面含义：一是侦查合作：与公安机关合作，配合、协助、指引侦查取证，快速、高效、高质量侦办知识产权犯罪案件；二是侦查制约：发现、监督、纠正公安机关的不当侦查取证活动。

权利人侦查参与有两种形式：一是直接侦查参与，即权利人直接参与侦查程序；二是间接参与侦查，即权利人委托代理人（主要是商务调查机构）参与侦查。

（一）权利人侦查参与的必要性

1. 侦查参与是权利人的诉讼权利

知识产权是一项民事权利，《与贸易有关的知识产权协定》明确提出：知识产权属私权。1996 年刑事诉讼法修改以前，权利人是参与人，1996 年刑事诉讼法修改以后，被害人是当事人；2007 年 4 月，最高人员法院和最高人民检察院在《关于办理侵犯知识产权刑事案件具体应用法律若干问题的解释（二）》第 5 条确认了知识产权权利人是被害人。

在刑事诉讼中，作为合法权利或正当利益遭受犯罪行为侵害的人，被害人一般都有强烈的追诉和惩罚犯罪的愿望，同时也有获得物质和精神补偿的要求。确保被害人的这些愿望和要求在刑事诉讼中得以实现的一个重要途径，是被害人亲自参加刑事诉讼，在刑事诉讼中取得一定的地位，享有一定的权利，以使被害人能够直接向司法机关表达其愿望和要求。这些愿望和要求就成为权利人参与侦查的动因和动力。联合国《为罪行和滥用权利行为受害者取得公理的基本原则宣言》规定，受害者有权获知有关信息，参与诉讼，主张自己的权利。

2. 公安机关需要权利人参与

由于知识产权犯罪的特殊性，公安机关对知识产权犯罪的侦查离不开权利人的密切配合和支持。权利人熟悉本行业特点，对于行业知识产权及其本身的知识产权、侵犯知识产权犯罪和假冒伪劣产品等有着更多的了解，其权利和作用应当得到更多的发挥。2011 年 11 月 6 日，公安部经济犯罪侦查局副局长高峰接受《法制日报》记者采访时说，警方非常期盼权利人能够积极参与打击侵犯知识产权和制售伪劣商品犯罪工作。他说，权利人了解掌握所在领域行业情况和最新商业发展情况，在市场调查、假冒产品识别鉴定等方面具有高度的专业性，其积极参与有助于公安机关实施对假冒犯罪的精确打击。①

公安机关尤其是基层警力不足、经费匮乏，需要权利人提供支持，尤其是在犯罪线索收集、前期调查取证、立案前调查等方面。知识产权犯罪只是大量刑事犯罪的一小部分，面对刑事犯罪增多与警力不足、经费匮乏的现状，公安机关常常只能处理重、特大案件和领导批办案件，无暇顾及知识产权犯罪的线索发现和前期侦查。而权利人遍布全国基层的销售网络和客户网络，是发现知识产权犯罪线索的主要力量，往往能够及时发现假冒伪劣信息。知识产权权利人作为受害者，有动力配合、支持执法机关打假维权，有一定的财力聘请商务调查机构调查假冒侵权行为。

3. 侦查权必须受到制约

公安机关作为犯罪的主要侦查者，与被害人利益具有一致性，但也有冲突矛盾的地方。双方立场与视角的不同使二者关系处于不和谐状态，主要表现在公安机关常常是国家和社会利益的代表，而不是公民个人利益的代表。因此有必要增强被害人对侦查程序的参与，以被害人的诉权制约公安机关的侦查权，形成一种良性互动的局面。目前我国一些地方，在知识产权刑事保护方面不同程度地存在地方保护和执法不公，对权利人保护不力。从侦查实践看，权利人不希望仅是一个消极的犯罪线索提供者，而是期望积极参与、介入侦查活动，配合、协助、指引、监督、制约公安机关的侦查活动，最大限度地维权。与一般群众监督相比，权利人作为受害人主动参与侦查，对公安机关本身就是一种制约和监督，无疑能及时、动态、实时监督侦查活动，促使侦查机关维护权利人利益。

（二）权利人侦查参与的可行性

1. 权利人有资源参与侦查

权利人的资源包括人力和财力。知识产权犯罪既是对国家利益的侵犯，又是对权利人个人利益的损害。在知识产权犯罪侦查程序中，作为受害人的权利人，在诉讼结构中与公安机关同属于控方，应该相互配合，扬长避短，优势互补，协同作战，以实现追诉犯罪、保护知识产权的目的。从实践看，为减少或

---

① 参见《公安部：无货不假无处不假　呼举报假货承诺保密》，载 http://qydg. southcn. com/fz/201111/t20111108_ 210207. htm，2012 年 5 月 3 日访问。

消除假劣商品对正品的冲击，当前越来越多的企业，特别是外资企业，投入到打假行列，相对于政府职能部门的打假而言，企业似乎已成为打假的主力军和主角。绝大多数知名企业，在国内设有专门机构或专人负责打假，并不惜投入巨资。据有关人士介绍，宝洁公司每年的打假费用在 3000 万元左右，武汉丝宝集团公司 1000 万元，厦门万利达 300 万元。一些企业还在内部成立了"打假办"。企业必须做好摸点、侦查、取证等一切前期工作，负责运输、储存、销毁假劣产品的全部费用。在整个打假过程中，职能部门实际只起"一个环节"的作用。①

改革开放以来，民间商务调查在争议中迅速发展，打破了侦查权由国家垄断的局面。民间商务调查机构有专门的调查人员和调查取证设备，能够根据客户的要求，提供个性化的服务，提供打假服务是其一项重要业务。据不完全统计，截至 2003 年 10 月，我国已有调查类组织或机构（如调查公司、咨询公司、信息公司、经纪公司、猎头公司、保安公司、危机管理公司等）近 2.3 万家，其中合法注册的调查公司超过 2000 家，从业人员超过 20 万人。② 一些企业因为缺少专业人才，难以适应大量而复杂的打假事务，往往委托社会上形形色色的"调查公司"去打假。这些公司的行为，正好弥补或替代了打假活动前期政府职能部门缺位的行为。③

2. 权利人侦查参与的规定

对权利人侦查参与，目前法律尚未有明确具体的规定，但有一些零星的原则性规定。

一是刑事诉讼法"吸收证人协助调查"的规定：必须保证一切与案件有关或了解案情的公民，有客观地充分地提供证据的条件，除特殊情况外，并且可以吸收他们协助调查。

二是刑事自诉案件"谁主张谁举证"，刑事诉讼法规定赋予权利人及其代理人一定的调查取证权。

三是刑事诉讼法规定了"扭送"制度。对于有下列情形的人，任何公民都

---

① 参见傅琰、赵东辉：《中国打假为何难？有效的打假协作机制亟待建立！》，载 http：//www. 100ye. com/news/508051 - 942060. html，2010 年 8 月 6 日访问。

② 参见张泽涛：《私人侦探在刑事诉讼中的运用及其规范》，载 http：//www. tpan. cn/newsfile/2009 - 1 - 30/2009130185608. html，2010 年 12 月 6 日访问。

③ 参见傅琰、赵东辉：《中国打假为何难？有效的打假协作机制亟待建立！》，载 http：//www. 100ye. com/news/508051 - 942060. html，2010 年 8 月 6 日访问。

可以立即扭送公安机关、人民检察院或者人民法院处理：正在实行犯罪或者在犯罪后即时被发觉的；通缉在案的；越狱逃跑的；正在被追捕的。权利人及其代理人据此可以配合警方对犯罪嫌疑人、被告人实施抓捕。

四是2002年4月1日起实施的《最高人民法院关于民事诉讼证据的若干规定》明确规定："只要不违反法律的一般禁止性规定，不侵害他人合法权益，不违反社会公共利益和社会公德，未经对方同意的录音录像也可以作为证据。"这就为调查公司拓展业务和有效开展调查工作减少了限制。

五是刑事诉讼法规定了回避制度和检察法律监督制度，被害人可以要求侦查人员回避，可以请求检察机关实施侦查监督。

四、以权利人侦查参与为中介构建新型侦查监督机制

作为侦查监督重要组成部分的知识产权犯罪侦查监督机制包括两部分内容：一是检察机关侦监部门介入公安机关犯罪侦查活动，发挥追诉职能，引导侦查取证，指引侦查工作为公诉服务，确保国家追诉权的正确有效行使；二是检察机关侦监部门不仅是侦查机关的指引者，还是一个客观的监督者，在介入知识产权犯罪侦查过程中，制约、规制侦查取证，纠正不当侦查活动。由此可见，知识产权犯罪侦查监督的内容与权利人侦查参与的内容具有一致性。考虑到目前侦查监督存在前述诸多问题，笔者建议，可在知识产权犯罪侦查监督中引入权利人侦查参与机制，构建新型侦查监督机制。之所以称为"新型"，是指因为在这种机制下，不是由侦监部门直接实施侦查监督，而是由权利人在侦监部门支持和主导下，代理侦监部门行使侦查监督职责，权利人参与侦查成为侦监部门实施侦查监督的中介和手段。

（一）以权利人侦查参与机制为中介，构建新型侦监部门引导侦查机制

即在侦监部门的支持和主导下，权利人主动、同步介入知识产权犯罪侦查，配合、协助、指引公安机关侦查取证，并将配合、协助、引导侦查的情况及时向侦监部门反馈和报告。在某种程度上，可以说是由权利人代理侦监部门配合、引导侦查，目的是解决目前存在的侦监力量不足、侦监能力受限、引导侦查不力等问题，建立常态化引导侦查机制。

在目前法律框架内，从实务看，权利人配合、协助、引导侦查包括以下几个方面：

1. 收集知识产权犯罪信息

权利人遍布全国甚至境外的生产营销网络，尤其是营销网络是搜集犯罪信息的主力军。犯罪信息的渠道主要来源于：市场上发现的假冒侵权信息，网络

上发现的假冒侵权信息，产品展会上发现的假冒侵权信息，手机发送的假冒侵权信息，线人发现的假冒侵权信息等。

2. 布建线人力量，实施内线侦查

在行业内布建线人力量，把侦查力量打入制假售假内部，是收集假劣侵权信息、查明犯罪内幕和监控批发、生产点，实施精确打击的一个有效措施。布建线人力量不仅是公安机关的业务工作，权利人也要注意利用熟悉行业的优势，在行业内广交朋友，布建、发展线人。从实践看，权利人要注意从三个方面布建线人：

一是发展行业圈内人士如生产者、经销商、物流人员、业务员、出口贸易人员等为线人。这些人活动在行业内，熟悉行业产品和侵权情况，在业务活动中能够深入了解制假售假的情况且不引人注意。考虑到打假线人的行业性特点，在行业内发展线人的工作应更多地由权利人和商务调查机构承担。权利人可结合打假工作的需要，有意识地在特定区域、特定生产销售环节发展线人。

二是在行业生产加工集中区域和重点产品市场发展线人。根据行业生产加工和行业市场群体性的特点，在生产加工区域、市场和附近物流点，选择有活动能力、能够接近调查目标的人充当线人，随时观察生产、市场、物流运输方面的情况，发现假冒侵权情况及时通报。权利人熟悉行业情况，当地公安机关、行政执法机关熟悉当地情况，有一定的人脉关系，应由权利人和公安机关共同承担布建线人的工作。

三是布建专案线人，对已发现的制售假劣目标进行贴靠，加强对特定目标或者特定人员的实时监控，力求人赃俱获。这种线人，一般应由当地公安机关在已布建的线人中寻找合适人选，或由权利人从行业内物色线人，进行专案侦查。

3. 进行前期调查取证，满足公安立案要求

根据我国法律和有关规定，只有符合"有犯罪事实存在，需要追究刑事责任"条件的知识产权案件才能列入公安机关的侦查视野；在立案前，公安机关的调查手段有限，只能进行一般性的调查工作，不能采取刑事强制措施，也不得查封、扣押、冻结财产。囿于法律规定的限制和现实中警力、经费紧张，公安机关常常难以进行立案前的调查取证工作，需要权利人或行政执法机关进行一定程度的前期调查、取证工作，收集相关证据，以满足公安立案的要求。

一般而言，权利人通常只能进行一些低层次的初步调查和侵权信息收集，对一些需要进行深度调查的案件如调查假劣产品批发商、生产点和犯罪网络，权利人显得力不从心。鉴于实践中警方通常难以进行立案前的长期调查工作，

权利人就可以与商务调查机构合作进行前期秘密调查,通过法律许可的手段查出侵权批发商和生产点,查清内幕,获得相关证据后向警方举报。

4. 提出侦查建议,协助、引导侦查

在侦查中,权利人可根据自己的行业性知识,针对相关案件情况提出侦查取证建议,供公安机关参考和采纳,如提供产品检测方法、侵权认定证明、证据收集提纲、产品真假识别、产品价值评估、产品质量鉴定、犯罪因果关系认定、犯罪人主观故意认定等。

5. 协助监控犯罪场所和犯罪嫌疑人

在具体案件遇有警力不足、经费不足的情况时,权利人亲自或聘请保安人员和调查公司监控犯罪生产点、仓库等,看管犯罪嫌疑人。

6. 协助抓捕犯罪嫌疑人

一是协助公安抓捕正在实施犯罪的犯罪嫌疑人。对正在实施侵权的生产者、批发商、仓储者、运输者等涉案人员,权利人及其调查公司说服、配合警方实施现场抓捕。

二是在公安立案后或承诺立案后至采取强制措施前,权利人委托调查公司秘密查找、锁定犯罪嫌疑人,并实施 24 小时监控;在警方办妥强制措施手续到达犯罪嫌疑人所在地后,监控人员为警方提供准确地点、位置和对象,指引警方及时、迅速抓捕,避免抓捕前可能出现的走漏风声、通风报信。

三是协助警方抓捕在逃的犯罪嫌疑人。对逃跑的犯罪嫌疑人要求公安上网通缉,权利人委托调查公司进行寻找、锁定,及时报告当地公安机关实施抓捕或直接将犯罪嫌疑人扭送公安机关。

7. 协助预审深挖犯罪

知识产权犯罪具有网络化和跨地区化的特点,据此,警方确立了"全程打击"的观念。权利人应从知识产权犯罪的全过程着眼,配合警方对从某一个环节突破的案件进行预审深挖,调查发现犯罪组织及其网络的各个环节和主要犯罪嫌疑人,彻底摧毁其生产、仓储、运输、出口、销售等各个环节和整个网络。

8. 协助处置、销毁假冒侵权产品

有些假冒侵权产品属于危化品或需要特殊处置的物品,其查封、扣押、仓储、运输、转移、销毁等需要一定的条件和资质,权利人可利用行业性知识和专业性知识,提供有关仓储、运输、转移等方面的建议,配合侦查机关妥善查封、扣押、仓储、运输、转移假冒侵权产品,防止证据灭失。同时在案件办结后,协助公安机关对假冒侵权产品进行环保、无害化处理。

（二）以权利人侦查参与机制为中介，构建新型侦监部门制约侦查机制

权利人积极、同步介入知识产权犯罪侦查，除配合、协助、引导侦查外，无疑还能动态、实时发现不当的侦查活动，及时与公安机关沟通，请求改正或纠正，或者及时向检察机关侦监部门报告，请求启动侦查活动监督程序，纠正不当侦查行为。在一定程度上，可以说是权利人代理侦监部门制约侦查，目的是解决目前侦查监督存在的信息闭塞、知情渠道单一的问题。

从实践看，权利人发现的需要监督、制约、纠正的不当侦查活动主要有：

1. 推诿立案。主要是公安机关与行政执法机关之间、上下级公安机关之间、各地公安机关之间、公安机关经侦部门与治安部门之间互相推诿立案，致使权利人投诉、报案无门。

2. 拖延立案，立而不侦，侦而不查，消极侦查。

3. 采取强制措施不当，对应当采取羁押措施的犯罪嫌疑人采取非羁押措施，或不当变更羁押措施为非羁押措施，致使犯罪嫌疑人逍遥法外，逃避刑罚。

4. 侦查取证不当，如遗漏重要证据，物证保全不当，取证程序违法。

5. 涉案物品估价方法错误，涉案金额认定不当，故意降低金额或数额。

6. 涉案罪名认定不当，以较轻的罪名取代较重的罪名；罪数认定不当，将应并罚的数罪认定为一罪。

7. 遗漏应追诉的犯罪嫌疑人，遗漏犯罪。

8. 不当撤销案件。

此外，我国在知识产权保护方面实行的是司法审判与行政执法"两条途径、并行运作"的体制，权利人在配合、协助行政执法过程中，发现行政执法机关不移送刑事案件的，也可以请求侦监部门实施立案监督。

五、结语

鉴于目前侦查监督存在的问题和侦查监督自身的要求，考虑到检察机关侦查监督的内容和权利人侦查参与的内容具有一致性，在侦查监督中应引入权利人侦查参与机制，把检察机关的侦查监督职权和权利人的行业性知识、参与侦查的积极性有机结合起来，扬长避短，优势互补，构建新型知识产权犯罪侦查

监督机制。①

目前，权利人侦查参与在侦查监督中的作用尚未被检察机关充分认识，实践中权利人仅仅是作为侦查监督线索和信息的一个来源，如在 2004 年知识产权专项立案监督活动中，最高人民检察院从人民群众举报、新闻媒体报道、相关行政执法部门移送及中国外商投资企业协会优质品牌保护委员会反映的案件线索中，确定了近百起有影响的重大案件，先后两次下发通知予以挂牌督办或转有关省级检察院督办。② 希望本文提出的设想能够得到检察机关的关注，对权利人侦查参与对构建新型侦查监督机制的重要作用有全面、充分的认识，以此为突破口，改革、推进和完善知识产权犯罪侦查监督机制。

---

① 2010 年 4 月在最高人民检察院举办的"知识产权培训班暨'网上衔接，信息共享'经验推广会"上，笔者作了"论知识产权犯罪侦查中的权利人参与机制"的演讲，引起与会者的热议和争议。2012 年 3 月 23 日在安徽省亳州市人民检察院举办的"知识产权行政执法与刑事司法衔接讲座"上，笔者提出了"以保障权利人的侦查参与权为中心，构建全程的、多部门参与的知识产权犯罪侦查的检察监督体系"。

② 参见《检察机关开展打击制假售假、侵犯知识产权犯罪专项立案监督活动工作情况》，载 http：//review. jcrb. com/200712/ca659303. htm，2012 年 4 月 23 日访问。

浅论法律监督公信力

◎ 罗海妹　陈小炜　刘小荣*

内容摘要：

根据我国宪法规定，检察机关是法律监督机关。无论是从学理、法理的角度，还是从司法实践的角度，都可以看出，检察机关在法律实施过程中起着至关重要的作用。但是，检察机关机械办案、就案办案、办人情案、办关系案等现象并不鲜见，不仅长期存在着，并且有进一步恶化的趋势，严重拷问着司法公信力的边缘和底线，也不利于中国法治进程的推进。为此，对法律监督公信力概念、意义、问题、原因以及建构等相关问题予以浅析，供广大同仁商榷，以期达到抛砖引玉之功效。

关键词：

法律监督　司法诚信　建构路径

一、法律监督公信力的概念

（一）司法公信力的内涵

"公信力"一词源于英文词 accountability，2003 年"非典"以后在我国得到较大范围的传播和运用。公信力是指以特定的物质条件为基础，社会公众对特定机关的动机、目的、行为表现出来的信心、信任或者信赖，以及特定机关对社会公众的信用。① 公信力，一方面包含着信任和信用两个维度；另一方面暗含着对公共权力的特指和评价。

---

* 罗海妹，江苏省南通市人民检察院研究室副主任；陈小炜，江苏省南通市人民检察院控申处助理检察员；刘小荣，江苏省南通市人民检察院控申处检察员。

① 陈立军、陈立民：《检察公信力内涵及建设策略分析》，载《求索》2012 年第 1 期。

司法，又称为法的适用，是指国家司法机关根据法定职权和程序，具体应用法律处理案件的活动，司法是法律实施中非常重要的一个环节。当代中国司法应当遵循司法公正，公民在法律面前一律平等，依法独立行使职权以及以事实为依据，以法律为准绳等原则。

学界有观点认为，司法公信力是指人们对司法机关执法过程和结果的效力缺乏应有的理解和信任。笔者认为，这种观点失之偏颇，人为地给此概念刻上了对司法机关否定评价的烙印，应该说此名词术语本身是中性的，并不含有褒义或者贬义的色彩，同时只强调了公众对司法机关的评价，忽视了司法机关对公众的互动。所以，笔者认为，司法公信力是指法定的司法机关在处理案件以及其他行使职权活动中，是否公平、公正以及公开的程度，最终决定了社会公众对司法机关理解和信任的程度，也决定了司法机关在社会生活中建立起来的信用度和影响力。

（二）法律监督公信力是司法公信力的一个重要组成部分

在我国，根据宪法规定，审判机关和检察机关为国家的司法机关，其中检察机关的宪法地位为国家法律监督机关，法院和检察院共同为司法进步贡献着自己的力量。但是，学界往往有意无意地把司法公信力和审判机关司法公信力等同起来，也很少有检察公信力方面的学术调研文章，笔者认为这是不可取的。

检察机关同样是司法公信力构建的中坚力量，司法公信力既包括审判公信力，也包括检察监督公信力，两个方面不可偏废，缺一不可，而法律监督则是检察机关固有的职能和内在的属性。法律监督职能如果不能正确、合法、有效地行使，势必会影响到检察监督的公信力，归根结底最终会影响到整个司法公信力。

以职务犯罪侦查为例，如果出现应当立案不立案或者不应当立案而立案，侦查行为不严格按照法律规定进行，出现刑讯逼供、诱供、指供等情形，都会严重影响司法公信力的发展进程。再以审查逮捕为例，应当逮捕而不逮捕，不应当逮捕却逮捕，同样是引发社会环境和人们内心震荡的因素，不利于司法公信力的发展和建构。

检察机关作为法律监督机关，监督法律的实施，监督公安机关、审判机关的诉讼活动和行政执法机关的执法活动，通过侦查监督、抗诉职能或者检察建议对公安机关、审判机关诉讼中出现的偏差以及谬误进行及时纠错，有助于避免造成冤假错案，维护社会公平正义。无效的监督就是无用的监督，检察机关在法律监督不仅要敢于行使法律监督职能，依法、公正行使法律监督职能，更要注重检察监督的效果。公安机关、审判机关、行政机关在检察监督下"有错必纠"、"知错就改"的效果，将大大提升、强化检察监督公信力，提升、强化社会公众对检察监督公信力的认同。

（三）法律监督公信力的内涵和外延

法律监督公信力具有着丰富的内涵和外延，根据逻辑学原理，概念是对事物的高度抽象概括。而在不同的国度、不同的语境或者不同的场合，不同的概念被赋予了不同的内涵和外延。法律监督公信力概莫能外。

英美法系一些国家检察机关仅仅是政府的一个部门，除具有刑事检控职能外还具有司法行政等职权和属性。① 大陆法系多数国家检察机关具有司法机关的属性，所以其具有向法院提起公诉和领导或指挥侦查活动等职权。② 而我国可谓独树一帜，检察机关具有法律监督机关的属性，法律监督机关的属性也决定了我国检察机关所具有的职权，主要包含职务犯罪侦查、提起公诉、审查逮捕和诉讼监督四个方面的内容。

在我国，法律监督公信力和检察机关公信力的概念是等同的，其主要是指检察机关通过实施法律监督活动，最终决定了社会公众对检察机关的信心和信任，也决定了检察机关在社会生活中建立起来的信用和影响。具体而言，法律监督公信力主要涵盖了人民群众对检察机关三方面的认同：一是寻求检察机关，即到检察机关报案、控告、举报、申诉或者提起抗诉；二是信赖检察机关，即相信检察机关以事实为依据，以法律为准绳执法办案；三是服从检察机关，即对检察机关执法办案结果表示尊重和认同。

二、研究法律监督公信力的重要意义

我国学界和实务界直到近年才意识到司法公信力的问题，③"亡羊补牢，为时未晚"，思想上对法律监督公信力引起足够重视，行动上着力提高法律监督公信力，对法的诸多价值的实现以及法治进程的推进都有着深远的影响。

一是有利于检察机关树立自身良好的社会形象。不断提升检察机关的司法公信力，意味着检察机关更加清正廉洁，更加执政为民，更加公平公正。而公

---

① 张鸿巍：《美国检察制度研究》，人民出版社 2009 年版，第 32 页；樊崇义等主编：《域外检察制度研究》，中国人民公安大学出版社 2008 年版，第 9 页。

② 樊崇义等主编：《域外检察制度研究》，中国人民公安大学出版社，第 174、225 页。

③ 毕玉谦主编：《司法公信力研究》，中国法制出版社 2009 年版，序言部分。

平公正是人类社会永恒的话题，是一种理想的道德标准，也是法律的根本追求。① 这样，也增强了法律的严肃性和自身的威严，有利于检察机关给公众以良好的印象，从而确立自身良好形象。检察机关公信力的不断提高对内部团结、外部协作、树立权威以及赢得群众理解和信任作用不容小觑，② 也有助于提高司法效率，节约司法资源。

二是有利于定纷止争，有效弱化各种社会矛盾。法律监督机关公信力得到确立和进一步提升，同样有利于社会矛盾的解决。这主要体现和落实在三个方面，一是依靠信访工作，信访工作是联系群众的重要桥梁，获取办案线索的重要渠道，也是一项重要业务性工作；二是依靠民行工作，可以通过民事行政抗诉职能的实现，纠正法院错判误判，从而科学合理地解决社会矛盾；三是通过检调对接，检调对接工作能够弱化当事人之间的矛盾和对抗，有利于受害人得到更好的赔偿，也有利于犯罪嫌疑人的悔罪和改造。

三是有利于我国社会主义和谐社会的构建。"司法是正义的最后一道防线"，检察机关通过严格执法和依法办案等活动，严惩违法犯罪，从而使司法公信力得到有力提升，进而有助于营造和谐稳定和风清气正的社会环境。不断提升法律监督机关司法公信力是构建和谐社会进程中非常重要的一个环节和链条，有助于社会安定和国家稳定，有助于法的秩序价值和功能的实现。

四是有利于加速实现法治国家目标进程。法治是以民主为前提和目标，以依法办事为核心，以制约权力为关键的社会管理机制和社会秩序状态。③ 法治的内核就是要使国家法律扮演父母和教师的角色，培养人们符合社会期盼的态度。④ 检察公信力的提高有助于公民法律信仰的形成以及法律意识的"内化于心，外现于行"。因此，可以说，检察公信力是法治进程的重要标志，法治进步的点点滴滴和检察公信力紧密相连。

三、目前法律监督公信力的现状和原因分析

理论是为实践服务的，理论需要回归到实践。所以，对我国法律监督机关

---

① ［英］丹宁勋爵：《法律正当程序》，李克强等译，法律出版社 2011 年版，第 9 页。

② 综观手头关于司法公信力的文章和著作，基本都是以司法权威为切入口和主线展开论述，笔者认为思路较狭隘，欠开阔，不利于完整地实现法的价值和功能，也不利于从权威性司法公信力转向理解型司法公信力和回应型司法公信力。

③ 卓泽渊：《法治国家论》，法律出版社 2008 年版，第 3 页。

④ ［美］伯尔曼：《法律与宗教》，梁治平译，中国政法大学出版社 2003 年版，第 174 页。

司法公信力发展状况进行实证研究是本文的重点。

检察机关恢复重建以来的三十多年间，检察机关发展突飞猛进，无论是打击普通刑事犯罪，还是惩治贪污腐败、诉讼监督等方面，都取得了显著的成绩，法律监督职能得到了比较充分的发挥，在老百姓心目中的地位越来越高，权威性也越来越凸显，因此，直到21世纪初很长一段时间我国检察机关法律监督的公信力总体上处于上升态势。

从目前很多涉检案件来看，很多可能并不存在实体和程序的问题，但是当事人因为不理解、不信任而认为处理结果有失公允。同时，毋庸讳言，检察机关科学、公正、廉洁等方面还存在着众多的问题，人民群众对司法的信赖程度有时呈现波折。根据某司法公信力研究课题组统计数据，社会公众对检察机关满意度、认可度有待进一步提高。

近来坊间流传"小访小解决，大访问大解决，不访不解决"，也在一定程度上说明了我国检察机关司法公信力不高的状况。① 2011年全国涉检信访案共计804873件次，而且越级上访、集体上访、重复上访和缠访闹访的占比很高。

而造成上述情况的原因很多，有历史的因素，也有现实的因素，有自身的因素，也有环境的因素，有体制上的因素，也有制度外的因素，不一而足。主要表现为：

1. 立法滞后

在社会主义市场经济浪潮下，我国目前既处于"黄金发展期"，又处于"矛盾凸显期"的社会转型期，根据粗线条的立法原则，很多法律包括规范检察机关执法活动的法律规定总体上显得不太细致和清晰，模糊的法律规定给检察官执法赋予了较大的自由裁量权，这也给任意执法带来了空间。另外，规范检察机关执法活动的法律规定并不健全，还有很多漏洞和空白，"立法的空白造成了制度的残缺"。立法缺乏前瞻性引发的各种问题给社会公众带来了很多困惑和猜疑。

2. 行政干预

根据我国特有的国情和传统，检察机关和审判机关一并被定性为司法机关，"一府两院"的提法暗含着司法不受政府干涉的意境。但是具有护法功能的检察机关人力、物力、财力受制于党委和政府，各地检察机关有能力和热情去拒斥不法的"地方意志"和"地方利益"，是不现实的，② 政府官员中也存

---

① 孙应征、刘国媛：《略论司法公信力之构建》，载《江汉大学学报》2010年第1期。

② 郑成良：《法治公信力与司法公信力》，载《法学研究》2007年第4期。

在以干预司法为业绩的思想观念和实际情况。① 司法独立必然受到掣肘，某些案件的办理甚至就是党委或者政府个别领导人意志的干涉和独断结果，检察机关行政化和地方化对检察公信力发展造成了极大的阻碍。

3. 司法腐败

司法腐败是最大的腐败，检察机关一旦发生司法腐败，对社会公众的负面影响将更大。② 司法腐败的代价是司法信誉的丧失和民众法治信仰危机。③ 市场经济浪潮下，人们经受着新思维的冲击和洗礼，有人变得求真务实和奋发图强，也有人变得浮躁和追逐名利，世界观、人生观、价值观变得扭曲，其中不乏检察干警，"吃人嘴软，拿人手短"，经不起诱惑，滋生腐败，收贿受贿甚至索贿，一旦东窗事发，个人锒铛入狱，检察机关也会名誉扫地，威信会受到重创。

4. 徇私舞弊

将法律从社会生活中排除出去将会留下任性、专断和压迫，而不是爱，爱需要法律。④ 受司法亚文化影响，将个人权威和职业权威置于司法权威之上，无视法律，以权谋私，办关系案、人情案并不鲜见，此种现象的大量存在也导致法律工具主义和虚无主义出现了一定程度的回潮。不严格根据事实和法律执法办案，避重就轻，甚至帮助当事人伪造和毁灭证据，就无法公正执法，也就不能办成铁案，将经不起历史和人民的考验和检查。

5. 玩忽职守

少数检察干警责任意识淡薄，缺乏纪律意识和忧患意识，自我感觉良好，自我麻痹，疏忽大意，一失足成千古恨，抱恨终身，影响了自己的前程不说，也极大地影响了检察机关的形象，对检察机关的地位和公信力产生了一定的威胁和撼动。部分检察干警没有真正树立群众观念，没有很好地贯彻执行群众路线，遇到群众反映问题，尽可能地敷衍塞责，推诿了事，遇到群众上访，冷言冷语，冷漠无情，遇到群众控告举报申诉，消极应付，官架子十足。

6. 业务不精

检察机关是法律监督机关，检察工作是知识密集型工作，需要花大的气力

---

① 卓泽渊：《法治国家论》，法律出版社 2008 年版，第 523 页。

② 天津市人民检察院第二分院课题组：《检察维度的司法公信力问题研究》，载《法学杂志》2011 年第 9 期。

③ 张仁善：《司法腐败与社会失控》，社会科学文献出版社 2005 年版，第 4 页。

④ 毕玉谦主编：《司法公信力研究》，中国法制出版社 2009 年版，第 408 页。

去学习，去研究。但是检察系统 20 世纪末吸收了大量普遍没有扎实法律基础和功底的检察干警，近些年又吸收了大量的对法律知之甚少的军转干部，即使有一批占主流的科班出身法学专业检察干警，但是其一部分不钻研业务、疏于学习、"如逆水行舟，不进则退"。

四、提升我国法律监督公信力之路径研究

我国法律监督公信力面临严峻形势，检察机关失信具有严重危害性，尽管现阶段还没有表现出对中国法治的摧毁性、破坏力，但是已经和审判失信一道开始侵蚀法治的根本即民众基础。① 重塑我国法律监督公信力是一项艰巨而又伟大的工程，需要循序渐进，标本兼治，多管齐下，除了营造良好社会氛围和政务环境外，笔者认为应当做到如下几点：

（一）以完善法律为抓手，建立健全检察工作机制体制

完善的检察法律制度是检察公信力的前提性条件，"有比较才有鉴别"，放眼全球，中国检察制度有自身的一些独特优势，如具有坚强的政治保障，即党的领导，司法性比较强，具备司法机关属性，法律监督权范围较广，法律监督力度较大，与警察机关、审判机关关系上同时强调制约与配合，等等，但是总体而言，与西方发达国家成熟、完善的检察制度相比，还有很大差距。政体性质和政体原则决定一个国家的法律②，我国是人民民主专政国家，笔者认为，完善我国检察法律制度当务之急是做到如下几个方面：

一是规定检察机关作为公益诉讼的主体身份。检察机关代表国家或者所在地区以及人民提起和参与公益诉讼，世界很多国家都作出了相应规定，而在中国内地却是空白状态，"立法的空白，造成了制度的残缺"。为权利斗争就是为法律斗争，主张权利是对社会的义务，③ 中国内地公共利益或者大多数人利益需要得到司法机关的有力保护，而检察机关同样是提起诉讼的最佳主体和承担者。

二是严格检察官资格，提高检察官门槛。检察官的资格应该是非常严格的，中国面临的问题是理论考试过难，实践要求过低，都走了极端。笔者设想检察官资格的取得步骤是：（1）拥有非法律专业本科文凭；（2）工作两年以

---

① 毕玉谦主编：《司法公信力研究》，中国法制出版社 2009 年版，第 405 页。

② 高尚：《孟德斯鸠与〈论法的精神〉》，人民出版社 2010 年版，第 13 页。

③ ［德］鲁道夫·冯·耶林：《为权利而斗争》，胡宝海译，中国法制出版社 2004 年版，第 61 页。

上；（3）通过考试进入高校学习法律或者通过自学法律获得本科以上文凭（原来有法学专业文凭的，须再进修一个非法学专业文凭）；（4）通过公务员考试从基层公务员或其他地单位人员中遴选进入检察机关工作；（5）通过司法考试；（6）在进入检察机关满八年并且通过司法考试检察机关辅助工作人员中挑选表现优异者作为检察官后备人选；（7）检察官后备人选通过一年培训，考试合格授予检察官资格。①

三是强化检察机关对刑事案件侦查权的介入和指挥。笔者建议赋予内地检察机关侦查指挥权，对普通刑事案件的侦查提前介入并进行领导、指挥，确保证据确实、充分、到位和准确。根据目前法律规定，在警察机关移送案件证据不足的情况下，检察机关可以自己补侦，也可以退侦，笔者建议应当突出强调退侦，推动侦查指挥权的实现，同时笔者建议设置"侦查令"，侦查令具体规定侦查内容、侦查时限、侦查证据质量要求以及警察机关退侦结果的强制报送等。

四是加快《诉讼监督法》的立法进程。诉讼监督是法律监督中极其重要的职能之一，而内地诉讼监督相关规定不仅非常不健全，而且也很零散，进行诉讼监督立法是非常必要的，也是完全符合国情的，虽然在世界范围内没有先例可循，但是这不能成为阻挡中国走在世界前列的理由，中国加快有关的诉讼监督立法进程呼声越来越高。

（二）以提高认识为抓手，增强检察干警执法为民意识

检察机关应当加强思想道德教育，检察干警应当牢固树立"立党为公，执政为民"的思想观念，以维护好、实现好、发展好人民群众的根本利益为出发点和落脚点，以政法干警核心价值观主题教育实践活动为契机，切实提高执法为民的思想认识，永不满足，永不懈怠，永不停步，加强社会管理创新，积极推出便民、利民、亲民举措，将保质、高效、最大化地实现广大人民群众利益作为我们的目标任务和动力源泉。

"群众利益无小事"，要认真对待来自百姓的每一项诉求，对于合理、合法的诉求要高度重视，帮助予以满足和实现，对于老百姓提出来的不尽合理甚至不合法的要求，我们不能机械处理，更不能粗暴对待，应当做好释法说理工作，动之以情，晓之以理，给以适当的引导。否则，就事论事，机械执法，就案办案，虽然也公平公正地处理了案件，但是老百姓内心并不能完全理解和认同，不能让老百姓心悦诚服，检察机关也就不能够深入人心。总之对待群众要

---

① 张毅、陈小炜：《两岸四地现行检察制度比较研究》，载《江苏省法学会港澳台法律研究会 2011 年年会论文集》，第 294 页。

像对待自己的亲人一样给以春天般的温暖，和风细雨，才能赢得老百姓的理解、支持和信任。

（三）以队伍建设为抓手，推进检察干警公正廉洁执法

队伍建设是检察机关建设的头等大事，加强对检察干警的教育，全面提高检察人员素养，包括文化水平、道德修养、人际交往及生活习性。① 尤其是廉政教育应该作为一项非常重要的任务和工程来抓，要做到常抓不懈，警钟长鸣，在检察系统内部营造一种"想干事，能干事，会干事，干成事，不出事"的良好氛围，重视廉政文化建设，让检察干警接受文化熏陶的同时精神得到进一步充实，培养检察干警正确的义利观，也让检察干警培养"先做人，后做事"的意识和思想。

一方面，检察机关不能出事，出不起事，干警出现违法乱纪现象或者苗头时，组织人事部门、纪检监察部门、干警所在部门以及同事都有责任、都应当及时进行教育、谈话、帮助和挽救；另一方面，检察干警严重违法甚至出现犯罪情况时，应当绝不手软，绝不姑息，必须严惩不贷，不遮遮掩掩，不包庇纵容。当今社会，利用司法权力进行欺诈的行为，耗费的成本只占"收益"的3%左右，加大检察人员腐败行为的成本，使他们不敢或者不必枉法擅断，杜绝或者减少因个别检察人员不良素质左右司法结果的可能。② 将正面典型和反面典型加以宣传报道，鼓励先进，鞭策后进。

（四）以业务能力为抓手，提高检察干警执法办案水平

业务能力和执法水平密切相关，任何忽视业务能力和素养的行为都是舍本求末的行为，提高业务能力应该多措并举，多管齐下，笔者认为主要可以从检察干警和检察机关两个方面入手。

首先，干警应当提高自身业务学习的紧迫性和必要性认识，加强自学能力的培养，注重对知识的温故知新和及时更新，新旧知识"两手抓，两不误，两促进"，向领导学，向同事学，向书本学，向实践学，"缺什么，补什么，学什么，练什么"，切实克服自身的弱点和短板，不断提高案件事实判断能力、法律法规运用能力以及矛盾纠纷调处能力。

其次，检察机关应当重视业务能力建设，把业务能力建设放在检察机关建设的突出位置，大力培养职业化和精英化检察人才，尤其是要组织学习培训最

---

① 张仁善：《司法腐败与社会失控》，社会科学文献出版社 2005 年版，第 450 页。

② 张仁善：《司法腐败与社会失控》，社会科学文献出版社 2005 年版，第 4 页、第 450 页。

新出台的法律法规，上半年全国人大通过了新刑事诉讼法，并将于 2013 年 1 月 1 日开始实施，这应该成为今年检察机关教育培训的重中之重。江苏检察机关开展的岗位练兵活动对业务能力的提高成效非常明显，建议将其"大学习，大练兵，大比武"的成功经验在全国检察机关进行推广。

（五）以强化监督为抓手，促进检察机关持续科学发展

"没有不受监督的权力"，检察权的运行概莫能外，而且更需要接受监督，包括内部监督和外部监督。

1. 人大监督。人大为最高监督者。[①] 检察机关必须提高接受人大监督的自觉性，主动定期向人大汇报检察工作，虚心接受执法检查、评议、视察、质询和问询，认真办理人大交办的信访案件。人大能否有力地进行监督对检察机关公平公正执法以及检察公信力的提升有重要意义。

2. 社会监督。检察机关应当推行"阳光检察"，提高透明度，消除神秘感，使检察工作打开一扇通向社会的窗口，广泛吸纳社会各界意见和建议。实践证明人民监督员制度是一种卓有成效的社会监督形式，截至 2010 年，全国"三类案件"32304 件，其中人民监督员不同意拟处理意见 1635 件，检察机关采纳 899 件。[②] 人民监督员制度已经在全国全面推行，应当严格执行，加强探索，在时机成熟时写入法律。

3. 舆论监督。舆论监督是党和国家监督体系中特殊的一环，究其实质也是人民监督。检察机关对于涉及群众切身利益以及重大关注的事件要及时反馈给媒体，主动召开新闻发布会，既能得到有效监督又能得到群众理解支持，产生良好的社会效果。

4. 自身监督。自身监督是进一步规范法律监督活动的内在动力。除了检察机关纪检监察部门要加大工作力度外，案件监督管理部门也在全国范围内如雨后春笋般普遍设立，要做到"一案一监管"，要敢于动真碰硬，对案管部门职级上要给以特殊倾斜和照顾，对其建制适当的时候也要考虑是否升格。

---

① 卓泽渊：《法治国家论》，法律出版社 2008 年版，第 546 页。

② 隋笑飞：《中国检察机关今起全面推行人民监督员制度》，载新华网 2010 年 10 月 28 日。

审判研究

ShenPan Yan Jiu

刑事证人出庭作证制度研究

◎ 杨婉秋*

内容摘要:

我国证人出庭作证率尤其是刑事证人出庭作证率低,新刑事诉讼法中有关证人出庭作证的诸多规定旨在解决此类问题。通过对我国刑事证人出庭作证的现状、刑事证人不出庭作证的危害、我国刑事证人出庭作证率低的原因等问题的研究,结合新刑事诉讼法的相关变化,对我国刑事证人出庭作证制度提出了切实可行的建议。

关键词:

证人出庭　出庭作证　制度研究

一、导论

证人是指知道案情并向公安司法机关提供证言的人①。在大陆法系国家,证人一般专指诉讼外的第三人,即狭义的证人;在英美法系国家,除了诉讼外的第三人,证人还包括当事人和鉴定人,即广义的证人。我国沿袭了大陆法系国家对证人的定义,证人仅指诉讼外的第三人。

但是需要注意的是,只有具备证人资格的人才能作证人。证人资格又称证人适格,具体是指法律规定可否作为证人的条件。我国现行《刑事诉讼法》第48条规定:凡是知道案件情况的人,都有作证的义务。生理上、精神上有缺陷或者年幼,不能辨别是非、不能正确表达的人,不能作证人。据此,我国规定的刑事证人资格为:(1)自然人;(2)知道案件情况;(3)能辨别是非且能

---

* 杨婉秋,复旦大学法学院2008级本科生。

① 陈光中:《中华法学大辞典·诉讼法学卷》,中国检察出版社1995年版。

正确表达。

证人不是证据，证人提供的证人证言才是证据。证人证言是指证人就自己所知道的案件情况向公安司法机关所作的陈述①。证人证言在诉讼活动中十分普遍也相当重要，可谓"是司法审判的耳朵与眼睛"。证人证言的形式主要有证人庭前所作的书面证言和证人当庭所作的口头证言。但不论是对司法公正还是对司法效率而言，由证人亲自出庭作证提供口头证言都具有至关重要的作用，因此世界上绝大多数国家都在法律中明确要求证人必须出庭作证，并规定了证人不出庭作证所要承担的法律责任。而相比之下，各国对书面证言的使用则有极其严格的条件。

我国证人出庭作证率尤其是刑事证人出庭作证率低早已是公认的事实，为了医治这一顽疾，众多专家学者在理论和实践中都做出了尝试。2012 年新刑事诉讼法正式颁布后，其中有关证人出庭作证的诸多规定让大家看到了解决此问题的希望。因此，本文将在现行刑事诉讼法的基础上，结合新刑事诉讼法的相关变化，对我国刑事证人出庭作证制度提一些建议。在提出建议之前，笔者会先调查我国刑事证人出庭作证的现状，指出刑事证人不出庭作证的危害，分析我国刑事证人出庭作证率低的原因，进而提出切实可行、对症下药的建议。

二、我国刑事证人出庭作证的现状

表 1　我国刑事证人出庭作证率调查表

单位名称	时间	计算方式	证人出庭作证率
宁夏回族自治区高级人民法院	2002 年,2003 年,2004 年,2005 年,2006 年,2007 年	不详(一审)	11.24% ,3.15% ,6.7% ,5.68% ,5.07% ,5.57%
重庆市第三中级人民法院	2010 年	有证人出庭案件数占审理案件数(一、二审)	0.43%
百色市中级人民法院	2000 年,2001 年,2002 年	有证人出庭案件数占结案数(一审)	7.2% ,7.6% ,7.8%

---

① 陈光中：《中华法学大辞典·诉讼法学卷》，中国检察出版社 1995 年版。

续表

单位名称	时间	计算方式	证人出庭作证率
襄阳市中级人民法院	1998—2000 年	不详(一审)	2%—5%
东营市中级人民法院	2003—2005 年	有证人出庭案件数占结案数	1.0%
深圳市中级人民法院	1997 年 1 月—1997 年 9 月	实际出庭证人数占通知出庭证人数	8%
南宁市两级人民法院	2000 年,2001 年,2002 年 1 月—2002 年 6 月	有证人出庭案件数占结案数	0.33%,0.7%,1.27%
北京市第一中级人民法院辖区内的 6 个基层人民法院	2005 年	有证人出庭案件数占结案数	<1%
北京市海淀区人民法院	2001 年	实际出庭证人数占证人证言数	0.38%
开封市南关区人民法院	1997 年 1 月—2003 年 10 月	实际出庭证人数占应当出庭证人数	1%
南京市鼓楼区人民法院	1999—2001 年	有证人出庭案件数占审理案件数	6.2%
温州市泰顺县人民法院	1998 年,1999 年,2000 年,2001 年,2002 年,2003 年	实际出庭证人数占应当出庭证人数	4.3%,2.7%,4%,1.7%,1.1%,1%
南宁市新城区人民法院	2000 年,2001 年,2002 年 1 月—2002 年 6 月	有证人出庭案件数占结案数	2.89%,2.65%,0.81%
百色市右江区人民法院	1998—2000 年	实际出庭证人数占应当出庭证人数	0.55%
长春市二道区人民检察院	1997 年,1998 年,1999 年	有证人出庭案件数占起诉案件数	4.3%,5%,5.5%

由上表可以看出，我国刑事证人出庭作证率普遍并且长期低于 10%。英美国家在适用非简易程序审理的刑事案件中，证人几乎 100% 出庭[1]；我国台湾

① 沈志先：《刑事证据规则研究》，法律出版社 2011 年版，第 67 页。

地区的刑事证人出庭作证率至少在95%以上①。而我国刑事证人出庭作证率极低早已是不争的事实，证人不出庭作证而是由控诉方在法庭上宣读书面证言在我国可谓是相当普遍的现象。为了提高刑事证人出庭作证率，法律工作者不论在理论上还是在实践中一直努力研究、不断摸索，这是因为刑事证人不出庭作证必将影响司法公正和司法效率。

三、刑事证人不出庭作证的影响

公正与效率是司法制度的两大价值目标。抛弃司法效率，司法公正将无法实现；抛弃司法公正，司法效率将失去意义。由此可见，司法公正与司法效率是相辅相成、缺一不可的，司法制度的构建应当兼顾公正与效率这两大价值目标，并且以公正统率效率、以效率促进公正②。刑事证人不出庭作证不仅会影响司法公正，也会影响司法效率。

（一）影响司法公正

1. 影响实体公正

实体公正是指判决结果对案件真实情况的准确再现以及法律适用的正确无误③。从证人的角度来看，庄严神圣的法庭不同于一般场所，证人身处其中会自然而然地心生敬畏，而这种敬畏之心则有利于证人如实作证。从控辩双方的角度来看，证人出庭作证使得对方可以当面询问证人，尤其是一些细节问题。一方面，这有助于唤醒证人埋藏较深的记忆从而将案件事实完整地展现出来；另一方面，由于证人必须口头回答这些问题，无法像书面证言那样经过深思熟虑和文字加工，所以更容易暴露出疑点，而对方一旦发现疑点便可以及时进行追问或对质，从而揭露破绽、还原案件事实。从审判人员的角度来看，证人出庭作证使得审判人员不仅可以直接观察证人的言行举止，还可以就某些疑惑直接询问证人，从而对证人口头证言的证据能力和证明力进行正确判断。因此，刑事证人不出庭作证将严重影响案件事实的准确认定，进而影响法律适用的正确无误，最终导致错判的出现。

---

① 新京报：《证人出庭率台湾为何达到97%》，载 http://www.chinanews.com/gn/news/2009/12 - 12/2014346.shtml。

② 姚莉：《司法效率：理论分析与制度构建》，载《法商研究》2006年第3期。

③ 谢佑平、万毅：《论司法改革与司法公正》，载《中国法学》2002年第5期。

2. 影响程序公正

程序公正指在整个司法过程中公正地对待作为当事人的冲突主体，保证冲突主体能足够和充分地表述自己的愿望、主张和请求的手段及其行为的空间①。程序公正是追求实体公正的手段和实现实体公正的保障，没有程序公正，实体公正只能是纸上谈兵。相较于"重实体轻程序"的法律传统，我国目前已逐渐认识到程序公正的重要作用和独立价值，而刑事证人不出庭作证会直接影响程序公正的实现，是我国建设法治国家的过程中必须要克服的难题。

（1）违背刑事审判原则

其一，违背直接言词原则。直接言词原则实为直接原则与言词原则的总称。直接原则又称为直接审理原则，与间接审理原则相对，具体是指审判人员必须亲自出席法庭审判，亲自接触和审查证据，采纳距离案件的原始事实最近的证据，并将其裁判结论建立在当庭采纳的证据之上。言词原则又称为言词审理原则，与书面审理原则相对，具体是指法庭审判活动应当以口语形式进行。直接原则与言词原则均强调减少裁判者与案件原始事实之间的隔阂和中介物，使其接触和审查距离原始事实最近的证据②。证人不出庭作证的结果是将"案件原始事实—证人—审判人员"的过程变为了"案件原始事实—证人—书面证言—审判人员"的过程，即增加了案件原始事实与审判人员之间的距离，而距离的增加则意味着审判人员发现案件原始事实的可能性的减小。因此，刑事证人不出庭作证会违背直接言词原则。

其二，违背辩论原则。辩论原则在刑事诉讼中是指法庭审理时控诉和辩护双方有权就被告人是否犯罪、犯罪性质和罪名、罪责轻重、应否和如何判处刑罚等事实和法律问题进行争论和反驳③，这其中就包括对证据材料的真实性、关联性、合法性进行争论和反驳。刑事证人在庭审中不出庭作证，对方就无法当面询问证人，当书面证言出现疑点时，证人的不可替代性又使得其他人无法作出解释，如此一来，辩论原则也就形同虚设。

其三，违背控辩平等原则。控辩平等原则是指在刑事诉讼中控诉方和辩护

---

① 谢佑平、万毅：《论司法改革与司法公正》，载《中国法学》2002 年第 05 期。

② 刘家兴、王国枢、张若羽等：《北京大学法学百科全书》，北京大学出版社 2001 年版，第 620 页。

③ 丁慕英、刘文、田祖思等：《中华法学大辞典·诉讼法学卷》，中国检察出版社 1995 年版，第 30—31 页。

方享有平等的法律地位，包括平等武装和平等保护。平等武装是指在立法层面上赋予控辩双方平等的诉讼权利和攻防手段，平等保护是指在司法层面上强调法官对控辩双方的平等保护①。毫无疑问，以整个国家的人力、物力、财力作为后盾的控诉方与势单力薄的辩护方在力量上相差甚远，而二者力量上的差距会代替案件事实成为诉讼结果的决定性因素，因此，国家才需要在立法和司法上设计一系列制度来达到控辩平等。控辩双方的力量差距表现在调查取证中就是提供证人证言的多为控诉方。在这样一种情况下，如果控方证人不出庭作证而仅由控诉方提供书面证言，一方面，该书面证言一定是令控诉方满意的、对控诉方有利的；另一方面，辩护方根本无法有效质疑该书面证言的真实性。这就会让审判人员更倾向于采纳和采信控诉方提供的书面证言，从而违背了司法层面上的平等保护。

（2）不利于质证权的行使

质证权是各国普遍承认的一项重要的诉讼权利。例如《公民权利和政治权利国际公约》第 14 条第 3 款第戊项规定，在判定对他提出的任何刑事指控时，人人完全平等地有资格享受以下的最低限度的保证：讯问或业已讯问对他不利的证人，并使对他有利的证人在与对他不利的证人相同的条件下出庭和受讯问。该公约第 14 条第 3 款被看作国际社会关于被告人权利最低限度保证的公认标准。具体而言，在刑事诉讼中质证是指在法庭调查阶段，公诉人、被害人、被告人和辩护人在法庭上以提问的方式审查核实证人证言的诉讼活动。②证人证言必须经过质证才能作为定案的根据。对于质证而言，证人出庭作证使得对方可以当面询问证人，尤其是一些细节问题；由于证人必须口头回答这些问题，无法像书面证言那样经过深思熟虑和文字加工，所以更容易暴露出疑点；对方一旦发现疑点，便可以及时进行追问或对质从而揭露破绽、查清疑惑。因此，刑事证人不出庭作证不利于控辩双方质证权的行使。

（3）不利于辩护权的行使

辩护权是犯罪嫌疑人、被告人的一项基本的诉讼权利。例如《世界人权宣言》第 11 条第 1 款规定，凡受刑事控告者，在未经获得辩护上所需的一切保

① 谢佑平、万毅：《刑事诉讼法原则：程序正义的基石》，法律出版社 2002 年版，第 67 页。

② 刘家兴、王国枢、张若羽等：《北京大学法学百科全书》，北京大学出版社 2001 年版，第 715 页。

证的公开审判而依法证实有罪以前，有权被视为无罪。《公民权利和政治权利国际公约》第 14 条第 3 款第乙项和第丁项规定，在判定对他提出的任何刑事指控时，人人完全平等地有资格享受以下的最低限度的保证：……有相当时间和便利准备他的辩护并与他自己选择的律师联络……出席受审并亲自替自己辩护或经由他自己所选择的法律援助进行辩护……具体而言，在刑事诉讼中辩护权是指法律赋予犯罪嫌疑人、被告人的对控诉进行反驳、辩解，以维护其合法权益的诉讼权利。① 控方证人出庭作证有利于辩方发现证人证言中的疑点从而及时进行反驳和辩解；辩方证人出庭作证有利于辩方支持自己的主张、反驳对方的主张。因此，刑事证人不出庭作证不利于被告人辩护权的行使。

（二）影响司法效率

司法效率是解决司法资源如何配置的问题，即司法效率的核心应当被理解为司法资源的节约或对司法资源有效利用的程度②。在笔者看来，刑事证人不出庭作证对司法效率的影响主要体现在两方面：一方面，证人不出庭作证会导致书面证言中的疑点无法及时查清，如此一来，司法机关将不得不额外消耗时间和人力、物力、财力去二次取证，而被告人关押时间的延长也额外占用了司法资源；另一方面，正如上文所说，证人不出庭作证将严重影响案件事实的准确认定，从而增大错判发生的可能性，错判的增加将直接带来二审程序甚至再审程序的增加，而诉讼的反复进行无疑会加大诉讼成本、降低诉讼效率。

四、我国刑事证人出庭作证率低的原因

刑事证人不出庭作证的诸多危害表明了此问题的复杂性、紧迫性、重要性，然而要想有效地改善我国刑事证人出庭作证的现状就必须对症下药，即只有明确了我国刑事证人出庭作证率低的原因，才能有针对性地提出建议。在笔者看来，我国刑事证人出庭作证率低的原因是相当复杂的，具体可以从证人自身的原因、法律法规的原因及司法部门的原因这三方面加以探讨。

（一）证人自身的原因

1. 主观原因

证人因自身主观原因而不出庭作证，前人已经有了较为全面的分析，笔者

---

① 刘家兴、王国枢、张若羽等：《北京大学法学百科全书》，北京大学出版社 2001 年版，第 18 页。

② 钱弘道：《论司法效率》，载《中国法学》2002 年第 4 期。

经过总结认为主要有以下几个方面的原因：中国中庸之道、以和为贵的传统文化形成了"耻讼"、"厌讼"的心态和"少管闲事"的心态，所以证人不愿出庭作证；中国是人情社会、熟人社会，所以证人不愿打破已有的人际关系网，而且出庭作证也会引起生活圈子中的其他人对自己的反感；证人担心出庭作证会暴露自己的身份从而招来对自己或亲人朋友的报复，所以不愿出庭作证；证人被人收买贪图利益所以不出庭作证；证人与被害人或者被告人有仇，所以落井下石不出庭作证；证人目击了有伤风化的犯罪行为，羞于启齿，所以不愿出庭作证①；证人法律意识淡薄，没有认识到出庭作证的重要性，所以不出庭作证。

2. 客观原因

证人因自身客观原因而不出庭作证，主要有以下几种情况：证人因身体状况无法出庭作证，比如庭审期间证人已经死亡、丧失记忆、身患严重疾病、行动极为不便等；证人因工作需要无法出庭作证，比如证人身处特殊岗位；证人因路途遥远、交通不便无法出庭作证，比如庭审期间证人在国外；证人因不可抗力无法出庭作证，比如发生自然灾害。

（二）法律法规的原因

1. 出庭作证义务不明确

最高人民法院《关于执行〈中华人民共和国刑事诉讼法〉若干问题的解释》第141条规定，证人应当出庭作证……此即规定了刑事证人具有出庭作证的义务。但是《人民检察院刑事诉讼规则》第282条第3款规定，人民检察院对于拟不出庭的证人，可以不说明不出庭的理由。此即变相规定了刑事证人可以不出庭作证。立法上的矛盾使得刑事证人出庭作证义务模棱两可，为刑事证人不出庭作证提供了借口。

2. 出庭作证范围不明确

对于刑事证人出庭作证的态度应当坚持出庭作证是原则、不出庭作证是例外。然而最高人民法院《关于执行〈中华人民共和国刑事诉讼法〉若干问题的解释》第141条规定，证人应当出庭作证。符合下列情形，经人民法院准许的，证人可以不出庭作证：（1）未成年人；（2）庭审期间身患严重疾病或者行动极为不便的；（3）其证言对案件的审判不起直接决定作用的；（4）有其他原因的。其中第2款第4项"有其他原因的"其实是一个兜底条款，这就变相地

---

① 何家弘：《证人制度研究》，人民法院出版社2004年版，第94页。

将刑事证人可以不出庭作证的范围无限扩大，无论证人是什么原因不出庭作证都可以此为借口。刑事证人出庭作证义务还未站稳，出庭作证范围又规定得如此模糊，这就直接导致了在刑事证人出庭作证方面原则与例外相互混淆，在这种情况下我们又怎能奢望刑事证人出庭作证呢？

3. 书面证言不受限制

现行《刑事诉讼法》第 157 条规定，公诉人、辩护人应当向法庭出示物证，让当事人辨认，对未到庭的证人的证言笔录、鉴定人的鉴定结论、勘验笔录和其他作为证据的文书，应当当庭宣读。最高人民法院《关于执行〈中华人民共和国刑事诉讼法〉若干问题的解释》第 58 条第 2 款规定，未出庭证人的证言宣读后经当庭查证属实的，可以作为定案的根据。《人民检察院刑事诉讼规则》第 337 条第 2 款规定，对于经人民法院通知而未到庭的证人的证言笔录，公诉人应当当庭宣读。对证人证言笔录存在疑问、确实需要证人出庭陈述的，公诉人应当要求延期审理，由人民法院再次通知证人到庭提供证言和接受质证。通过上述规定我们可以很清楚地看到，现行立法不仅允许控、辩双方提交书面证言，而且书面证言只要经过当庭查证属实就可以作为定案的根据。这就为刑事证人不出庭作证提供了极强的法律依据，从而使得书面证言的使用在司法实践中可谓是畅通无阻，而刑事证人出庭作证义务完全形同虚设。

4. 不出庭作证没有制裁

我国刑事证人不出庭作证的一个很重要的原因就是立法上没有规定对刑事证人不出庭作证的制裁措施。从法理学上讲，义务与制裁是任何一个完整法律规范的必备要素，因为"如果没有规定制裁的命令，那就不会有任何法律义务"[①]。在司法实践中，由于缺乏具体的制裁措施，所以证人视出庭作证义务如无物，而审判人员面对这种情况能做的也只是教育劝导，如果证人执意不出庭作证，那审判人员也无能为力。

5. 证人权益不受保障

（1）证人安全保护制度不完善

现行《刑事诉讼法》第 43 条规定，严禁刑讯逼供和以威胁、引诱、欺骗以及其他非法的方法收集证据。必须保证一切与案件有关或者了解案情的公民，有客观地充分地提供证据的条件，除特殊情况外，并且可以吸收他们协助调查。现行《刑事诉讼法》第 49 条规定，人民法院、人民检察院和公安机关

---

① 何家弘：《证据学论坛第二卷》，中国检察出版社 2001 年版，第 487 页。

应当保障证人及其近亲属的安全。对证人及其近亲属进行威胁、侮辱、殴打或者打击报复，构成犯罪的，依法追究刑事责任；尚不够刑事处罚的，依法给予治安管理处罚。现行《刑事诉讼法》第 56 条规定，被取保候审的犯罪嫌疑人、被告人不得以任何形式干扰证人作证；第 57 条规定，被监视居住的犯罪嫌疑人、被告人不得以任何形式干扰证人作证。《刑法》第 307 条第 1 款规定，以暴力、威胁、贿买等方法阻止证人作证或者指使他人作伪证的，处 3 年以下有期徒刑或者拘役；情节严重的，处 3 年以上 7 年以下有期徒刑；第 308 条规定，对证人进行打击报复的，处 3 年以下有期徒刑或者拘役；情节严重的，处 3 年以上 7 年以下有期徒刑。

由此我们可以看出，在证人安全保护制度方面，现行立法的欠缺之处主要有三个方面：其一，规定缺乏可操作性。法律虽然规定人民法院、人民检察院和公安机关应当保障证人及其近亲属的安全，但却没有规定怎么保障。具体而言，每个诉讼阶段由谁来保护、保护的措施有哪些、证人是否需要申请以及申请的程序等都没有规定，这就使得原则性的规定变成了纸上谈兵。其二，重视事后保护而忽略事前保护。根据上述规定，对证人及其近亲属进行威胁、侮辱、殴打或者打击报复的将受到相应惩罚，但其潜台词就是，证人及其近亲属已经受到了威胁、侮辱、殴打或者打击报复，换句话说，对证人及其近亲属进行的这种保护只是在他们的安全受到现实侵害后的一种补救措施。然而对于证人而言，真正重要的其实并不是事后的补救措施而是自己及近亲属的安全根本不会受到侵害，如果没有事前保护措施来根本确保自己及近亲属的安全，证人当然不愿意出庭作证。其三，保护对象的范围过窄。通过上述规定我们可以发现，一是法律只明文规定了对证人及其近亲属进行保护，而在此范围之外的其他人，如证人的外公外婆爷爷奶奶、好朋友、男（女）朋友等，是否受保护则不明确；二是法律只明文规定了对人身安全进行保护，而相关人员的财产安全是否受保护也不明确。

（2）证人经济补偿制度空白

刑事证人出庭作证通常会面临两方面的经济损失：一是因出庭作证而支出的交通费、伙食费、住宿费等；二是因误工而可能损失的工资、奖金等。对于证人的经济补偿，世界上众多国家和地区如英、美、德、日、俄和我国台湾地区等都建立了较为完善的制度，而相比之下，我国现行刑事诉讼法及司法解释对此却只字未提，只有个别地方人民法院出台了相关规定。如此一来，刑事证人出庭作证不仅不会获得奖励，反而还会损害自己的经济利益。

（3）证人豁免制度空白

建立证人豁免制度的前提是确立不自证其罪特免权。不自证其罪特免权是指在刑事追诉中任何人不得被强迫提供对自己不利的证言或证明自己犯罪①，权利人不仅包括被告人也包括证人。但是在某些刑事案件中，证人主张不自证其罪特免权会使得司法机关无法获得充足的证据来证明被告人有罪，因此，证人豁免制度应运而生。所谓证人豁免，是指在某些重大犯罪案件中，司法机关为促使涉案证人提供重要证据，给予作证证人承诺，司法机关不得在其作证后追究刑事责任或者不得以其提供的证据作为追究证人刑事责任的依据。② 由此可见，证人豁免其实是证人与司法机关进行的一场司法交易：证人放弃不自证其罪特免权来换取法律对自己罪行的豁免。目前，不自证其罪特免权和证人豁免制度在我国仍是空白，刑事证人面对出庭作证反而会将自己推上被告席或者为认定自己有罪提供证据的现状，自然不愿出庭作证，这也解释了受贿案件中几乎见不到行贿人的原因。

（三）司法部门的原因

1. "侦查中心主义"的影响

自 1979 年刑事诉讼法通过以来，我国刑事诉讼法就明确了人民法院、人民检察院和公安机关进行刑事诉讼，应当分工负责，互相配合，互相制约，以保证准确、有效地执行法律。这一规定确立了我国刑事诉讼法分工负责，互相配合，互相制约的基本原则，同时也形成了我国"流水作业式"的刑事诉讼构造。在流水作业式的模式下，人民法院、人民检察院和公安机关各自行使的都是国家刑事司法权，进行刑事诉讼都"必须依靠群众，必须以事实为根据，以法律为准绳"，都"有权向有关单位和个人收集、调取证据"。如此一来，在我国的刑事司法活动中，起诉和审判被视为一种意义不大的重复劳动，真正决定被追诉人命运的阶段是侦查阶段，审判不过是对侦查结果的正式"确认"活动，此即"侦查中心主义"③。我国民间更是流传着"金公安，银法院，可有可无检察院；大公安，小法院，没爹没娘检察院"的说法。受到"侦查中心主义"的影响，人民检察院和人民法院自然对刑事证人出庭作证持消极态度，认

---

① 吴丹红：《特免权制度研究》，北京大学出版社 2008 年版，第 89 页。

② 何家弘：《证人制度研究》，人民法院出版社 2004 年版，第 263 页。

③ http://newspaper.jcrb.com/html/2010－09/23/content_54239.htm，2012 年 5 月 8 日。

为刑事证人出庭作证是不必要的。

2. "案卷中心主义"的影响

在1996年刑事诉讼法修改以前，公安机关在案件侦查终结后会将全部案卷移送人民检察院，人民检察院在提起公诉时会将全部案卷移送人民法院，而人民法院在开庭前会基于案卷对刑事案件进行实体性审查，由此形成了我国"案卷中心主义"的审判方式。在这种审判方式下，审判人员普遍通过阅读检察机关移送的案卷来展开庭前准备活动，对于证人证言、被害人陈述、被告人供述等言词证据，普遍通过宣读案卷的方式进行法庭调查，审判人员在判决书中甚至普遍援引侦查人员所制作的案卷，并将其作为判决的基础①。1996年刑事诉讼法以及之后的《关于刑事诉讼法实施中若干问题的规定》虽然对"案卷中心主义"的裁判方式进行了一定改革，但并未从根本上改变这种裁判方式，这导致我国目前的刑事审判仍然主要依靠卷宗，庭审仍然难以发挥主要作用。审判人员依赖卷宗，所以不需要证人出庭作证；证人越不出庭作证，审判人员就越依赖卷宗。如此恶性循环下去，刑事证人出庭作证又怎能实现。

3. 案件数量的影响

表2　2006—2010年全国提起公诉数量与提出抗诉数量

年份	2006 年	2007 年	2008 年	2009 年	2010 年
提起公诉数量（单位：人）	999086	1056363	1143897	1134380	1148409
提出抗诉数量（单位：件）	15830	14951	14707	15519	17564

表3　2006—2010年全国审执结案件数量与法官数量

年份	2006 年	2007 年	2008 年	2009 年	2010 年
结案数量（单位：万件）	855.5	885.1	983.9	1054.5	1099.9
法官数量（单位：万人）	19.0	18.9	18.9	19.0	19.3

通过表2和表3的数据我们可以看出，目前人民检察院和人民法院的工作量是很大的。就拿表3的数据来说，2006—2010年每个法官每年平均结案约为45.0件、46.8件、52.1件、55.5件、57.0件，这就意味着，一个法官审执结

---

① 陈端华：《案卷笔录中心主义——对中国刑事审判方式的重新考察》，载《法学研究》2006年第4期。

一个案件的时间平均约为 8.1 天、7.8 天、7.0 天、6.6 天、6.4 天。在如此大的工作量和有限的司法资源下，人民检察院和人民法院自然没有足够的时间和人力、物力、财力去保证证人出庭，准备对证人的发问或询问，主持对证人的质证。

4. 口头证言的不可预知性

正如上文所说，司法实践中提供证人证言的多为控诉方而非辩护方。如果控方证人出庭作证，公诉人就无法准确预知证人口头证言的内容。一方面，证人可能会故意讲一些对控诉方不利的话；另一方面，由于口头证言无法经过深思熟虑和文字加工，所以很可能会暴露疑点，这种始料未及是控诉方所不愿意看到的。相比口头证言的不可预知性，书面证言已事先将证人证言的内容用文字加以固定，所以控诉方能够准确知道证人证言的内容。如此一来，控诉方不仅可以对书面证言进行事先"美化"，也可以只截取其中对自己有利的内容提交给人民法院。因此，人民检察院对证人出庭作证大多持消极态度。

五、改善我国刑事证人出庭作证现状的建议

通过对我国刑事证人出庭作证率低的原因进行分析，我们可以发现该现象的成因是极为复杂的，而这同时也意味着改善我国刑事证人出庭作证现状的措施必定是复杂的、过程必将是漫长的。由于笔者不可能将改善我国刑事证人出庭作证现状的建议提得面面俱到，所以接下来笔者就借着新刑事诉讼法正式发布的契机，结合其中有关证人出庭作证的规定来提出改善我国刑事证人出庭作证现状的建议。

（一）建立强制证人出庭作证制度

针对我国目前刑事证人出庭作证率低的现状，建立强制证人出庭作证制度能够在短期内起到立竿见影的效果，国外也普遍对强制证人出庭作证作出了明文规定。但就我国当下的司法现状来看，要求每个刑事案件的每个证人出庭作证既不现实也不必要，因此，这就需要充分考虑上述刑事证人不出庭作证的诸多原因，设计一个在我国切实可行的方案。笔者经过思考，认为可以按照下面这个流程图同时也是逻辑思路来建立我国的强制证人出庭作证制度。

```
┌─────────────────┐
│ 社会上的随机个体 │
└─────────────────┘
        │
┌─────────────────┐    否   ┌─────────────┐
│ 是否具备证人资格 │───────→│ 不能作证人  │
└─────────────────┘        └─────────────┘
        │ 是
┌─────────────┐
│ 能作证人    │
└─────────────┘
        │
┌─────────────────┐    是   ┌─────────────────┐   否  ┌───────────────┐
│ 是否存在证人免证权│───────→│ 证人免证权是否被放弃│─────→│ 不具有作证义务 │
└─────────────────┘        └─────────────────┘       └───────────────┘
        │ 否              ┌─── 是
┌─────────────┐←──────────┘
│ 具有作证义务 │
└─────────────┘
        │
┌─────────────────┐    否   ┌─────────────────────────────────────┐
│ 是否为关键证人  │───────→│ 不具有出庭作证义务，书面证言具有证据能力 │
└─────────────────┘        └─────────────────────────────────────┘
        │ 是
┌─────────────────────────────────────┐
│ 具有出庭作证义务，书面证言不具有证据能力 │
└─────────────────────────────────────┘
        │
┌─────────────────┐    是   ┌─────────────────────────────────────┐
│ 是否具有例外情况 │───────→│ 免除其出庭作证义务，书面证言具有证据能力 │
└─────────────────┘        └─────────────────────────────────────┘
        │ 否
┌─────────────────────────────────────┐
│ 具有出庭作证义务，书面证言不具有证据能力 │
└─────────────────────────────────────┘
        │
┌─────────────────┐    否   ┌─────────────────┐
│ 是否实际出庭作证 │───────→│ 采取强制出庭措施 │
└─────────────────┘        └─────────────────┘
        │ 是
┌─────────────┐
│ 达到制度目的 │
└─────────────┘
```

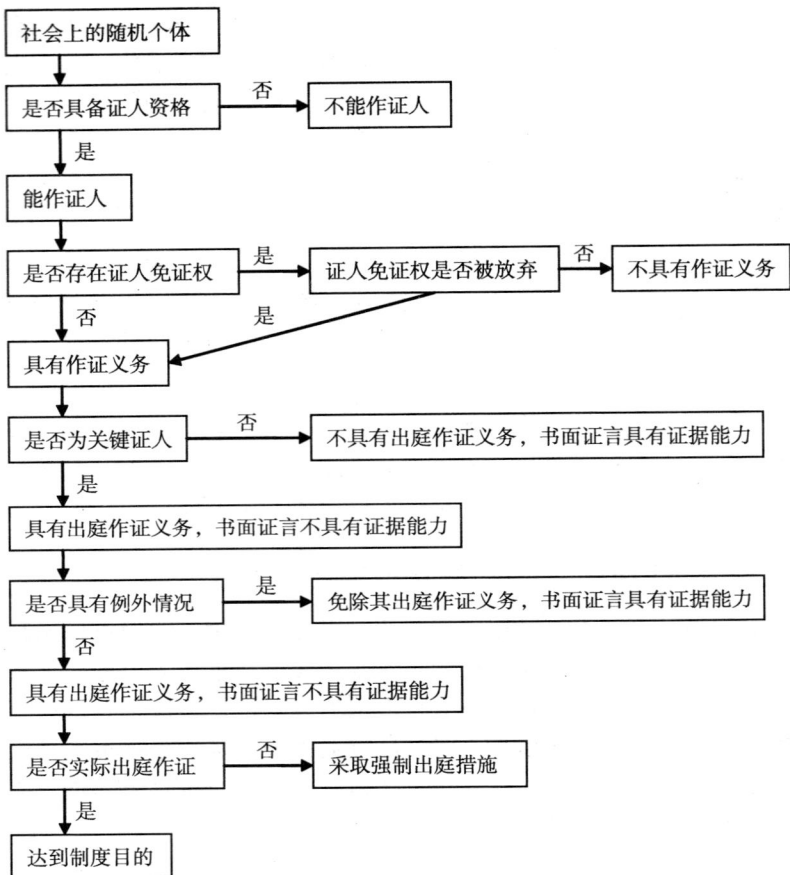

1. 确立证人免证权

（1）证人免证权概述

社会上的随机个体在具备证人资格后便可作为证人，但是具备证人资格并不意味着就具有作证义务。证人免证权使得具备证人资格的人不具有作证义务，当然了，如果证人免证权的权利人（可能是该具备证人资格的人，也可能是与该具备证人资格的人有特定关系的其他人）放弃了证人免证权，则该具备证人资格的人仍然具有作证义务。证人免证权是指在法定情形下，特定公民享有的拒绝作证或制止他人作证的权利。[①] 刑事证人出庭作证对司法公正和司法

──────────

① 何家弘：《证人制度研究》，人民法院出版社 2004 年版，第 216 页。

效率而言极为重要，既然如此，那为什么还要确立与其背道而驰的证人免证权呢？我们知道，现代社会是个利益多元化的社会，不同的利益主体具有不同的利益追求，而在追求不同利益的过程中会不可避免地发生利益冲突，这个时候国家就需要对各种利益进行权衡和取舍从而达到社会利益的最大化，而证人免证权就是利益权衡和取舍下的产物。假设利益甲为：通过规定特定公民不具有作证义务来保护特定社会关系所带来的利益；利益乙为：通过破坏特定社会关系来强制特定公民作证所带来的利益。当利益甲大于利益乙时，法律则"取"利益甲而"舍"利益乙，即赋予利益甲的受益者以证人免证权。英国、美国、法国、德国、日本等众多国家都确立了证人免证权，虽然证人免证权的内容不尽相同，但总体来说都包括不自证其罪特免权、亲属免证权、职业免证权和公务免证权。

首先，不自证其罪特免权。正如上文所说，不自证其罪特免权是指在刑事追诉中任何人不得被强迫提供对自己不利的证言或证明自己犯罪①。不自证其罪特免权产生于17世纪的英国，后逐渐被各国所吸收。美国《宪法》第五修正案规定，不得被强迫在任何刑事案件中自证其罪。日本《宪法》第12条第2款规定，任何人，不受拷问。在刑事上，不得强制任何人作不利于自己的供述。德国《刑事诉讼法》第55条规定，每个证人均可以对如果回答后有可能给自己、给第53条第1款所列亲属成员中的一员造成因为犯罪行为、违反秩序而受到追诉危险的那些问题，拒绝予以回答。法国《刑事诉讼法》第198条规定，证人无义务就他可能因之承担刑事责任的事实作证。意大利《刑事诉讼法》第198条第2款规定，证人无义务就他可能因之承担刑事责任的事实作证。我国澳门特别行政区《刑事诉讼法》第119条第2款规定，如证人提出回答有关问题将导致其须负刑事责任，则无须回答该问题。我国台湾地区"刑事诉讼法"第181条规定，证人恐因陈述致自己或与其有前条第一项关系之人受刑事追诉或处罚者，得拒绝证言。《公民权利和政治权利国际公约》第14条第3款第庚项规定，不被强迫作不利于他自己的证言或强迫承认犯罪。

其次，亲属免证权。亲属免证权是指公民基于亲属关系所享有的拒绝作证或制止他人作证的权利。各国规定的亲属免证权的范围有所不同，大部分英美法系国家将亲属免证权限于夫妻之间，只有个别的英美法系国家如澳大利亚承认父母—子女免证权。与英美法系国家不同，大陆法系国家规定的亲属免证权

---

① 吴丹红：《特免权制度研究》，北京大学出版社2008年版，第89页。

的范围相对要宽泛很多。德国《刑事诉讼法》第 52 条规定，以下人员有权拒绝作证：（1）被指控人的订婚人；（2）被指控人的配偶，即使婚姻关系已不再存在；（3）被指控人现在或者曾经在旁系三亲等内有血缘关系或在二亲等内有姻亲关系的人员。意大利《刑事诉讼法》第 199 条规定，被告人的近亲属没有义务作证。日本《刑事诉讼法》第 147 条规定，任何人，都可以拒绝提供有可能使下列的人受到刑事追诉或者有罪判决的证言：（1）自己的配偶、三代以内的血亲或两代以内的姻亲，或者曾与自己有此等亲属关系的人；（2）自己的监护人、监护监督人或者保佑人；（3）由自己作为监护人、监护监督人或者保佑人的人。

再次，职业免证权。职业免证权是指公民基于职业关系所享有的拒绝作证或制止他人作证的权利。就国外的立法来看，职业免证权主要包括律师—委托人免证权、医生—患者免证权、神职人员—忏悔者免证权、记者—消息来源免证权等。

最后，公务免证权。公务免证权也称公共利益豁免，具体是指如果公职人员所知晓的案件情况或掌管的资料属于公务秘密，泄露这一秘密会招致公共利益的损害，则该公职人员享有免予作证的权利[1]。日本《刑事诉讼法》第 144 条规定，对公务员或者曾任公务员的人得知的事实，本人或者该管公务机关声明是有关职务秘密的事项时，非经该管监督官厅的承诺，不得作为证人进行询问。意大利《刑事诉讼法》第 202 条第 1 款规定，公务员、公共职员和受委托从事公共服务的人员有义务不就属于国家秘密的事实作证。我国澳门特别行政区《刑事诉讼法》第 123 条规定，不得向公务员询问其在执行职务时知悉且构成秘密之事实。

（2）新刑事诉讼法的相关变化

在证人免证权方面，现行刑事诉讼法没有任何相关规定，但新刑事诉讼法的发布填补了这方面的空白。具体来说，新刑事诉讼法在证人免证权方面有以下变化：

在不自证其罪特免权方面，修改了现行《刑事诉讼法》第 43 条，改为第 50 条："……严禁刑讯逼供和以威胁、引诱、欺骗以及其他非法方法收集证据，不得强迫任何人证实自己有罪……"

在亲属免证权方面，新增了第 188 条第 1 款：经人民法院通知，证人没有

---

[1] 何家弘：《证人制度研究》，人民法院出版社 2004 年版，第 248 页。

正当理由不出庭作证的，人民法院可以强制其到庭，但是被告人的配偶、父母、子女除外。

在职业免证权方面，新增了第46条：辩护律师对在执业活动中知悉的委托人的有关情况和信息，有权予以保密。但是，辩护律师在执业活动中知悉委托人或者其他人，准备或者正在实施危害国家安全、公共安全以及严重危害他人人身安全的犯罪的，应当及时告知司法机关。

（3）新刑事诉讼法评析

其一，不自证其罪特免权。

我国新《刑事诉讼法》第50条新规定"不得强迫任何人证实自己有罪"，从表面上看是确立了不自证其罪特免权。按照该条文理解，具备证人资格的人如果发现作证将会使自己承担刑事责任，那他就无须作证，即他不具有作证义务。不可否认，增设该规定本是一项进步，但是令人疑惑的是，新《刑事诉讼法》第118条仍然保留了"犯罪嫌疑人对侦查人员的提问，应当如实回答"的规定，这就形成了这样一个矛盾：在甲案件中，具备证人资格的某人发现作证将会使自己承担刑事责任，所以根据新《刑事诉讼法》第50条，他无须作证；但到了乙案件中，由于该人的身份是犯罪嫌疑人，根据新《刑事诉讼法》第118条，他就必须如实回答侦查人员的提问。这就使得他在甲案件中无须回答的问题变成了在乙案件中必须回答的问题，从而在乙案件中造成了他在甲案件中本想避免的后果：自证其罪。如此一来，不自证其罪特免权就没有任何意义了。因此，这种立法上的矛盾将本属创新的不自证其罪特免权置于尴尬之地，是随后的司法解释需要解决的一大问题。

其二，亲属免证权。

针对新《刑事诉讼法》第188条，有报道称是对"大义灭亲"的颠覆，但在笔者看来并非如此。根据这条规定，"被告人的配偶、父母、子女除外"针对的是"人民法院可以强制其到庭"，也就是说，被告人的配偶、父母、子女可以不出庭，但是仍然要作证。因此，该条文确立的其实是"亲属免出庭权"而非"亲属免证权"，被告人的配偶、父母、子女仍然具有作证义务。如此看来，该条文对颠覆"大义灭亲"而言只是隔靴搔痒，我国应在今后的立法中逐步确立真正的亲属免证权。

其三，职业免证权。

在笔者看来，新《刑事诉讼法》第46条看似是确立了有限的律师—委托人免证权，但深究起来却并非如此。首先，根据该规定，"有权予以保密"的主体是"辩护律师"而非"律师"，而辩护律师是辩护人。不论是英美法系国家主张的广义的证人还是大陆法系国家主张的狭义的证人，原则上都不包括辩护人。既然辩护人不能作证人，那就自然不能提供证人证言，所以赋予辩护律师保密权来对抗控诉方的强迫取证就没有意义了。其次，对于不担任辩护人的律师，该规定根本就没有提及，更别说其是否享有这种保密权了。如此一来，如果不担任辩护人的律师具备了证人资格，其仍然具有作证的义务。这样分析下来，这条新增加的规定似乎没起到任何作用，律师—委托人免证权并没有确立，我国刑事诉讼法律对职业免证权的规定仍是一片空白，这是随后的立法应当努力改进的一点。

其四，公务免证权。

通过新刑事诉讼法相关变化我们可以看出，新刑事诉讼法在公务免证权方面仍然没有任何规定。新《刑事诉讼法》第52条第3款规定，对涉及国家秘密、商业秘密、个人隐私的证据，应当保密。新《刑事诉讼法》第183条第1款规定，人民法院审判第一审案件应当公开进行。但是有关国家秘密或者个人隐私的案件，不公开审理；涉及商业秘密的案件，当事人申请不公开审理的，可以不公开审理。由此可见，新刑事诉讼法虽然沿袭了现行刑事诉讼法的做法，规定了对国家秘密的保护，但并非是通过公务免证权来保护，而且也仅限于公务秘密中的国家秘密，因此，如何建立符合中国国情的公务免证权是随后的立法应当考虑的。

2. 确保关键证人出庭作证

（1）关键证人出庭作证概述

虽然某人具备证人资格，但不存在证人免证权，则该人具有作证义务；虽然某人具备证人资格，存在证人免证权，但权利人放弃证人免证权，则该人具有作证义务；虽然某人具备证人资格，存在证人免证权，且权利人不放弃证人免证权，则该人不具有作证义务。在明确了具备证人资格的人是否具有作证义务之后，接下来的问题便是具有作证义务的人是否都需要出庭作证。根据我国目前的司法现状来看，要求每个具有作证义务的人出庭作证既不现实也无必要，在这种情况下，就需要建立一个刑事证人出庭作证的最低标准来使刑事证人出庭具有可行性，即确保关键证人出庭作证。

在我国新刑事诉讼法发布之前，全国已有不少关于关键证人出庭作证的尝试。举例来说：最高人民法院、最高人民检察院《关于死刑第二审案件开庭审理程序若干问题的规定（试行）》第13条规定，第二审人民法院开庭审理死刑上诉、抗诉案件，具有下列情形之一的，应当通知证人、鉴定人、被害人出庭作证："……（二）人民检察院、被告人及其辩护人对证人证言、被害人陈述有异议，该证人证言或者被害人陈述对定罪量刑有重大影响的；（三）合议庭认为其他有必要出庭作证的。"最高人民法院、最高人民检察院、公安部、司法部《关于进一步严格依法办案确保办理死刑案件质量的意见》第32条规定，人民法院应当通知下列情形的被害人、证人、鉴定人出庭作证："（一）人民检察院、被告人及其辩护人对被害人陈述、证人证言、鉴定结论有异议，该被害人陈述、证人证言、鉴定结论对定罪量刑有重大影响的；（二）人民法院认为其他应当出庭作证的。"最高人民法院《关于进一步做好死刑第二审案件开庭审理工作的通知》第4条规定，开庭审理死刑第二审案件，下列情形的证人、鉴定人应当出庭："（一）控辩双方对证人证言、鉴定结论有异议，该证言、鉴定结论对定罪量刑有重大影响的；（二）其他法院认为应当出庭作证的。"此外，北京、上海、江苏、江西、湖北、四川等地也对关键证人出庭作证进行了积极探索。

（2）新刑事诉讼法的相关变化

在关键证人出庭作证方面，现行刑事诉讼法同样没有任何相关规定，新刑事诉讼法的发布可谓填补了这方面的空白。具体来说，新刑事诉讼法在关键证人出庭作证方面有以下变化：

新《刑事诉讼法》第187条第1款、第2款："公诉人、当事人或者辩护人、诉讼代理人对证人证言有异议，且该证人证言对案件定罪量刑有重大影响，人民法院认为证人有必要出庭作证的，证人应当出庭作证。

人民警察就其执行职务时目击的犯罪情况作为证人出庭作证，适用前款规定。"

新《刑事诉讼法》第188条："经人民法院通知，证人没有正当理由不出庭作证的，人民法院可以强制其到庭，但是被告人的配偶、父母、子女除外。

证人没有正当理由拒绝出庭或者出庭后拒绝作证的，予以训诫，情节严重的，经院长批准，处以十日以下的拘留。被处罚人对拘留决定不服的，可以向上一级人民法院申请复议。复议期间不停止执行。"

（3）新刑事诉讼法评析

其一，关键证人出庭作证。

新《刑事诉讼法》第187条第1款以三个递进式的条件对关键证人出庭作证作出了规定，下面笔者就对这三个条件进行具体分析并提出改善建议。

条件一："公诉人、当事人或者辩护人、诉讼代理人对证人证言有异议"。

根据条件一，如果公诉人、当事人或者辩护人、诉讼代理人对证人证言没有异议，那证人就不具有出庭作证义务，其书面证言就具有证据能力。但是笔者采用六何分析法（即 5W1H 分析法）进行分析后，认为条件一存在诸多不明确之处。首先，异议的主体是谁？根据条文，异议的主体是公诉人、当事人或者辩护人、诉讼代理人。其次，异议的对象是什么？根据条文，异议的对象是证人证言。这表示对证人证言的"三性"——真实性、关联性、合法性都可以有异议。再次，异议的原因是什么？这是因为对证人证言的真实性、关联性、合法性有疑问。然后，异议的时间是何时？条文中并未规定异议的时间。到底是在庭审之前有异议还是在庭审过程中有异议，如果是在庭审过程中有异议，那是在庭审的哪个阶段有异议，这些都不明确。再次，异议的地点是哪里？条文中同样没有规定异议的地点。其实异议的地点与异议的时间紧密相关，如果是在庭审过程中有异议那就意味着异议的地点是法庭，如果不是在庭审过程中有异议那地点就另当别论了。最后，异议的方式是什么？条文中没有规定异议的方式。到底是以口头方式还是书面方式、以明示还是默示提出异议，审判人员是否可以主动询问控辩双方是否提出异议，这些都不明确。因此，将来的司法解释需要对这些程序性事项作出明确规定。

条件二："该证人证言对案件定罪量刑有重大影响"。

根据条件二，在公诉人、当事人或者辩护人、诉讼代理人对证人证言有异议后，如果该证人证言对案件定罪量刑没有重大影响，那证人也不具有出庭作证义务，其书面证言具有证据能力。但是在笔者看来，"对案件定罪量刑有重大影响"似乎不够具体，到底怎样的影响才算是"重大影响"不得而知。虽然"重大影响"的标准因人而异，但是如果标准差别过大就会影响司法公正，因此随后的司法解释需要对"对案件定罪量刑有重大影响"作出进一步的细化。

条件三："人民法院认为证人有必要出庭作证"。

根据条件三，在公诉人、当事人或者辩护人、诉讼代理人对证人证言有异议，且该证人证言对案件定罪量刑有重大影响的情况下，如果人民法院认为证人没有必要出庭作证，那证人也不具有出庭作证义务，其书面证言具有证据能力。笔者认为条件三不甚恰当，因为"认为"二字会赋予审判人员过大的自由裁量权。就算公诉人、当事人或者辩护人、诉讼代理人对证人证言有很大异议，而且该证人证言对案件定罪量刑有很大影响，只要审判人员认为不必要，证人就可以不出庭作证。这实际上是让审判人员成为了证人出庭与否的决定者。而正如上文所说，审判人员受到"侦查中心主义"、"案卷中心主义"、案件数量等因素的影响，很可能会在决定证人出庭与否时持消极态度。

综上所述，在同时满足上述三个条件之后，该证人即为关键证人，具有出庭作证义务。相应的，其书面证言就不应当具有证据能力。这是因为新刑事诉讼法仍然保留了之前对书面证言的规定。新《刑事诉讼法》第190条规定，公诉人、辩护人应当向法庭出示物证，让当事人辨认，对未到庭的证人的证言笔录、鉴定人的鉴定意见、勘验笔录和其他作为证据的文书，应当当庭宣读。其一方面新增了满足上述三个条件时证人应当出庭作证的规定；另一方面又保留了未到庭证人的书面证言具有证据能力的规定，这种前后矛盾无疑会大大打击关键证人出庭作证的落实。因此，笔者认为应当对有关书面证言证据能力的条文进行修改并分为三种情况：第一，对具有出庭作证义务的刑事证人而言，其书面证言不具有证据能力；第二，对不具有出庭作证义务且没有出庭作证的刑事证人而言，其书面证言具有证据能力；第三，对不具有出庭作证义务但出庭作证的刑事证人而言，其书面证言具有证据能力，但其口头证言应当优先于书面证言被使用。

其二，关键证人出庭作证的例外情况。

在笔者看来，新《刑事诉讼法》第188条中的"正当理由"就是关键证人出庭作证的例外情况。关键证人出庭作证的例外，是指具有出庭作证义务的关键证人因具有例外情况而被免除了出庭作证义务，此时其书面证言具有证据能力。例外情况主要包括客观原因和特殊保护。客观原因如上文所述，主要有以下几种情况：证人因身体状况无法出庭作证，比如庭审期间证人已经死亡、丧失记忆、身患严重疾病、行动极为不便等；证人因工作需要无法出庭作证，比如证人身处特殊岗位；证人因路途遥远、交通不便无法出庭作证，比如庭审期间证人在国外；证人因不可抗力无法出庭作证，比如发生自然灾害。特殊保护是指关键证人因受到恐吓威胁而使出庭作证严重威胁到其人身安全时，或者出庭作证可能使其暴露身份时（如警方卧底），可免除其出庭作证义务。

3. 规定强制出庭措施

（1）新刑事诉讼法的相关变化

规定强制出庭措施可以说是建立强制证人出庭作证制度中最为重要的一个环节。虽然我国现行刑事诉讼法对此并无规定，但可喜可贺的是，新刑事诉讼法增加了强制出庭措施，这可谓是完善我国刑事证人出庭作证制度的一大进步。具体来说，新刑事诉讼法在强制出庭措施方面的变化为：

第 188 条规定：“经人民法院通知，证人没有正当理由不出庭作证的，人民法院可以强制其到庭，但是被告人的配偶、父母、子女除外。

证人没有正当理由拒绝出庭或者出庭后拒绝作证的，予以训诫，情节严重的，经院长批准，处以十日以下的拘留。被处罚人对拘留决定不服的，可以向上一级人民法院申请复议。复议期间不停止执行。”

（2）新刑事诉讼法评析

由此可见，新《刑事诉讼法》第 188 条通过“可以强制其到庭”、“训诫”和“拘留”初步明确了强制出庭措施。该条文的增设固然是一大进步，但与此同时我们也应看到其中的不足和值得商榷之处：首先，该条文虽然规定了人民法院可以强制证人到庭，却并未规定如何强制证人到庭，即强制手段不明确。相比较而言，国外对于强制手段的规定就较为具体，比如英国、美国、加拿大、我国香港特别行政区规定可以将证人逮捕从而强制其到庭；德国、日本规定可以对证人进行拘传；法国规定可以对证人采取传讯措施，由警察强制其到庭。我国可以借鉴域外的做法在随后的司法解释中对强制手段加以规定。其次，根据条文，证人没有正当理由拒绝出庭或者出庭后拒绝作证的，如果情节严重，则处以 10 日以下的拘留。

（二）完善证人安全保护制度

1. 新刑事诉讼法的相关变化

而证人安全保护制度直接影响着刑事证人作证尤其是出庭作证的积极性，因此亟须在立法上加以关照。值得欣慰的是，此次新刑事诉讼法增加了有关证人安全保护制度的规定，这对完善我国的证人安全保护制度具有重要意义。

（1）新《刑事诉讼法》第 50 条规定：“审判人员、检察人员、侦查人员必须依照法定程序，收集能够证实犯罪嫌疑人、被告人有罪或者无罪、犯罪情节轻重的各种证据。严禁刑讯逼供和以威胁、引诱、欺骗以及其他非法方法收集证据，不得强迫任何人证实自己有罪。必须保证一切与案件有关或者了解案情的公民，有客观地充分地提供证据的条件，除特殊情况外，可以吸收他们协助调查。”

（2）新《刑事诉讼法》第 61 条规定：“人民法院、人民检察院和公安机关应当保障证人及其近亲属的安全。

对证人及其近亲属进行威胁、侮辱、殴打或者打击报复，构成犯罪的，依法追究刑事责任；尚不够刑事处罚的，依法给予治安管理处罚。”

（3）新《刑事诉讼法》第 62 条规定：“对于危害国家安全犯罪、恐怖活动犯罪、黑社会性质的组织犯罪、毒品犯罪等案件，证人、鉴定人、被害人因在诉讼中作证，本人或者其近亲属的人身安全面临危险的，人民法院、人民检察院和公安机关应当采取以下一项或者多项保护措施：

（一）不公开真实姓名、住址和工作单位等个人信息；

（二）采取不暴露外貌、真实声音等出庭作证措施；

（三）禁止特定的人员接触证人、鉴定人、被害人及其近亲属；

（四）对人身和住宅采取专门性保护措施；

（五）其他必要的保护措施。

证人、鉴定人、被害人认为因在诉讼中作证，本人或者其近亲属的人身安全面临危险的，可以向人民法院、人民检察院、公安机关请求予以保护。

人民法院、人民检察院、公安机关依法采取保护措施，有关单位和个人应当配合。"

（4）新《刑事诉讼法》第69条规定：被取保候审的犯罪嫌疑人、被告人不得以任何形式干扰证人作证。

（5）新《刑事诉讼法》第75条规定：被监视居住的犯罪嫌疑人、被告人不得以任何形式干扰证人作证。

2. 新刑事诉讼法评析

笔者将结合新刑事诉讼法的上述规定，从保护的主体、保护的对象、保护的启动、保护的措施这四个方面来具体探讨一下我国证人安全保护制度的不足之处及改善建议。

（1）保护的主体

保护的主体即谁负责保护的问题。新刑事诉讼法沿袭了现行刑事诉讼法的做法，明确规定了保护的主体是人民法院、人民检察院和公安机关。但仍然没有对三者的分工加以明确，这有可能出现三者在实践中相互推诿、扯皮的现象，从而导致对证人及相关人员保护的落空。

针对这种情况，有的学者认为可以效仿国外建立专门的证人安全保护机构，但在笔者看来，专门的证人安全保护机构意味着司法资源的大规模投入，从我国的国情来看，这种做法至少在短期内是不现实的。也有的学者认为，由于公安机关承担户籍管理工作、最先接触到证人且拥有较强的武装力量，所以应由公安机关负责证人及相关人员的安全保护工作。但在笔者看来，公安机关既要管理社会治安又要侦查刑事案件，如果再将此任务压在公安一家身上，似乎有点"过度消费"公安机关。也有的学者认为，可以在不同的诉讼阶段由不同的主体负责证人及相关人员的安全保护工作，具体来说就是侦查阶段由公安机关负责、起诉阶段由人民检察院负责、审判阶段由人民法院负责。但在笔者看来，这种阶段式的负责方式一方面会使安全保护程序过于烦琐；另一方面会使对证人及相关人员的保护因三者的工作交接而出现间断。

虽然每种对策都不是完美的，但面对我国现在"没有对策"的现状，随后的立法应当尽快制定符合我国国情的对策，只要这种对策带来的利益能大于其他对策带来的利益，该对策对我国而言就是最好的。

（2）保护的对象

保护的对象即保护谁的问题。首先，新刑事诉讼法仍将保护的对象限定在"证人及其近亲属"，范围过于狭窄。笔者认为，可以将保护对象扩大为"证人及与证人有重大利害关系的人"。凡是此人基于精神利益（包括亲情、友情、爱情）或者物质利益而与证人有重大利害关系的便都可以受到安全保护。其次，应当明确规定人身安全和财产安全都受保护。虽然新《刑事诉讼法》第62条中增加了"对人身和住宅采取专门性保护措施"，但这仅限于第62条规定的"危害国家安全犯罪、恐怖活动犯罪、黑社会性质的组织犯罪、毒品犯罪等案件"，而且也仅限于对住宅的保护而未涉及其他财产。因此，笔者建议进一步明确对财产安全的保护，并将对财产安全的保护普及到所有刑事案件。

（3）保护的启动

保护的启动即何时保护的问题。何时保护涉及实体和程序两方面：

实体方面是指保护主体所提供的保护是普遍保护还是有条件的保护。普遍保护是指为所有证人及相关人员都提供保护；有条件的保护是指仅为面临现实危险的证人及相关人员提供保护。我们可以发现，新《刑事诉讼法》第61条并未明确表明是实行普遍保护还是有条件的保护，而新《刑事诉讼法》第62条规定的"本人或者其近亲属的人身安全面临危险的"也只是针对特殊案件中的具体保护措施和证人申请权而言。在笔者看来，将有限的司法资源分配给所有证人及相关人员的结果，必将是导致真正需要保护的证人及相关人员无法得到充足的保护，因此，笔者认为仅为面临现实危险的证人及相关人员提供保护是比较明智的选择。

程序方面是指在证人及相关人员面临现实威胁的情况下，是保护主体主动提供保护还是保护主体依申请提供保护。笔者认为可以采取"最先发现原则"：如果是保护主体最先发现证人及相关人员面临现实威胁，则保护主体可以不依申请而主动提供保护；如果是享有申请权的人（除了证人本人还可能包括其他人）最先发现证人及相关人员面临现实威胁，则享有申请权的人可以向保护主体提出保护申请，保护主体批准申请后为证人及相关人员提供保护。这就是说在"最先发现原则"下，上述两种启动方式并存。根据新《刑事诉讼法》第62条第2款我们可以发现：一是只有在危害国家安全犯罪、恐怖活动犯罪、黑社会性质的组织犯罪、毒品犯罪等案件中，证人才享有申请权；二是享有启动证人及相关人员安全保护的申请权的主体，仅为证人本人。据此，笔者认为，一是可以将申请权的范围适当扩大，因为证人及相关人员不可能只在危害国家安全犯罪、恐怖活动犯罪、黑社会性质的组织犯罪、毒品犯罪等案件中才面临现实威胁；二是可以将申请权的主体适当扩大，因为在某些情况下，如不可抗力或是证人被犯罪分子控制，证人本人可能无法及时申请保护，这时就需要由其他人去申请保护。

（4）保护的措施

保护的措施即怎么保护的问题。我国现行刑事诉讼法对保护措施的规定极少，而且都侧重于事后保护，主要体现为事后惩罚。而新《刑事诉讼法》第62条第1款中规定的保护措施极大增强了对证人及相关人员保护的可操作性。笔者对该条文进行分析后，认为还可以从以下两个方面加以完善：

首先，扩大保护措施的适用范围。

其次，增加保护措施的种类。重视事后保护而忽略事前保护是现行《刑事诉讼法》的不足之处，这一点在新《刑事诉讼法》中有了很大改善："不公开真实姓名、住址和工作单位等个人信息"和"采取不暴露外貌、真实声音等出庭作证措施"属于事前保护；"禁止特定的人员接触证人、鉴定人、被害人及其近亲属"和"对人身和住宅采取专门性保护措施"兼具事前保护和事后保护的性质。在这几种保护措施的基础上，笔者认为我国还可以借鉴国外的一些保护措施，比如：对证人的住所和身份进行变更；为证人提供保护其心理的服务，如由受过良好培训的工作人员和证人倾心交谈、安排证人事先察看法庭、讲解庭审程序、陪同证人进入法庭以及其他更加实际的帮助①；为证人提供律师帮助来保障证人的合法权益等。

（三）建立证人经济补偿制度

1. 新刑事诉讼法的相关变化

我国现行刑事诉讼法并没有规定证人经济补偿制度，这对提高刑事证人作

---

① 何家弘：《证人制度研究》，人民法院出版社2004年版，第175页。

证尤其是出庭作证的积极性而言是极为不利的。有鉴于此，新刑事诉讼法特别增加了关于证人经济补偿的规定。

新《刑事诉讼法》第 63 条规定："证人因履行作证义务而支出的交通、住宿、就餐等费用，应当给予补助。证人作证的补助列入司法机关业务经费，由同级政府财政予以保障。

有工作单位的证人作证，所在单位不得克扣或者变相克扣其工资、奖金及其他福利待遇。"

2. 新刑事诉讼法评析

（1）补偿的主体

条文明确规定由司法机关进行补偿，由同级政府财政予以保障。刑事诉讼是国家司法机关行使国家刑罚权的活动，刑事证人作证的目的从根本上说是帮助国家司法机关探寻事实真相，[①] 因此由司法机关承担对证人的补偿是合理的。但是条文只笼统规定了由司法机关进行补偿，没有明确指出是由哪个司法机关具体承担，这就容易造成实践中司法机关之间的相互推诿，因此，随后的司法解释应当进一步明确补偿主体。

（2）补偿的对象

该条文并没有对补偿的对象加以限定，但是在实践中，具有作证义务的人（包括具有出庭作证义务的人）既可能是自愿作证，也可能是本人不愿作证而被强制作证，而他们在此过程中支出的费用严格来说都可以算是因履行作证义务而支出的费用。针对不同的情况，如果不加以区分而一律进行补偿显然是不合理的，也有违证人经济补偿制度的目的。因此，笔者建议应当将补偿的对象限定为自愿作证的证人。

（3）补偿的范围

在补偿范围方面，条文将其限定在"因履行作证义务而支出的交通、住宿、就餐等费用"。这就是说，证人获得补偿的前提是其确实支出了相关费用，这就将不以实际支出为前提的津贴排除在外。但是笔者认为，在目前证人出庭作证率极低的情况下，适当给予证人作证津贴将有助于提高证人出庭作证的积极性。此外，证人作证所面临的经济损失不仅包括其实际支出的费用，还包括其因误工而可能损失的工资、奖金等。针对这一点，条文在补偿范围之外也规定了"有工作单位的证人作证，所在单位不得克扣或者变相克扣其工资、奖金

---

① 何家弘：《证人制度研究》，人民法院出版社 2004 年版，第 211 页。

及其他福利待遇",这就更加全面地保障了证人的经济利益。

(4)补偿的程序

该条文同样没有规定补偿程序,而补偿程序的空缺将严重影响证人经济补偿权的落实,因此,随后的司法解释应尽快制定相关程序以保障证人的经济补偿权。具体来说,补偿程序主要涉及以下几个方面:首先是补偿的时间,是作证前给予补偿还是作证后给予补偿应当明确;其次是补偿的启动,是依申请还是依职权进行补偿应当明确;最后是补偿的标准,证人既可能坐飞机也可能坐火车,既可能住星级宾馆也可能住亲朋好友家里,具体的补偿标准应该明确。

论正当防卫的正当化根据及其解释论意义

◎ 张佃江　薛　培*

内容摘要：

正当防卫制度是刑法中法定的出罪事由之一。正当防卫行为正当化的根据应该从防卫人和国家之间的关系、防卫人和侵害人之间的关系两条主线进行分析，即通过自我保护和法的确证的结合理论、防卫者所保护的法益和防卫行为造成侵害者的受损法益之间的法益相当性两个角度分析才能合理地解释正当防卫行为的正当性。这样，才能对正当防卫的成立条件进行合理的判断。

关键词：

正当防卫　自我保护　法的确认　法益保护

2008 年 7 月 13 日凌晨 4 时许，莫某、庞某伙同庞某某到龙某位于广东佛山市顺德区伦教街道一处住宅车库附近，莫某驾驶摩托车在附近接应，庞某和庞某某则戴上白色手套，并各持一个铁制钻头守候在龙某住宅车库两旁。5 时 15 分许，庞某、庞某某见龙某驾驶小汽车从车库出来，庞某走到汽车驾驶室旁，庞某某走到汽车副驾驶室旁，分别用铁制钻头敲打两边的汽车玻璃，抢走龙某放在副驾驶室的一个装有 80 360 元现金和票据的手袋。得手后，两人立即朝摩托车接应的地方跑去。莫某即启动摩托车搭载庞某和庞某某逃跑。龙某驾驶汽车追赶欲取回被抢财物，当追至小区二期北面的绿化带，龙某驾驶汽车将

---

* 张佃江，四川省成都高新产业技术开发区人民检察院反贪污贿赂局四级检察官；薛培，一级检察官，全国检察理论研究人才，四川省检察业务专家，四川省成都市人民检察院法律政策研究室调研科科长。

摩托车连同摩托车上的三人撞倒。莫某、庞某被撞倒后爬起逃跑并分别躲藏，庞某某则当场死亡。后莫某、庞某被抓归案。

在案件发生后，不少市民对龙某的行为议论纷纷，有人称赞其是"英雄"，是正当防卫，但也有人担心其在遭劫后将人撞死，是防卫过当，甚至是过失致人死亡。① 龙某的行为到底如何定性呢？这就需要从正当防卫的正当化根据上去追寻。

一、正当防卫正当化根据之学说述评

（一）学说综述

在德国，多数学者认为应该把"自我保护"、"法的确认"两个原理相结合来说明正当防卫正当化的根据。耶赛克教授指出，允许对不法进行防卫权作为公民个人的权利，有两个根据。其一，被作为个人权利来理解的正当防卫，是每一个人与生俱来的通过防卫他人对自己的不法侵害的自我主张权；其二，正当防卫还可被作社会权利来理解。根据这种理解，正当防卫是法秩序，它不需要躲避不法。② 立法者认为值得追求的是，在本来应当处在防卫位置上的国家机关不在场时，也应当坚持由法定秩序来对抗对个人法益的攻击。③

在日本，对正当防卫正当化的根据有多种学说。社会相当性说认为正当防卫行为虽然具有法益侵害性，但这一行为符合社会的伦理规范，为健全的社会一般观念所容许，因而是一种正当的行为。优越利益说认为与不法侵害者的利益相比较，防卫人的利益受到了更高的评价，即防卫人的利益优越于不法侵害者的利益，因此，正当防卫不具有违法性。由于"优越利益"的问题上存在着不同的见解，又形成了保护法益的阙如与缩小说和法确证的利益说。自我保护与法的确证结合说认为，个人法益或法秩序，在由国家机关根据法律程序来保护不可能的紧急状态下，就不应该将避免侵害当作义务要个人承担；相反地，应当将反击不法攻击行为看作个人的权利，在保护人的自我保护本能的同时，

① 刘艺明、陈笑尘、卢放兴：《女子驾车撞死劫匪续：法院称系正当防卫》，载 http://news.qq.com/a/20090326/000145.htm。

② ［德］汉斯·海因里希·耶赛克、托马斯·魏根特：《德国刑法教科书》（总论），徐久生译，中国法制出版社2001版，第402页。

③ ［德］克劳斯·罗克幸：《德国刑法学》（总论第1卷），王世洲译，法律出版社2005年版，第424—425页。

力求从预防侵害法秩序或者恢复被侵害的法秩序的观点出发，实现法的自我保护，确认法秩序的存在，所以，正当防卫行为排除违法性。① 紧急状态说认为，正当防卫之所以成为正当化事由，乃是因为其权利处于紧急状态，被害态势迫在眉睫，没有充裕的时间寻求官方的帮助，当事者唯有采取自救的方法对待之，而官方对其也只有采取听之任之的容忍、默认的态度。

在英美法系中，对正当防卫采取限制较大的政策，多数英美法系国家要求防卫者"能躲避就不自卫"，即防卫是出于迫不得已。② 而且将正当防卫制度细分为自卫、防卫他人和防卫财产三部分。正当防卫成为法定的辩护理由之一，是由以下理论作为支撑：较小恶害理论认为，正当防卫行为的正确性来源于对侵害者和防卫人竞逐利益的比较，当所保护的利益大于对侵害者所造成的伤害时，正当防卫行为就是正当的。可宥理由理论认为，防卫人的防卫行为之所以不应该为这种被迫的选择责难，是因为其他的人在相同的情景下也会作同样的选择，在行为人选择自由是受到限制的时候，其不是出于自愿而违法的情况下，其行为是可以得到宽宥的。紧急防卫和维护自治理论认为正当防卫的重要特征不在于利益冲突，而在于对防卫人自治的单边妨害。如果某人的自治因他人侵入而受损害，那么，防卫人有权驱逐入侵者，恢复个人领域之完整。

在我国，社会危害性上考量说认为，正当防卫行为是以保护公共利益、本人或者他人的合法权益为目的而对不法侵害者实施反击的行为，这种行为不但没有社会危害性，而且是对国家和社会有益的行为。③ 多元因素考量说认为，正当防卫的本质是多元的，而不是一元的，其排除犯罪成立的根据是多样化的，应该从个人权利与国家权力的对立统一、报应与预防的结合、正义与秩序对立统一等诸方面探求正当防卫的理论基础，否则必然陷入片面化的泥潭。④形式与实质结合说认为，正当防卫行为不负刑事责任的形式根据是刑法的规定，正当防卫行为不但不具有社会危害性，反而有利于社会，所以阻却违法。实质根据是国家维持秩序的需要，国家利益、公共利益不容许任何人侵犯，而国家刑罚权不可能无处无时不在，所以特于刑法中设定公民正当防卫权，使公民于国家、社会权益受到侵害之时行使防卫权，以维护国家、社会利益与秩

---

① ［日］大谷实：《刑法总论》，黎宏译，法律出版社 2003 年版，第 210 页。
② 储槐植：《美国刑法》，北京大学出版社 2005 年版，第 87 页。
③ 高铭暄：《刑法专论》，高等教育出版社 2006 年版，第 414—415 页。
④ 王政勋：《正当行为论》，法律出版社 2000 年版，第 98 页。

序，满足国家、社会的安全与秩序的需要。① 自我保护与法的确证结合理论认为，正当防卫权是一种自然的、天赋的权利，是先于国家而存在的固有权利，并非基于国家授予而产生。只是随着人类社会的发展进步，国家以法律的形式认可了这一权利。由此，除"自我保护"之外，正当防卫权又多了一项"法秩序保护"的机能。②

（二）学说评析

优越利益说是基于结果无价值的立场而提出的正当化根据原理，在行为无价值论者看来，法益衡量说侧重于功利主义，且一切情形，均从比较法益之大小、轻重加以衡量，势不可能，亦无划分标准。加之如以法益衡量为违法性阻却之唯一基础，则在判断时，自不能于法益价值关系外，考虑其他事情，难免偏重于结果无价值，未充分考虑行为无价值。社会相当性说中的"社会相当性"概念具有不明确性，即很难明确究竟以什么为标准判断某种行为是社会的相当行为。紧急状态说过于抽象。虽然正当防卫多数情况下都是在紧迫情况下进行的，但是"紧迫"过于抽象，其具体标准有哪些不好掌握？再者，紧迫只是一个正当防卫的一个表面特征，并不能充分说明正当防卫的正当性。美国学说中的较小恶害理论，显然是出于功利主义思想提出的一个理论，其实质和大陆法系的法益衡量说或者优越利益说在本质上是一致的。因社会多元化的发展，利益的相对性越发明显，该学说也只能起到部分解释正当防卫正当化根据的作用。可宥理由理论，更多的是出于道德同情的角度去分析正当防卫之所以正当的理论，混淆了可宥与正当的区别，其判断的焦点往往在于行为时的情景和行为人有意图地违法或者回避过度冒险的个人能力。紧急防卫和维护自治理论，强调了防卫时的紧急性，但"紧急"性过于抽象，不好掌握具体的标准，再者有将事物的表征作为支撑事物之所以成立的理由之一，似乎不能担当此任。

我国学者的观点其实只是对"自我保护与法的确证结合理论"变了一下称谓，并无二致。自我保护与法的确证结合说吸收了自我保护说与法的确证说这两个学说的长处，互相弥补了各自学说的短处，得到大多数学者的赞同。

---

① 彭卫东：《正当防卫论》，武汉大学出版社 2001 年版，第 12—15 页。
② 王剑波：《正当防卫正当化的根据及其展开》，对外经济贸易大学出版社 2010 年版，第 97 页。

二、正当防卫的正当化根据的重新阐释

"规则必须最终被适用于案件，这一与生俱来的命运，决定了它必须不断地被人理解和诠释。正是由于法律解释阐明了法律的意义，在法律实施中完成了法律的'个性化还原'才避免了整个宏观体系走向僵化，同时填补了成文法固有的法律漏洞。"① 正当防卫作为成文法中的一个法律条款即规则，必须应用于具体的案件，因此必须在理论上找到合理的解释才能更好地适用于案件。

通过对以上各种学说的梳理不难发现，这些学说往往只是抓住了一点，对正当防卫之所以正当的理由并未阐述充分，而且条理性不甚清晰。所谓正当防卫，是指为了保护国家、公共利益、本人或者他人的人身、财产和其他权利免受正在进行的不法侵害，采取对不法侵害人造成或者可能造成损害的方法，制止不法侵害且不负刑事责任的行为。由此可见，正当防卫制度体现了两个方面的法律关系：第一，防卫人和侵害者之间的法律关系；第二，防卫人的防卫行为和国家垄断使用刑罚权之间的关系。因此，不论正当防卫是自然权利还是法律权利，是违法阻却事由还是不具有社会危害性的事由，抑或合法抗辩事由，正当防卫在各国法律中作为排除犯罪的理由之一，应该从两个方面阐述才能把正当防卫之所以正当的根据讲述清楚，即从防卫人和国家之间的关系、防卫人和侵害人之间的关系两条主线进行分析，才能找出正当防卫正当化的合理根据。

（一）防卫权和国家垄断的刑罚权之间的此消彼长关系

1. 自我保护

"正当防卫无历史"。自古以来，正当防卫被作为一种超越社会发展阶段以及国家体制而理所当然存在的一种权利，换言之，正当防卫作为一种权利，属于自然权利，因为"正不必向不正让步"。例如，英国启蒙学者洛克把自卫权解释为一种正当的权利和自由，认为当为了保卫我而制定的法律不能对当时的强力加以干预以保障我的生命，而生命一经丧失就无法补偿时，我就可以进行自卫并享有战争的权利，即杀死侵犯者的自由，因为侵犯者不容许我有时间诉诸我们共同的裁判或者法律的判决救助一个无可补偿的损害。② 只有这样，才合乎正义。

---

① 陈金钊：《法律解释的哲理》，山东人民出版社 1999 年版，第 64 页。

② ［英］洛克：《政府论》（下篇），叶启芳、瞿菊农译，商务印书馆 1982 年版，第 11—12 页。

其实正当防卫制度经历了一个漫长而曲折的历史发展过程，其历史渊源一直可追溯到原始社会的血亲复仇。正当防卫乃人类历史演进过程中自然发展而来之历史事实，不论古今中外，正当防卫概念均为社会所共同肯定并确信，并因此形成法感，而在法社会上建立法确信之地位。①

从人类的进化史可以得知，人类存在一个从动物进化到类人猿，再经由类人猿进化到原始人直至现代人的过程。动物身上具有某些本能，例如食欲、性欲和防卫，这是生物学家和人类学家所公认的一切生物所具有的三大本能。在由动物进化而来的现代人身上，这种本能得到延续，并没有随着进化而消失掉，只是这种防卫的本能具有了一定的区别，即禽兽根据本能决定取舍，而人类通过自由行为决定取舍。

原始社会生产力低下，个人防卫外来灾害的能力不足，为了弥补个体自卫能力的不足，以血缘为基础的人类社会自然形成的原始形式——氏族应运而生。② 所以，防卫是人类社会维持个体和种族的生产和延续的必要条件之一。在以血缘为维系人与人之间关系的天然纽带的氏族社会，凡伤害个人的，便是伤害了整个氏族。因而，从氏族的血亲关系中产生了为全体成员所绝对承认的血亲复仇的义务。随着私有制的发展，氏族制度开始瓦解，血缘关系日益松弛，复仇的主体和对象从所在的整个氏族部落缩小为单个个人，血亲复仇演变为私人复仇。随着国家的建立，国家统一行使刑罚权结束了以血亲复仇作为防卫形态的历史，正如恩格斯说："我们今日的死刑，只是这种复仇的文明形式。"③ 在氏族制度的废墟上建立的国家区别于氏族组织的一个重要特征是公共权力的设立，刑罚权是这种公共权力的主要内容之一。国家通过惩罚犯罪的刑罚手段，在名义上向全体公民提供法律保护。因而，刑罚是人类满足防卫本能的文明形态。正如在此意义上，马克思指出："刑罚不外是社会对付违反它的生存条件的行为的自卫手段。"④

刑罚是复仇的文明形态，但它并没有完全取代复仇，而且某些情形下复仇的正义性得到社会的普遍认可。如我国先秦时期，道义上以报父母兄弟之仇为义务。《礼记（曲礼》记载："父之仇，弗与共戴天；兄弟之仇，不反兵。交

---

① 于振华：《刑法违法性理论》，台湾元照出版有限公司 2001 年版，第 91 页。

② 陈兴良：《正当防卫论》，中国人民大学出版社 2006 年版，第 2 页。

③ 《马克思恩格斯选集》（第四卷），人民出版社 1995 年版，第 85 页。

④ 《马克思恩格斯选集》（第四卷），人民出版社 1995 年版，第 85 页。

游之仇不同国。"在外国法典中也有关于允许实行私刑的记载。如著名的《十二铜表法》（公元前451年—公元前450年）第八表第12条规定："如果于夜间行窃，就地被杀，则杀死他应认为是合法的。"

由正当防卫的历史可以清晰地看出，正当防卫的雏形就是为了防卫自己、亲友的权利免受侵害，这是由动物的本能转化而来，无法消除的，是整个社会必须承认的，即使国家建立后垄断刑罚权的行使，仍然无法剥夺公民的这种本性。这是正当防卫行为之所以正当的原因之一。

2. 法的确认

法的确认，又称法秩序保护。这一学说深刻地受到黑格尔的国家主义原理的影响。

古代刑法在某些特定的情况下，允许私人复仇，使复仇合法化，成为刑罚的补充形式，这就是私刑。① 如我国古代《春秋·公羊传》记载："父不受诛，子复仇可也；父受诛，子复仇，推刃之道也。"即父亲未犯死罪而被人所杀，子孙有理由复仇；父亲犯有该杀之罪，子孙再去复仇，则仇家又必复仇，如此就像把刀推来推去，难以了结。

随着世态趋于缓和，国家制度进一步完善，私刑的允许和盛行势必会削弱国家的刑罚权并危害统治阶级所赖以存在的社会秩序，造成社会的动乱。正如我国著名学者瞿同祖指出的一样："法律机构发达以后，生杀予夺之权被国家收回，私人便不再有擅自杀人的权利，杀人便成为犯罪的行为，须受国法的制裁。在这种情形下，复仇自与国法不相容，而逐渐被禁止了。"②

我国统治者意识到这个问题后，从东汉时期就开始限制私刑复仇。东汉的张敏曾上书汉和帝，公开批评规定儿子可以通过复仇杀死侮辱自己父亲的人而不为罪的《轻侮法》，最终废除了此法。曹魏时，对汉律进行修改，明令禁止私刑复仇。至唐宋以后，法律不仅禁止私刑复仇，而且对防卫的规定也逐渐规范。如我国封建法律精髓之大成的《唐律》中记载："诸夜无故入人家者，笞四十。主人登时杀者，勿论。"还规定："诸斗两相殴伤者，各随轻重，两论如律；后下手理直者，减二等。"关于正当防卫在清律中规定的更为严格、谨慎，规定："纵必是黑夜，必是无故，必是家内，必是登时杀死，方得弗论。有一不符，即当别论矣。"

---

① 陈兴良：《正当防卫论》，中国人民大学出版社2006年版，第2页。
② 瞿同祖：《中国法律与中国社会》，中华书局1981年版，第70页。

在西方社会也同样进行着由宽泛的个人自卫权向严格的控制正当防卫实施条件的转化，即正当防卫的社会化过程。例如，以天赋人权为基础理论指导制定的 1971 年《法国刑法典》把正当防卫视为人与生俱来的防卫本能，确立了防卫权的天赋人权性，除保证社会上其他成员能享受同样的权利为限制外，正当防卫的强度没有任何控制。1791 年《法国刑法典》第 6 条规定："防卫他人侵犯自己或他人的生命而杀人时，不为罪。"20 世纪后，随着自由资本主义向垄断资本主义的转化，崇尚个人自由主义至上的法律制度已经无法适应时代的发展，对社会公共利益进行保护的诉求及国家对强有力的社会控制的需要越来越强烈，随之而来的就是法律制度的修改，正当防卫制度也被"社会化"，即由过去以个人权利为基点阐述正当防卫的本质，发展的以社会利益为出发点阐述正当防卫的本质，主张立法上对正当防卫实行一定的控制，强调只允许人们对部分行为可以实施正当防卫制度，国家要增强对刑罚权的控制，严格控制正当防卫的实施条件。这种新的正当防卫理论在意大利学者菲利那里得到了淋漓尽致的阐述："攻击行为是表现行为者的冒昧性和反社会性，阻止这种力量扩大的人——正当防卫者，正是站在社会利益上和法律利益上以完成他应该执行的法律行为。"① 在《德国刑法典》中，原则上只有为了使"自己"或者"他人"的权利免受急迫的不法侵害的，方可实施正当防卫；而对于针对国家利益和社会利益的不法侵害，通常只有同时涉及个人利益时，才可以正当防卫，否则，任何人都可能以帮助警察而自居使国家丧失垄断权利救济之权力。

在正当防卫社会化过程中，人们普遍坚信的一个理由就是："在法治国家中，不应该允许私人行使私力来阻止或解决法益侵害或法益冲突，而应该以由国家机关根据法定程序来保护法益、解决法益冲突为原则。因为，允许私人依靠个人私力进行法益保护的话，反而导致法秩序的混乱。"根据社会本位的正当防卫理论，法律之所以允许对侵犯个人生命和财产权利的不法侵害实行正当防卫，就在于这种不法侵害具有社会危害性，此时的正当防卫是维护社会利益的法律行为，维护了社会秩序的稳定。因为犯罪不仅仅是侵犯个人法益，而且使国家法秩序也受到了否定，此时，应该由国家公权力去制止不法侵害，以恢复受损的法秩序，确认法秩序的不可侵犯性。质言之，国家通过立法机关所追求的价值理念是，当本来应当处于防卫地位的国家机关不在场时，应当坚持由法定秩序来对抗对个人法益的不法侵害；各种不法侵害遭到正当防卫，不仅表

① 陈兴良：《正当防卫论》，中国人民大学出版社 2006 年版，第 2 页。

明侵害法秩序是被禁止的，而且进一步稳定了法秩序。①

3. 自我保护和法的确证的结合

从正当防卫制度的源起与流变我们不难发现，防卫权的演进从原始社会的防卫本能到奴隶社会、封建社会相对膨胀的防卫权，再到现代法制社会严格限制的防卫权，其总的发展进程与人类社会从人治到法治的历史进程基本是同步演进的。在这一历史发展过程中，个人本位逐渐被社会本位所取代，公民的防卫权逐渐被国家法律所规范。并且，社会文明化程度越高，法律越完备，公民防卫权的行使范围就越小；法治的精神越是深入人心，公民防卫权行使的范围也就越益狭小。因而与日益发达完备的正当防卫制度相比较而言，防卫权的范围不是日益扩大，而是臻于萎缩。②

个人自我保护的思想原来认为防卫是公民是与生俱来的本能之一，虽然具有了一定的社会属性，但是防卫自己的权益不受侵害是每个人无法消除的本能，这一点是不能否定的。

当文艺复兴时的启蒙思想家以自然法思想为武器对封建的专制、独裁、泯灭人性展开反驳、攻击时，把防卫看作天赋人权的恢复，是不受任何人干涉和限制的。这种理论直接导致无限防卫权的思想，也就是对正当防卫的强度、限度没作任何控制。而无限扩大的防卫权是和法治精神背道而驰的，表现在：没有限制的权利是容易被滥用的，而且会削弱国家的刑罚权；弱化对不法侵害者应有合法权益的保护，可能会使防卫人毫无顾忌地冲破理智的防线，不择手段地防卫，使不法侵害人合法的权益也得不到应有的保护，就使刑法丧失了犯罪人的大宪章的应有之义；无法解释为什么为了保护第三人利益而防卫的正当性，自我保护说能很好地解释为了保护自己的利益而实施防卫的正当性，可是无法解释为了保护第三人利益而防卫的正当性，因为对第三人的防卫不再是本能的反应。

法的确认理论认为当处于防卫地位的国家不在现场时，应该由法秩序来对抗对个人权益的侵害，但是否定了正当防卫来源于人的本能这一无法改变的事实。法来源于理，理来源于俗，俗来源于人性。质言之，"法律能够，并且应

---

① 张明楷：《外国刑法纲要》，清华大学出版社 2007 年，第 156 页。
② 田宏杰：《刑法中的正当化行为》，中国检察出版社 2004 年版，第 200 页。

该只是执行从普罗大众的感受中提炼出来的理性法则"。① 当一部法律违背了人性，脱离了普罗大众的感受时，那么这部法律注定不会是一部合理的、受人们遵守的良法。当强调正当防卫的正当性仅仅限于法的确证理论时，忽视了每个人心中无法消除的本能，也是不合理的。

在我国，由于法治在实践中尚未被完全实现，因此需要刑法等部门法来承担内化法治基本价值追求的功能。因为一旦失去了法治精神，国家或统治者在刑法领域就容不得国民提出具体的权利主张，就会堕落成专制的一种变态。换言之，在我国不能仅仅认为刑法是形式的技术性规范，因为如果将刑法仅局限于其技术层面，则会遮蔽刑法与法治、宪政之间的深层次关联。由此决定了，在刑法解释、适用过程中，必须将法治的基本精神蕴涵镶嵌于其中，尤其是在理解法的确证理论中。否则，当国民的人身、财产或其他权利遭受他人的不法侵害，而公权力时常又无法及时提供切实有效的保护时，如果仅仅站在维护社会秩序的立场，一概否认私力救济的适法性，那么，对于不法侵害的承受者来说是极度不公平的——要么甘受侵害，要么坐牢！不仅如此，在某种意义上说，这种做法甚至有转嫁责任风险的嫌疑。因为，国家对暴力的垄断权也伴随一项保护公民免受暴力侵扰的义务。如果一个人马上要遭受侵犯威胁，而警察又不能保护他们，那么国家对使用暴力的垄断权就得让路。个人自保的权利得到重申。② 此时如果不允许私人采取私力救济，不但无法保护法益，而且也难以维持法律秩序，反而会招致社会秩序的混乱。

因此只有将自我保护和法的确证两个理论结合在一起才能有效地解释正当防卫行为之所以正当的原因。侵害权利的行为是非正义的，而保护权利的行为不管是由国家实施还是个人实施，都具有正义性。符合正义要求的行为是不具有社会危害性的，当然也不构成犯罪。③ 这样，刑法，为实现法的自己维护，就在设计严格的责任要件的基础上，将正当防卫和紧急避险这两个紧急行为类型化，承认了私人的侵害法益的行为。④

---

① ［美］乔治·P. 弗莱切：《地铁里的枪声——正当防卫还是持枪杀人?》，陈绪刚等译，北京大学出版社 2007 年版，第 99 页。

② ［美］乔治·P. 弗莱切：《地铁里的枪声——正当防卫还是持枪杀人?》，陈绪刚等译，北京大学出版社 2007 年版，第 23 页。

③ 王政勋：《正当行为论》，法律出版社 2000 年版，第 98 页。

④ ［日］大谷实：《刑法总论》，黎宏译，法律出版社 2003 年版，第 210 页。

4. 自我保护和法的确证的界限

自我保护理论的本性会导致防卫权的扩张，可能会挣脱一切束缚使自我防卫权不加任何的限制，最终会导致私刑泛滥，危害社会秩序，使国家的刑罚权受到损害。然而法的确证会强调国家对刑罚权的控制，限制自我防卫的空间。可见二者之间具有此消彼长的关系。按照正义的要求，国家权力的存在应以其对个人权利的保护为基础。个人权利被侵害时，应该得到国家的公力救济，因为国家是一切合法权益之保护者，如果国家无法以公力救济保护被侵害的权利，个人有权自己保护该权利——既包括当时实施的防卫行为，也包括事后实施的私力救济行为。因此，自我保护的防卫权和国家的刑罚权对于打击犯罪、保护合法权益具有相辅相成、不可或缺的关系。然而何者为主，何者为辅？抑或二者平分秋色？质言之，探究国家保护我们的责任与个人使用暴力，甚至是致命暴力击退和消除侵犯者的权利之间的界限，变得无比重要。因为厘清二者之间的界限，对将正当防卫之所以正当的理论应用于具体的案件中具有无比重要的意义。

正当防卫制度实际上是包含了"法保护"与"个人保护"悖论性的矛盾体，二者表现为彼消此长的关系。从各国立法例来看，不同的国家对此价值取向并不完全相同。但大体可以肯定的是，法治程度越高，则越侧重于"法保护"，从而对正当防卫的条件作了严格的限制。日本的刑法理论和判例则认为，并非只要不法侵害是急迫的，就可以实施防卫，相反，还要看有无其他法律救济手段的可能。换言之，即使现在正遭受侵害或者侵害正在逼近，但如果具备完整的法律制度，可以请求公共机关排除这种侵害，而且也有时间等待该机关的救助的，就应否定不法侵害的急迫性，进而不允许实施防卫。①

了解支撑制度的文化背景，有助于更深刻地理解制度本身。因为当社会处于常态时，制度是以文化为依托的。换言之，"在一个稳定的社会中，制度和文化是一致的，它们共同维护着同样的社会价值选择。制度和法律通过公权力强制实施着社会的基本价值规范，文化则潜移默化地使这些价值规范深入人心，并为与之相一致的制度提供正当性基础"。② 如就日本而言，其之所以严格

----

① ［日］西田典之：《日本刑法总论》，刘明祥、王昭武译，中国人民大学出版社2007年版，第122页。

② 魏晓阳：《制度突破与文化变迁——透视日本宪政的百年历程》，北京大学出版社2006年版，第4—5页。

控制正当防卫的成立条件，显然是与其整体的社会文化背景相契合的。"近代日本作为政治统一体具有悠久的历史，在非西方世界中，作为一个例外，日本从未丧失其政治的独立而是循序渐进地导入西方的各种制度以推进其近代化的进程，由此，形成了近代日本法文化的新传统，即传统秩序原理未被破坏而幸存下来；官僚体制为核心的国家的强烈主导性；维持秩序优先于国民的权利保护。"① 可以想见，当国民的权利遭受不法侵害时，建基于这种文化背景下的国家权力架构，往往能够保证公权力——尤其是警察力量——救济的高效和快捷，因而国民在整体上对之形成了高度信赖感。两相互动并渐趋强化，使得严格限制正当防卫成立条件的做法成为日本刑法理论和司法实践的基本态度。

同样的道理也可以适用于德国和美国（以模范刑法典为例）关于正当防卫制度的不同规定的解释。在《德国刑法典》中，原则上只有为了使"自己"或者"他人"的权利免受急迫的不法侵害的，方可实施正当防卫；而对于针对国家利益和社会利益的不法侵害，通常只有同时涉及个人利益时，才可以正当防卫，否则，任何人都可能以帮助警察而自居使国家丧失垄断权利救济之权力。因为，自从德国在俾斯麦采取"铁血政策"统一之后一直是一个中央集权制的国家，和日本类似，也是强调官僚体制为核心的国家主导性，维持秩序优先于国民的权利保护。此文化背景为基础的国家权力机构，往往能保证公权力的救济的高效和快捷，形成国民对国家的高度信赖。在美国的《模范刑法典》中有这样的规定："行为人相信，为保护自己不受不法武力侵害之目的，这样的武力是直接必要的。"② 从该条款我们可以看出，即使没有攻击，但如果行为人相信有，就可以运用这个防卫特权。之所以会有这样的规定，是因为美国是一个个人自由主义至上的国家，强调个人自由、个人权益的至关重要性，在他们的文化里是不相信政府和公权力的。这和大陆法系国家的文化是截然不同的。

应当看到，"一个人在行动时——而不仅仅是在自己的精神中思考事情时——即便是怀疑论者的行动，也仿佛存在着自然法或客观正义这样的东西，他总是默默地信奉着男男女女们的常识。其间的原因是显而易见的。任何人试图在社会的日常生活中实现某种严格的、连贯的实证主义，其唯一可能的态度

① ［日］六本佳平：《日本法与日本社会》，刘银良译，中国政法大学出版社 2006 年版，第 36 页。

② ［美］乔治·弗莱彻：《反思刑法》，邓子滨译，华夏出版社 2008 年版，第 554 页。

就是一种无法坚持下去的玩世不恭"。① 事实上，最为精心建构的法律理论大厦，碰到普通国民的常识也可能会轰然倒塌。当面临紧迫的不法侵害（尤其是杀人、抢劫、强奸等严重不法侵害）时，如果对防卫人实施防卫设置过于严苛的条件，其实质是极度法治国思想的体现，完全可能使得正当防卫制度蜕变成人们不愿意看见的"社会水泥"。所以，此时的合理解决途径或许应当是，让"被保护的法益必须退回到其他社会价值之后，因为'所有社会生活存在于法益的投入与消费中，如同所有的生命同时是生命的消费一样'"。② 换言之，在社会治安形势依然严峻，（严重）不法侵害时有发生，而公权力救济整体上不尽如人意的中国现阶段，适当扩大正当防卫的成立范围就是无奈的必要之举。而且，这似乎也同1997年修订刑法时的适当放宽正当防卫的成立条件，鼓励公民运用正当防卫的法律武器积极同违法犯罪行为作斗争的指导思想是相吻合的。

（二）防卫者所保护和防卫行为对侵害者所造成的法益之间衡量

当行为人在谋求国家公权力机关的力量救助自己不能时，为了保护自己的权利而对不法侵害人实施任何行为，是否在一切情况下都合理呢？质言之，刑法肯定以个人之私力救助所进行之防卫，正当防卫行为中过分重视被侵害人之权利，而忽视不法侵害人之权利，是否公平合理？例如，行为人为了夺回一个苹果，在自己身体残疾且无求助国家公权力机关救助或者救助不及时时，就开枪射杀盗窃犯，行为人的防卫行为是否合理？

正当防卫属于权利行为，其目的在于防卫自己或他人之正当利益，虽然得到刑法的肯定，然而，在行使正当防卫时，是否就不需要注意不法侵害人之权利或整体法律秩序之和平，很显然，立足于社会功利主义的立场，这种行为应该受到限制。孟德斯鸠在《论法的精神》一书中写道："一切有权力的人都很容易滥用权力，这是万古不易的一条经验，有权力的人使用权力一直遇到有界限的地方才休止。"权力容易被滥用，而权利也同样容易被滥用，正当防卫作为法律赋予的一项权利，除了受到个人权利和国家垄断使用刑罚权之间的界限限制外，还应该从其保护的法益和防卫人防卫侵害者造成的法益之间的衡量来

---

① ［德］海因里希·罗门：《自然法的观念史和哲学》，姚中秋译，上海三联书店2007年版，第121页。

② ［德］汉斯·海因里希·耶赛克、托马斯·魏根特：《德国刑法教科书》（总论），徐久生译，中国法制出版社2001版，第402页。

限制，否则没有限制的正当防卫行为极易扩大为无限防卫或者防卫过当，容易发生流弊，因为法律系以维护社会共同生活秩序为目的，如果过分重视一方，则必然发生权利滥用之情形，质言之，防卫权并非属于绝对之权利，不能不顾及所牺牲代价而毫不受限制，其防卫权之行使必须只能与维护社会之和平作用不相违背之方式，即衡量防卫行为所保护的法益和防卫行为对加害人造成损害之间的法益，使二者之间具有相当性。

1. 法益相当性概念的厘定

本文所指的"法益相当性"不仅仅是指正当防卫行为所保护的法益和防卫行为造成侵害者受损的法益之间的单纯法益衡量，而是指包括所保护法益和防卫行为造成侵害者受损法益之间的衡量在内，并综合考察防卫适当性、必要性的一个综合概念，使所保护的法益和防卫行为造成侵害者受损的法益具有基本相当，不能显然失衡（当然在某些情况下，所保护的利益可以小于防卫行为造成侵害者受损的法益）。所谓适当性、必要性，是指防卫行为应该适合防卫目的之达成，而且行为不超越实现目的之必要程度，亦即达成目的须采取影响最轻微之手段。质言之，防卫所采用的手段、所保护的利益和侵害行为的手段、防卫行为可能造成的法益受损之间必须具有相当性，而此之限制，即成为了正当防卫的正当性事由的界限，在行为人之防卫行为未逾越此一界限时，其行为为正当之行为，无不法构成要件的该当性，在逾越此界限时，即会发生防卫过当的问题。

2. 概念辨析

在日本，关于正当防卫的正当化根据形成了不同的学说，其中优越利益说和本文所指的法益相当性说具有一定的相似性。优越利益说认为与不法侵害者的利益相比较，防卫人的利益受到了更高的评价，即防卫人的利益优越于不法侵害者的利益，因此，正当防卫不具有违法性。但在如何理解"优越利益"上，又形成了保护法益的阙如与缩小说和法确证的利益说。

保护法益的阙如与缩小说认为，在必要的限度内，不法侵害者的法益因其正在进行不法侵害而受到否定或者缩小评价，所以，防卫人的法益优越于不法侵害者的法益，正当防卫不具有违法性；法确证的利益说认为，在法益衡量的框架下，防卫人所保全的个人利益与法确证的利益之和，优越于防卫行为所侵害的利益，故正当防卫阻却违法性。

保护法益的阙如与缩小说不能说明不法侵害者的法益受到否定或缩小的根据何在。不法侵害者作为社会的一员，享有其应当具有的一切合法权益，如果只是因为实施了不法侵害就被无端地缩小或者否定他应该享有的合法权益，显然是不合适的。同时，如果将这种观点贯彻到底的话，很容易突破防卫限度条件的限制，又会使社会回归到血腥、暴力、失序的状态。与该说恰恰相反，本文所指的法益相当性理论却很注重对侵害者的法益的保护。在当今人权呼声日益高涨的法治社会里，在最严厉的刑法、刑事诉讼法中，即使是真的犯了罪的人，在没有得到法院的有罪判决前，都不能称为罪犯，而只能作无罪推定称为犯罪嫌疑人或者被告人，更何况，在正当防卫现场，司法程序都没有启动，又如何解释侵害人的权益被无端缩小或者否定。

法确证的利益说是将所保全的个人利益与法确证的利益相加，和防卫行为所侵害的利益相比较，而本文所指的法益相当性理论却是将所保全的个人法益和防卫行为所侵害的利益相比较，没有把法确证的利益掺杂进来一起分析。本文认为，将法确证的利益掺杂进来分析是将国家和个人之间的关系与个人和个人之间的关系相互混淆、相互糅杂，混乱了逻辑。

3. 理论分析

正当防卫行为，基于自然法上权利行为思想，是属于个人对抗现实发生的不法侵害的权利。随着公权力日益扩张，国家成为拥有保护公民合法权益权力的唯一合法持有者，个人遭受不法侵害时，只有在国家公权力不能及时保护时，私人的防卫权才可以恢复。然而，现代法治社会的发展，在私人自力防卫思想、社会秩序维护和保障人权思想的交互影响下，正当防卫除保护被不法侵害之个人利益的同时，一般法律和平利益的维护，亦应受到重视。因此，防卫权本身并非属于绝对之权利，不能不顾及所牺牲代价而毫不受限制，其防卫的行为必须只能与维护社会和平不相违背的方式进行，质言之，防卫行为的正当与否不能忽视对侵害人权益的保护。

在多元开放的社会中，人与人之间的关系，并非善恶极端对立的情形，而是必须重视人与人之间的相互尊重的法律秩序的基础。正当防卫并非以暴制暴，而是在国家公权力救济不及时时，容许防卫人向不法侵害人进行防卫，以宣示法律秩序的存在。正当防卫制度区别于国家惩罚权的最主要原因就是，正当防卫行为是直接击退不法侵害，并不具有惩罚性，防卫人也没有刑罚权，而国家惩罚犯罪行为是其拥有刑罚权的直接表现，具有惩罚性。因此，防卫人必须自我负担一些自由的节制，正当防卫只能在与全体法律秩序不相冲突的方式实施，才具有正当性。

防卫行为要想具有正当性，还要求防卫人在多种有效防卫方法可供选择时，有义务选择对侵害人损害最小的方式进行防卫，其目的在于防卫手段与目的之间要有相当性，所保护的利益和防卫行为造成的损害之间要有基本的均衡性、相当性。换言之，即行为人必须在防卫的目的指导下，采取恰当的方式、手段进行防卫，不能超出必要限度，否则将允许行为人不惜采取一切手段实现其正当目的，有悖于社会基本伦理观念。而这一切的指导思想则是要求所保护的利益和防卫行为造成的损害之间要有基本的相当性，不能显然失衡，唯此，才能保持社会秩序的稳定性。

三、正当防卫正当化根据的解释论意义

（一）时间条件

我国正当防卫成立要件通说观点认为，成立正当防卫必须具备五个条件：其一，实施正当防卫的起因条件：必须有不法侵害存在；其二，正当防卫的时间条件：必须是不法侵害正在进行之时；其三，正当防卫的对象条件：必须对不法侵害人实施；其四，正当防卫的主观条件：防卫行为须出于防卫的认识和防卫的目的；其五，正当防卫的强度条件：防卫行为不能超过必要的限度。从司法实践来看，判断某一行为是否成立正当防卫，其难点往往在于时间条件和限度条件。由于限度条件的认定经常性地取决于时间条件，因此，长期以来，刑法理论讨论的焦点主要集中在时间条件上。虽然可以认为，"不法侵害正在发生"是指不法侵害已经开始但尚未结束，但是，要准确判断何谓"已经开始"和"尚未结束"却并非易事。之所以如此，在笔者看来，是因为"不法侵害是否正在发生"并不只是一个时间概念，其直接体现了正当防卫制度背后所蕴涵的价值冲突。事实上，如果不以正当防卫的正当化根据为出发点，则难以对正当防卫的时间条件等作出合理的界定。

在我国刑法理论界，关于理解"不法侵害的开始"主要存在以下几种观点：

一是着手说。认为"不法行为的开始就是不法行为的着手。正当防卫是在犯罪行为着手时进行的"。[①] 二是进入侵害现场说。其主张者认为，只要不法侵害人进入现场，实行侵害的危险性已经存在，被侵害者直接面临着不法侵害的威胁，因此进入侵害现场即为不法侵害的开始，防卫者可以实行正当防卫。[②]

---

① 马克昌主编：《犯罪通论》，武汉大学出版社 2000 年版，第 729 页。
② 马克昌主编：《犯罪通论》，武汉大学出版社 2000 年版，第 729 页。

三是折中说，也是我国目前的通说。认为"侵害行为必须是正在进行的，一般解释为侵害行为已经着手实施，开始侵害合法利益，这时自应开始正当防卫。但是，在侵害者实施某一侵害行为的直接威胁已十分明显，合法权益直接面临危险的状态，遭受现实的威胁时，不采取正当防卫的手段，就会立即造成危害社会的后果时，可以实行正当防卫。"① 该种观点克服了"着手说"将故意犯罪中的"着手"等同于不法侵害的开始时间这一缺陷，并认识到了正当防卫是当正在进行的不法侵害对合法权益造成紧迫性威胁和危害，依靠国家司法救助无法及时制止时，由国家以法律的形式赋予公民进行自卫的一项权利这一特点，将不法侵害紧迫性的有无作为能否实行正当防卫的一个指标来考察，相对于进入侵害现场说，其更符合国家设置正当防卫的初衷，是一种关于"不法侵害已经开始"的较为科学合理的解释。

该说虽然具有一定的合理性，但这毕竟是一个较为原则的规定，而且以紧迫性的有无作为一个重要的指标来考察正当防卫的时间条件不免导致争议，因为对紧迫性理解的不同会导致对行为是否属于正当防卫有争议，而且在以紧迫性为标准时还需要把实行阶段和预备阶段、故意犯罪和过失犯罪、结果犯和危险犯等再加以讨论，不但烦琐更重要的是会让人们对行为性质的争议无法达成一个基本的共识。

如何来确定不法侵害的结束时间呢？在司法实践中多主张采取折中的观点，即应当根据具体情况来分析。因为不法侵害的结束时间，从实质上而言是指合法权益不再处于紧迫、现实的侵害、威胁中，或者说不法侵害已经不可能（继续）侵害或威胁合法权益，具体表现在以下几种情况：（1）不法侵害人已被制服；（2）不法侵害人已经丧失了侵害能力；（3）不法侵害人已经自动中止了不法侵害；（4）不法侵害人已经逃离现场；（5）不法侵害行为已经造成了危害结果并且不可能继续造成更严重的危害结果。

笔者认为，要想合理、恰当地对"不法侵害正在进行"进行分析，必须从正当防卫制度背后所蕴涵的价值冲突出发，即从正当防卫制度蕴涵的"法保护"和"个人保护"的冲突、权衡中加以分析，才能对正当防卫的时间条件等作出合理的界定，或者至少达成一个基本共识以对正当防卫性质的判断提供一个指导。正当防卫制度实际上是蕴涵了"法保护"和"个人保护"的价值冲突，二者表现为此消彼长的关系，但正当防卫制度设立的初衷还是为了在国家

① 马克昌主编：《犯罪通论》，武汉大学出版社2000年版，第729页。

公权力保护公民利益不及时时允许公民个人以私权进行自我保护，由此可以推论出行为人的利益受到侵犯时，其何时可以开始正当防卫，或者何种情形下，不能再进行正当防卫。应该以行为人或者第三人法益保护的必要性为标准来判断，即以一个客观的中立人的身份，置身于行为发生时的情形下的被侵害人的角度，来判断是否具有法益保护的必要性。如果有，则防卫行为就属于防卫适时的行为，反之，则可能属于提前防卫或事后防卫，此种情形的"防卫"行为则不具有正当性。

以中央电视台《今日说法》报道过一则真实案例来说明此标准的合理性：

女青年夏某在找工作时，被人骗到宁夏某地给农民王某为妻。当晚，王某就想和夏某发生性关系，夏某不从，遭到王某的一阵毒打。此后，夏某稍有不从就会遭到王某的毒打和性侵犯。夏某在遭受王某的强奸并怀孕后，仍然没有放弃逃离王家的努力。有几次逃出王某家后又被当地的村民给找回来，夏某又遭到毒打和更严紧的看管。某夜，夏某利用王某熟睡之际，用斧头砍死王某之后逃了出来。

本案中，夏某趁王某深夜熟睡之机将王某打死的行为该如何定性？是属于正当防卫还是属于故意杀人？

第一，实施正当防卫的起因条件要求必须有不法侵害存在，也就是说，不法侵害必须是实实在在的，不能是假想不法侵害，否则实施的防卫行为就成为假想的防卫。而实实在在的不法侵害意指不法侵害正在进行，还没有结束，此要件的评价，还需要以防卫的时间要件为前提。第二，正当防卫的对象条件要求必须对不法侵害人实施，本案中，王某经常对夏某使用暴力毒打，并有时还伴有强奸等侵犯人身权利的行为，王某作为不法侵害的直接实施人，夏某对其实施防卫行为，符合正当防卫的对象要件。第三，正当防卫的主观条件要求防卫行为须出于防卫的认识和防卫的目的。本案中，夏某与王某本来无怨无仇，而是长期忍受王某的摧残迫害，出于保卫自己合法权益的目的而对王某实施的防卫行为，因此夏某的行为符合正当防卫的主观要件。第四，正当防卫的强度条件要求防卫行为不能超过必要的限度，根据我国《刑法》第20条第3款的规定："对正在进行行凶、杀人、抢劫、强奸、绑架以及其他严重危及人身安全的暴力犯罪，采取防卫行为，造成不法侵害人伤亡的，不属于防卫过当，不负刑事责任。"由此可以看出，夏某的行为是否超过必要的限度，还取决于王某的行为是否属于正在进行的强奸或者其他严重危及人身安全的暴力犯罪，质言之，此要件的判断还是需要以时间要件的判断为前提。第五，也是本案中最重要的一点，正当防卫的时间条件要求必须是不法侵害正在进行之时。而本案中，夏某在王某睡梦时就将王某杀死，王某在睡梦中是否有侵害行为，是否具有紧迫性？也就是说，不法侵害是否在进行中，是本案定性的关键。

我国目前的通说认为紧迫性的有无是判断行为人是否遭受的侵害正在进行的一个标准。而本案中，王某在熟睡，不可能对夏某进行侵害，换言之，夏某不可能遭受紧迫的不法侵害，由此可以得出夏某不具有防卫时间条件的结论，即夏某的行为不能成立正当防卫。然而，这种结论是否能让人接受？

"法律能够，并且应该只是执行从普罗大众的感受中提炼出来的理性法则。"① 事实上，最为精心建构的法律理论大厦，碰到普通国民的常识也可能会轰然倒塌。当面临紧迫的不法侵害——尤其是杀人、抢劫、强奸等严重不法侵害——时，如果对防卫人实施防卫设置过于严苛的条件，其实质是极度法治国思想的体现。所以，此时的合理解决途径或许应当是，在社会治安形势依然严峻，（严重）不法侵害时有发生，而公权力救济整体上不尽如人意的中国现阶段，适当扩大正当防卫的成立范围、坚持恰当的、合理的判断准则，即以保全利益的必要性为标准对正当防卫的时间要件进行判断。

当我们需要对此行为是否成立正当防卫作出判断时，我们的内心感受往往是非常复杂的——"我们的情感把我们拽向这一方向：视自卫是对那些侵犯公民而活该受罚的人惩罚和报复的反应……而我们的理性则让我们理解到：自卫并非是一种惩罚性正义的行为，而是一种维持社会稳定秩序的必要手段"。② 因此，我们对行为是否属于正当防卫必须作出恰当的、合理的判断，才能将正当防卫制度发挥到最佳的状态，既不使其范围过宽而侵害了侵害人的利益，也不能把范围定得太窄而束缚住防卫人的手脚。

通过以上分析，如果以行为的紧迫性为判断标准，夏某的行为则可能被评价为犯罪行为，然而，此结论似乎很难与我们这些普罗大众的朴素法情感相吻合，甚至相反。是我们的制度出现了问题，还是我们的解释选取的标准不恰当？很显然，作为世界各国法定的正当化事由或者合法辩护事由，此制度是没有问题的，只能是我们的判断标准出了问题。而以保全利益的必要性作为标准则能很好地契合民众的朴素法情感。

本案中王某在熟睡情况下，虽然对夏某不具有人身侵害的紧迫性，但是从

---

① 王政勋：《正当行为论》，法律出版社 2000 年版，第 98 页。
② 王政勋：《正当行为论》，法律出版社 2000 年版，第 24 页。

夏某第一次遭受暴力性侵犯时开始，夏某就开始设法逃跑、求助，换来的结果是更严重的毒打、侵害，而且遭受暴力性侵犯成为家常便饭。只要夏某没有逃离那个魔窟，夏某的合法权益就一直处于被侵犯的状态，严重侵犯人身权利的强奸行为随时都可能发生，王某的睡梦、休息只是侵害行为的短暂停顿，既不是结束，也不是中止，因此，杀死王某成为夏某维护自己合法权益的唯一方式。质言之，夏某采取一定的防卫行为保全自己利益就非常具有必要性，其行为应该被评价为正当防卫。

（二）限度条件

不可否认，紧急时无法律，但紧急需要的善一旦超出紧急需要的范围就不再是善。换言之，紧急需要就是法律，但应依时间和地点而定。正当防卫这种善也必须有一定限制才能说明其正当性，因为防卫行为在回击侵害的同时可能暗藏着另一种侵害。

通过对正当防卫正当化的分析可以得知，防卫行为要具有正当性，必须要求防卫行为所保护的利益和防卫行为对侵害人造成的损害之间要有基本相当性，实施正当防卫所采取的防卫行为及其所造成的损害结果不能是无限制的，否则因法益的严重失衡，防卫行为就不具有正当性。也就是说，法益的相当性对合理解释正当防卫的限度条件具有重要意义。

正当防卫的限度条件，是指正当防卫不能明显超过必要限度且对不法侵害人造成重大损害。所谓防卫限度，是指正当防卫保持其正当性、合法性所必要的幅度或范围，最直观地表现为防卫行为本身的度及对不法侵害者造成损害所允许的量的规定性。是否明显超过必要限度并造成重大损害，是区别防卫的合法与非法、正当与过当的标志。

如何理解正当防卫的必要限度，我国刑法学界主要存在三种观点：

一是必需说。认为防卫强度是制止不法侵害所必须的，即使防卫在强度、后果等方面超过可能造成的损害，也不能认为是超过了必要限度。该说完全是从防卫的实际需要为出发点。

二是基本相适应说。认为正当防卫是否超过必要限度，应将防卫行为与不法侵害行为在方式、强度和后果等方面加以比较，看是否相适应。

三是相当说。认为必要限度原则上应以制止不法侵害所必需为标准，同时要求防卫行为与不法侵害行为在手段、强度等方面，不存在过于悬殊的差异。①很显然，相当说是必需说和基本相适应说的折中与吸收。但是，该说在吸收必需说和基本相适应说两个学说的同时，也继承了这两个学说的缺点。

无论是"基本相适应说"，抑或"必需说"，还是"折中说"，都是试图从不同视角通过在防卫行为的过当与正当之间梳理划分出一条比较清晰的临界线或者找出防卫由合法到非法的关节点以求准确界定防卫限度，若越过了这条线就为法律所禁止。然而，事物边界往往具有不清晰性的表征，按照模糊学的理论，防卫正当与过当对立两面的界限存在不充分性与中介过度性，故欲在两者中间一刀切并形成泾渭分明的界限过于理想化，也是件极其困难的事情。防卫限度是一个不断变化的范畴，并且也不仅仅是一个点或者一条线，它是一个区间，很难有一个统一的标准使之量化。

尽管防卫限度的界限不宜统一标准一概而论，但这并不妨碍对防卫限度的判断。"任何刑法制度都需要在人权保障与社会保护之间保持合理的张力，正当防卫制度在保护社会的同时，也不能漠视对公民权利的保障。"②

对于正当防卫行为的要求，虽非必须为最后之唯一手段，但仍须考虑防卫行为与侵害程度间的均衡关系，防卫人尽量应使用最柔性的防卫手段，此即所谓的"对侵害者最可能宽大原则"，至于何种防卫行为合乎必要性与适当性，则须从侵害的情形、侵害密集程度、侵害行为的手段与危险性，以及防卫者所得以使用的防卫可能性，作整体情况的观察，一般而言，防卫行为的必要性应从客观、事前加以判断，亦即同一情况下，一个"客观的特定的第三者"立于被侵害者地位的判断。而这一切表象的判断必须以法益相当性为指导和内核，当法益不具有相当性而严重失衡时，其他的辅助判断则没有意义。

2004 年 8 月 14 日，胡某驾驶两轮摩托车搭乘罗某在成都市成华区圣灯乡人民塘村，趁一妇女不备抢夺其佩戴的金项链后驾摩托车逃逸。该妇女喊叫"抢人了"，张某和现场群众刘某等人闻讯后，立即乘坐由张某驾驶的奇瑞轿车追赶抢匪。车上几位朋友一边命令抢匪"停车"，一边拨打"110"。为了甩开追赶，劫匪以近 100 公里的时速蛇形逃跑，当追至一立交桥上时，刘某和张某

---

① 高铭暄、马克昌主编：《刑法学》，北京大学出版社、高等教育出版社 2005 年版，第 142 页。

② 郭泽强：《正当防卫与过当界限之廓清——解读刑法第 20 条第 2 款之规定》，载《现在刑事法治问题探索（第二卷）》，法律出版社 2004 年版，第 110 页。

责令胡某、罗某二人停车，胡某还是驾驶着摩托车拼命逃窜。在立交桥上，张某驾驶的轿车与胡某的摩托车并排行使，将摩托车逼迫在护栏和轿车之间1米的空间范围之内。因胡某驾驶的摩托车车速过快，撞上右侧的立交桥护栏，致使罗某从摩托车后座上摔落桥面造成左小腿骨折等多处损伤（在治疗期间左小腿被迫截肢，构成二级伤残）。随即失控的摩托车和立交桥护栏相撞后反弹回来和张某的奇瑞轿车右前侧发生碰撞后侧翻，胡某被摔落桥下当场死亡。

2005年5月，胡某的家属和罗某向成华区人民法院提起刑事自诉附带民事诉讼，要求张某承担故意伤害罪的刑事责任，并赔偿其丧葬费、医疗费。成都市成华区法院认为张某的追赶行为与胡某、罗某的损害结果之间没有必然因果关系，判决张某无罪，不承担民事责任。成都市中级人民法院终审维持原判。①

在笔者看来，张某的行为是否超出了必要限度，是问题的真正焦点。很显然，张某行为的动机是见义勇为。见义勇为是值得提倡的一种良好美德，但是见义勇为也必须在法律的范围内进行，盲目的道德往往会转化为邪恶，历史上以正义和道德的名义滥用暴力而带来社会灾难的事情已经不胜枚举。所以，任何一个理性的人都应该对此保有警惕，否则暴戾的文化还将在中国延续下去，必将和法治国家背道而驰。张某的行为是否超出防卫的限度不能简单地从防卫的手段、使用的工具、防卫的方式等角度去分析，必须把握住问题的实质——行为背后折射出的法益的相当性。

该案中劫匪抢夺金项链的行为属于抢夺罪，在这种案件发生过程中，正当防卫行为不得采用极可能导致对方重伤或死亡的手段。随意采用可能致人重伤或死亡的手段来制止没有对他人造成人身伤害的违法行为，既是危害社会秩序的行为，也是违反现代法治精神的行为。既然劫匪已抢夺得逞并正在逃离，则意味着劫匪已不可能严重危及被侵害人的人身安全，即此时劫匪已不可能造成被侵害人重伤以上的后果。因此，对于某采取开车在立交桥上逼迫劫匪这种杀伤力极强、危险系数极高，并且客观上造成了一名劫匪死亡的激烈防卫方法，不应认定其属于特殊防卫。作为一个司机，张某应当预见到在高速行驶过程中，将摩托车逼迫在护栏和轿车之间1米的空间范围之内极有可能导致车毁人亡的交通事故，这是对劫匪很危险的追赶方式，尤其是在立交桥高速行驶情况下。出现了一死一伤的人身权益的严重后果和一条金项链的财产损失之间显然失衡的情形，违背了法益相当性的原则，此防卫行为则不具有正当防卫的正当

---

① 原审：（2005）成华刑初字第615号；终审：（2006）成刑终字第89号。

性，因此张某的防卫属于防卫过当。就此而言，法院的判决显然是有问题的。但是，如果仅此就责备判决，也可能是苛刻的。在笔者看来，法院的判决可能考虑了两个因素：其一，在当时的情形下，难以奢求张某采取其他温和的防卫方法；其二，由于抢劫、抢夺的严重性及常发性，国民对之既"恨"又"恐"，因此，认定张某的行为成立正当防卫既是对民意的顺应，也是对本案中的劫匪及其他"潜在"劫匪的一种震慑。笔者认为这样判决应当会合理些，认定张某开车逼死伤劫匪的行为属于防卫过当，但应根据《刑法》第20条第2款的规定，免除处罚。这样或许就兼顾了必须兼顾的两种价值诉求：法保护的提倡和善良的民意。

浅议我国刑事诉讼翻译制度的构建

◎ 李 剑*

内容摘要：

因经济发展带来人员的流动，目前，我国各级各类司法机关受理的涉外、少数民族、聋哑人的刑事案件呈大幅上升的趋势，在办理此类案件过程中，产生了对翻译人员的大量需求。然而，由于我国的法律法规和行业规则中，对这类具有法定地位且专业性较强的翻译人员并无明确的规范，导致实践中产生了诸多的问题，亟待解决。

关键词：

刑事诉讼 翻译 构建

因经济快速发展带动了整个社会各个阶层的快速流动，映射到现实基层司法机关办理的涉案人员中，涉外、少数民族、聋哑人的刑事案件呈大幅上升的趋势，在办理此类案件过程中，为查明案情，办案部门不得不聘请相关翻译人员。由于此类案件对语言文字具有特殊要求，一般司法人员又不具备相应的语言翻译能力，就需要借助懂外语、少数民族语言、哑语翻译人员的专业知识来讯问犯罪嫌疑人、询问证人，查清有关犯罪事实，这就决定了翻译人员在参与刑事诉讼中具有不可或缺的作用。

根据刑事诉讼法的理论，翻译人员属于诉讼参与人，当然地享有相关的诉讼权利与义务，并担当失职所涉及的责任。但作为一类特殊的诉讼参与人，翻译只是将同一陈述由一种语言形式转换为另一种语言形式。翻译缺漏或错误翻

---

* 李剑，浙江省宁波市海曙区人民检察院公诉科助理检察员。

译会发生一定的程序后果，但翻译活动本身不发生任何程序效果，产生程序效果的是翻译所转达的陈述内容。翻译人员仅仅是刑事诉讼中的传声筒，翻译是无任何方向性的纯粹事务性工作，与控诉、辩护、审判三方的诉讼目标无关，不是协助审判、控诉或辩护的行为。我国刑事诉讼法对手语翻译制度规定的极为原则，导致实践中产生了诸多的问题，亟待解决。

一、我国刑事诉讼翻译制度的缺失

《公民权利和政治权利国际公约》第 14 条第 3 款第 1 项规定，刑事诉讼应当保障诉讼当事人"以其能够理解的语言迅速且详细地告知被控犯罪的性质及理由"，这就表明为达到保护犯罪嫌疑人、被告人消极防御权的目的，至少在开始对犯罪嫌疑人、被告人实施强制措施时就需要进行翻译。[①] 1981 年美洲国家组织成员国在委内瑞拉加拉加斯签订的《美洲引渡公约》也对此作了相应的规定："被请求引渡的人在被请求国享有该国法律规定的各项权利并可得到律师和翻译人员的帮助。"

在刑事诉讼翻译的问题上，目前我国的有关法律法规仅有如下原则性规定：我国《宪法》第 134 条规定：各民族都有用本民族的语言文字进行相关诉讼的权利。人民法院对于不通晓当地通用语言文字的当事人，应当为他们翻译。

我国现行《刑事诉讼法》第 9 条规定：各民族公民都有用本民族语言文字进行诉讼的权利。人民法院、人民检察院和公安机关对不通晓当地通用的语言文字的诉讼参与人，应当为他们翻译。同时，该法第 82 条对翻译人员的"诉讼参与人"地位作出原则性规定。第 94 条规定："讯问聋、哑的犯罪嫌疑人，应当有通晓聋、哑手势的人参加，并且将这种情况记明笔录。"最高人民法院《关于执行〈中华人民共和国刑事诉讼法〉若干问题的解释》第 319 条规定：人民法院审判刑事案件，使用中华人民共和国通用的语言、文字，应当为外国籍被告人提供翻译。《公安机关办理刑事案件程序规定》第 324 条规定：公安机关办理外国人犯罪案件使用中华人民共和国通用的语言文字。犯罪嫌疑人通晓中国语言文字而不需要他人翻译的，应当出具书面声明。不通晓中国语言文字的，公安机关应当为他翻译。经公安机关批准，外国籍犯罪嫌疑人可以自己聘请翻译，但翻译费由犯罪嫌疑人承担。

---

① ［日］田口守一：《刑事诉讼法》，刘迪等译，法律出版社 2000 年版，第84—85页。

从以上的规定可以看出，虽然我国的法律法规在刑事诉讼的翻译问题上有所规定，但由于过于原则，缺乏操作性。同时，新的刑事诉讼法修正案并未对翻译人员参与司法活动进行修改或规范。现今无论是立法还是司法实践，对翻译人员的作用和重视程度均远远不及同为诉讼参与人的鉴定人，是公正执法程序保障体系中的薄弱环节，① 实际上我国的刑事诉讼翻译制度仍处于缺失状态。此外，尽管各地各级司法机关形形色色的权利义务告知书中或有提及翻译人员的权利义务，但除了具体内容差异颇大外，其法律依据也存有疑问。

二、我国刑事诉讼翻译工作的困境

以上立法上的空白，致使司法机关在聘请翻译人员时存在诸多问题：

（一）翻译内容准确性存在争议

在办案中，各司法机关在聘请相关手语翻译人员时，一般均只具有初级手语翻译资质的，其手语翻译能力与水平无法得到有效保证。同时多数翻译人员都未接受过系统法学理论教育，也未参与过刑事诉讼活动，他们对案件事实的翻译完全依照其生活经验，对相关的诉讼权利与义务、法律理论问题无法较好地告知犯罪嫌疑人或证人，也易致使案件质量无法得到有效保证。在诉讼制度发达的美国，很早就有关于法律翻译问题的规则。这是因为诉讼案件的翻译与日常生活，商事活动，政治活动相比较，在法定性、严肃性、严格性、法律后果的严重性方面表现更为突出，与当事人人权的表彰和维护问题息息相关。因此，要忠实于表意人的原意，不得随意添加和删减，而我们仅模糊存在的翻译要求远未达到这样标准。

（二）翻译人员参与刑事诉讼不规范

翻译人员大多是临时从社会上聘请的，比如从聋哑学校聘请在职的手语教师。司法机关对手语翻译人员的信任仅是依赖于长期的合作关系，而无法从实质上对其进行监督。甚至在案件的法律文书上也缺少手语翻译人员的相关证明资质等的专业与身份证明，聘请手续不规范。由于诉讼翻译人员的缺失，司法机关在聘请翻译人员时就甚少有条件挑肥拣瘦，更不用说进行资格审查，甚至有时聘请翻译人员成了迫于程序要求的压力，不得已而为之的事情，只要场面

---

① 薛培：《论刑事诉讼翻译制度的缺陷与重构》，载《中国刑事法杂志》2007 年第 4 期。

上差不多过得去也就可以了。① 随之产生的问题就是，翻译人员没有明确的权利义务。司法机关也没有提供充分的案件材料以便翻译人员更好地工作。

（三）手语翻译人员介入诉讼阶段混乱

在司法实践中，因为手语翻译人员在时间、人员的协调上存在一定问题，往往会出现同一名手语翻译人员参与案件侦查、公诉、审判全部诉讼环节，共同犯罪案件中同一名手语翻译人员同时为数名犯罪嫌疑人或证人进行手语翻译等情况，这在一定程度上背离了刑事诉讼基本规则的要求，无法保证司法的客观公正。但有的时候，三个诉讼阶段的翻译人员并不一致，也带来了困难。这些翻译人员未能获得自己介入前其他翻译人员作出的翻译文本，导致在不同的诉讼阶段，对同一问题的称谓和表述不一致，这难免使当事人产生困惑。

（四）未尊重嫌疑人或被告人自主选择的权利

翻译人员系刑事诉讼的参与人，其仅以其专业知识将犯罪嫌疑人对案件事实的供述与辩解告知相关司法人员，以形成笔录。同时，在庭审时，将公诉人、法官、辩护人所发表的所有语言翻译给外国人、少数民族人、聋、哑人，让他有自己的判断。从功能角度而言，翻译人员是中立的，价值无涉的。而现行聘请翻译人员的职权是交给司法机关行使，由司法机关支付一定的报酬聘请翻译人员，这就使翻译人员的法律定位和实际处境相矛盾，有损翻译人员在诉讼活动中中立和公正的法律地位。同时，笔者也认为，翻译人员本身也存在专业资质等级与手语翻译水平的差异，犯罪嫌疑人有权挑选优秀翻译人员为其提供翻译服务的权利。

（五）翻译人员的法律地位有待澄清

翻译人员作为诉讼法上法定的诉讼参与人，俨然应当具有确定的法律地位，毕竟在诉讼程序中，司法机关和诉讼参与人的地位、功能和利益各不相同，翻译人员不可能同时为所有人的利益服务，就好似代理法中一般禁止多方代理一样，因为这样一来，会产生功能的混乱和利益的冲突。

我国的法律法规和行业规范中，目前对于翻译人员的法律地位没有任何的界定。根据现有法律规定，审查起诉阶段的翻译人员一般由检察院为当事人聘请，而诉讼阶段由法院为当事人聘请。这样一来，翻译人员的服务对象就发生了矛盾。既然是司法机关聘请的，自然要为其服务，但从"为当事人"聘请这种表述看，又应当是为当事人服务的。而当事人和司法机关毕竟存在着显见和

---

① 周宇：《刍议我国刑事诉讼翻译制度的构建》，载《决策与信息》2009 年 10 期。

巨大的目标和利益差异：法院以寻求案件的公正解决为己任，检察院代表国家追究被告人刑事责任，而被告人及其律师又以辩解无罪、从轻、减轻处罚或免予处罚为中心。这样一来，翻译人员法律地位的模糊势必会产生各方利益的矛盾和交锋。

（六）翻译人员的权利、义务、责任不明确

作为诉讼参与人的翻译人员，在诉讼过程中应享有哪些权利、履行哪些义务，在我国法律和有关司法解释中未予明确规定。比如，在司法实践中，翻译人员为了准确高效地进行翻译，是否有权利事先了解与翻译工作有关的案件情况，是否有权在承担保密责任的前提下查阅并获得相关案卷材料，均没有法律依据。上述问题在相当程度上影响了翻译工作的顺利进行，既不利于翻译人员在诉讼中正确行使诉讼权利，履行诉讼义务，也不利于司法机关案件准确及时高效的审理，更不利于诉讼当事人实体权利和程序权利的维护。翻译人员因故意或重大过失，司法人员与翻译人员勾结，故意错误翻译的，导致侵害当事人合法权益或给司法机关造成恶劣影响的，是否应当承担相应的法律责任也未明确。①

（七）翻译人员回避制度形同虚设

"我国刑事诉讼法规定的回避对象、阶段则广泛得多，它贯穿于侦查、起诉、审判等诉讼环节，适用于侦查、检察和审判人员以及书记员、鉴定人员和翻译人员。"② 虽然法律为了保证执法的客观公正，刑事诉讼法和相关刑事诉讼规则规定了翻译人员适用办案人员的回避制度。但是在司法实践中，由于聘请翻译人员多属于临时性的，司法机关事前很少全面调查和掌握翻译人员是否与案件之前有着利害关系，是否具有法律规定的回避条件。在审讯、取证、庭审时很少向外国人及无国籍人、少数民族或聋哑的诉讼当事人告知其具有申请翻译人员回避的权利，翻译人员回避制度在刑事诉讼中并未得到全面落实。

三、我国刑事诉讼翻译制度的构建

针对上述我国刑事诉讼翻译制度和实践中存在的种种问题，笔者认为，应

---

① 薛培：《论刑事诉讼翻译制度的缺陷与重构》，载《中国刑事法杂志》2007 年第 4 期。

② 余贵忠：《论刑事回避的适用》，载《贵州大学学报（社会科学版）》1995 年第 2 期。

尽快建立与完善我国的翻译制度，纠正和改变当前司法实践中存在的上述缺陷和弊端，促进翻译这一服务于刑事诉讼活动的技术性活动更加客观、公正，使其在刑事诉讼活动中发挥应有的作用。

（一）应出台翻译人员参与刑事诉讼的程序性与实体性规定

对翻译人员应当首先在相关程序法概括性规定的基础上，对所应具备的最低资质条件、不适合从事该项工作的情形进行认定，制定出一套具体和可操作的资格认证制度；建立相对独立的部门从事有关资格的审查，人才的备案，定期或不定期地组织有关法律业务和翻译技能的培训，制定收费制度、聘请程序，对翻译人员进行统一管理；协调与各司法机关的关系，等等。在实体权利义务方面，这类翻译人员的法定性和职务的特定性，也要求其需要获得确定的法律地位以及明确的权利义务。对诉讼翻译工作而言，最重要和必要的权利应该包括：案件的知情权，查阅和复制案件材料的权利，拒绝不当翻译指示或暗示的权利，独立和中立翻译的权利等。而其应当承担的义务包括：忠于原意进行翻译，不得对翻译内容进行不当添加、篡改、省略或隐瞒，不应与控辩双方及其家属等进行交谈和接触，保守国家秘密、商业秘密、个人隐私以及司法机密。由于翻译人员的大意或重大过失，导致侵害当事人合法权益或给司法机关造成恶劣影响的，司法人员与手语翻译人员勾结的后果应当承担相应的法律责任。杜绝未经专业培训、不具备从业资格的手语翻译人员进入刑事诉讼领域，确保执法的严肃性。

（二）建议各地建立的翻译人员数据库

这一体系可以比照我国仲裁制度中有关仲裁员的聘任和管理模式。由司法行政管理部门牵头，根据刑事诉讼对复合型翻译人才业务素质和法律素质的要求，经规定的考评程序，在设定翻译人员教育程度、学术水平、个人素养、有无职业失误等条件的基础之上，建立专门的翻译人员专家库，制定翻译人员名录，并附有翻译人员的简单介绍（公布的内容以不侵犯翻译人员的隐私权为限），储存侦查、检察、审判等司法机关。在建构翻译人才库制度时，也应贯彻公开原则，使社会公众可以通过相关途径了解翻译人员的基本情况。需要翻译时，由司法机关从中随机性选择并由犯罪嫌疑人、被告人认可后确定。翻译人员的费用标准，由翻译人才库管理部门参照当地市场价格制定。由于获得翻译帮助是当事人的诉讼权利而不是义务，因此翻译人员的参与诉讼活动期间的差旅费、膳宿费、误工费等费用理应由司法机关提供并由财政承担。

翻译人员数据库的建立，其一，可以一定程度上增强翻译人员在诉讼程序中的中立性，消除或减少当事人对其"提供具有倾向性服务"的怀疑。其二，可以确保翻译质量与人员的稳定，以便各个诉讼阶段的司法机关聘请，避免因人员冲突造成无人可聘请的局面。其三，可以充分保障犯罪嫌疑人或被告人聘请翻译人员的自主性，一旦发生犯罪嫌疑人或被告人要求更换手语翻译人员时，应主动提供其他具有资质的翻译人员，以备其选择。

（三）完善对违法翻译人员的责任追究机制

由于翻译工作的性质，翻译人员作弊的后果既可能比较轻，比如延误诉讼效率，误导程序的进行等；也可能很重，例如徇私枉法、影响司法公正，造成误裁误判，产生错案等。因此，立法和司法实践均应正视翻译人员的法律地位，将翻译人员真正作为诉讼参与人对待，明确翻译人员违背诉讼义务应当承担的责任问题。在依法切实保护翻译人员不得强迫作证职业特权的前提下，①对翻译人员违反诉讼义务的行为，对与案件有重要关系的情节，故意作虚假翻译，意图陷害他人或隐匿罪证的，应通过民事、行政或刑事等不同层次的制裁手段来追究其责任。

（四）建议有条件的地区对翻译过程进行同步录音录像

由于刑事诉讼翻译多数是口头进行，对哑语还要通过动作、手势、姿态和表情进行，这种刑事诉讼翻译过程中的语言沟通、动作表意等均具有即时性特点，决定了这些语言和动作表示转瞬即逝。因此，为事后检查翻译的正确性，对翻译活动进行全程录音录像是极为必要的，同时要注意强化录音录像资料的建立和保存。② 一方面便于对翻译工作及其质量进行检查，纠正错误或者疏漏之处，并防止翻译人员作弊；另一方面也便于对刑事诉讼活动进行事后监督，确保案件处理在程序上和实体上的客观公正。

笔者还认为，无论是否在短期内出台相关规定，从刑事诉讼理论规定的各个阶段相对独立性的要求出发，在实际办案中，对于刑事诉讼的各个阶段，应当确保不出现同一名翻译人员在侦查、起诉、审判阶段为同一名犯罪嫌疑人或被告人翻译，也不能出现同一名翻译人员同时为多名犯罪嫌疑人或被告人翻译的情况发生。一时发生上述问题，可以视为程序性错误，作为发回重审的理由予以考虑，以最大限度地体现程序正义。

---

① 参见甄贞主编：《香港刑事诉讼法》，河南人民出版社 1997 年版，第 142 页。

② 参见王加睿：《讯问过程中录音录像相关问题研究》，载《中国检察官）2006 年第5 期。

　　聘请翻译人员、翻译人员为当事人进行翻译均属司法活动，理应具有司法属性。因此，在讨论上述问题，出台相关规范时，应当一并予以考虑，充分保障刑事诉讼中程序的公平与正义，最大限度地体现对犯罪嫌疑人或被告人权利的保障与尊重。

论刑事被告人的公平受审权

◎ 孔凡洲*

内容摘要：

刑事诉讼法被认为是犯罪人的"大宪章"，随着刑事诉讼理论和实践的发展，以惩罚犯罪为唯一目的的传统诉讼理念已经逐渐被惩罚犯罪和保障人权并重的现代刑事司法理念替代。在审判职权主义色彩浓重的国家，保障人权，就是保障被告人的人权不受侵犯；实现司法公正，就是要保障刑事被告人在审判中获得公平审判。鉴于刑事被告人的公平受审权利如此之重要，然而司法实务中对此保障又相当薄弱，故本文拟从控辩审三方结构出发，讨论有效辩护权、公开审判权和获得陪审权三方面内容。

关键词：

公平受审权　有效辩护　心证公开　陪审制

一、引言

司法公平、公正已经成为现代司法的宗旨。所谓公平，即处理事情合情合理，不偏袒哪一方。① 在英语中，公平与正义采用同一个词 justice 表示，解释是一种被普遍认为适用法律原则于事实所应达到之目标的道德价值，是衡量和评价法律及某种行为正确性的标准。它的含义非常复杂，几千年来也一直处于争论和变化之中，但它最基本的意思还是恰当地实施法律，给予某人以应得的

---

* 孔凡洲，复旦大学法学院硕士研究生。

① 中国社会科学院语言研究所词典编辑室编：《现代汉语词典》2005 年第 5 版，第 407 页。

东西，以及对纠纷一贯地、连续地作出类似的处理等。① 虽然中西方语言对"公平"一词的表述各有特点，但不可否认公平是存在于人们内心的一种理性价值感觉，具有历史性，同民族文化与社会发展有着必然的联系。公平性是正义的逻辑必然，符合正义则在很大程度上可以认为是具有公平性的。

对于刑事被告人来说，在刑事受审中若能获得法庭合情合理，不受歧视的对待，抑或法庭能够恰当地实施法律，给予刑事被告人以应得的受审权利，便是刑事被告人公平受审权之体现和落实。但是，由于长期受到"重实体、轻程序"、"重打击、轻救济"的刑事政策影响，我国刑事被告人在审判过程中合法权益受到侵害的现象层出不穷。随着国际刑事诉讼法的发展，我国学术界对刑事诉讼价值理念的定位也更加地明确甚至趋同，突出表现就是刑事被告人从传统刑事诉讼中的客体向诉讼中主体地位的转变，这不仅体现了刑事诉讼控辩审三方构造的需要，也是保障和尊重人权原则在刑事诉讼程序中的体现。

新刑事诉讼法的修订，将尊重和保障人权写入原则部分②，法律原则对于立法，司法和守法都有统领作用。在刑事诉讼领域内强调保障人权，其要旨应当是强调对犯罪嫌疑人、刑事被告人的人权保障。因此，在对本次刑事诉讼法修改具有的进步性不可否认的基础上，保障犯罪嫌疑人、刑事被告人的合法权利的重要性将被重新审视。笔者认为，刑事被告人在受审过程中的获得公平审判，将直接关系对刑事被告人人权保障的落实，也关系我国司法公正和司法权威的树立以及法治国家建设。

犯罪嫌疑人、被告人从侦查阶段进入被追诉程序，便处于与国家追诉机关对抗的境地。国家追诉机关的异常强大和被追诉人"先天"的弱势地位形成强烈的反差，因此如何在"后天"人为地增强被追诉人的诉讼地位成为刑事诉讼讨论的重点，各诉讼阶段的各项制度设想的目标基本是为了打造控辩平等的刑事诉讼构造。在刑事诉讼程序纵向发展过程中，从侦查到审查起诉，都是为进入审判程序做准备。审判阶段对刑事被告人人权的保障显得非常重要，而重中

---

① 薛波：《元照英美法词典》，法律出版社 2003 年版，第 763 页。

② 2012 年新《刑事诉讼法》第 2 条规定："中华人民共和国刑事诉讼法的任务，是保证准确、及时地查明犯罪事实，正确应用法律，惩罚犯罪分子，保障无罪的人不受刑事追究，教育公民自觉遵守法律，积极同犯罪行为作斗争，维护社会主义法制，尊重和保障人权，保护公民的人身权利、财产权利、民主权利和其他权利，保障社会主义建设事业的顺利进行。"尊重和保障人权的基本原则被写入刑事诉讼法，被认为是我国刑事诉讼法极大的进步。

之重就是要保障刑事被告人在受审中获得公平对待。保障犯罪嫌疑人、刑事被告人的合法权益是一项系统的工程，内涵十分丰富，笔者无力面面俱到，故本文从控辩审三方结构的视角出发，仅讨论在审判中保障刑事被告人公平受审的几个问题。

二、有效辩护：防止控辩双方的力量失衡

（一）辩护权：被告人公平受审权之基础

在现代法治语境下，刑事辩护制度已经成为刑事司法中一个重要的部分，刑事辩护的有效性在一定意义上体现着一个国家刑事法治的水平。辩护制度的设置，是基于人类反抗压迫、趋利避害的本能，也是当事人诉讼参与权和辩证法思想在刑事诉讼中的体现。[①] 辩护权的产生是基于强大的国家追诉权，进而言之，即用以对抗控诉机关的控诉权。控诉权本身具有得天独厚的条件，异常强大，设置辩护权的目的是对双方进行平等武装，增强刑事被告人一方对抗强大的国家追诉机构的能力，尽可能防止控辩双方力量的失衡。赋予被告人辩护权就是要限制国家追诉机关权力的滥用，也是被告人行使其他权利的基础，辩护权的有效落实，才能最大可能保障被追诉人的权利不会受到国家的任意侵害。

刑事诉讼法赋予刑事被告人辩护权，首先，可以推论出被追诉人可以享有自行辩护的权利。辩护权作为一种自卫性防御性权利，任何人在受到外来压迫时都不可避免的会产生这种应激性反应。法律适应人的这一生物特征，赋予刑事被告人自行辩护的权利应是理所当然。其次，被追诉人可以获得他人特别是律师帮助辩护的权利。虽然被追诉人作为最直接的利益相关者，内心为自己开脱的愿望最为迫切，但是被追诉人由于精力所限，甚至人身自由被限制，以及缺乏专业的法律知识等原因，必须聘请具有相关法律知识的律师和其他辩护人代为行使辩护权。基于被告人自我辩护的局限性，可以认为，在刑事审判过程中，律师辩护权的有效性直接关系到刑事被告人在受审过程中的审判公平性。最后，特殊情形下的被追诉人有获得法律援助的权利。因为特殊原因不愿或者无法聘请辩护人的被追诉人，国家应该为其指定具有辩护人资格律师为被追诉人提供法律援助。有关国际文献也规定了被追诉人享有法律援助的权利，如《世界刑法学协会第十五届代表大会关于刑事诉讼法中的人权问题的决议》第

---

① 参见谢佑平：《刑事程序法哲学》，中国检察出版社 2010 年版，第 252—254 页。

19 条规定："国家必须从刑事诉讼程序一开始，便确保刑事被告获得聘请律师的权利，如果被告人没有能力聘请律师，国家应让其免费享受律师的帮助。国家应该负担此项费用。"

（二）有效辩护：控辩式诉讼模式的应有之义

虽然刑事辩护制度的重要性已经被普遍认同，但是不可否认，有效的辩护制度乃是基于特定的刑事诉讼模式①和刑事构造而产生。经过研究，一定程度上笔者认为：刑事辩护的职能最早出现在弹劾式的诉讼中。因为在弹劾式诉讼中，实行私人告诉制度，原告和被告人的诉讼地位是平等的，即控辩平等，只有在平等前提下，双方才可以进行有效的辩论。在纠问式诉讼中，由于被告人处于没有任何诉讼权利的地位，甚至刑事诉讼的价值追究就是惩罚犯罪，而辩护权的存在一定程度上妨碍了对犯罪的追究，因此辩护权被严格限制，甚至被取消。

当前，在当事人主义抑或控辩式诉讼模式的语境下，强调控辩双方公平对抗，法官居中裁判。被告人面对的是强大的国家控诉机关，因而只有通过"抑强扶弱"，通过立法和司法赋予被告人能够与控诉机关平等对抗的权利，才能保障被告人诉讼主体地位。刑事辩护制度的存在成为落实前述诉讼模式和价值理念的必须，也是司法现代化和民主化的必须，更是避免被告人从当事人主义模式下的诉讼主体地位沦为纠问式诉讼模式下的被追诉客体地位的保障。

（三）对症下药：我国刑事辩护制度的缺陷及治理

伴随着刑事司法国际化脚步，我国刑事司法制度也日益完善。但是现行制度还存在一些不足之处，有待于进一步完善。关于审判程序中辩护的有效性问题，笔者认为可以从以下几方面进行考量：

首先，现行刑事诉讼法规定的指定辩护的范围过小，② 指定辩护本身亦有些许缺陷。范围方面的缺陷，新刑事诉讼法已经从时间和主体范围两方面进行了完善，比如将被告人在审判阶段获得指定辩护修改为在侦查、审查起诉和审判阶段均有获得指定辩护人的权利，这是时间范围上的扩大。同时也扩大了获得法律援助主体范围，新增规定限制行为能力人和可能被判处无期徒刑的犯罪嫌疑人、被告人应当获得法律援助机构指派律师为其提供辩护的权利。当下需

---

① 关于刑事司法的基本模式，参见谢佑平：《刑事程序法哲学》，中国检察出版社 2010 年版，第 72—87 页。

② 参见宋英辉主编：《中国司法现代化研究》，知识产权出版社 2011 年版，第 295 页。

要强调的就是在司法过程中公安司法部门的实施问题。另外，通过法律援助进行指定辩护本身就存在某些缺陷。"我国自实行指定辩护人制以来，遇有道德高尚富有责任心之律师，对于指定案件尽心辩护者固不乏人，然因无相当报酬，而敷衍塞责者，实居多数，既无利于被告，且有拖延案件之虞，故一般舆论，均认此种制度应予纠正，故公设辩护人制实有采用之必要。"① 公设辩护人制度已经被很多发达国家采用，本文同意采用此项制度，以弥补前述缺陷。但是引进公设辩护人制度，其设立本身存在的独立性问题需要解决。由于我国不实行三权分立模式，为了保障公设辩护人制度不变质，公设辩护人在隶属和财政方面如何配置，如何建立具有中国特色的公设辩护人制度，必然存在一些值得探讨的问题。②

其次，尽管立法上赋予了当事人有聘请辩护律师的权利，但在司法实践中，被告人基于经济困难，或者不信任等原因，真正意义上聘请辩护律师的比例却很少。③ 关于被告人因经济困难无力聘请辩护律师的问题，可以通过前述对第一层面缺陷的补正来完善，即提供有效的指定辩护。对于不信任问题，笔者认为其根源是刑事辩护的有效性，即刑事辩护在刑事审判中的发挥的作用为几何。司法实务中一个奇怪的现象，即聘请了辩护人的刑事被告人在相同案件情况下可能被判处的刑罚更重。一边是无罪判决率极低；另一边是冤假错案率很高。这些现象直接导致当事人怀疑辩护权实施的有效性问题，进而影响被告人与辩护人之间的关系，继而一些刑事被告人聘请专门辩护人辩护的比例降低。另外，虽然刑事律师的辩护权在我国是一项法定权利，但立法上对这一权利设置了很多限制，更不用说刑事律师行使辩护权在司法上遭遇种种障碍。如刑法中关于律师伪证罪的规定：刑事诉讼中，辩护人、诉讼代理人毁灭证据，伪造证据，帮助当事人毁灭、伪造证据，威胁、引诱证人违背事实改变证言或者作伪证的，处3年以下有期徒刑或者拘役，情节严重的，处3年以上7年以下有期徒刑。如此规定，可以认为是为刑事辩护律师专门量身打造的，极大地

---

① 谢振民：《中华民国立法史》，中国政法大学出版社2002年版。

② 关于公设辩护人制度的研究，已经引起国家和法律专家的重视，如由复旦大学谢佑平教授负责的国家社科基金项目：《公设辩护人制度研究》等。

③ 参见张志铭、徐鹤喃、郭云忠、张红梅：《黑龙江省刑事自侦案件律师辩护问题调研报告》，载石少侠、徐鹤喃主编：《律师辩护制度研究——以审前程序中的律师作用为视角》，中国检察出版社2007年版。

增加了辩护律师的执业风险。刑事辩护律师在执业过程中，可能会因为为刑事被告人辩护而使自己沦为刑事被告人。如此规定，严重挫伤了律师进行刑事辩护的积极性，从而妨碍刑事被告人辩护权的有效行使。在刑事审判中，这一关键性权利的减损，使刑事被告人受审中的公平地位彻底垮塌。

因而，必须增强刑事辩护的有效性。一方面，真正突出刑事辩护职能的重要性，法庭必须认真听取辩护意见，在控辩双方充分对抗中形成法官心证，以此形成判决；另一方面，要建立保障辩护律师合法权益机制。目前学术界探讨的热点是辩护律师豁免权的彻底确立。虽然律师法规定律师在法庭上发表的代理、辩护意见不受法律追究。但是，发表危害国家安全、恶意诽谤他人、严重扰乱法庭秩序的言论除外。这一规定显然过于保守，并非保障律师辩护权与实施前述行为相矛盾，关键是该条款传递出了一种对律师辩护权限制的信息。本款配合刑法中规定的律师伪证罪条款，①可以为限制律师辩护权打开方便之门。没有保障的律师辩护权有可能就此成为泡影。而世界各国刑法一般都有律师刑事责任豁免的规定，例如《卢森堡刑法典》第 452 条第 1 款规定："在法庭上的发言或向法庭提交的诉讼文书，只要与诉讼或诉讼当事人有关，就不能对它提出任何刑事诉讼。"《英格兰和威尔士出庭律师行为准则》规定："在通常情况下，律师对他在法庭辩论中的言论享有豁免权。"② 这些规定赋予辩护人执业中的特权，一定程度上可以抵御来自控方的不当侵害，可以解决辩护人在刑事辩护中的后顾之忧，从而保障辩护律师全力以赴为刑事被告人进行辩护，打造控辩平等的刑事审判构造，体现刑事被告人在审判中的主体性地位。

再次，由于传统的刑事诉讼理念，传统强职权主义因素以及控辩关系的失衡都使律师辩护在一定程度上流于形式。③ 因此，即使有完美的制度设计，由于刑事诉讼理念的更新不及时，导致理念和制度的不配套。其逻辑必然就是辩护人很有激情地发表辩护意见，法庭却不予采纳，对审判法官形成心证毫无用

① 有学者认为，确立律师辩护豁免权的前提是取消刑法关于律师伪证罪的规定，因为它直接与这一权利相违背。参见徐家力、徐美君：《在立法中应确立律师刑事辩护豁免权》，载《中国律师》2008 年第 3 期。

② 陈兴良：《为辩护权辩护——刑事法治视野中的辩护权》，载《法学》2004 年第 1 期。

③ 徐鹤喃：《关于律师辩护制度发展路径的思考》，载《法学杂志》2007 年第 2 期。

处，刑事辩护的有效性无法实现。因此理念的转变至关重要。中国古代法律文化中，从来就没有刑事辩护的内容。我国现代的律师制度是清末伴随着帝国主义列强的入侵而进入中国社会的。① 而人权保障理念也是近代资产阶级革命斗争的产物，中国根深蒂固的传统文化，对于人权保障理念的接受和司法审判权利的探讨有一定的阻碍作用。对于法治国家来说，审判应当是人权的最终救济形式，通过审判来实施法律是国家保障人权的最后法律屏障。但是强职权主义诉讼模式以追求实体正义和惩罚犯罪为目的，公正审判权以及程序公正的重要性被漠视，刑事被告人的程序性权利得不到保障，人权保障理念成为空谈。事实上，如果不能确保公正审判权这样的程序性权利，实体性权利会沦为司法擅断的牺牲品，从而不仅会丧失程序正义，也会使实体正义受影响。基于此，各国都不约而同地重视程序法的作用，简单的程序法工具论时代已经过去，程序的独立价值正在得到显现。因此，在司法实践中一定要逐渐地转变诉讼理念，重视程序性权利的保障。审判过程中的刑事辩护权作为被告人的一项重要的程序性权利，有利于弥补审判过程中控辩双方天然的地位差距，保障其充分地行使对抗控诉方的指控。

总而言之，有效的刑事辩护权作为被告人的基础性权利，对保障被告人审判中的合法权益有重要意义，也是体现审判过程公平性的一个方面。但有效的刑事辩护，除了从形式上保障刑事被告人辩护权的行使以外，更重要的是该辩护意见是否被法庭采纳，以及在多大程度上被法庭采纳，这应当是实质辩护的内容。笔者认为，对刑事辩护有效性的检验，可以通过实质性的审判公开程序来进行。

三、审判公开：避免法官的诉讼突袭

（一）心证公开：审判公开的要旨

现代诉讼法理论认为，审判公开是实现正义和公平的关键，"没有公开就无所谓正义"，② 因此，论述刑事被告人在受审中的公平性问题，必然离不开讨

---

① 徐家力：《中华民国律师制度等》，中国政法大学出版社 1998 年版，第 1 页。转引自陈兴良：《为辩护权辩护——刑事法治视野中的辩护权》，载《法学》2004 年第 1 期。

② 伯尔曼：《法律与宗教》，生活·读书·新知三联书店 1991 年版。转引自谭世贵：《论审判公开的障碍及其克服——以刑事审判为视角》，载《浙江工商大学学报》2009 年第 1 期。

论审判公开原则。审判公开原则是一项重要的宪法性原则，《宪法》第 125 条规定："人民法院审理案件，除法律规定的特别情况外，一律公开进行。"同时刑事诉讼法也有类似规定。

然而，纵观学界对审判公开原则的讨论可以发现，传统的审判公开原则主要强调向当事人公开，也包括向社会公开。与审判公开针锋相对的就是秘密审判，因此针对秘密审判的特征，审判公开最为重要的就是向当事人公开，保障当事人获得充分表达愿望、主张和请求的机会，使当事人的意见能够参与裁判结果的形成，从而对法院的裁判形成约束。对社会公开则要求，除法律规定不予公开审理的案件外，允许公众旁听和新闻记者采访、报道，公众可以旁听审理的全过程，包括法庭调查、法庭辩论和宣判等。[①] 这种传统的观点，被认为是形式意义上的审判公开原则。随着我国刑事诉讼制度的发展，诉讼原则讨论更加深入，对审判公开原则的讨论也不能仅仅停留在形式意义上，应当强调实质意义上的审判公开。审判的实质公开，即"审判过程的透明和审判结果的有理有据"。[②]

作为审判公开的实质，公开心证可以有效地防止法官的诉讼突袭。通过研究文献，笔者认为，现代刑事诉讼语境下的实质公开主要应该强调法官心证的公开。所谓"心证"，是指"自由心证"之"心证"。自由心证是现代证据法上的关于证据判断标准的制度。法官通过对证据的审查在思想中形成的信念，就叫作心证。[③] 由此可知，心证是审判法官通过亲自参加庭审，聆听辩论的基础上形成的。公开心证是审判公开的重要组成部分，实质是法官向当事人和案外人（或社会）公开宣布其判决理由即形成心证的过程，不仅指法官应当在判决时当庭宣布其判决理由，也包括将判决书用书面形式发布，以向社会披露以判决理由为主的判决信息。[④] 公开心证已经是世界各国审判制度中的普遍现象。可以认为，无论是成文法传统国家还是非成文法传统国家，都非常重视审判心证公开的问题。比如《意大利刑事诉讼法典》在第 546 条规定的判决书要件中

---

① 参见王霞：《论审判公开的形式与实质》，载《内蒙古社会科学（汉文版）》2002 年第 1 期。

② 谢佑平：《刑事程序法哲学》，中国检察出版社 2010 年版，第 333 页。

③ 樊崇义主编：《证据法学》，法律出版社 2008 年版，第 23 页。

④ 马贵翔、卫跃宁：《公开心证的功能解析》，载《山东警察学院学报》2009 年第 1 期。

也特别强调法官必须扼要地说明判决所依据的事实根据和法律根据，指出判决所依据的证据，说明法官据以认为相反证据不可相信的理由。《意大利刑事诉讼法典》第二章，即关于法官的行为和决定一章在第 125 条同时规定，判决和裁定应当说明理由，否则无效。①而美国在有关审判公开方面的制度更加超前，美国的判例法论集定期出版，对公众和社会公布，是法官公开心证最直接的方式。判决书中既公布多数意见，并在多数意见中突出强调和阐述其认为重要的问题和原则，同时也公布不同意见，指持不同意见的法官反对法院的判决，不同意法院认定的事实或阐明的法律。②

事实上，作为国家权力的审判权行使的正当性要求，法官对案件作出的判决必须公开心证。现代国家追求民主性和科学性，强调社会的公平性。司法活动是国家活动的重要一项，而司法裁判是司法活动的最终结果，特别是刑事判决，事关公民的人身自由和财产的处分，甚至生命权的剥夺，因此司法活动必然具有国家活动的特质。从防止诉讼突袭的角度，也为方便社会对刑事审判的监督，作为判决关键的心证也应该公开。

（二）审判委员会：心证公开的"颈瓶"之一

虽然我国学界和实务界均已认识到保障刑事被告人人权的重要性，但很多相关的诉讼原理依然无法落实。理念和现实制度的冲突日益激烈。比如，与公开心证相冲突的一个较为突出的问题就是法院审判委员会讨论决定案件职能的安排。我国现行《刑事诉讼法》第 149 条规定："合议庭开庭审理并且评议后，应当作出判决。对于疑难、复杂、重大的案件，合议庭认为难以作出决定的，由合议庭提请院长决定提交审判委员会讨论决定。审判委员会的决定，合议庭应当执行。"《人民法院组织法》第 11 条规定："各级人民法院设立审判委员会，实行民主集中制。审判委员会的任务是总结审判经验，讨论重大的或者疑难的案件和其他有关审判工作的问题。"根据最高人民法院《关于执行〈中华人民共和国刑事诉讼法〉若干问题的解释》第 114 条的规定，由审判委员会讨论决定的疑难、复杂、重大的案件具体是指：拟判处死刑的案件、合议庭成员意见有重大分歧的案件、人民检察院抗诉的案件、在社会上有重大影响的案件和其他需要由审判委员会讨论决定的案件。然而，在刑事审判实践中，有些地

---

① 参见黄风：《意大利刑事诉讼法典》，中国政法大学出版社 1994 年版，第 191 页。

② 李卫东：《论刑事诉讼中的心证公开》，载《内蒙古社会科学（汉文版）》2003 年第 6 期。

方人民法院规定必须提交审判委员会讨论决定的案件具体包括判决无罪、免予刑事处分、宣告缓刑和判处 10 年以上有期徒刑、无期徒刑和死刑的案件。① 如此，无疑大大超过了最高人民法院规定的范围，从而使审判公开原则更加难以落到实处。

国家依法设置审判委员会，并赋予前述职能，导致事实上在大多数情况下合议庭都必须服从审判委员会的意见，依照审判委员会意见确定判决，署名的却是合议庭或者独任庭。这不仅会使当下讨论热烈的错案追究制②无法落实，更是侵害了被告人在审判中的诉讼权利。从保障被告人公平受审的角度讲，司法判决应该由听审法官作出，心证只能在听取控辩双方的言辞辩论的基础上形成。心证必须公开，对于审判中被告人或者辩护人的辩护意见和某些诉讼证据采纳或不采纳，都必须在判决书中说明理由，特别是对不予采纳的部分更应当说明具体理由。而审判委员会各位委员并没有全部听审，就不可能产生前述心证，因此就必然在没有心证的情况下进行判决，事实上存在着诉讼突袭，让被告人无从防御，这种产生判决书的模式对于刑事被告人来说是极大的不公平。因此，对于审判委员会的存在是否还有必要，如果有必要存在，对其职能如何定位，需要在司法实践的基础上，通过学术界的探讨进一步的明确。

（三）少数意见公开：审判公开的未来

公开合议庭不同意见、少数意见的公开也是心证公开的应有之义。普通法系各国对公开法庭不同意见是持肯定态度的，而其他国家几乎都不赞同这一作法。③ 这表明法律和文化传统是重要因素。在我国目前诉讼制度状况下，心证公开原则之多数意见还未较好公开，如果继续要求公开少数意见，恐怕仅是一种期望。但其实在民事诉讼中对此已有尝试，笔者了解到，广州海事法院早在 1999 年就率先尝试，当年该院在判决文书上公开合议庭成员的不同意见，创全

---

① 谭世贵：《论审判公开的障碍及其克服——以刑事审判为视角》，载《浙江工商大学学报》2009 年第 1 期。

② 最近，河南省高级人民法院颁布了一个文件，针对法官在案件中存在的几种违规情形，规定要追究相关人员的错案责任，具体规定参见《河南省高级人民法院错案责任终身追究办法（试行）》。笔者认为：错案追究制固然对督促法官认真审理案件有重要意义，但是，在法官不能独立审理案件的情形下，特别是在审判委员会存在的情况下，这一规定无疑是置法官于更加不利的地位，不见得真正对减少错案有帮助。

③ 李卫东：《论刑事诉讼中的心证公开》，载《内蒙古社会科学（汉文版）》2003 年第 6 期。

国法院系统的先例。① 虽然当下我国刑事诉讼领域对于一般意义上的心证公开都未达到时，探讨这一问题似乎过于前卫，但是为了更好更快地实现我国刑事诉讼的现代化，在刑事诉讼领域有力体现尊重和保障人权的理念，任何具有进步意义的讨论都是值得尝试的。当然，任何改革和创新都不免会伤筋动骨，但实务界的改革或者创新必须在制度的框架内进行，这也是必须遵守的法则。

总之，审判公开原则为防止法官诉讼突袭，保障审判中的合法权益具有重要意义，且其内涵远不止前文所述，特别是案件公开的限度，心证公开的条件、限度、时间等问题，均需要详细追问，然而本文着重强调审判实质公开对保障刑事被告人在审判中的合法权利所具有的意义，刑事被告人在审判中能否受到公平对待，判决是否公平、公正，均与实质性的审判公开原则之严格执行有着密切的关系。案件的心证必须由参加庭审的裁判者形成，而我国实行人民陪审员制度，人民陪审员亦是审判者之组成部分，因此，人民陪审员制度当属本文讨论的范围。

四、陪审制度：减少法官的认定偏见

（一）陪审制度：被告人不可或缺的权利

陪审制度作为一项重要的制度，也是保障被告人公平受审的一项权利。一般认为，陪审制度萌芽于古希腊和古罗马，发展于英国，成熟于美国，变异于德国和法国，衰落于当今世界。② 目前这一制度已经发展为陪审团制和参审制。③ 陪审团制，即由公民和职业法官分工而进行审判的一种陪审制度。陪审

---

① 广州海事法院：《公开不同意见 裁判文书上网》，具体参见 http：//gd. people. com. cn/GB/123935/123953/15268796. html，2012 年 4 月 29 日访问。

② 谢锐勤、谢俊平：《关于我国人民陪审制度的思考》，载《绥化学院学报》2008 年 2 月第 1 期。

③ 田口守一等日本学者认为这一制度可分为陪审制度、参审制度和裁判员制度，日本所采用的就是裁判员制度。认为"陪审制度是在英美法中由 12 名市民作为陪审员担任案件的审理，决定被告人有罪或者无罪的制度，参审制度是大陆法系中有职业法官和作为普通市民的参审员组成合议庭审理案件的制度。裁判员制度在每个案件都选任裁判员这一点上接近于陪审制（参审制的普通市民是任期制），但裁判员和职业法官一起组成合议庭，不仅认定事实而且参与适用法令和参与量刑，在这一点上接近于大陆法系的参审制（在陪审制下，陪审员与法官不同，只担任认定有罪或者无罪）"。参见［日］田口守一：《刑事诉讼法》，张凌、于秀峰译，中国政法大学出版社 2010 年版，第 179 页。

团认定事实问题,而法官负责适用法律。陪审团只是决定被告人"罪的问题",即可罚性,而法庭则单独决定"罚的问题",即刑罚程度。目前陪审团制度主要为英美法系国家所普遍采用。另一种就是参审制,即由遴选出来的公民(陪审员)与职业法官共同组成合议庭,以合作方式进行审判,在认定事实和适用法律方面,陪审员与职业法官有相同的权限。陪审团制下的公民与职业法官在罪与罚之间的分工特点在参审制下并不存在。① 参审制主要为大陆法系国家所广泛采用。我国刑事诉讼法规定了有关人民陪审员的相关制度,② 据此,学界普遍认为我国的人民陪审制度实质上属于大陆法系的"参审制"。③

陪审制度存在的理论基础主要是有利于司法民主、司法公正、普法教育。从陪审制度有利于保障司法公正层面而言,其与刑事被告人受审中的公平性问题关系密切。被告人在审判中要获得公平公正的对待,获得陪审的权利不可或缺。

(二)陪审制度:保障司法公正性的重要举措

我国的人民陪审员制度发展至今,虽然被认为本身具有较大缺陷,但其依然存在的理由之一,就是能够最大程度地保障司法公正,保障刑事被告人的人权。司法公正的主要内涵就是要求审判机关审理案件时,应该秉持公平、公正的理念对待案件,保证案件审判过程和裁决的公平公正性。因此人民陪审员制有其存在的合理性。首先,陪审员来自民间的普通大众,其本身的利益不会受制于法院和政府部门,因此在行使审判权的过程中顾虑不多,具有独立性和天然的抗干扰能力。这些因素决定了其可以最大程度上作出公正的裁决。其次,陪审员作为"外行人的参与也会在一定程度上抑制专业法官囿于专业的视角或

① 参见谢佑平、万毅:《司法公正与群众参与:陪审制度的理论分析》,载《甘肃政法学院学报》2003年第4期。

② 现行《刑事诉讼法》第147条规定:"基层人民法院、中级人民法院审判第一审案件,应当由审判员三人或者由审判员和人民陪审员共三人组成合议庭进行,但是基层人民法院适用简易程序的案件可以由审判员一人独任审判。高级人民法院、最高人民法院审判第一审案件,应当由审判员三人至七人或者由审判员和人民陪审员共三人至七人组成合议庭进行。人民陪审员在人民法院执行职务,同审判员有同等的权利。"

③ 参见谢佑平:《刑事程序法哲学》,中国检察出版社2010年版,第358页;龙宗智:《论我国陪审制度模式的选择》,载《四川大学学报(哲学社会科学版)》2001年第5期;陈艳:《两大法系陪审制度的比较研究——兼论我国陪审制度的模式选择》,载《前沿》2008年第7期。

行业的利益所出现的某些偏见"。① 法官由于经历案件较多，审判案件已经形成某种职业定制，而作为陪审员的"外行人"，则可以根据其在社会生活中积累的人生经验和对人情世态的理解，对案件进行判断，以此可以弥补法官某些知识的缺陷和法律的漏洞，其判断时常具有说服力，此点也正好体现了司法为民和维护社会公平正义的精神。同时，陪审员社会层面的多元性及案件事实利益的隔离性特征也保证他们能以非职业审判员的超然心态关注审判活动的程序公正性。②

然而，作为保障司法公平公正的人民陪审员制度，其一开始就被认为存在固有的缺陷，③ 包括如何保障裁判的专业性，如何协调职业法官与陪审员行使审判权力时的冲突，并且在我国司法资源有限的情况下，能够完美的支撑这一制度的落实也存在较大问题。这些存在的缺陷确实制约了陪审制度作用的发挥，因而在司法实务中一定程度上架空了人民陪审制。继而，学界对此项制度的讨论异常激烈，④ 要么要求废除人民陪审制，实行完全的司法职业化，⑤ 要么要求改革，甚至引进西方陪审团制度。

（三）陪审制不可废：我国陪审制的改革与完善

基于我国当前的法治进程和刑事司法的理念，笔者认为对人民陪审员制度进行改革是必要的，但不能完全加以废除。作为保障审判公正的一项重要设计，陪审制度的目的是为了保障刑事被告人的人权，实现司法公平公正。裁判不是为了使法律规范本身得以实现，被告人、被害人等案件的关系人能够理解

---

① 贺卫方：《恢复人民陪审制度》，载《南方周末》，1998 年 10 月 23 日，转引自：谢锐勤、谢俊平：《关于我国人民陪审制度的思考》，载《绥化学院学报》2008 年第 1 期。

② 高志卿：《人民陪审制度之否定之否定》，载《郑州大学学报（哲学社会科学版）》2004 年第 6 期。

③ 参见谢佑平：《刑事程序法哲学》，中国检察出版社 2010 年版，第 356—358 页。

④ 曹吴清：《从两大法系陪审命运看我国陪审》，载《广西政法管理干部学院学报》2006 年第 2 期；刘萍：《陪审还是参审：这是一个方向的问题》，载《中国律师》2005 年第 7 期；郭哲：《从比较法视角看我国人民陪审制度的完善》，载《西南民族大学学报》2006 年第 1 期。

⑤ 谢锐勤、谢俊平：《关于我国人民陪审制度的思考》，载《绥化学院学报》2008 年第 1 期。

和接受裁判，① 才是刑事裁判的根本问题。而被告人等案件关系人对案件裁判结果的接受，前提必须是裁判过程和结果的公正性。前者被认为是程序公正，后者便是实体公正。目前的理论界已经达成共识，即强调程序公正的优先价值。② 因此，被告人接受"自己的同类来审判自己"，即使实体公正存在误差，被告人也会因为受到公平的对待而接受审判结果，进而维护司法权威性。

因此，陪审制的重要性不言而喻。笔者认为支撑人民陪审员制度合法性的基础应当在于人民陪审员对审判的容易理解。在此基础上，人民陪审员基于公民的良心和审判感而形成心证。然而，事实并非如此简单，人民陪审员在审判过程中"只陪不审"的现象已是共识。抛开其他诸如司法效率较低、司法成本过高等缺陷不问，参审制最大的缺陷就是陪审员与职业法官之间存在着剧烈的权力冲突。这也是当下我国人民陪审员制度被"架空"的主要原因之一。由于人民陪审员并没有受过专门的法律职业训练，又不熟谙法律，因此，其与职业法官组成合议庭共同审理案件中，就不可能在认定事实，至少在适用法律上违逆职业法官的意志。因此，为了保障刑事被告人的人权，维护司法公平、公正，必须完善我国的陪审制度。

针对我国人民陪审员制度的缺陷和其在实现司法公正中的突出作用，可以尝试从以下几方面完善。

一是选择压缩陪审制适用的案件范围，明确限定陪审制只适用重罪案件和特殊性质的案件。③ "迟来的正义非正义"。这主要是基于诉讼效率的考虑，刑事诉讼是人权保障法，如果一味地以追求实体正义为刑事诉讼的目的，而忽视程序公正，对于当事人来说可能是更大的不公正。我国人民陪审制的适用范围过大，④ 且语言模糊不清，难以把握。如果照旧，必然就会损害司法裁判的及时性，造成程序上的不公正，这对当事人，特别是人身自由受限制的刑事被告

---

① ［日］田口守一：《刑事诉讼法》，张凌、于秀峰译，中国政法大学出版社 2010 年版，第 238 页。

② 参见谢佑平：《刑事程序法哲学》，中国检察出版社 2010 年版，第 361—380 页。

③ 谢佑平：《刑事程序法哲学》，中国检察出版社 2010 年版，第 360 页。

④ 2004 年 8 月 2 日，《全国人民代表大会常务委员会关于完善人民陪审员制度的决定》颁布；2009 年 11 月 23 日最高人民法院《关于人民陪审员参加审判活动若干问题的规定》颁布。这两项法律文件虽然对刑事案件的陪审范围和本文接下来将要论述的刑事被告人陪审选择权等作了明确规定，但是司法实践中刑事案件陪审效果依然不是很好，陪审员的作用仍然有限。

人来说是极大的不公平。二是赋予当事人是否采用陪审制的选择权，并明确此选择权受损的法律后果。① 由于人权保障理念在刑事诉讼中的重视，明确赋予刑事被告人程序选择权，由其决定是否采用人民陪审制，也是刑事被告人诉讼主体地位的体现。2004 年 8 月颁布《全国人民代表大会常务委员会关于完善人民陪审员制度的决定》在此问题上已经作出了规定，② 但是在新刑事诉讼法中，这一规定却并没有被纳入。即使有前述法律文件，在司法实践中刑事被告人的该项权利并没有得到有效保障，很大程度上就是因为相关法律并没有明确规定侵犯刑事被告人陪审选择权的法律后果。因此，为了弥补此立法之不足，切实保证刑事被告人真正享有陪审选择权，避免在司法过程中的不公正对待，实现程序公正，立法应当明确规定侵犯该权利的否定性法律后果，如可以规定"侵犯被告人陪审制度选择权，则审判程序无效"。③ 而第三种改革措施，就是移植英美法系的陪审团制度。④ 学界对此讨论热烈，但笔者认为，目前我国法治语境下引入这一制度还需要学界和司法实务界的进一步努力，先在小范围内对此项制度进行合法合理的试点工作不失为一种良好的方法。

一言以蔽之，以上种种对我国陪审制的改革措施，都是为了迎合现代刑事司法理念而言的，在尊重和保障人权的原则之下，保障刑事被告人在刑事审判中获得"同类"的审理，对受审判者而言，是公平性的要旨之一。

五、结语

以上所述都是在现代人权理念下，特别是基于保护刑事被告人的人权，保障其在刑事审判过程中获得公平审判而讨论的部分措施。事实上，被告人人权

① 谢安平：《人权视角下的被告人刑事陪审选择权》，载《中国社会科学院研究生院学报》2011 年第 4 期。

② 《全国人民代表大会常务委员会关于完善人民陪审员制度的决定》第 2 条规定："人民法院审判下列第一审案件，由人民陪审员和法官组成合议庭进行，适用简易程序审理的案件和法律另有规定的案件除外：（一）社会影响较大的刑事、民事、行政案件；（二）刑事案件被告人、民事案件原告或者被告、行政案件原告申请由人民陪审员参加合议庭审判的案件。"

③ 人民陪审员作为审判组织的组成部分，如果刑事被告人的选择权被剥夺，选择不当或者没有选择，可以认为审判组织组成不当，基于程序违法可以认定该审判程序无效。

④ 龙宗智：《论我国陪审制度模式的选择》，载《四川大学学报（哲学社会科学版）》2001 年第 5 期。

保障措施是一个庞大的体系，理论深度不可预测，公平性问题亦涉及较广，本文仅是选取部分进行了简略论述。仅从以上论述可知，目前我国刑事司法层面对刑事被告人审判中的公平性问题的重视还有相当大的提升空间。而导致这一问题的核心原因就是我国审判不中立，受国家本位主义、审判目的偏重惩罚犯罪而忽视公民个人人权保障的法律观念影响，审判机关在行使审判权的过程中，易于偏向本来就很强势的控诉方，刑事被告人的辩护权等程序性权利从事实上被剥夺，甚至在立法上就存在缺失，于是社会和法庭都将追究犯罪作为审判的目的。刑事被告人受审的公平性问题不仅关系个案的正义，也关系到法律的权威性和法院判决的权威性。构建法治国家，公民对法律权威的遵守是重要的一方面。一次不公正的审判，比十次犯罪所造成的危害还要尤烈，因为犯罪不过弄脏了水流，而不公正的审判则败坏了水的源头。刑事被告人从侦查开始，必然会受到内心的煎熬，无论其是否确实犯罪，法院都应该以中立者的立场，以公正的程序保证每个公民被公平对待。如果公民对权利救济的最后正当手段失去信任，那将是可怕的情景。虽然新的刑事诉讼法已经将保障人权作为纲领性内容纳入原则部分，但"徒法不足以自行"，如何在司法实践过程中真正贯彻落实此原则，需要实务界及时更新观念，也需要学界的不断探讨和社会大众的积极关注和监督。

审判信息公开：自媒体时代的司法应对

◎ 谢 澍*

内容摘要：

近年来，最高人民法院相继制定了一系列促进司法公开的文件，实践中司法机关也不断推陈出新，努力完善工作机制。但多方面因素始终影响着审判信息公开的实际效果，导致舆论环境进一步恶化，民意与司法的关系持续紧张。因此，有必要重新界定审判信息公开的范围、建立完善的审判信息公开平台以及赋予当事人救济权利，落实审判信息公开机制的全面覆盖，切实提升司法透明度，促进司法公正与社会和谐。

关键词：

审判信息公开　信息化　自媒体

一、问题的提出

贝卡利亚在《论犯罪与刑罚》中首次提出："审判应当公开，犯罪的证据应当公开，以便使或许是社会唯一制约手段的舆论能够约束强力和欲望。"其后 100 多年内，美国、法国、德国、日本相继将公开审判原则体现在国内立法之中。直至今日，这一原则已经在世界范围被广泛接受，并形成了公开审判的

---

* 谢澍，浙江工商大学法学院 2010 级本科生。

国际标准。① 我国宪法、刑事诉讼法、民事诉讼法等都确立了公开审判原则，最高人民法院于 1999 年 11 月颁布的《关于严格执行公开审判制度的若干规定》也强调公开审判对于推动司法公正的重要性。然而，我国司法改革逐步推进，效果却不甚理想，似乎与目标背道而驰。现有的审判公开模式拘泥于形式，法院内部的行政审批、审判委员会讨论、案件请示等制度使得公众作为司法审判的监督者往往看不清、看不全，甚至看不见。

传统意义上，司法审判向社会公开的方式可以概括为允许公民旁听法庭审理和宣告判决，允许新闻记者采访和报道。前者称为直接公开，后者称为间接公开。② 因为场地限制，能够现场旁听的公众只是少数，这就需要司法机关将公开审判的重心放在间接公开上，扩大公开范围③，拓宽公开渠道。针对这一问题，最高人民法院相继制定了一系列促进司法公开的文件④，实践中也尝试了多种公开方式，例如庭审电视直播、裁判文书上网，甚至在个别案件中还出现微博直播这样"新潮"的信息化公开手段，引发诸多争议。毕竟公开审判制度并不意味着审判过程中毫无保留地公开所有信息，对于一些公开后可能影响诉讼进程和公正裁判的信息应当在审判过程中加以限制，尊重司法规律，保障司法公正。早在 2007 年最高人民法院颁布的《最高人民法院关于全面加强人民法院信息化工作的决定》中就明确了人民法院信息化工作的指导思想、基本原则、工作目标和保障措施等。不过考虑到管理工作及管理者更易接受现代信

① 例如，《公民权利和政治权利国际公约》第 14 条规定："在判定对任何人提出的任何刑事指控或确定他在一件诉讼案中的权利和义务时，人人有资格由一个依法设立的合格的、独立的和无偏倚的法庭进行公正的和公开的审讯。由于民主社会中的道德的、公共秩序的或国家安全的理由，或当诉讼当事人的私生活的利益有此需要时，或在特殊情况下法庭认为公开审判会损害司法利益因而严格需要的限度下，可不使记者和公众出席全部或部分审判；但对刑事案件或法律诉讼的任何判决应公开宣布，除非少年的利益另有要求或者诉讼系有关儿童监护权的婚姻争端。"

② 参见程味秋、周士敏：《论审判公开》，载《中国法学》1998 年第 3 期。

③ 关于司法公开的范围，最高人民法院制定的《关于司法公开的六项规定》将其界定为立案公开、庭审公开、执行公开、听证公开、文书公开、审务公开六个方面。我国检察权兼具行政性与司法性，因此"检务公开"等也应当被纳入司法公开的范围，而本文探讨的"审判信息公开"主要是涉及庭审公开以及文书公开与审务公开。

④ 例如，2009 年 12 月制定的《关于司法公开的六项规定》和《关于人民法院接受新闻媒体舆论监督的若干规定》，2010 年 11 月制定的《关于人民法院在互联网公布裁判文书的规定》和《关于人民法院直播录播庭审活动的规定》等。

息技术，而审判方式具有保守性，较难适应现代技术，我国司法信息化建设在当下的主要切入口在于审判管理方面而非审判本身。① 但这并不意味着传统审判方式不会受到信息技术的冲击，以博客、微博、SNS 网站为代表的自媒体（We Media）② 正引领新一轮的信息化革命。与传统媒体的信息传播模式不同，自媒体由个人主导信息的传播与获取，普通公众从信息的接受者转变为信息的传播者，可以发布和评论任意合法信息。司法审判向来是公众关注的焦点，自媒体作为舆论凝聚的平台，必然对其产生重大影响。就我国司法现状而言，司法透明度不高、司法腐败等问题导致司法公信力缺失，一些社会影响力较大的"公案"通过自媒体的渲染产生了舆论"绑架"司法的现象，对此，司法机关应当理性应对，并以此为契机，构建有序的民意采纳机制和信息发布平台。

二、自媒体时代的审判信息公开

自媒体时代的审判信息公开模式可以区分为主动公开与被动公开两类。审判信息的主动公开是指人民法院依职权公布官方审判信息，除传统的公民旁听庭审、接受新闻媒体监督之外，还包括庭审直播、裁判文书上网等信息化手段。而审判信息被动公开则是指非官方的个人或机构发布未经认证的审判信息，一般处于真伪不明的状态。

（一）审判信息的主动公开

最高人民法院制定的一系列促进司法公开的文件中都体现了审判信息主动公开的精神，《关于人民法院接受新闻媒体舆论监督的若干规定》第 2 条规定："对于社会关注的案件和法院工作的重大举措以及按照有关规定应当向社会公开的其他信息，人民法院应当通过新闻发布会、记者招待会、新闻通稿、法院公报、互联网站等形式向新闻媒体及时发布相关信息。"《关于人民法院直播录播庭审活动的规定》第 2 条第 1 款规定："人民法院可以选择公众关注度较高、社会影响较大、具有法制宣传教育意义的公开审理的案件进行庭审直播、录

---

① 参见左卫民：《信息化与我国司法——基于四川省各级人民法院审判管理创新的解读》，载《清华法学》2011 年第 4 期。

② 美国新闻学会媒体中心于 2003 年 7 月出版了由谢因波曼与克里斯威理斯联合提出的"自媒体"研究报告，其中对"自媒体"的定义为："普通大众经由数字科技强化、与全球知识体系相连之后，一种开始理解普通大众如何提供与分享他们本身的事实、他们本身的新闻的途径。"

播。"《关于人民法院在互联网公布裁判文书的规定》（以下简称《裁判文书规定》）第 1 条规定："人民法院在互联网公布裁判文书，应当遵循依法、及时、规范的原则。"为了贯彻落实以上规定，最高人民法院还在 2010 年 10 月印发了《关于确定司法公开示范法院的决定》，将 100 个法院选为"司法公开示范法院"①，并制定《司法公开示范法院标准》，明确量化考核标准。②

　　遗憾的是，一系列规范性文件出台并未有效实现"社会矛盾化解、社会管理创新、公正廉洁执法"的工作目标，司法公开依旧进退维谷。在处理某些"公案"的过程中，人民法院向媒体和公众发布的审判信息和评论甚至激化了社会矛盾。最为典型的即是李昌奎案，云南省高级人民法院副院长田成有在接受采访时表示："社会需要更理智一些，绝不能以一种公众狂欢式的方法来判处一个人死刑，这是对法律的玷污。""10 年之后再看这个案子，也许很多人就会有新的想法。"③ 此番言论非但没有平息舆论质疑，反倒产生了"火上浇油"的效果，使案件再掀波澜。进入 21 世纪以来，越来越多国家的法院向摄像机敞开大门，即便是相对保守的英美最高法院也不例外。④ 庭审直播有益于民主，能让更多普通百姓了解司法，我国法院在对庭审进行电视直播的同时，也正尝试微博图文直播的方式，以自媒体为平台，辐射范围更广。但直播与否并不能成为衡量司法透明度的标杆，一些地方法院为了保证庭审"顺利"进行而先判后审，直播也就失去了原本的意义。至于裁判文书上网，《裁判文书规定》第 2 条规定"人民法院的生效裁判文书可以在互联网公布"以及"最高人民法院和高级人民法院具有法律适用指导意义的生效裁判文书应当在互联网公布"，不难看出，裁判文书并非"应当"公布，也无须全部公布。⑤ 此外，《裁

---

　　①　其中高级人民法院 11 个、中级人民法院 33 个、专门法院 1 个、基层人民法院 55 个。

　　②　量化考核标准包括七项：立案公开（15 分）、庭审公开（20 分）、执行公开（15 分）、听证公开（10 分）、文书公开（10 分）、审务公开（10 分）、工作机制（20 分）。http://www.court.gov.cn/xwzx/rdzt/sfgkxcyhdzt/zdwj/，2012 年 6 月 22 日查阅。

　　③　参见：《云南高院副院长：不能以公众狂欢方式判一个人死刑》，载 http://biz.ifeng.com/city/xiamen/xiamen_2011_07/13/56586_0.shtml，2012 年 6 月 22 日查阅。

　　④　参见何帆：《大法官说了算：美国司法观察笔记》，法律出版社 2010 年版，第 88 页。

　　⑤　《裁判文书规定》第 2 条规定有下列情形的可以不公布："（一）涉及国家秘密、个人隐私和未成年人犯罪的；（二）以调解方式结案的；（三）当事人明确请求不在互联网公布并有正当理由，且不涉及公共利益的；（四）其他不宜在互联网公布的。"

判文书规定》第 8 条规定："最高人民法院建立全国统一的裁判文书网站。"笔者特意登录了最高人民法院的官方网站，在"权威发布"的"裁判文书"一栏中，最近一次更新为 2010 年 12 月 31 日，即便最高人民法院只需要公布具有法律适用指导意义的生效裁判文书，但近一年半的时间里都没有出现所谓"具有法律适用指导意义"的案件，未免让人有些失望，审判信息的主动公开还仅仅停留在纸面上，并没有得到有效的贯彻落实。

（二）审判信息的被动公开

审判信息的被动公开与审判信息的主动公开相对应，在一些"公案"中，司法机关未能及时公布相关信息，即会出现所谓"知情人士"披露"内部消息"，这一特点在自媒体发达的今日尤为显著。自媒体具备平民化、个性化、传播迅速等特点，发布信息并不需要相应的资质认定，一些可信度不高的信息经"意见领袖"转发、评论之后即可引发共鸣，个体意见与群体意见经过自媒体的有效融合，克服个体表达的分散性，凝结成舆论压力。特别是与司法相关的信息，形成公众、媒体、为政者与司法官的四方角力，架构"舆论法庭"，通过舆论和民意影响司法裁判。从应然的理论上讲，舆论法庭会对陪审团产生影响，但很难对没有陪审团制度的司法活动起影响作用，因为司法机关是独立行使职权的，并且法官的职业习惯往往对民意和舆论抱排斥态度。民意和舆论即使有影响，也是在法院不知不觉状态下产生的。但是如果通过为政者，则毋庸置疑可以直接干预司法，舆论法庭之于我国司法的影响，正是通过为政者而产生的。[①] 司法的合理化要求法院不受来自外界的影响，只根据证据和规范进行精密的分析、推理以及裁量，以确保法律标准在理解和执行上的统合，避免一人一是非、一事一立法的混乱，避免审判机关在政治力学的干预下摇摆不定。然而，司法合理化的进程在中国遭遇到制度和文化的"瓶颈"。审判不能独立于政府权力以及司法腐败的现实，导致人们诉诸舆论监督，尤其是弱势群体特别需要获取舆论的支持以实现某种程度的力量均衡。药家鑫案中关于"富二代"、"官二代"的风影传说以及被害人亲属把"不判死刑不葬妻"作为谈判手段的事实，都证明了这一点。[②] 审判信息的被动公开是在官方信息缺位的前提下，公众基于质朴的利益诉求而形成的无奈之举，能在一定程度上起到监

---

① 参见孙笑侠：《司法的政治力学——民众、媒体、为政者、当事人与司法官的关系分析》，载《中国法学》2011 年第 2 期。

② 参见季卫东：《舆论审判的陷阱》，载《浙江人大》2011 年第 12 期。

督司法的作用，但"自媒体"信息毕竟不是官方发布，缺乏官方信息必然为谣言滋生供给土壤，造成公众与司法机关信息不对称，影响司法公信力，有碍社会稳定。

三、审判信息公开的现实困境

尽管各级法院都十分重视审判信息公开，实践中也着力于推陈出新，努力完善工作机制，但一些因素始终影响其工作效果，导致舆论环境进一步恶化，民意与司法的关系持续紧张，公众对司法的不信任与日俱增。

（一）司法行政化

司法行政化是指司法丧失了其独立性、中立性、被动性、公开性和终局性等品格，而表现出对行政权的依赖性、亲和性、主动性、闭锁性和非终局性等特征，司法权不但无法对行政权形成有效的制约，事实上还沦为行政权的附庸，成为次等行政权。具体到我国司法现状而言，司法机构对应行政区划、司法官的科层式体系、以行政模式启动司法程序、行政文件作为司法依据以及剥夺或变相剥夺公民诉权等都体现出司法行政化的特点。① 而在审判信息公开上，同样没有走出司法行政化的窠臼。当"公案"涉及某区域范围内的敏感公共事件时，党政机关或地方政府通常会影响司法机关对审判信息的处理。行政机关在处理审判信息时并非遵循司法规律，只是追求维护社会稳定的目标，经常性地将应公开的信息加以限制，应限制的信息予以公开，产生负面效应。更为重要的是，最高人民法院制定的一系列促进司法公开的文件本身就具有强烈的行政化色彩，司法公开并非全国各级法院自下而上形成的司法理念，而是最高人民法院自上而下制定的相关政策。各级法院在执行相关规定时，更多地是受制于量化考核的压力，未必是从实质的角度出发提升司法透明度，审判信息公开的范围拘泥于文件的硬性规定，缺乏对当事人意见的采纳以及权利救济。

（二）自媒体大众化与司法专业化的冲突

我国《宪法》规定一切权力属于人民，司法权也不例外。但司法活动具有职业性，这就需要人民通过一定的契约关系将司法权的行使资格让渡于具有专业知识的代理人，即司法机关。公众与司法工作人员之间存在着知识背景、思维方式等诸多差异，存在专业性间隔，以至于民意与司法呈现紧张关系。我国

---

① 参见谢佑平等：《刑事司法权力的配置与运行研究》，中国人民公安大学出版社2006年版，第291—296页。

司法长期追求实质正义，法官具有鲜明的平民性特点，讲究人情世故，崇尚道德推理，以"平民愤"为最终目标。在这样的环境下，民意一旦进入司法场域，原本二者间的紧张关系就容易异化为民意控制司法。在对待审判信息的态度上同样如此，部分公众对司法规律缺乏认识，一味地要求公开所有与审判相关甚至不相关的信息，更有捏造虚假信息左右舆论走向的情形，影响诉讼进程，妨碍司法裁判。在自媒体时代，公众与司法工作人员间的专业性间隔被进一步放大，一旦无法正确地面对民意、吸收民意，不仅难以保障司法公正，更会破坏社会和谐。公正能否实现取决于参与者相互之间能否在主体间性层面上对他们与世界的关联共同作出有效评价，达成合理共识，① 因此公众与司法机关之间首先需要架构起平等沟通的平台，在充分尊重其参与权的基础上，协调民意与司法的冲突，明确审判信息公开的限度。

（三）缺乏对信息化建设的法律规制

随着信息技术的迅猛发展和普及，各领域都致力于信息化建设。就司法信息化而言，目前仍停留于文件指导的层面，司法信息化抑或司法信息公开的工作依据都是最高人民法院的一系列相关规定，并没有出台类似《政府信息公开条例》的法律法规，难以确保司法机关贯彻执行的力度。另外，自媒体虚假信息无法得到有效遏制。以"网络水军"为例，网络公关公司雇佣成百上千的"水军"来为客户发帖回帖造势，发表攻击言论，传播虚假信息，甚至在个案中直接影响法院判决。② 舆论一旦被恶意操控，不仅会加快虚假信息的蔓延，还会对司法机关发布的真实信息产生冲击，引发连锁效应，造成公众对司法机关的不信任。辟谣的成本远高于造谣，与其事后矫正舆论，不如从源头对虚假信息形成法律规制。为了防范网络暴力，已有部分自媒体社区以"社区公约"的形式形成一定规范，但起到的作用十分有限，仍然需要有关部门在保障公民言论自由的同时制定法律法规遏制虚假信息传播。

四、完善审判信息公开的路径选择

针对我国各级法院审判信息公开工作的现实困境，有必要重新界定审判信

---

① 参见［德］尤尔根·哈贝马斯：《交往行为理论：行为合理性与社会合理性》，曹卫东译，上海人民出版社 2004 年版，第 106 页。

② 《网络黑社会操控舆论，花五万元可左右法院判决》，载 http：//news. xinhuanet. com/politics/2009 - 12/20/content_ 12672873_ 1. htm，2012 年 6 月 26 日查阅。

息公开的范围、建立完善的审判信息公开平台以及赋予当事人救济权利，落实审判信息公开机制的全面覆盖，切实提升司法透明度，促进司法公正与社会和谐。

（一）重新界定审判信息公开的范围

审判信息公开的范围应当从三方面加以考量：一是保障诉讼的有序性；二是保护当事人隐私、尊重当事人意见；三是维护社会公共利益、保守国家秘密。各国都对审判信息的公开有所限制，如美国律师协会制定的《司法行为示范守则》（Model Code of Judicial Conduct）规定：“法官不得出于与司法职责无关的任何目的，而披露或利用以司法身份获知的非公开信息。”① 审判信息首先必须是与案件有关的真实信息，除涉及国家秘密、商业秘密、未成年人犯罪、当事人隐私以及经当事人申请法院认为可以不公开的信息之外，都应当公开。为了保障诉讼活动的独立进行，必须严格区分信息发布与案件评论，在司法机关完成每一阶段任务后，司法机关可以通过信息发布平台发布相关信息，媒体可以对阶段性结果予以及时报道。但在法院作出裁判前，司法机关和媒体都不得发表带有倾向性和结论性的评论，即一般司法评论不得与程序同步，但对司法机关超期审理、超期羁押等程序性违法行为一经发现就可评论，因为非法的程序不仅即刻侵犯当事人权利，也几乎是造成司法不公的必然因素，一经发现必须及时纠正。②

对于庭审影视资料的公开，也就是庭审直播、录播，传统意义上庭审直播会影响法庭秩序、损害法院神秘形象与道德权威的观念在信息化时代已然难以立足。是否接受庭审直播应当是当事人的一项诉讼权利，涉及当事人隐私权，《关于人民法院直播录播庭审活动的规定》中规定民事、行政案件当事人需要

① 这一规定可以理解为，在履行司法职责期间，法官可以获得不对公众公开的有关商业或其他价值的信息，但法官不得泄露这些信息，不得利用这些信息谋取私利或用作其他与审判无关的用途。这项规定不是为了影响法官对信息的处理能力，而是在必要及符合本守则其他规定的情况下，保护法官及其家庭成员，庭审成员和司法官员的健康和安全。See Model Code of Judicial Conduct. American Bar Association, 2007 Edition: 36.

② 参见谢佑平、刘艺妍：《试论舆论监督与刑事被告获公平审判权利之冲突及平衡》，载《中国司法》2011年第8期。

有正当理由方能提出不进行庭审直播、录播的请求。① 这一规定显得过于严苛。更重要的是，刑事案件中只有检察机关才能提出不进行庭审直播、录播的请求，无疑是剥夺了刑事案件当事人的诉讼权利，造成控辩双方不平等。因此，更为合理的规定是，对于当事人明确提出不进行庭审直播、录播的案件以及检察机关明确提出不进行庭审直播、录播并有正当理由的刑事案件，可以不进行庭审直播、录播。考虑到司法成本，庭审直播从原有的电视直播逐渐转向自媒体直播，即法院通过自媒体平台发布庭审图文信息，相比较而言，成本更低、覆盖面更广。值得注意的是，一些个案中出现了律师、旁听人员发微博进行"直播"的现象，庭审直播必须以不影响法庭秩序为前提，即便是通过自媒体进行直播也应当由法院的宣传部门主导。

此外，裁判文书要从"可以"公开转向"应当"公开。因为《裁判文书规定》中仅规定"人民法院的生效裁判文书可以在互联网公布"，所以在实践中有的法院只公布个别案例，有的法院不公布刑事案件的裁判文书，有的法院甚至根本没有公布一份裁判文书。一份具有说服力的裁判文书，能通过其立场、论据、说理，达到预期的法律效果、社会效应甚至学术价值。《裁判文书规定》中相对保守的规定是考虑到我国法官撰写裁判文书的水平参差不齐，加之一些体制性因素阻碍。但公开裁判文书已逐渐成为法治国家司法制度的通例，我国应在提高法官整体素质的基础上，逐步扩大裁判文书公开范围，除涉及国家秘密、商业秘密、个人隐私、未成年人犯罪、以调解方式结案的以及当事人请求不公开的案件之外，应当全部公开。当然，在互联网公开的裁判文书应当隐去当事人个人信息以维护其隐私权。

（二）建立完善的审判信息公开平台

有学者认为，进一步推进司法信息化建设的进程，需要实现"管理"信息化向"审判"信息化转变：其一，在条件成熟的前提下可在二审和再审案件中实现网上远程开庭审理、以电子数据为依托的不开庭证据交换，甚至基于电子卷宗的书面审理等新型尝试。其二，在审委会讨论案件、合议庭评议的过程中

---

① 《关于人民法院直播录播庭审活动的规定》第2条第2款规定："对于下列案件，不得进行庭审直播、录播：（一）涉及国家秘密、商业秘密、个人隐私、未成年人犯罪等依法不公开审理的案件；（二）检察机关明确提出不进行庭审直播、录播并有正当理由的刑事案件；（三）当事人明确提出不进行庭审直播、录播并有正当理由的民事、行政案件；（四）其他不宜庭审直播、录播的案件。"

普遍采用电子案卷的形式，提高案件信息共享程度。其三，对于可以同步生产电子案卷的某些案件包括一些刑事案件，可以思考如何运用电子案卷进行审判；另外，当事人诉讼行为应当信息化，实现网上立案，网上传递案卷证据与诉讼文书等。尤其是可考虑搭建当事人之间交流的信息化平台，推进法官、律师和当事人的信息交换机制的构建。①

实际上，司法实践中已经开始"审判"信息化的尝试，最高人民法院曾通过远程视频提讯身在宁夏的被告人、对羁押在太原的被告人进行死刑复核，北京市东城区人民法院、重庆市江津市人民法院等也曾尝试远程视频审判。然而，在实现审判信息公开机制的完全覆盖之前，诸如此类尝试并不能体现信息化之于我国司法的切实意义，公众对提升司法透明度的诉求更为迫切，如何有效地推动审判信息公开才是法院信息化建设的当务之急。我国法院可以参考类似美国的案件管理和案件电子档案系统（Case Management/Electronic Case Files）以及法院电子记录公共访问系统（acronym for Public Access to Court Electronic Records），建设法院案件信息数据库②，收集包括诉讼参与人名单、诉讼的立案登记情况、汇编的案例相关信息（如案件数量、诉讼性质、诉讼标的数额）、裁判文书等，③ 并以法院官方为平台，以官方自媒体为窗口，对外发布信息。此外，法院还可以通过官方网站或自媒体汇总公众意见，及时作出回应，避免司法机关与公众信息不对称。

（三）正视当事人意见及其权利救济

我国的司法救济程序建立在实体公正优先的理念之下，缺乏程序性违法的救济途径，在立法上优先考虑司法机关的实际需求，忽视当事人权利。这一特点在刑事案件中尤为突出，被害人及其家属的诉讼参与程度有限，甚至出现被

---

① 参见左卫民：《信息化与我国司法——基于四川省各级人民法院审判管理创新的解读》，载《清华法学》2011年第4期。

② 我国一些法院已建有类似的信息数据库，但仅仅服务于法院内部信息管理和交流，并不对外公开。

③ 美国俄亥俄州最高法院自2004年以来就将口头辩论录像档案上网，人们可以通过法院电子记录公共访问系统获取。州最高法院的口头辩论的现场录像不仅向网站提供，还提供给全州有线电视广播，甚至可以通过热门的iTunes软件下载。参见高一飞：《论数字化时代美国审判公开的新发展及其对我国的启示》，载《学术论坛》2010年第10期。

害人家属对法院判决毫不知情的现象。① 当事人救济权利的缺失无形中给国家权力的膨胀和滥用留下空间，为冤假错案的滋生埋下隐患。审判信息公开是当事人的基本诉讼权利，同时也是监督和制约司法机关的有力手段，应当充分尊重其参与权和救济权。

我国的司法救济程序主要是上诉和抗诉时适用的二审程序，审判监督程序以及死刑复核程序。审判信息公开的救济机制中，应当把审判信息公开作为上诉、抗诉和启动审判监督程序的绝对理由。对应当公开审判信息而未公开的案件被上诉或抗诉的，上级法院应当撤销原判，发回重审。由于这种纯粹的程序违法而发回原审法院重审，可能造成原审法院在重新开庭后"走过场"，所以发回与原审法院同级的其他法院审理更为妥当。但如果审判信息未公开是由法院依职权发现，而当事人没有提出审异议的，经审查未对裁判造成不良影响的，可以不发回重审。对于不该公开审判信息而公开，已经影响到当事人声誉、隐私等的，发回重审可能使其再次成为舆论焦点，进一步放大相关信息。此时应当由法官对案件进行审查，以确定是否对案件审理造成了负面影响；没有影响的，不重新审理；有影响的，应当由上级法院指定没有受到信息公开影响的其他同级法院管辖，或在避免对当事人不当羁押的前提下，延期审理，提供相对公正的审判环境。②

---

① 云南省宣威市乐丰乡新德村，一个 10 年前就听说被判死刑的人，竟然还活着。这是一起鲜为人知的"死刑改缓刑"案件：新德村村民代某某因去商店赊香烟被拒，猛刺年仅 19 岁的女店主徐某某 30 余刀，将她杀害。除了改判，代某某案的判决书，被害人徐某某的家属同样一直没有看到。《杀人犯二审死刑改死缓，受害人家属 10 年后才知》，载 ht-tp：//news. sina. com. cn/s/2012 – 02 –02/065323869810. shtml，2012 年 6 月 27 日查阅。

② 参见叶青、陈海峰：《刑事审判公开的程序性救济》，载《东方法学》2012 年第 1 期。

立法建议

LiFa JianYi

浅谈我国监视居住强制措施

——以新刑事诉讼法为视角

◎ 吕海庆　胡　瑛*

内容摘要：

2012 年 3 月通过的新刑事诉讼法对监视居住制度进行了一系列的重大改革，明确了监视居住的适用条件，新增了在指定居所监视居住应当折抵刑期的规定，同时还明确了一系列监视居住的监视方法等。这些修改无疑具有积极意义，但在具体的规定上也还存在一些漏洞和理解上的歧义，本文将通过对该修正案有关强制措施制度的梳理，阐述笔者的一些看法。

关键词：

监视居住　新刑事诉讼法　法律适用

监视居住是刑事诉讼法设定的一种刑事强制措施，是公安机关、人民检察院和人民法院责令犯罪嫌疑人、被告人在诉讼过程中，未经批准不得离开住处或指定的居所，对其行动加以监视，并保证随传随到的一种刑事强制措施。监视居住的目的是防止犯罪嫌疑人、被告人逃避或妨碍刑事诉讼，以保证刑事诉讼的顺利进行。

长期以来，关于监视居住的存废争论一直不断。早在 1996 年刑事诉讼法修改时，就有人主张废除监视居住，这几年有关废除的呼声也一直不断。在司法实践中，监视居住的适用也的确存在很多问题，例如，在实践层面，仅由公

---

* 吕海庆，浙江省宁波市海曙区人民检察院检察长；胡瑛，浙江省宁波市海曙区人民检察院反贪局副局长。

安机关统一执行监视居住的规定欠缺可操作性，也极大地增加了执行机关的诉
讼成本；现有的警力不足的现实将使监视居住变成变相羁押或者自由居住；实
施监视居住容易侵犯辩护人的会见权、同住人员的隐私权等。针对监视居住适
用中存在的诸多问题，本次修正案草案仍然保留了监视居住，并对监视居住规
定了更为严格的适用条件，并进一步完善了监视居住的执行程序及被监视居住
人应当遵守的规定，明确了监视居住期限应当折抵刑期等一系列规定，有关条
文也从原先的 4 条（1996 年《刑事诉讼法》第 50、51、57、58 条）增加到了
7 条（新《刑事诉讼法》第 64、72 至 77 条），可以说基本上是重塑了我国的
监视居住制度①。

此次刑事诉讼法修改，监视居住是修正案草案中修改内容最多的一种强制
措施。可以说从草案的出台到修正案的正式颁布，有关强制措施部分的变化一
直相当引人关注，笔者通过对新旧法条的对比以及实践中的考量，对此次刑诉
法修正案有关强制措施部分的内容进行了梳理并发表自己的一些看法。

一、新刑事诉讼法明确了监视居住的定位，将其定位于减少羁押的替代性措施

在我国刑事诉讼中，最常用的刑事强制措施是剥夺人身自由的刑事拘留和
逮捕，犯罪嫌疑人、被告人在羁押状态下接受侦查、检察人员的讯问以及等候
审判，是绝大多数刑事案件的"常规"程序②。近几年来，全国检察机关的逮
捕率始终保持在 90% 左右，这种过高的侦查羁押率不仅消耗了大量的司法资
源，而且不利于保障犯罪嫌疑人、被告人的权利。基于此，各国均对羁押适用
的具体方式作了一定的变通处理，其中比较典型的就是德国的"延期执行逮
捕"制度。

所谓"延期执行逮捕"制度，根据德国刑事诉讼法的规定，指的是如果采
取不这么严厉的措施，也足以达到待审羁押之目的的，法官应当命令延期执行
仅根据逃亡之虞签发的逮捕令。被延期执行逮捕之人承担以下义务：（1）责令
定期在法官、刑事追诉机关或者由他们所指定的部门地点报到；（2）责令未经
法官、刑事追诉机关许可，不得离开住所或者居所或者一定区域；（3）责令只

---

① 陈卫东、高通：《从六个方面重塑监视居住制度》，载《检察日报》2012 年 4 月 4
日第三版。
② 孙长永：《比较法视野中的刑事强制措施》，载《法学研究》2005 年第 1 期。

能在特定人员监督下可离开住宅；（4）责令被指控人或者其他人员提供适当的担保；（5）不得与共同被指控人、证人或者鉴定人建立联系。否则，法官应当决定执行逮捕令。①

在实践中，总会遇到应当对犯罪嫌疑人、被告人实施羁押然而由于客观原因暂时不宜羁押的情形，这时，就需要有一种变通的方式来处理，既能保证在一定程度上控制犯罪嫌疑人、被告人的人身，又要适应犯罪嫌疑人、被告人的身体和精神状况。因此，设立一种介于取保候审和羁押之间的过渡性强制措施，作为羁押的替代或配套措施，就非常必要了。正是基于此种原因考量，本次刑事诉讼法修改将监视居住打造为一种替代羁押的强制措施，对符合条件的犯罪嫌疑人、被告人采用强制力比逮捕要小的且不予羁押的监视居住，同时通过明确监视居住的方式、被监视居住人的义务等有效地保障了侦查活动及诉讼行为的顺利进行。这样做的一个最直接的好处就是可以解决此前关于监视居住定位不清、操作不便的问题。

二、新刑事诉讼法规定了监视居住的条件，将其与取保候审区别开来

监视居住同取保候审类似，都是限制犯罪嫌疑人、被告人人身自由的强制措施，但限制自由的程度不同。现行刑事诉讼法对这两种强制措施规定了相同的适用条件，造成实践中容易对两种强制措施在适用上的界限把握不清。此次刑诉法修改，规定了与取保候审不同的适用条件。其中新《刑事诉讼法》第72条明确规定："人民法院、人民检察院和公安机关对符合逮捕条件，有下列情形之一的犯罪嫌疑人、被告人，可以监视居住：（一）患有严重疾病、生活不能自理的；（二）怀孕或者正在哺乳自己婴儿的妇女；（三）系生活不能处理的人的唯一扶养人；（四）因为案件的特殊情况或者办理案件的需要，采取监视居住措施更为适宜的；（五）羁押期限届满，案件尚未办结，需要采取监视居住措施的。对于符合取保候审条件，但犯罪嫌疑人、被告人不能提出保证人，也不交纳保证金的，也可以监视居住。监视居住由公安机关执行。"可见，监视居住只能适用于符合逮捕条件并具备特定情形的犯罪嫌疑人和被告人，是一种介乎取保候审和逮捕之间的强制措施。

但笔者认为其中的第（四）项条件——"因为案件的特殊情况或者办理案

---

① 《德国刑事诉讼法典》，李昌珂译，中国政法大学出版社1995年版。

件的需要，采取监视居住措施更为适宜的"需要具体释明何种情形为"案件的特殊情况或者办理案件的需要"、如何衡量"采取监视居住措施更为适宜"，否则形同虚设。

三、新刑事诉讼法规定了监视居住的执行场所，新增了执行机关的通知义务

新刑事诉讼法将监视居住的执行场所明确规定为犯罪嫌疑人、被告人的"住所"，同时规定对无固定住处的，可以在指定的居所执行。对于涉嫌危害国家安全犯罪、恐怖活动犯罪、重大贿赂犯罪，在住处执行可能有碍侦查的，经上一级人民检察院或者公安机关批准，也可以在指定的居所执行。但是，不得指定在羁押场所、专门的办案场所执行。关于监视居住执行后的通知，新刑事诉讼法规定，指定居所监视居住的，除无法通知的以外，应当在执行监视居住后 24 小时以内通知被监视居住人的家属。

现行刑事诉讼法只是在被监视居住人应当遵守的义务中规定了执行场所是住处，无固定住处的是指定的居所；新刑事诉讼法原则上将执行场所限定为被执行人的住处，没有固定住处的以及涉嫌危害国家安全犯罪、恐怖活动犯罪、重大贿赂犯罪案件可以在指定的居所执行。这样的规定是对现行刑事诉讼法规定的细化，有利于实践操作。但新刑事诉讼法对住处和指定居所并未作出明确限定，对上述三类案件，司法实践中，即便是犯罪嫌疑人、被告人在办案机关所在地有固定住所，也是被指定居所执行，通常是在办案机关指定的宾馆或招待所等执行。这些场所显然不属于专门的羁押场所或办案场所，但犯罪嫌疑人、被告人基本上失去人身自由，全天处于监控之下，有的甚至连休息、放风的时间都没有。这种指定居所的监视居住，其严厉程度将超过在看守所羁押，也完全背离监视居住的立法本意，有可能使监视居住沦为变相羁押。因此为防止变相羁押，有必要在未来的司法解释中对指定居所作出明确限定或详细列举。

此外，"有碍侦查"的规定较为模糊，容易使之成为万精油似的"挡箭牌"。实践中什么是"有碍侦查"，往往是侦查机关自己作解释。只要是危害国家安全犯罪、恐怖活动犯罪、重大贿赂犯罪，基本上都可以被解释为"有碍侦查"，这样一来等于没有规定。只要是这三类犯罪都可以采用监视居住，无异于扩大了适用范围。对此，有必要进一步明确"有碍侦查"等任意性较大的用语，严格限制办案机关的自由裁量。

有关监视居住中执行机关的通知问题，新刑事诉讼法明确规定，对于指定

居所的监视居住，要在 24 小时内通知家属，这一规定可以说是一大进步，不仅有利于保护犯罪嫌疑人、被告人家属的知情权，也有利于保护犯罪嫌疑人、被告人的合法权利。但这一规定没有明确通知的内容，有可能造成实践中执行机关不将监视居住的原因和场所告知被监视居住人的家属，或者选择性的告知等情形，从而使通知义务流于形式。此外，该规定也没有明确通知的方式，是否允许采用电话、传真等较为迅捷的通信方式，还是仅限于书面通知，没有明确予以说明。

四、新刑事诉讼法完善了被监视居住人的义务，新增了检察机关的监督职责

对于被监视居住人的义务，新刑事诉讼法主要涉及以下变更：一是将第 1 项"未经执行机关批准不得离开住处，无固定住处的，未经批准不得离开指定的居所"修改为"未经执行机关批准不得离开执行监视居住的处所"；二是增加监视居住中"与他人通信"的管制；三是增加监视居住执行机关保存被监视居住人证件的规定，增加了"将身份证件、旅行证件、驾驶证件交执行机关保存"这一规定。另外，对被监视居住人违反义务的后果作出了规定，即"被监视居住的犯罪嫌疑人、被告人违反前款规定，情节严重的，可以予以逮捕；需要予以逮捕的，可以对犯罪嫌疑人、被告人先行拘留"。同时，新增了"人民检察院对指定居所监视居住的决定和执行是否合法实行监督"这一规定，明确了检察机关的监督职责。

笔者认为，这条规定在适用上必须明确一点，即对由于"羁押期限届满，案件尚未办结，需要采取监视居住措施的"的犯罪嫌疑人、被告人，在违反监视居住应该遵守的义务的时候，不能将其"予以逮捕"。因为犯罪嫌疑人、被告人的羁押期限届满即意味着逮捕的期限已经用尽。在此情形下，如果再次运用逮捕的强制措施，将导致犯罪嫌疑人、被告人羁押期限的重新计算，并导致对嫌疑人、被告人的变相"超期羁押"。因此，笔者建议，犯罪嫌疑人、被告人因羁押期限届满，案件尚未办结而被采取监视居住措施的，不得以其违反监视居住规定为由重新将其予以逮捕。

而有关检察院的监督职责则缺乏具体的监督程序、监督手段、监督保障等，需要未来的司法解释进一步加以明确。

五、新刑事诉讼法细化了监视居住的执行措施

新刑事诉讼法规定执行机关对被监视居住的犯罪嫌疑人、被告人，可以采取电子监控、不定期检查等监视方法对其遵守监视居住规定的情况进行监督；在侦查期间，可以对被监视居住的犯罪嫌疑人的通信进行监控。可以说这一细化的规定，明确了监视居住可采取的方式，有效保障了监视居住的顺利实施。但在适用中应始终把握好一个"度"，即在运用中要以比例原则作为指导。所谓"比例原则"是以法律的形式要求国家所实施的行为应适合于其法定的职能和目标，要求国家在实现其职能和目标时如果有多种手段可以选择则应尽可能选择对公民权利损害最小的手段，且所侵犯的私益与所保护的公益必须是成比例的。① 因此在监视居住的适用上，不能对相对人造成超过目的的其他权益的侵害，否则就不成比例。

具体而言，在执行措施方面，一方面要注重对隐私权的保护，由于监视居住部分在被监视居住人的住所执行，往往该住所内还有其他共同居住人，因此在采用电子监控、不定期检查等监视方法的时候要注意对相关人员隐私权的保护；另一方面在监督方式的选择上，也应注意"度"的把握，在不影响案件的情况下，尽量采取对当事人及其家属权益影响较小的监督方式。除此之外，比例原则应贯穿于整个监视居住制度当中，如在被监视居住人应遵守的义务上，对于"未经执行机关批准不得离开执行监视居住的处所"的运用不能一概而论，应区分情形区别对待，如学生应当保证其到校上学的时间，保证被监视居住对象看病的时间等。

六、新刑事诉讼法新增了指定居所监视居住折抵刑期的规定

新刑事诉讼法增加了有关监视居住折抵刑期的规定，其第 74 条规定"指定居所监视居住的期限应当折抵刑期。被判处管制的，监视居住一日折抵刑期一日；被判处拘役、有期徒刑的，监视居住二日折抵刑期一日"。

笔者认为，该条的规定对于保障嫌疑人、被告人的人权具有积极意义，因为犯罪嫌疑人、被告人在指定居所被监视居住，其实质就是一种对人身自由的

---

① 杨波、金石：《试论比例原则在刑事诉讼强制措施中的适用——兼论检察机关对刑事强制措施适用的监督》，载《西南政法大学学报》2006 年第 4 期。

限制。但另一方面，笔者认为，该条规定只有指定居所的监视居住方可折抵刑期，似有不妥。在国外，监视居住又称为"住所逮捕"，是逮捕的一种变通执行方式，监视居住期间都可以折抵刑期。况且，无论是在指定居所的监视居住，还是在犯罪嫌疑人、被告人的住处执行监视居住，被监视居住人都被限制了基本人身自由，因此，无论执行场所在哪，监视居住都应当可以折抵刑期。此外，被暂予监外执行之人，对其基本人身自由的限制程度，较之监视居住要小得多，暂予监外执行之期间，都可以计入刑期，那么，"举轻以明重"，监视居住期间为何不能折抵刑期呢？

如果将折抵刑期的范围仅局限于指定居所的监视居住，会模糊监视居住的性质，使之似乎羁押性和非羁押性兼而有之。新刑事诉讼法的本意是将监视居住定位于一种减少羁押的替代性措施。但按照该条的规定，监视居住的执行会因被监视居住的嫌疑人是否有固定的住处而存在天壤之别。指定居所的监视居住可以折抵刑期，因为它实际上就是限制人身自由的一种措施，系羁押性强制性措施，而在住所执行的监视居住按照该条的规定被认为是非羁押性强制性措施，因此不能折抵刑期。这样一来，会使监视居住的定位存在内在的逻辑矛盾。

论拒不执行判决、裁定罪规定的缺陷与完善

◎ 王永兴　刘世界*

内容摘要：

执行难问题已成为法院工作的突出问题，通过运用刑罚手段打击拒不执行法院判决、裁定的犯罪，不失为解决执行难问题的一项重要措施。但是，我国刑法及相关立法、司法解释对此罪的规定既存在实体法上的模糊与空白，也存在程序法上的倒置与乏力，导致该罪在司法实践中陷入困境。通过对该罪适用范围的界定、情节严重的认定和诉讼程序的设定，明确该罪的实体意义，规范该罪的程序设计，从而有效的保证该罪在执行过程中发挥应有的作用。

关键词：

拒不执行判决　裁定罪　适用范围　诉讼程序

为惩罚拒不执行情节严重的行为，我国刑法规定了拒不执行判决、裁定罪，全国人大常委会于 2002 年 8 月 29 日通过的《关于〈中华人民共和国刑法〉第三百一十三条的解释》（下文简称《立法解释》），最高人民法院于 1998 年 4 月 17 日通过的《关于审理拒不执行判决、裁定案件具体应用法律若干问题的解释》（下文简称《司法解释》），对该罪进行了一系列规定，但通过长期司法实践的适用，该罪的相关规定依然存在不完善之处。因此，笔者认为应对该罪的规定在法律上进一步规范和完善，增加司法机关对该类犯罪行为的打击力度。

---

* 王永兴，法学硕士，浙江省台州市黄岩区人民法院执行局执行员；刘世界，法学硕士，浙江省台州市黄岩区人民法院刑庭助理审判员。

一、拒不执行判决、裁定罪的基本情况

笔者对近三年台州市黄岩区人民法院在适用拒不执行判决、裁定罪的情况进行了统计，主要从以下几方面进行分析：

（一）案件总数分析

表1 执行案件总数、移送案件总数、判决案件总数比较

年份	2009 年	2010 年	2011 年
执行案件总数	3218	3549	3967
移送案件总数	9	18	9
判决案件总数	2	4	1

从近三年的三组数据可以得出，拒不执行判决、裁定罪无论是在移送案件总数还是在判决案件总数中，其占执行案件总数的比例都是极小的。这说明在众多执行案件中，司法实践通过适用拒不判决、裁定罪的现象并不多见。当然，导致这样的原因既有司法操作层面的，也有立法规范层面的。

（二）移送案件分析

表2 移送案件的处理结果比较

年份	2009 年	2010 年	2011 年
未移送案件总数	2	3	3
公安退回案件总数	0	4	0
执行完毕案件总数	3	3	3
法院判决案件总数	2	4	1
尚未处理案件总数	2	4	2

在近三年的移送案件中，因不符合该罪构成要件未移送和公安机关认为不符合该罪构成要件退回的案件总数占到30%，之所以未移送或者被退回很大程度上是因为该罪犯罪构成在立法上规定的缺陷，导致对该罪的认定因人而异。另外，因移送公安机关而执行完毕案件总数也占有一定比例，这也充分说明该罪在处理拒不执行案件中能起到一定的威慑效果。

（三）判决案件分析

表 3　判决案件的刑罚适用比较

年份	2009 年	2010 年	2011 年
有期徒刑	2	1	0
有期徒刑缓刑	0	3	0
罚金	0	0	1

从近三年判决案件的判决书中可见，判决有期徒刑还是判决缓刑或者罚金最关键的量刑情节在于履行完债务的情节。因此，对于该罪来说，如果不能有效或者完全履行债务，很大程度上决定了该罪在具体量刑时适用实刑，反之，则适用缓刑或者罚金刑。同时，通过适用该罪不仅可以有效打击犯罪，而且可以促使被执行人履行债务。

从上述三方面的简要分析来看，笔者认为，对符合条件的案件，通过运用该罪能够促使被执行人履行债务，在一定程度上解决执行的困境。但是，我们也应当看到，司法实践中通过运用该罪的案件并不多见。就本罪而言，如果一味地要求通过完善司法操作来达到该罪应有的效果，而不去深入分析该罪在立法规定的缺陷，势必会增加司法实践的操作难度。因此，我们有必要对拒不执行判决、裁定罪规定的缺陷进行剖析，再从立法规范上进行完善。

二、拒不执行判决、裁定罪规定的缺陷

（一）对象范围规定的局限性

根据我国《刑法》第 313 条关于拒不执行判决、裁定罪的规定，只有生效的法院判决或裁定才能适用该罪，生效的调解书、支付令、决定书、通知书、命令书都未作为本案的犯罪对象，缩小和减弱了对妨害民事执行行为的打击范围和打击力度。不仅如此，该罪的适用范围同样没有包括公证文书、仲裁裁决等法律文书，远远少于执行机构负责执行的生效法律文书。适用范围规定的局限性，不仅导致该罪适用的有限性，同时也造成相关法律文书在执行过程中的不平等性。

（二）主体范围规定的模糊性

我国刑法将拒不执行判决、裁定罪的犯罪主体规定为"应当执行法院的判

决、裁定的人"①。从自然人主体方面来讲，刑法对"应当执行法院的判决、裁定的人"的规定很模糊，其外延范围值得研究。从单位主体来讲，该罪的犯罪主体未将单位主体囊括在内。根据《司法解释》第 4 条的规定，如果单位的主管人员和其他直接责任人员拒不执行判决、裁定，且情节严重，对行为人也只能按自然人犯罪论处。因此，对单位拒不执行或协助执行判决裁定的，不能对单位判处刑罚。这不仅与我国刑法基本理论相违背，而且事实上也助长了单位的逃债行为。

（三）情节严重规定的片面性

《立法解释》规定了五种具体行为是达到"情节严重"标准构成该罪，但明显不够全面。该五种情形除了最后一种是概述性情形以外，其他四种均是非常明确的行为，而这四种行为均是侧重于行为人抗拒执行生效判决、裁定的积极行为，而对行为人规避执行的消极行为并没有规定。在司法实践中，不乏有行为人消极被动的拒不执行或妨害执行。因此，消极行为方式的情节严重程度有待于进一步研究。

（四）诉讼程序规定的倒置性

根据六部委《关于刑事诉讼法实施中若干问题的规定》第 4 条的规定，拒不执行判决、裁定犯罪由公安机关立案侦查。而相关规定没有对法院在该类案件的立案侦查、批准逮捕和审查起诉中处于什么地位作出明确规定。当公安机关不同意立案侦查或者检察院不同意批准逮捕或提起公诉时，法院往往无所适从。刑事诉讼程序规定倒置，导致该罪在司法实践中可操作性不强，不能有效打击犯罪，对应当执行法院的判决、裁定的人也起不到有效的威慑作用。

三、拒不执行判决、裁定罪规定的完善

（一）拒不执行判决、裁定罪适用范围的界定

1. 对象范围

根据《立法解释》的规定，该罪中"人民法院的判决裁定"的范围是指人民法院依法作出的具有执行内容并已发生法律效力的判决、裁定。人民法院为依法执行支付令、生效的调解、仲裁裁决、公证债权文书等所作的裁定属于该条规定的裁定。但是，在该《立法解释》中，支付令、生效的调解书、仲裁裁决、公证债权文书自身并不在该范围之内。学界对此争议较大，主要有以下

---

① 张明楷：《刑法学》，法律出版社 2011 年版，第 971 页。

两种观点：

第一种观点认为，根据罪刑法定原则，我国《刑法》第 313 条只对拒不执行人民法院的判决、裁定两种情形作了规定，并没有规定拒不执行法院调解书也应负刑事责任，因此调解书不属于该罪的犯罪对象。

第二种观点认为，按照罪刑法定的原则，确实不能依据《刑法》第 313 条的拒不执行判决、裁定罪来直接定罪处罚，但拒不执行生效的其他法律文书，其性质与拒不执行法院的判决、裁定无异，是对司法权威的蔑视，会造成司法秩序的扰乱，该罪的目的在于保障法院的执行权不受侵害，而其他法律文书具有与法院的决书、裁定相同的法律效力，理应受到同等保护。

笔者认为，该罪的对象范围应当包括调解书等其他法律文书。理由如下：（1）符合该罪的客体要求。刑法规定该罪的目的是"为了维护人民法院的正常工作秩序和国家司法权的权威和严肃"①，这同时也是该罪的客体。拒不执行判决、裁定的行为破坏了该罪的客体，拒不执行调解书等其他法律文书同样也会破坏该罪的客体。如果未将调解书等其他法律文书纳入该罪适用范围，客观上势必造成其他法律文书没有实际效力的状况，也会导致一些当事人逃避应尽债务和法律约束。（2）具有确定的法律效力。以调解书为例，根据我国现行《民事诉讼法》第 89 条第 3 款规定，调解书经双方当事人签收后，即具有法律效力。既然具有法律效力，就具有对当事人的拘束力。有能力履行调解书确定的义务而拒不执行，情节严重的，就应当承担刑事责任。（3）满足实践的客观需要。许多法律文书的执行并不一定需要制作裁定书。法律文书中约定对当事人行为的执行，如监护权、探望权的执行，执行程序启动后，无须再作裁定，而是直接进行强制执行。如果不将其他法律文书列为该罪适用范围，这类情节严重的抗拒执行行为，便无法受到刑罚制裁。

至于其他法律文书范围的界定，应以《立法解释》为根据。因此，笔者认为，该罪适用对象应该扩大至生效的调解书、支付令、仲裁裁决和公证债权文书。原因有二：其一，上述法律文书属于执行机构的执行依据，具有给付内容，同时立法解释也将为执行上述生效法律文书所作的裁定规定在该罪的适用范围内。其二，上述生效的法律文书均是与生效判决、裁定具有同等法律效力的，并且都包括在执行机构工作的范围内，因此应同等地被司法予以保护，妨害其执行时不仅责令其承担民事责任，而且刑事责任对其也同样适用。

---

① 郎胜主编：《中华人民共和国刑法释义》（第 4 版），法律出版社 2009 年版，第 486 页。

2. 主体范围

拒不执行判决、裁定罪是特殊的犯罪主体，只有应当执行法院的判决、裁定的人才能构成该罪。但是，应当执行法院的判决、裁定的人与被执行人并非同一概念，因此，对拒不执行判决、裁定罪主体之外延有必要进一步界定。

（1）自然人主体

关于自然人主体范围，理论上主要有以下几种观点：一是认为专指有义务执行判决、裁定的人，即案件的当事人，而有义务协助执行法院裁判的人和案外人，都不是该罪的主体①；二是认为指刑事、民事案件的当事人，也包括对法院判决、裁定有协助执行义务的人②；三是认为包括当事人在内的一切诉讼参与人，也可能是并未参与诉讼的案外人③。笔者认为，这几种观点都有商榷之处。我国刑法规定拒不执行判决、裁定罪，目的在于保障人民法院的判决、裁定得到有效执行。《刑法》第 313 条用"有执行能力"限制该罪的主体，意味着该罪行为主体指向的是有义务、有能力履行判决、裁定所确定的义务的人。第一种观点把"协助执行义务人"排除在该罪主体之外，与立法意旨相悖，《立法解释》明确规定了协助执行义务人可以构成该罪。第二种观点将主体限制在刑事、民事案件中的当事人也不适当。在行政案件中也有法院判决、裁定所确定的履行义务的主体。况且判决、裁定所确定的履行义务人，不仅仅限于案件的当事人。第三种观点不加限制地将案外人都纳入该罪主体，亦属不当。案外人妨害执行的情形不外乎有两种：一是单独实施妨害法院判决、裁定执行行为，应以妨害公务罪追究；二是与被执行人、协助执行义务人共同实施妨害法院判决、裁定执行行为，即所谓共犯情形。因此，笔者认为，拒不执行判决、裁定罪的犯罪主体有四类：一是法院判决、裁定（包括调解书、支付令、仲裁裁决和公证债权文书等）所确定的负有履行义务的人；二是对法院的判决、裁定负有协助执行义务的人；三是被执行人的担保人；四是与前三类主体构成共犯的案外人。

（2）单位主体

《立法解释》把拒不执行判决、裁定罪的犯罪主体界定为自然人主体，

---

① 王作富：《中国刑法研究》，中国人民大学出版社 1987 年版，第 654 页。

② 金子桐：《罪与罚——妨害社会管理秩序罪的理论与实践》，上海社会科学院出版社 1989 年版，第 19 页。

③ 赵秉志：《妨害司法活动罪研究》，中国人民公安大学出版社 1994 年版，第 368 页。

《司法解释》规定对拒不执行判决、裁定的单位，只对其主管人员和直接责任人员以拒不执行判决、裁定罪定罪处罚。从上述解释规定看，法律并未将单位明确规定为拒不执行判决、裁定罪的犯罪主体。但在实践中，单位拒不履行判决、裁定的情形也较为常见。因此，笔者认为应将单位纳入该罪的犯罪主体。理由如下：一是在审判实践中，应当执行法院的判决、裁定的人除了自然人外，还包括大量单位。单位有执行能力而抗拒执行、逃避执行的案件也为数不少。由于单位相对于一般的自然人主体而言，无论是从暴力抗拒执行还是从变相抗拒执行方面，都具有更大的社会危害性。从这个意义上讲，立法将单位排除在拒不执行判决、裁定犯罪的主体之外，显然是立法的疏漏。二是在刑法理论中，单位犯罪是指公司、企业、事业单位以及机关、团体等社会组织，为了给本单位牟取非法利益，或者为了维护本单位的局部利益，经单位集体研究或者单位负责人决定，而故意实施的危害社会的行为，以及不履行法律义务，过失实施的严重危害社会的行为。从单位犯罪的概念看，单位拒不执行判决、裁定行为完全符合单位犯罪的特征。

（二）拒不执行判决、裁定罪情节严重的认定

"情节严重"是民事执行强制措施与刑事制裁的临界点。目前司法实践中对情节严重的认定标准，主要根据《立法解释》和《司法解释》来确定。总之，不论被执行人采取作为还是采取不作为的方式，只要是其确实具有执行能力，而拒不履行判决、裁定所确定的义务，致使判决、裁定无法得到执行的，便应认定为拒不执行情节严重的情形。

1. 情节严重认定的标准

（1）从执行标的来看，执行标的的性质和数额均应考虑在内。比如，执行标的是作为抚养费、赡养费等申请执行人的基本生活所需的，拒不履行该类性质的执行标的行为应被视为"情节严重"。至于执行标的数额，在具体操作层面上可由各地区根据本地区的实际情况确定构成"情节严重"的数额标准。

（2）从逃避执行行为来看，逃避执行行为的影响和期限也应考虑在内。如果拒不履行的行为在该地区造成了极其恶劣的社会影响，也可以根据影响大小确定是否达到"情节严重"。如果行为人确有执行能力而消极拒不执行长达一定期限，也可以认定其达到"情节严重"的标准。

2. 情节严重的不作为情形

如前所述，无论《立法解释》还是《司法解释》规定的各种构成拒不执行判决、裁定罪的情形，均侧重于积极的行为；而在司法实践中消极规避执行

的行为较为常见，故应对情节严重的不作为情形加以认定。结合司法实践的经验，笔者认为应包括以下几种情形：（1）不申报财产或申报财产不实，提供虚假材料、隐瞒财产真实状况致使无法执行的；（2）年收入除去生活等必须支出外，可支配收入仍达到当地基本生活收入，不主动履行或拒不履行，致使无法执行的；（3）接到执行通知书后，为逃避执行而隐匿行踪致使无法执行的；（4）拒不执行判决、裁定确定的给付金钱的义务，进行高消费、挥霍财产，致使无法执行的；（5）执行期间经查明在金融机构账户有存款累计超过执行标的额1/3的，被执行人支取后不主动履行或拒不履行，致使无法执行的；（6）怠于履行判决、裁定确定的交付特定物或行为义务，致使判决、裁定无法执行的；（7）负有履行执行判决、裁定义务的法定代表人、其他组织的直接责任人，为转移资产，逃避执行而另行开设企业、公司，致使无法执行的；（8）其他消极抗拒造成严重后果致使无法执行的情形。

（三）拒不执行判决、裁定罪诉讼程序的设定

拒不执行判决、裁定罪的启动模式只有人民法院依职权移送的单一模式，而且相关实体法的规定存在模糊与空白，导致移送拒不执行判决、裁定罪完全依靠人民法院的职权行为。同时，"司法实践中，公安机关、人民检察院一方面对拒执罪的社会危害性认识不足，一方面错误认为查处执行案件是法院的职能，对该类案件消极、推诿，以致该类案件立案难、查案慢、起诉少，尤其是公案机关常以种种理由不予立案，导致无法启动追诉程序"。[1] 因此，这种单一模式，不仅导致了人民法院的自由裁量权地扩大，不利于人民法院的公正执法，而且也导致了公、检、法诉讼程序的倒置，使得申请执行人的合法权益得不到有效保障。

笔者认为，该罪诉讼程序的关键问题是启动模式，只有设定新的启动模式，才有可能促使该罪诉讼程序的有序进行。一方面，应增加当事人向人民法院申请追究刑事责任的启动模式。具体做法是，如果申请执行人认为存在拒执行为且情节严重，可以向人民法院提出移送申请，请求人民法院将案件移送公安机关进行侦查。人民法院在接受申请执行人的申请后应进行实质审查，如果人民法院经审查认为被执行人的行为构成犯罪的，应将案件移送公安机关进行侦查；如果人民法院做出不移送的决定，申请人不服该决定，可以向上一级人

---

① 张复生：《拒不执行判决、裁定罪追诉程序探讨——以程序公正为视角》，载《南京社会科学》2006年第11期。

民法院申请复议。另一方面，对于有被害人的拒不执行判决、裁定案件，在公安机关不予立案或检察院不予起诉的情况下，被害人可以按照诉讼管辖的规定，直接向法院起诉。

四、余论

从司法实践中可知，拒不执行判决、裁定罪在司法实践中并没有起到应有的作用。正如前文分析的，造成这样的原因是立法和司法规定的缺陷，既有刑事实体法规定的空白与模糊，也有刑事程序规定的倒置与乏力。通过对该罪适用范围的界定、情节严重的认定和诉讼程序的设定，从而完善该罪的相关规定，希望有助于司法实践的操作，也希望有助于解决"执行难"的问题。

论社区矫正法律监督存在的问题及对策

◎ 杨建平　王　英*

内容摘要：

社区矫正是社会文明发展到一定历史阶段的必然产物，也是社会不断进步、刑事政策日趋理性化的重要标志。作为一个新生事物，需要在摸索中不断前行。为保障社区矫正执法的公开、公平、公正，人民检察院应当立足法律监督职能积极介入其中，更好地发挥对刑罚执行的监督作用，这既是构建社会主义和谐社会的必然要求，也是人民检察院义不容辞的责任。但目前社区矫正中检察监督，尤其是有针对性的动态监督还存在很多问题，需要各级检察机关不断加强探索和创新。

关键词：

社区矫正　动态　检察监督

随着刑法理论的不断发展和人权思想的逐渐深入，监禁刑的局限性越发凸显，刑罚种类的轻刑化、开放化呼声越来越高。社区矫正作为行刑社会化的一股浪潮在世界各国广泛展开。《刑法修正案（八）》明确规定了社区矫正的适用类型，促进了我国刑罚结构的合理化，也回应了国际社会行刑社会化的要求。修改后的刑事诉讼法也将于明年实施，其中明确规定了社区矫正的相关问题。与之一脉相承的是，2012 年"两高两部"正式颁布了《社区矫正实施办法》。作为法律监督主体的检察机关，如何发挥自身法律监督职能，切实参与

---

　* 杨建平，浙江省宁波市海曙区人民检察院副检察长；王英，浙江省宁波市海曙区人民检察院预防科科长。

并保障社区矫正的顺利进行，成为一项亟待解决的命题。

一、社区矫正法律监督的必要性探索

（一）社区矫正的界定以及开展情况

社区矫正是与监禁刑罚执行相对应的一种非监禁刑罚执行方式，是指将符合法定条件的罪犯置于社区内，由专门的国家机关在有关部门、社会组织和志愿者的协助下，在判决、裁定或决定确定的期限内，不脱离社会，矫正其犯罪心理和行为恶习的非监禁刑罚执行活动。[①] 在国外，社区矫正还被称为"社区矫治"、"社区服务"、"公共利益劳动"、"社会服务令"和"强制工作"等，内容包括缓刑、假释、社区服务、暂时释放、中途之家、工作释放、学习释放、电子监控、中间制裁等。[②] 国外的社区矫正因其国情不同也呈不同状况与模式，社区矫正盛行于英美法系国家的英国、美国、加拿大、澳大利亚与新西兰等国家。由于社区矫正存在着人道性、谦抑性、社会性等诸多优点，从20世纪70年代以来，大陆法系的国家也普遍学习与模仿。从目前的统计来看，国外社区矫正的罪犯占整个服刑罪犯的比例是70%左右，最高的加拿大达到了80%，最低的俄罗斯、日本等国也超过了50%。我国社区矫正试点工作从2003年开始，2005年扩大试点，2009年在全国全面试行，社区矫正工作发展迅速，覆盖面稳步扩大，社区矫正人员数量不断增长。截至2011年12月底，全国31个省（区、市）和新疆生产建设兵团已开展社区矫正工作。几年来的实践成效表明，开展社区矫正，是贯彻宽严相济刑事政策、完善我国非监禁刑罚执行制度的一项有益探索，不仅明显降低了行刑成本，而且有利于提高教育改造罪犯质量，减少重新违法犯罪，最大限度地增加和谐因素和减少不和谐因素。因此可以说，这是一种既符合世界行刑制度发展趋势，也符合我国国情和经济社会发展状况的非监禁刑罚执行方式。[③]

（二）社区矫正的法律监督界定、功能以及现状

所谓社区矫正监督机制，是指法律授权的监督主体对社区矫正的决定、社

---

① 周丰华：《当前社区矫正法律监督存在的问题和对策》，载《法制与社会》2011年第4期（上）。

② 李剑：《浅析检察机关对社区矫正的法律监督》，载《法制与社会》2011年第6期。

③ 孙谦：《发挥检察机关职能 认真开展社区矫正法律监督》，载《中国司法》2009年第11期。

区矫正机构管理矫正服刑人员的行为、社区矫正过程中处罚措施的制定、社区矫正过程中各个相关部门的协调配合情况等社区矫正活动全过程进行监督的过程和方式。

就其功能而言，其一，社区矫正监督机制具有发现违法的功能，即监督主体通过审查社区矫正过程的各种手续文件、社区矫正管理或参与机构的行为以及接受申诉、控告、举报、新闻媒体的报道等各种信息，发现社区矫正工作过程中的违法行为。其二，社区矫正监督机制具有纠正违法的功能，即监督主体根据法律授予的权力，依据法律规定的程序及时纠正社区矫正工作中的违法行为。其三，监督主体在发现违法、纠正违法的过程，针对社区矫正工作过程的漏洞，提出完善建议，健全社区矫正制度，从根本上防止违法行为的再次发生。

检察机关是国家的法律监督机关，刑法执行活动的法律监督是人民检察院法律监督的一项重要内容。一直以来，检察机关依据刑事诉讼法和人民检察院组织法的规定，对刑罚执行机关的执法活动实行监督，其中对于刑罚执行监督中的一项重要权能就是对管制、缓刑、暂予监外执行、假释和剥夺政治权利五种非监禁性刑罚的执行实施监督，即监外执行检察。①

我国社区矫正法律监督工作伴随着社区矫正工作的发展而发展。社区矫正法律监督工作在探索中没有先例和模式可循。在没有明确的社区矫正法律监督法律规定的背景下，依据法律关于刑罚执行监督的有关规定以及"两高两部"《社区矫正实施办法》，启动了对社区矫正试点工作的法律监督，实践中，社区矫正法律监督工作借鉴了监外执行检察监督工作的经验，与监外执行检察监督工作并行开展，因为二者所监督的内容都具有刑罚执行的性质，都属于非监禁刑执行监督的范畴，运行效果总体上是积极顺应了司法体制和工作机制改革形势和任务的要求。具体表现为：

（1）初步建立社区矫正法律监督的机构、队伍。最高人民检察院明确把社区矫正法律监督工作作为刑罚执行监督工作的重要组成部分，并努力在实践中把这项工作纳入化解社会矛盾、创新社会管理的范畴，使之为保障社会公平正义服务，为促进社会稳定和谐大局服务。2005年3月，经最高人民检察院党组研究在其内设机构监所检察厅设立监外执行检察处，对社区矫正、监外执行等法律监督工作从组织指导上加以保障。

---

① 黄治文、彭德贵：《加强检察机关对社区矫正法律监督的思考》，载《重庆交通大学学报（社科版）》2010年第12期。

（2）参与制定社区矫正的政策，下发规范性文件，明确检察机关如何实施法律监督。2003 年、2005 年、2009 年最高人民检察院和最高人民法院、公安部、司法部联合制定下发关于开展社区矫正试点工作以及全国试行的通知。2003 年以来，各试点省、自治区、直辖市人民检察院和各基层人民检察院基本上都与同级人民法院、公安机关、司法行政机关联合下发了开展社区矫正的规范性文件，制定了开展社区矫正的政策。2006 年最高人民检察院专门下发通知，要求试点地区检察机关在社区矫正试点工作中认真履行法律监督职责。

（3）具体开展了社区矫正法律监督工作。最高人民检察院明确要求试点地区检察机关重点监督交付执行、变更执行、执行终止、监管措施 4 个环节，各级检察机关按照"人民检察院要加强法律监督，完善刑罚执行监督程序，保证社区矫正工作依法、公正地进行"的要求，由对监外执行检察转变为对社区矫正执行的监督，由对公安机关的监督转变为对司法行政机关、公安机关的监督，有的检察机关还在司法局设立社区矫正检察室，大力开展社区矫正的法律监督工作，发现法院、公安、司法行政机关在社区矫正中有违法情形的，视情况以口头方式、发出检察建议书或纠正违法通知书等方式，督促其及时纠正，效果良好。其中最重要的是组织开展纠正监外执行罪犯"脱管漏管"的专项行动。针对监外执行和社区矫正中出现的"脱管漏管"问题，最高人民检察院于 2006 年在湖北、广东、甘肃、辽宁等 6 个省市开展了核查纠正监外执行罪犯"脱管漏管"专项检察试点活动，发现"脱管漏管"以及社区服刑人员重新犯罪问题突出。为此，最高人民检察院会同中央综治办、最高人民法院、公安部、司法部于 2007 年 6 月至 2008 年初联合组织开展了全国核查纠正监外执行罪犯"脱管漏管"专项行动，首次查清了全国社区服刑人员的底数和"脱管漏管"数，集中纠正了一批社区服刑人员的"脱管漏管"问题，依法惩治了一批在社区服刑期间重新违法犯罪的罪犯，依法对符合条件的社区服刑罪犯进行减刑，依法纠正被延期解除管制和宣告恢复政治权利的行为；查办了一些司法、执法机关工作人员在交付执行、监督管理社区服刑罪犯中严重失职渎职的职务犯罪案件。为建立和形成监外执行和社区矫正工作的长效机制，经商中央综治办将监外执行和社区矫正工作纳入每年度社会治安综合治理的目标责任考评中，并由检察机关具体负责组织考核、初评打分工作。

（4）加强有关部门间的工作协调。在开展监外执行检察和社区矫正法律监督工作中，最高人民检察院与最高人民法院、公安部、司法部，一些地方检察院与法院、公安机关、司法行政机关加强协调，建立联席会议制度、情况通报制度、信息共享制度等，进一步理顺了与有关部门的监督与支持的关系。

（三）加强社区矫正法律监督的必要性

1. 刑罚轻缓化的趋势决定社区矫正成为刑罚执行制度的重要方面

随着现代法治的发展，国际刑罚趋于轻缓化，刑事法律也由"报应刑"向"恢复刑"转变，认为司法活动的根本目的在于恢复被破坏的社会关系，对犯罪的惩治不再是简单的恶恶相报，注重的是社会关系的修复、对犯罪者的教育和挽救。社区矫正作为一种刑罚执行方式和罪犯处遇模式，蕴涵着人道主义理念和实用的经济价值，能实现保护社会和关怀罪犯的二元追求，符合当前的法治需求，越来越成为各个国家所采用的重要的行刑方式。

2. 社区矫正的特性决定了加强社区矫正法律监督的必要性

社区矫正是将原本在监狱里执行的刑罚放到社区里进行，它是一种非监禁刑的行刑方式，涉及判断缓刑、假释、管制、监外执行等受刑人的人身危险性而决定其监管的严厉程度，涉及判断缓刑、假释的受刑人违反相关管理规定的严重程度而决定是否被收监执行，涉及对在社区矫正的罪犯给予的保护帮助的方式和程度，它关系到一个罪犯的人身自由度，因此矫正工作者实际上具有较大的自由裁量权。这些权力如果不受到一定限制或给予一定的监督，社区矫正制度同样会被"异化"为罪犯"合法"逃避法律制裁的途径。孟德斯鸠在《论法的精神》中说过"权力没有受到限制，必将导致腐败"。因此，作为刑罚执行方式的社区矫正同样必须纳入法律监督的视野。

3. 我国社区矫正的现状决定了加强法律监督的迫切性

社区矫正制度在我国宛如一个新生婴儿，刚刚起步，尚处于摸索阶段，加上我国社区制度的落后、基层组织的不健全、犯罪就应关进监狱的重刑主义仍影响深远、民众对社区矫正的认知尚浅，均导致我国日常的社区矫正流于形式，脱管、漏管现象严重，缓刑、管制、假释、监外执行等各种非监禁刑罚，往往等同于没有刑罚，主管机关既不给予监督管理、也不给予改造保护，形同虚设，要实现将罪犯改造好的目标只能靠社会舆论和社区服刑人员的自觉性。我国社区矫正的落后现状决定了加强法律监督迫在眉睫。

4. 加强对社区矫正工作的法律监督有利于促进公正廉洁执法

由于社区矫正采用非监禁方式执行刑罚，因此对那些本应受到监禁的罪犯有极大的诱惑力，其中一些别有用心的罪犯及其家属、亲友会想尽办法甚至采用不正当手段来谋取社区矫正的机会。加强检察机关对社区矫正工作的法律监督，尤其是在矫正对象的确定、交付环节，加强对法院、监狱等机关的诉讼活动进行监督，有助于遏制滥用权力者寻租，防止在社区矫正工作中出现腐败现象，有利于促进公正廉洁执法。①

二、目前社区矫正法律监督存在的问题

目前，社区矫正法律监督机制在运行中也存在一些薄弱环节和不足。

（一）法律支撑不足，检察监督缺少系统性的制度保障

但由于我国开展社区矫正采用的是先试点后立法的模式，试点的做法及探索形成的有关工作机制往往突破了现行法律有关非监禁刑罚执行制度的规定，法律依据的不足已严重影响和制约社区矫正制度的正式确立及全国推行的步伐。为此，我国迫切需要修改刑法、刑事诉讼法的相关规定，将社区矫正作为一项法律制度确立下来。但是在最近出台的《社区矫正实施办法》对与检察监督的规定依然十分笼统、原则。

（二）基础保障缺位，检察机关监督认识滞后

由于法制和观念的原因，对刑罚执行活动的监督一直是检察机关的薄弱环节，表现在具体承担监督刑罚执行活动的监所检察部门人员编制少、实际到位人员更少，且老龄化，将临退休的人员安排到监所检察部门是各级检察机关的通行做法，监所检察部门逐渐沦为检察机关的养老院。刑罚执行监督也是长期以看守所或者监狱为主，形成了一整套围绕监禁刑的检察体制，对社区矫正这一在社区中服刑的新型刑罚执行制度缺乏监督认识和监督经验。一些辖区内没有看守所或监狱的检察机关，甚至还没有设立监所检察部门，没有专门的刑罚执行监督机构，对刑罚执行监督更是缺乏思想上的重视和工作上的经验。而社区矫正工作的特殊性要求从事法律监督的检察人员具有相应的专业知识和工作能力，社区矫正工作的全面铺开需要更多更强的监督力量参与到社区矫正工作中，检察机关监所检察部门现有的观念定位、物质装备、人员配备均不能满足加强监督社区矫正工作的需要。

（三）手段有限，检察机关的监督缺乏约束力和强制性，影响了检察监督效果

当前检察机关对社区矫正工作的监督一般是采取对相应的交付执行机关、监督管理机关交付执行和教育矫正、监督管理社区服刑人员的执法活动定期开展一次检察活动，对认为与有关机关相关的执法活动中可能存在的严重违法问

①　韦善恒：《检察机关加强社区矫正法律监督工作探析》，载《法律与经济》2011 年第 10 期。

题和社区矫正的重大事件随时进行检察活动，采取定期检察和随时检察相结合的方式，但无论是定期检察还是随时检察，均是一种事后监督，监督手段单一，监督效果不佳。对于监督过程中发现的违法问题和苗头性倾向，检察机关只能通过发出检察建议或纠正违法通知书进行监督纠正，检察建议和纠正违法通知书均属于柔性措施，如果被监督机关既不提出异议，也不遵循执行，检察机关往往束手无策，结果不了了之，既影响了刑罚执行监督的力度和效果，也有损检察机关的公正形象和权威性。

（四）观念陈旧，矫正对象和公民的合法权益保障难

社区矫正的实施容易导致自由裁量权的滥用和社会控制网络的扩张。由于长期形成的重刑观念和忽视人权的观念，加之无明确法律依据、人员配备和经验不足等原因，造成检察机关未能及时对侵犯矫正对象合法权利的现象进行监督纠正。同时，由于注重矫正对象的隐私权，又使公民的知情权未能得到有效保障。

以上这些问题，需要在社区矫正法律监督工作实践中进一步研究和解决，以期跟进和适应刑法、刑事诉讼法修改后把社区矫正作为刑罚执行一种方式所确定的任务。

三、加强社区矫正动态法律监督的对策

社区矫正法律监督是人民检察院依法履行刑罚执行活动法律监督职责的重要组成部分，也是人民检察院参与社会治安综合治理的重要工作。做好社区矫正法律监督工作，对于保证其依法公正运行，预防和减少重新犯罪，预防有关职务违法犯罪，保障社区服刑人员的合法权益，促进社会和谐稳定，维护社会公平正义有重要意义。正如最高人民检察院副检察长孙谦在 2009 年全国社区矫正工作会议上所言："开展对社区矫正的法律监督，是刑罚执行监督的重要内容，也是检察机关的一项重要任务，对于促进严格执法和公正司法，保障刑罚的依法正确执行具有重要作用。"社区矫正法律监督中存在的问题，既有法律规定不完善等立法层面的原因，也有实际操作层面的原因；既有检察机关自身的原因，也有其他社区矫正参与部门配合不够的原因。[①] 为切实加强检察机关对社区矫正试点工作的法律监督，笔者建议：

（一）在修改、完善刑法、刑事诉讼法的基础上，制定《社区矫正法》

鉴于目前社区矫正法律依据不足，检察机关的监督权因无实际可依据的程

---

① 朱世洪：《社区矫正法律监督存在的问题及建议》，载《人民检察》2011 年第 2 期。

序规则而受到挑战的局面，建议完善立法。立法机构应在总结社区矫正工作的基础上，借鉴国外社区矫正立法的成功经验，立足我国国情，制定一部关于社区矫正的统一法律。

建议社区矫正立法可分如下几步走：一是抓紧修改完善刑法、刑事诉讼法。曾经有人提出，先制定地方性法规，满足社区矫正改革实践之急，或国务院先制定出台有关社区矫正的工作条例，条件成熟后再正式立法。我国宪法、立法法都规定，凡限制与剥夺公民人身自由的刑罚及其执行只能由全国人民代表大会及其常务委员会制定，社区矫正是一种刑罚执行制度，不能由地方性法规和国务院的条例来规定，只能由全国人民代表大会及其人大常委会修改完善刑法、刑事诉讼法，以适应社区矫正工作的需要，目前这一步工作已经到位。二是单独制定《社区矫正法》，为社区矫正工作搭建"有法可依，有法必依"的法律平台。① 对社区矫正的机构设置、矫正的内容、矫正的程序、矫正的监督、各部门的权力与义务等作出明确而详细的规定，为社区矫正工作提供强有力的法律支持，而目前的《社区矫正实施办法》只是初步的做了一个规定，后面还有修改完善的必要。三是在修改完善刑法、刑事诉讼法，制定《社区矫正法》的基础上，待条件成熟后，统一制定《刑事执行法》，形成刑法、刑事诉讼法、刑事执行法"三位一体"的刑事立法格局。四是完备社区矫正监督法律体系，加强检察监督权力保障。目前，法律上虽已确定检察机关是社区矫正法律监督的主体，但仍有必要在法律中进一步细化。该方面的规定不但要对社区矫正法律监督的对象、范围、内容、方法等进行界定，而且要细化和完善监督程序，设置被监督方的义务性规定，弥补以往法律监督过于疲软的不足，使其具备应有的约束力。② 应该通过修改完善刑事诉讼法、《人民检察院刑事诉讼规则》等相关法律法规对检察机关行使社区矫正监督权的规定，明确检察机关在社区矫正工作中的监督权能，保障检察机关依法行使监督权。最重要的是要赋予检察机关刚性的监督权，明确在被监督对象不在限定的时限内纠正违法并将纠正情况反馈给检察机关的情况下，检察机关具有相应的违法处置权，树立起检察机关监督的权威性和科学性，保障检察机关的监督权落到实处。

---

① 魏巍、刘声剑：《略论改革与完善检察机关对社区矫正的法律监督》，载《法学研究》2011 年第 8 期。

② 李孝廉：《强化重庆社区矫正法律监督的对策建议》，载《决策管理》2008 年第 4 期。

（二）更新观念、强化保障，增强开展社区矫正法律监督工作的水平

在衡量人类文明程度的众多标准中，刑罚文明与否是一个重要的标准。从肉刑到监禁刑，再到非监禁刑，刑罚制度的每一次变革，都是人类文明进步的一次飞跃。[①] 社区矫正是与监禁性刑罚方式相对的非监禁性的刑罚执行活动，是人类刑罚文明朝着人道化、轻缓化和社会化方向不断演进的产物，是贯彻落实宽严相济刑事政策的具体司法实践，目的就是把社区服刑人员教育转化为遵纪守法的公民，化解社会矛盾，实现社会的和谐稳定，其实施的深度和广度已经成为衡量一个国家文明程度的重要标志之一。各级检察机关必须与时俱进，统一思想认识，更新执法观念，积极参与社区矫正工作，将对社区矫正的法律监督纳入刑罚执行监督工作的重点内容，重视监所检察部门的建设和工作，保证在各级检察机关设立监所检察部门，确保社区矫正工作有专业的监督机构；提高监所检察部门的物质装备，确保社区矫正法律监督工作高效、有序、科学的运行；改善监所检察部门的人员素质、人员结构，把年轻、负责、高素质的干警充实到监所检察队伍中，加强培训和学习，打造一支敢于监督、善于监督、乐于监督的监所检察队伍，树立检察机关的公正形象和权威性。

（三）依据原则，找准定位，拓宽检察机关履行职能的方式，增强社区矫正法律监督工作的实效

1. 检察机关开展社区矫正法律监督应遵循的主要原则

（1）依法监督与适度监督并举。检察机关必须在法律规定的职权范围内按照法定的程序进行社区矫正法律监督，做到依法监督。在依法监督的前提下，考虑到检察机关法律监督效力和监督力量的有限性，应注意要在动态跟踪、全面掌握社区矫正活动情况的基础上，紧紧抓住重点环节、重点对象、重点问题开展监督，做到适度监督。（2）分工负责、互相支持。一方面要通过提高发现违法、纠正违法的能力，并将纠正违法与查办司法人员职务犯罪有机结合起来，保证监督到位；另一方面，要支持与社区矫正工作有关的政法各部门的工作，主动加强与政法各部门的联系沟通，共同研究解决社区矫正工作中遇到的问题。（3）公开公正、接受监督。要完善检务公开制度，提高自身执法办案活动的透明度，自觉接受人民群众的监督；要加强上级院对下级院的巡视工作，严格落实执法过错责任追究制度；要健全执法规范，完善流程管理，形成对执

---

① 周伟、吴宗宪、王顺安：《检察机关如何有效开展社区矫正法律监督工作》，载《人民检察》2010 年第 21 期。

法活动和检察人员全方位、全过程的监督。（4）社区矫正法律监督与监禁矫正法律监督相互衔接。检察机关要加强对两种矫正工作的监督，推动社区矫正与监禁矫正相互衔接。一要加强对监禁矫正的监督，保证符合法定条件的罪犯能获得假释、暂予监外执行的机会，提高罪犯的改造积极性，保障罪犯的合法权益；二要对违反监外执行与社区矫正有关监督管理规定，符合收监执行条件的社区服刑人员，要监督有关机关依法收监，维持社会的和谐稳定。①

2. 检察机关应当立足法律监督职能，找准定位，积极开展法律监督，保障社区矫正工作依法、公正进行

首先，检察机关的社区矫正工作监督应当把握重点，增强监督的针对性和实效性。检察机关要实现对社区矫正工作的依法监督就必须渗透到适用非监禁刑的各个步骤和程序中去，包括刑罚确定过程的监督、执行过程的监督、执行后的监督，保证判、交、送、接、帮、罚等各执法环节实现无缝衔接，进行全程监督。一是依法开展对判决、裁定、决定社区矫正的检察监督，把好入口关；二是依法开展交付执行活动的检察监督，防止发生漏管现象；三是依法开展对具体监管、矫正活动的检察监督，防止脱管；四是依法开展刑罚变更执行和解除矫正、终止执行的检察监督，防止发生司法腐败；五是注重维护社区服务人员的合法权益，依法受理控告申诉。其次，要积极探索适应社区矫正特点的检察方式。要将定期检察监督与日常检察监督相结合，全面检察监督与重点检察监督相结合，专门工作和群众路线相结合，灵活加以运用。积极探索创新社区矫正检察监督的工作方式，综合运用纠正违法通知、检察建议、情况报告、直接查办案件等多种形式开展法律监督工作，取得法律监督实效。再次，检察机关应建立健全社区矫正工作法律监督机制。检察机关应在试点基础上总结经验，健全社区服刑罪犯脱管漏管的发现机制、纠正机制、责任追究机制；建立检察机关与其他政法部门的协作配合机制，尝试建立联席会议制度、信息共享制度、情况通报制度、重大事件报告制度，积极构建刑事司法信息网络平台，推进社区矫正信息共享，以最大限度地发挥法律监督效能。具体可以采用定期检察与随时检察相结合、全面检察与重点检察相结合、书面审查与实地考察相结合、自行检察与联合检察相结合、集中教育与个别教育相结合等方式进行。通过听取汇报、组织座谈、列席会议、预约谈话、检察回访、公布举报和维权电话、设立检察官信箱、建立公检法司部门共享的社区矫正信息系统平台

---

① 周伟：《社区矫正法律监督问题研究》，载《人民检察》2011 年第 9 期。

等措施收集社区矫正有关情况，拓宽监督信息来源。在监督过程中，综合运用检察建议、纠正违法通知书、查办犯罪等手段，履行审判监督、立案监督、执行监督等职能，增强监督工作的公信力和监督实效。

（四）从三方面完善监督机制，提升对社区矫正法律监督的能力

1. 构建全方位、内外一体化的刑罚执行法律监督机制

就检察系统内部来说，一是整合检察机关内部法律监督资源，加强各职能部门之间的联系、配合，形成监督合力。检察机关不仅有权对社区矫正服刑人员又犯罪和严重违法、违规的行为提出公诉、请求审判机关依法定罪量刑、数罪并罚或以检察建议形式建议撤销社区矫正收监执行，而且可以依法对刑事诉讼系统最后环节的行刑与矫正工作全方位地实施检察监督。① 建议对社区矫正工作进行链条式全程监督，有效避免了社区矫正对象脱管、漏管等现象的发生。将社区矫正工作向前延伸，在审查起诉阶段即开始进行相关基础工作，对于可能被判处管制、适用缓刑、单处剥夺政治权利，且属于本地管辖的犯罪嫌疑人，与司法行政机关密切配合，对犯罪嫌疑人的人身危险性、平时表现等情况进行调查评估，提前掌握相关情况。② 二是整合上下级检察机关的监督资源，纵向提升法律监督的层次和效力。当下级检察机关的正当监督行为遭遇强大阻力时，上级检察机关应积极支持下级检察机关监督到位。三是畅通异地检察机关之间的联系，建立社区矫正流动管理异地监督机制，横向拓展法律监督领域，以有效防止跨区域监外罪犯脱漏管等违法情况发生。③ 就检察系统外部来讲，要注重加强与人民法院、公安机关、司法行政机关的联系，及时掌握判决裁定、交付执行、教育管理、矫治解除的基本情况，确保底数清、情况明。派驻监狱、看守所检察室认真落实监外执行罪犯出狱、出所和列管后的双告知制度，保证监所内外法律监督的无缝衔接。

2. 建立同步监督机制

在及时、准确地掌握社区矫正工作动态信息的基础上，检察机关应前移监

---

① 周伟、吴宗宪、王顺安：《检察机关如何有效开展社区矫正法律监督工作》，载《人民检察》2010 年第 21 期。

② 卜静波、戴先东、李来华：《社区矫正法律监督工作的创新发展》，载《司法实务》2011 年第 10 期。

③ 龚泽文：《浅谈新时期社区矫正法律监督机制的建设——以增城市人民检察院社区矫正法律监督机制的建设模式为视角》，载《法制与经济》2011 年第 5 期。

督关口，变事后监督为同步监督，建立起一整套的同步监督机制，以增强法律监督的效果。检察机关在社区矫正活动中，应重点在交付执行环节、执行变更环节和执行终止环节建立同步监督机制。建立交付执行环节的同步监督机制，对监外执行罪犯的交付执行等进行监督，确保能及时发现、纠正社区矫正对象漏管的问题；建立执行变更环节的同步监督机制，监督执行机关是否对监督管理矫正期间违反法律、法规和有关监管规定的社区矫正罪犯依法给予处罚等，严厉打击社区服刑罪犯的再犯罪活动，提高法律监督的实际效果；建立执行终止环节的同步监督机制，依法维护社区矫正罪犯的合法权益。

3. 建立社区矫正法律监督工作保障机制

一是加大监所检察机构的投入力度；二是注重提高社区矫正检察官政治素质和法律素养的提高，定期邀请检察专家业务能手进行培训，不断规范社区矫正法律监督工作，建立健全监督岗位责任，为社区矫正法律监督工作的纵深开展提供强有力的智力支持和人才保障。

（五）更新检察监督观念，保护社区矫正对象和公民的合法权益

在社区矫正检察监督中，要树立兼顾预防犯罪与保护人权相结合的观念，一方面保证社区矫正中刑罚的惩罚性，即要通过对矫正对象一定人身自由及一定政治权利的剥夺，实现司法威吓，对矫正对象产生威慑作用，实现特殊预防；另一方面将尊重和保障人权的观点引入社区矫正监督领域，把握社区矫正的非监禁性，通过有效的监督措施，确保矫正对象的基本人权不受矫正机构的非法侵害，防止对矫正对象的过度干预。要处理好社区矫正中公民知情权与罪犯隐私权的矛盾，知情权的根本目的是保障公民知情的权利，公民有权依法知悉和获取信息；隐私权的立法宗旨在于公民有权隐瞒、维护自己的私生活秘密并予以法律保护，防止任何人侵犯。公民的知情权处于公共利益的地位，它代表的是整个社区中公民的利益，处于一种优势地位，其所代表的利益要高于罪犯的隐私，因此要在确保公民知情权的基础上保护好矫正对象的隐私权，这也有利于对矫正对象的改造。

（六）加大职务犯罪预防和查办力度，增强检察监督效果

积极拓宽检察机关的履职方式，把预防和查办职务犯罪案件和实施社区矫正检察监督有机结合，防止社区矫正被滥用，成为权利寻租的工具，避免社区矫正中腐败现象的发生。

社区矫正是社会文明发展到一定历史阶段的必然产物，也是社会不断进步、刑事政策日趋理性化的重要标志。但它又作为一个新生事物需要在摸索中

不断前行。为保障社区矫正执法的公平、公正，人民检察院应当积极介入其中，更好地发挥对刑罚执行的监督作用，这既是构建社会主义和谐社会的必然要求，也是人民检察院义不容辞的责任。

《刑法修正案（八）》中老年人犯罪
从宽处罚规定的若干探讨

◎ 吴巧新　　方春科*

内容摘要：

自古以来，矜老恤幼就是中华民族的传统美德。《刑法修正案（八）》将老年人犯罪从宽处罚写入刑法，在人口老龄化的今天具有重要意义。本文从老年人犯罪的含义入手，探究《刑法修正案（八）》中老年人犯罪从宽处罚规定的不足，并对如何完善老年人犯罪从宽处罚机制作出探讨。

关键词：

老年人犯罪　故意与过失　限制免死　刑罚运用

自古以来，矜老恤幼就是中华民族的传统美德。从刑事立法角度而言，我国 97 刑法对未成年人犯罪作了从宽处罚的规定，但对老年人犯罪却没有相关规定。为了弥补了这一立法缺陷，2011 年 2 月 25 日，第十一届全国人民代表大会常务委员会第十九次会议表决通过的《中华人民共和国刑法修正案（八）》（以下简称《刑法修正案（八）》）增设了老年人犯罪从宽处罚的规定。该规定的出台，是推动我国刑法改革的亮点之一，体现了立法者对老年人犯罪问题的宽容，是国家机器对老年人犯罪惩治的网开一面，也使我国刑事立法对弱势群体人权保护更加完善；但在立法审议的会内会外也引发了见解不同的热议。本文试图从老年人犯罪的含义入手，探究《刑法修正案（八）》中老年人

---

*　吴巧新，浙江省宁波市海曙区人民检察院副检察长；方春科，浙江省宁波市海曙区人民检察院侦查监督科副科长。

犯罪从宽处罚规定的不足，并对如何完善老年人犯罪从宽处罚机制作出探讨。

一、老年人犯罪的含义

目前，我国刑法没有明确界定老年人犯罪的含义。毋容置疑，要界定老年人犯罪的内涵，首先要明确刑法意义上老年人的含义，这就涉及到老年人犯罪的年龄划分标准问题。老年人的年龄上限就是衰老死亡和生命终止的年龄，这个年龄因人而异，难以统一，但老年人的年龄下限，即起点年龄是可以确定一个标准的，通常意义上讲的老年人犯罪的年龄划分标准指的就是老年人的起点年龄。

关于老年人的起点年龄标准，不同国家在不同时期的界定是不同的。从年龄结构研究出发定义老年人的是瑞典学者桑德巴，他把老年人的起点年龄定为50岁。[①] 第二次世界大战后，由于流行性疾病得到有效控制，老年人的起点年龄也相应地提高到60周岁以上。在确定老年人的起点年龄方面，不同国家和地区受到了人口平均寿命的影响。在欧美等发达国家和地区，由于人口的平均寿命普遍较长，故倾向于把老年人的起点年龄定得较高，如美国、英国、加拿大，把65岁作为老年人的起点年龄。与此不同，在亚太地区的许多国家，如俄罗斯，则把60周岁作为老年人的起点年龄。1982年，联合国在维也纳召开的"老龄问题世界大会"，提出"老龄问题国际行动计划"，在不否定65岁标准的情况下，又提出将老年人年龄的界定定义为60岁。[②]

我国理论界对老年人犯罪的年龄标准也存在争议。主要有两种观点：一种观点认为，对老年人犯罪的划分应以60岁为起点，尽管这个标准并不能反映每个人进入老年阶段的个体差异，但却便于研究和使用。[③] 主要依据是我国1996年颁行的《老年人权益保障法》第2条规定："本法所称老年人是指六十周岁以上的公民。"据此认为，在我国，老年人犯罪是指60周岁以上的老年人

---

① 康树华、石芳：《老年人犯罪特点、原因与对策》，载《南都学坛》（人文社会科学学报）2004年第1期。

② 杨宏亮：《老年人犯罪情况调查与法律机制完善研究》，载《犯罪研究》2009年第4期。

③ 徐光明、余建华：《强化能动司法　服务经济发展》，载《人民法院报》2009年6月37日。

所实施犯罪行为的总称。①

　　另一种观点认为，老年人犯罪应该以 70 岁为起点。主要理由：一是《治安管理处罚法》第 21 条规定，70 周岁以上的老年人违反治安管理，依法应当给予行政拘留处罚的，不执行行政拘留处罚；《最高人民检察院关于依法快速办理轻微刑事案件的意见》第 4 条也规定，70 周岁以上的老年人涉嫌犯罪的案件，应当依法快速办理。从立法目的上看，联合国提出的老年人标准和《老年人权益保护法》着眼于加强对老年人权益的保护，其所设置的年龄标准越低，其所包含的范围越大，以 60 岁为标准是无可厚非的。而《治安管理处罚法》与刑事司法解释侧重于对老年人的从宽处罚，为避免不当扩大老年人的范围，其关于年龄标准的认定更接近于刑事实体法上的概念。② 二是从生理条件和社会实践来看，鉴于中国人均寿命已达到 72 岁，法定的退休年龄是男性 60 岁，女性 55 岁，加之老年人犯罪率比较低，所以，作为宽宥对象的"老年人"的起始年龄应高于退休年龄而略低于人均寿命，以 70 岁为宜。③

　　《刑法修正案（八）》最终规定"已满七十五周岁的人故意犯罪的，可以从轻或者减轻处罚；过失犯罪的，应当从轻或者减轻处罚"，"审判的时候已满七十五周岁的人，不适用死刑，但以特别残忍手段致人死亡的除外"等，从而将老年人犯罪的年龄标准划分到了 75 岁。

　　笔者认为，《刑法修正案（八）》规定的 75 岁标准是合理和适当的。在确定老年人犯罪的年龄标准时，应考虑以下三个因素：（1）社会学意义上的"老年人"年龄。按照世界卫生组织在 2000 年提出的年龄划分法：60—74 岁为年轻的老人或老年前期，75—89 岁为老年，90 岁以上为长寿老人。（2）我国人口的平均寿命。根据世界卫生组织公布的《2008 年世界卫生报告》显示，中国男性平均寿命为 70 岁、女性平均寿命为 74 岁，整体人均寿命为 72 岁。（3）老年人的健康状况和犯罪状况。年龄的确定既要体现矜恤老人的人文精神，又要考虑到从宽处罚可能引起的社会治安问题。规定得过低，可能引发老

---

① 叶建丰、朱宁：《老年人犯罪从宽处罚机制研究》，载《新疆警官高等专科学校学报》2011 年第 1 期。

② 杜邈、徐啸宇：《老年人犯罪不适用死刑的立法控制》，载《北京人民警察学院学报》2010 年 7 月第 4 期。

③ 张建军：《老龄犯罪宽宥论——以贯彻宽严相济刑事政策为视角》，载《西南政法大学学报》2007 年第 4 期。

年人犯罪数量的增加，给社会治安形成压力；规定得太高，社会上一般民众难以存活至该年龄，就会失去现实意义。上述第一种 60 岁年龄标准的观点混淆了社会学意义上的"老年人"和刑法意义上作为宽宥对象的"老年人"的含义，而使年龄标准定得过低，可能引发老年人犯罪的增加，给社会治安形成重压。另外，虽然将年龄标准放低更显刑法的人道性，但是综合考虑经济的快速发展以及医疗水平的逐步提高，老年人的营养状况会有所改善，养生知识也将越来越受到重视，笔者认为第二种观点提出的 70 岁标准有些保守。加上刑法的规定应具有稳定性，不能朝令夕改，故老年人犯罪的年龄标准以《刑法修正案（八）》规定的 75 岁更为适宜，既留有社会发展的余地，又不会使年龄规定过高而令其束之高阁。

二、对《刑法修正案（八）》老年人犯罪从宽处罚规定的审视

《刑法修正案（八）》增设的对老年人犯罪从宽处罚的规定主要有："已满七十五周岁的人故意犯罪的，可以从轻或者减轻处罚，过失犯罪的，应当从轻或者减轻处罚"；"对已满七十五周岁的人，不适用死刑，但以特别残忍手段致人死亡的除外"；"对于被判处拘役、三年以下有期徒刑的犯罪分子，根据犯罪分子的犯罪情节和悔罪表现，人民法院认为其没有再犯罪的危险的，可以宣告缓刑，对其中已满七十五周岁的，应当宣告缓刑"。①

仔细阅读法条，笔者认为，《刑法修正案（八）》对老年人犯罪从宽处罚规定了严格适用条件，尚存在一些值得探究的地方。

（一）关于对老年人犯罪区分故意和过失予以从宽处罚的探讨

《刑法修正案（八）》在老年人犯罪的刑事责任问题上，区分故意和过失犯罪予以从宽处罚，即"已满七十五周岁的人故意犯罪的，可从轻或减轻处罚；过失犯罪的，应当从轻或减轻处罚。"也就是说并非对每一个犯罪的老年

---

① 《刑法修正案（八）》第 1 条在《刑法》第 17 条后增加 1 条，作为第 17 条之一："已满七十五周岁的人故意犯罪的，可以从轻或者减轻处罚；过失犯罪的，应当从轻或者减轻处罚。"第 3 条在《刑法》第 49 条中增加 1 款作为第 2 款："审判的时候已满七十五周岁的人，不适用死刑，但以特别残忍手段致人死亡的除外。"第 11 条将《刑法》第 72 条修改为："对于被判处拘役、三年以下有期徒刑的犯罪分子，同时符合下列条件的，可以宣告缓刑，对其中不满十八周岁的人、怀孕的妇女和已满七十五周岁的人，应当宣告缓刑：（一）犯罪情节较轻；（二）有悔罪表现；（三）没有再犯罪的危险；（四）宣告缓刑对所居住社区没有重大不良影响"。

人都从宽处罚，是否从宽处罚的关键在于老年人犯罪时的主观心理态度是"故意"还是"过失"。若是故意，则是酌定从轻减轻情节，由法官自由裁量，既可从宽，也可不从宽；若是过失，则是法定从轻减轻情节，法官没有裁量余地，必须从宽。笔者认为，这一规定有欠妥之处。

1. 对老年人犯罪区分故意和过失予以从宽处罚不符合老年人特殊的身心特征

刑法对故意犯罪的规定及其判断标准，基本上是基于正常人的思维和认识能力加以设计和规定的，这对于老年人而言，在法律上其实是不公平的。研究表明，进入老年后，人的身体机能和心理机能都面临明显下降趋势。在身体机能上，进入老年后，人的许多器官和组织会有相当程度的萎缩现象，如听力下降、视力减退等。在心理机能上，老年人由于精神衰退，感官功能会降低，因此反应就会迟钝，自控力也会减弱。这就会使老年人在人格心理上产生较大变化，固执、幼稚、易被激怒是其典型的心理特征。在遇到挫折或受到刺激时，往往就失去已经形成的成年人的那种克制和理智，并往往表现出以自我为中心、变得像儿童一样任性、冲动，故有人称老年期为"第二次儿童期"。① 这种情绪回归现象，使老年人在处理人际冲突时常常牢骚满腹，缺乏宽容态度，很容易因为小事而激起不可调和的矛盾冲突，出现攻击性的语言和行为，从而故意实施犯罪。基于老年人特殊的身心状态，立法对老年人犯罪还要区分故意和过失来予以从宽处罚，未免有过于苛刻之嫌。

2. 对老年人犯罪区分故意和过失予以从宽处罚不符合立法的一致性

首先，我国《刑法》第 17 条第 3 款规定："已满十四周岁不满十八周岁的人犯罪，应当从轻或者减轻处罚。"可见，对于未成年人犯罪，我国立法采用的是一律予以法定从宽处罚的模式。但在对待"一老一小"中的老年人犯罪时，立法却要区分故意犯罪和过失犯罪，以老年人犯罪时的主观心态作为法定或酌定从宽处罚的情节，这不仅与未成年人犯罪从宽处罚的规定不一，而且纵观我国刑法条文，也找不到类似的规定。这样的立法未免让人觉得突兀和匪夷所思，不符合立法的一致性。其次，若对老年人犯罪规定"可以"从轻或者减轻处罚，容易与《刑法修正案（八）》规定的"对已满七十五周岁的人，不适用死刑"相冲突。因为这样一来，就会出现对老年人故意犯罪不予从轻或者减

---

① 朱明霞：《老年人犯罪与精神障碍的相关因素分析》，载《法律与医学杂志》2003年第1期。

轻处罚，但同时又规定对其免死的矛盾。

3. 对老年人犯罪区分故意和过失予以从宽处罚易引发适用上的争议

一方面，对于酌定从轻减轻情节，因为法官具有较大的裁量权，不同的法官对同一案件可能会有不同的处理结果，这就可能出现同一个老年人犯罪，在某一法院判决予以从轻减轻处罚，在另一个法院又不予以从轻减轻处罚的情况，由此导致在刑罚具体适用上的争议。另一方面，在酌定从轻减轻情节的情况下，"可以"一词本身容易引起很多不必要的争议，因为刑法中"可以"的含义较为复杂，有时是"必须"的意思，有时是"一般应当（原则上要）"的意思等。① 如何正确理解"可以"一词在老年人犯罪从宽处罚中的含义，对适用刑法的法官来讲，又是一个考验。

（二）关于老年人犯罪限制免死的探讨

《刑法修正案（八）》在老年人犯罪的死刑适用问题上，实行限制免死，即有条件地免除死刑，规定："对已满七十五周岁的人，不适用死刑，但以特别残忍手段致人死亡的除外。"由此，明确了对老年人犯罪，并非一律不适用死刑，当老年人罪犯以特别残忍手段致人死亡时，仍适用死刑。笔者认为，这一规定存在一定问题。

1. 对老年人犯罪限制免死的宣示意义大于实际意义

从统计数据和司法经验来看，在《刑法修正案（八）》起草之初，最高人民法院提交给全国人大常委会的数据显示，70 周岁以上犯重罪被判处死刑的案件，每年不超过 10 起。② 可见，老年人必须同时具备"手段特别残忍"和"致人死亡"两个条件，才可能被判处死刑的情况在实践中非常罕见，老年人免死是否加限制条件，对实际效果并无太大影响，也就是说，以"特别残忍手段致人死亡的除外"这一规定是宣示意义大于实际意义。而《刑法修正案（八）》在削减 13 项死刑罪名时，提出的依据之一就是认为有的罪名的司法适用率极低，这不正是由于宣示意义大于实际意义才要削减吗？但在老年人犯罪死刑适用问题上，《刑法修正案（八）》却规定了实际意义不大的限制免死，这一自相矛盾的立法思维着实令人费解。

---

① 张波：《刑法总则中的"可以"有不同含义》，载《检察日报》2008 年 1 月 6 日，第 3 版。

② 赵蕾：《"老人免死"为何进一步退半步》，载《南方周末》2011 年 1 月 13 日，第 A06 版。

2. 对老年人犯罪限制免死不利于同国际法治发展趋势接轨

现代社会是权利复兴的时代，"复仇正义"开始向"矫正正义"靠拢。世界上很多国家对死刑问题十分慎重，76.1% 国家已基本免除了死刑。如美国虽属于适用死刑的国家，但全国有一半以上的州事实上已经废除了死刑。日本也是保留死刑的国家，但日本每年处死的犯人不超过 10 个。① 减少或废除死刑是历史的发展趋势，是人类文明进化的必然结果。在老龄化问题日益突出的今天，保留死刑的国家关于老年人犯罪的规定也越来越表现出一致性，即老年人犯罪不适用死刑。联合国经济及社会理事会早已敦促那些还保留死刑的国家应确立一个不得判处或执行死刑的年龄上限。其在 1989 年 5 月 24 日的 1989/64 号决议（该决议的第 2 款第 C 项建议会员国"规定可判处死刑或予以处决的最高年龄"）与 1996 年 7 月 23 日的 1996/15 号决议中强调了对死刑的限制，限制的具体措施就是"确立一种最大年龄限度，超过这一限度，任何人便不得被判处死刑或者被执行死刑"。但是，因为这一敦促没有法律效力，而且对这个年龄上限到底是多少也没有明确，所以在世界各地的落实情况有别。总体看，响应联合国经社理事会上述敦促的国家和地区在增多。如《俄罗斯联邦刑法典》第 59 条第 2 款规定："对法院作出判决时已年满 65 岁的男子，不得判处死刑。"《土耳其刑法典》规定"对于已满 65 岁人犯罪者，不适用死刑。"② 《蒙古人民共和国刑法典》第 18 条第 2 款规定："60 周岁以上的男人、妇女不得适用死刑。"③ 可见，国际社会已经就老年人的刑罚适用问题，对各国国内立法提出了明确要求。我国在坚持保留死刑的同时，还将老年人作为死刑的适用对象，这是不利于同国际法治发展趋势接轨的。

3. 对老年人犯罪限制免死有违"罪责刑相适应"原则

一般认为，"罪责刑相适应原则"是指刑罚的轻重，应当与犯罪分子所犯罪行和承担的刑事责任相适应。在分析罪轻罪重和刑事责任大小时，不仅要看犯罪的客观社会危害性，而且要考虑行为人的主观恶性和人身危险性，把握罪行和罪犯各方面因素综合体现的社会危害性程度，从而确定其刑事责任程度，适用相应轻重的刑罚。老年人由于生理功能及躯体状况减退，自我辨认能力和

---

① 和静钧：《"老人不适用死刑"具有里程碑意义》，载《深圳特区报》2010 年 12 月 21 日，第 A02 版。

② 马克昌：《比较刑法原理》，武汉大学出版社 2002 年版，第 256 页。

③ 金凯：《比较刑法》，河南人民出版社 1985 年版，第 97 页。

自我控制能力逐渐降低，甚至完全丧失。这意味着，老年人的刑事责任能力会逐渐减弱、丧失，而且主观恶性和人身危险性也不会很大，社会危害性就相对较小。故按照"罪责刑相适应"原则，在老年人罪犯的量刑和行刑方面，特别是适用死刑时，应与青壮年罪犯的处理有所区别，而与未成年人有相同或相似的宽宥。而我国《刑法》第49条规定：犯罪的时候不满18周岁的人不适用死刑。可见，刑法对于未成年人并没有规定死刑适用的例外情形，但对同样作为弱势群体的老年人，却规定了限制免死，这不能不说是立法的遗憾。

（三）关于老年人犯罪刑罚运用的探讨

《刑法修正案（八）》在刑罚的具体运用上，规定对年满75周岁的罪犯，符合缓刑条件的，应对其适用缓刑。75周岁以上的老年人由于身体状况很难适应监狱的生活条件，心理上也难以承受，且再次危害社会的机会很小，刑罚对其惩戒作用不大。对老年人在量刑时适当考虑其实际状况，判处缓刑，是对老年人人道主义关怀的体现，同时也符合刑罚执行中的个别化、社会化、经济性与效益性等原则。无论从经济学还是社会学角度来看，给予那些符合条件的老年人罪犯适用缓刑都是恰当的。这也是《刑法修正案（八）》唯一将老年人和未成年人甚至是怀孕的妇女在刑事责任的承担方面同等对待的一条。但笔者认为，在就老年人犯罪刑罚的具体运用上，立法只限于规定缓刑，会降低对老年人犯罪从宽处罚的力度，尚需就刑罚运用的其他问题进行规定。

三、老年人犯罪从宽处罚机制的完善建议

综上，《刑法修正案（八）》增加了对老年人犯罪从宽处罚的规定，这符合我国历来尊老敬老的文化传统，也契合国际社会刑罚轻缓化的时代潮流，具有十分积极的现实意义。但笔者认为，《刑法修正案（八）》在对老年人犯罪从宽处罚的具体规定上，"宽"的尺度上尚显不足，建议从以下几方面加以完善：

（一）对老年人犯罪一律予以法定从宽处罚

相对于我国《刑法》第17条第3款未成年人犯罪绝对从宽处罚的规定而言，笔者建议，立法对老年人犯罪的从宽处罚可以再前进一步，规定："已满75周岁的人犯罪，应当从轻或减轻处罚。"即对老年人犯罪不区分故意和过失，一律予以法定从宽处罚。首先，如前所述，老年人的辨认能力、控制能力逐渐减弱、衰退甚至丧失，容易因为小事而故意实施犯罪，因此，对于老年人故意犯罪的，刑法应当给予宽容和理解，对老年人犯罪不区分故意和过失，给予相

同的"应当"从轻或者减轻处罚待遇，符合老年人特殊的身心特征。其次，相对未成年人来说，老年人年老体衰，再次犯罪的可能性更小，且 75 岁以上的老年人犯罪仍在少数，故完全可以参照刑法关于未成年人从宽处罚的规定，给予绝对的从宽处罚，这样可以避免立法规定不一致的缺陷。最后，将老年人犯罪"可以"从宽处罚改为"应当"从宽处罚，可以避免刑罚适用上的争议，防止法官自由裁量权过大，从而体现这一规定本该具有的进步意义。

（二）对老年人犯罪一律不适用死刑

《刑法修正案（八）》对老年人犯罪不适用死刑的规定标志着我国刑法走向理性、人道、文明。但如前所述同时规定"但以特别残忍手段致人死亡的除外"，看似是对个案的补充，做到不枉不纵，实际上意义不大。笔者建议，将上述但书去除，规定对老年人犯罪一律不适用死刑。首先，从世界上对老年人犯罪不适用死刑的国家和地区的立法例来看，对犯罪的老年人都是一概免死而无例外之规定。而从联合国有关文件的倡导和《美洲人权公约》的相关规定看，也是要求达到一定年龄的老年人犯罪不得判处死刑，并无例外。我国正处于复杂的社会转型期，各种犯罪仍频频发生，废除死刑的时机尚不成熟，严格限制死刑是最理性的选择，取消老年人犯罪的死刑适用是严格限制死刑的一个有效途径，有利于和国际社会的通行做法接轨。其次，人的生长过程和衰老过程体现在生理机能与行为能力上，方向相反但内容却几近一致，牙齿、头发、肉体、思维等都是从无到有，从有到全，再从全到少，从少到无，老年人的行为能力会越来越类似于未成年人，处于某种不完整的状态。我国《刑法》第49 条对未成年人规定了一概免死，对老年人也应作出相同规定，才符合"罪责刑相适应"原则。再次，"现代刑罚的目的决定了对老年犯罪人应予以从宽处理。人到古稀之年，神智模糊，对其适用某些刑罚，丧失了改造的意义，同时还会失去社会同情"。[①] 老年人身心衰弱，在生理上已将近到达生命的终点，再犯可能性很小，无须通过对其消灭肉体即可实现特殊预防的目的。而对老年人适用最严厉的死刑刑罚，从某种程度上来说，与我们长期以来所受到的传统教育而形成的"矜老"价值取向相背离。这不但不能有效警戒社会上的不稳定分子，反而会让公众觉得刑罚过于残酷，无法认同刑法，甚至对刑法产生反感、抵触和对立情绪，并可能因这种对刑法的敌视而引发新的犯罪。正如贝卡利亚在《论犯罪与刑罚》中论及死刑时认为"在大部分人眼里，死刑已变成了一场

---

① 　马克昌：《犯罪通论》，武汉大学出版社 1999 年版，第 269 页。

表演，而且，某些人对它怀有一种纷纷不平的怜悯感。占据观众思想的，主要是这两种感情，而不是法律所希望唤起的那种健康的畏惧感"。①

（三）对老年人犯罪在刑罚运用上应进一步从宽

1. 对老年人犯罪不成立累犯

《刑法修正案（八）》第 6 条在原刑法条文的基础上增加了不满 18 周岁的人犯罪不成立累犯的规定，这是考虑到未成年人的可塑性强，出于感化、教育、挽救的原则，对未成年人不适用累犯。而老年人犯罪在通常情况下，其社会危害性要低于其他成年人犯罪，甚至可以说低于未成年人犯罪。因此，笔者建议立法增加"年满七十五周岁的人犯罪不成立累犯"的规定，这样一来，不仅能进一步体现对老年人犯罪从宽处罚的精神，而且更能彰显刑事立法的完整性和平等性。

2. 对老年人犯罪在减刑、假释方面规定更为缓和的条件

减刑、假释是刑罚具体运用上的两个重要方面，《刑法修正案（八）》强化了对老年人犯罪的缓刑适用，但没有针对老年人的减刑、假释规定，为了积极促进老年罪犯早日回归社会，笔者建议，立法在规定适用于老年人的减刑、假释条件时，可以规定更为缓和的条件。在国际上，已经有这样的规定。如《越南刑法典》第 59 条规定，对于特别老弱的人，法院可以在法律所规定的实际执行期限以前给予减刑。②《西班牙刑法典》第 90 条和第 92 条规定："对于符合以下条件的服刑人员可以实施假释：1. 被判处轻刑者。2. 已经执行原判刑量的 3/4 者。3. 根据国家监狱管理法草案第 67 条要求，服刑期间表现良好，回归社会后不会造成危害者。虽然不符合前条规定，但如果服刑人年满 70 岁或者在服刑期间将年满 70 岁，并符合除已服完 3/4 或 2/3 之刑罚以外的各项规定的，可以予以假释。"③

根据我国现行刑法的规定，对于假释的，必须执行刑罚的一半以上，无期徒刑的，必须执行 10 年，此外，减刑的幅度也过小。而对于老年人来说，由于其所剩余的生命有限，这种规定对其而言就没有多大意义。因此，笔者认为可以对老年人犯罪作出更为宽缓的规定。如对老年罪犯比照青壮年罪犯适用从

---

① ［意］切萨雷·贝卡里亚：《论犯罪与刑罚》，黄风译，中国方正出版社 2004 年版，第 60 页。

② 《越南刑法典》，米良译，中国人民公安大学出版社 2005 年版，第 25 页。

③ 《西班牙刑法典》，潘灯译，中国政法大学出版社 2004 年版，第 37 页。

宽的假释政策，规定老年人需要假释的，只要执行原判刑罚的 1/3，即可适用假释；对老年罪犯符合法定条件的，应当及时予以假释。对于已经收监的老年罪犯，放宽其减刑条件，充分考虑到老年罪犯由于生理机能退化所导致的劳动能力下降，不再将劳动生产表现为减刑与否及减刑幅度的主要标准，转而重点考察老年罪犯主观思想的改造程度。对于确有悔改的思想表现，在日常服刑中表现积极向上的老年罪犯，可以在减刑幅度、减刑起始时间、减刑间隔等方面出台法律，予以充分照顾。

3. 改革老年人承担刑事责任的方式

根据目前立法规定，罪犯承担刑事责任的方式，主要是各种刑罚。笔者认为，"若以刑罚以外之法律效果，亦能有效防治不法行为时，则应避免使用刑罚，惟有在其他法律效果未能有效防治不法行为时，始得以刑罚作为该行为之法律。"① 对于老年人犯罪而言，针对其特殊的身心特征，可以借鉴国外的有关做法，改革老年人承担刑事责任的方式。如在一些老年人犯罪案件中，可以把经济赔偿、恢复原状等作为承担刑事责任的方式，并且可以要求老年人在对被害人进行一定的经济赔偿、恢复被破坏的公私财物或设施等的同时，从事一定的社区服务，如修剪社区草坪、维护社区公共设施或其他对社区有益的建设活动。

实践中，某些地方法院在这方面已经开始了探索。浙江省三门县法院曾审理过这样一个判例：2005 年，73 岁的三门县横渡镇快某村高某某清明节在麦鼓柳山上坟烧纸时引起森林火灾，过火面积 1396 亩，烧毁森林 1207 亩，失火后，老人主动到镇政府投案自首。2005 年 10 月 20 日，三门县人民法院判处高某某有期徒刑 3 年，缓刑 3 年。此外，考虑到老人家境贫寒，10 多万元的复绿赔偿损失费根本无法执行，法院判令其在该年冬天到第二年春天完成植树造林519 亩，并在缓刑期的 3 年里每年投入一定时间用于林业生产或森林资源管护。② 这个判例最大的亮点在于我国刑事判决首次以劳役（恢复原状）的方式，判令被告人承担刑事附带民事责任。由于对高某某科以义务植树 3 年的劳役，而有意减轻了对他的刑罚，若在过去，这样的犯罪情节，老人很有可能要坐一两年牢，坐完牢，罪也就抵了。至于被毁的林地，不是一直荒芜下去，就

---

① 林山田：《刑罚通论（上册）》，台北：三民书局 2000 年版，第 273 页。

② 陈文龙：《七旬老人上坟失火烧林 1396 亩 法院判他种树 519 亩》，http：//news. sohu. com/20051021/n227264815. shtml。

是政府埋单把树重新种上。但是，通过让被告人投入义工植树造林，既使国家受损利益得到填补，又使其免受牢狱之苦，同时还减轻了他的负担，不失为一个既人性化又有可操作性的公正判决，对于推进刑罚人性化、情理化起到了不容低估的作用。笔者建议，立法对符合条件的老年罪犯，如初犯、罪责较轻、不致再危害社会、具有帮教条件的，可以充分考虑社会化的行刑方式，用"以劳代刑"等方式代替刑罚的执行。

老年人犯罪是老龄化社会的综合病症，与其他犯罪一样，综合性的预防比单纯依靠重刑的制裁更为重要。应该说，老年人犯罪及其刑事责任问题有不同于其他年龄尤其是一般成年人的特点，只有认识其特点并在刑事责任的追究、确定和实现上予以恰当的照应，对老年人犯罪的刑事治理才能够正确有效，刑罚目的才能顺利实现。[1]《刑法修正案（八）》关于老年人犯罪从宽处罚的规定是一次人性化的法制变革，也是对我国古代优秀法律理念的传承，是复兴中华法系的坚实基础，也是建设社会主义法治社会的应有之义，即使尚有争议之处，仍具有里程碑的意义。它必将引发人们继续思考和探索，不懈追求刑法的文明与人道。笔者相信，我们的法制将越来完善和人性化，越来越符合时代需求，并为实现"老有所养、老有所依、老有所学、老有所乐"的目标创建出有利条件。

---

[1]　赵秉志：《论老年人犯罪的刑事责任问题》，载《法律学习与研究》1988 年第 2 期。

硕 博 论 坛

ShuoBo LunTan

无罪推定的原则及理念体系思考

◎ 姚荣武*

内容摘要：

无罪推定作为刑事诉讼的一项基本原则，学界讨论已久。本文梳理了无罪推定与刑事诉讼法价值、目的等基本性概念之间的关系，对无罪推定的基本概念及根本性质进行了重新思考和定位，并详细阐述了作为原则的无罪推定及作为理念的无罪推定的基本内涵。通过论述，本文试图对无罪推定作较为详尽的考察。

关键词：

无罪推定　刑事诉讼法　理念体系

一、无罪推定在刑事诉讼法中的地位分析

(一) 刑事诉讼法原则的概念

关于刑事诉讼法原则的概念，学界大多以我国现行刑事诉讼法的特点和表面特征为依据进行定义，既不能体现刑事诉讼法原则的根本特性，也不能体现其功能作用。有学者将刑事诉讼法原则称为刑事诉讼基本原则，并定义为："刑事诉讼基本原则是由刑事诉讼法规定的，贯穿于刑事诉讼全过程或主要诉讼阶段，公安机关、人民检察院、人民法院和诉讼参与人进行刑事诉讼活动所必须遵循的基本准则。"① "刑事诉讼的基本原则，是指刑事诉讼法规定的国家

---

* 姚荣武，复旦大学法学院诉讼法学硕士研究生。

① 陈光中：《刑事诉讼法》，北京大学出版社、高等教育出版社 2005 年版，第 85 页。

专门机关和诉讼参与人进行或参与刑事诉讼必须遵循的基本行为准则。"① 此类概念表达首先将刑事诉讼法原则界定为刑事诉讼基本准则，从定义语域上有范围过窄之虞。

首先，从本质上讲，刑事诉讼法原则不仅具有指导和规范刑事诉讼程序和活动的作用，也还有指导立法的功能。立法过程是一个从价值、目的、原则到具体制度和法律条文的总分式推进过程，这是制定一部逻辑严密体系完整的法典的基本逻辑模式，没有原则作为指导和规范，很难想象会有一部合格的刑事诉讼法典被制定出来。其次，类似概念表达方式，也没有反映出价值观念和立法目的与刑事诉讼法原则之间的关系。再次，刑事诉讼法原则具备法的效力，是以国家意志表达出来的法的意志，既有法的效力性，也有国家的意志性，这在概念中也应当有所表达。最后，刑事诉讼法原则应当对刑事诉讼法整体范畴具有指导意义，而不应仅仅只是体现于诉讼实践和过程中。

根本而言，刑事诉讼法原则是上升为国家意志的社会意志，在刑事诉讼的立法和司法中的目的经过各种社会价值观的冲突衡量后所确立并体现于刑事诉讼法中的的具有指导意义和规制功能的规范表现。它是以国家意志的形式表现出来的，反映社会价值观念的为实现刑事诉讼法目的，具有指导和规范整个刑事诉讼法及刑事诉讼过程的法的意志。

（二）国家意志不是独立的意志

此处的国家意志不能单纯认为是一个独立的意志，也不能被看做不变的意志，甚至有时候也不能看做一种国家主导性的意志，它甚至可能会是一种国家被动的意志。国家意志是社会意志的根本体现，而社会意志是一个复合体，它是社会各个阶级、阶层和团体甚至个人意志的复合。这种复合本身是一种利益的冲突，是社会各成员的利益角逐后的结果，这种冲突斗争与相互妥协和融合，构成了社会复合价值，并通过国家意志体现出来。这样的意志体现是国家意志的基本方式，古今各个社会形态几无例外，在现代国家形态中体现得更加明显。近现代世界各国纷纷确立代议制国家形式，这种形式的基本要求更是集中体现社会复合的意志；各个阶级、阶层、社团的代表在立法中、在国家的政策制定过程中占有主导者的地位，他们根据所代表社会群体的利益和价值观念，平等地参与讨论、争论甚至争议，最后互相让步、妥协达成基本一致意见，才可以和可能表现为制定法律和政策，并干预和影响法的适用、政策的执

---

① 　岳悍惟：《刑事诉讼法学》，中国方正出版社 2006 年版，第 67 页。

行。所表现出来的总体结果即是国家意志，也只有这样的结果才是国家意志，所以，并没有独立的现实国家意志的存在。其上升为国家意志的观念形态只是为了保证这样的妥协得到社会的认可和遵行。

（三）国家意志是受社会价值观念影响的意志

国家意志受社会价值观念的影响，社会价值观念也是一个复合体，并没有一个准确不变的社会价值观，也没有一个单纯表现某一个个人、集体、社团甚至阶级阶层的固定不变的价值观念存在。在现实社会生活中，每个人既是独立的个人又不是独立的个人。独立的个人是指，每个人在现实社会生活中都表现为独立与他人和社会其他成员的存在并生活着，同时他的观念也都非常具有个性的体现出来，他们的观点各异，价值倾向没有完全一致的表征。同时，每个人也都不是独立的个人，不能独立于社会而存在，不能独立于其所处的社会架构、层次和现实社会阶段的物质文化生活水平而存在；其观念受到社会各个层面的价值观念的影响，也受到所处的社会物质文化水平和社会发展进程的影响，因而，所表达出来的意志、观念以及价值倾向从根本上说，也是其所生活的社会结构的表达，因此说，每个人都不是一个独立的主体。

在相同的历史条件下，同处于相同或者类似社会层面的人，其所表达的社会价值观念由于具有相同或相近的的利益关系基础，受到相同或者类似社会观念的影响，其所表达出来的意志和价值观念又具有相同或类似的倾向；这样的相同或类似的倾向往往与其他社会生活状态下的人们所表达的意志、观念具有相拟性和同质性，也具有相斥性和对抗性。正是这种相斥性和对抗性才使得国家意志具有现实存在的合理性。这是因为，为了保持社会的存在和发展，而不致分离崩溃，社会各个阶级、阶层的人们必须沟通和妥协，也有必要设置一个互相沟通妥协的平台，这个平台就是国家，在国家这个层面上进行讨论、争议和角逐，最后社会各个利益群体互相作出妥协和让步，才使社会可能继续安定在稳定的状态之下存在和发展下去。

（四）国家意志是异化为社会之上并受尊崇的意志

单纯从社会价值观的反映上，不能必然得出国家意志会产生并主宰立法和司法活动，也不能必然使国家具有控制社会的正当性和权威性。国家只有具有被社会认可的正当性，才会享有权威性，其所制定的政策以及立法、司法和执法活动才会被社会一体遵行。国家的正当性来源于对社会的反映，来源于社会价值观念的体现，也来源于对社会价值观念的认可。同时国家对社会价值观念的体现不得抵触其所处社会历史条件下人们的道德底线，不得悖逆社会认可度较为集中、社会支持度较高的社会价值观念或说理念；同时必须与社会具有良好的互动，也就是及时接受反馈动态的社会的价值倾向。这是国家存在的正当性，也是国家被社会所认可并与社会相融合的一面。

另一方面，国家还应该具备独立于社会的一面。国家是基于解决社会价值和利益冲突而产生的，这样的产生必须使国家具备解决社会冲突的功能。"就需要有一种表面上凌驾于社会之上的力量，这种力量应当缓和冲突，把冲突保持在秩序的范围以内；这种从社会中产生但又自居于社会之上并且日益同社会脱离的力量，就是国家。"① 国家只有异化于社会并处于社会之上才可能具备这样的功能。当国家具备正当性的时候，其被社会所尊重，拥有了异化于社会并凌驾于社会之上的地位；这样的地位使得其可能将经过妥协、中和、斗争和经过角逐的社会中相互冲突并相互依存的不同社会成员的意志及价值观念集中体现为国家的意志表现出来。这样的意志虽来源于并体现社会价值观念，但又不同于具体的社会价值观念。国家以其权威性（并非暴力，若没有国家的权威性这样的暴力就失去正当性，国家将不复存在）将这样的意志固定化为法律和政策在社会中推行并得到社会的遵行。

（五）国家的异化诞生了新的价值观念——公正和秩序

在国家产生之前是不存在公正和秩序的价值的。国家产生之前必然已经存在私有制的成分，也就是已经有了利益在社会成员之间的划分；对于利益纷争的解决除了掠夺和报复以及和解等自力救济方式之外，并没有强力第三方介入的解决方案。由于存在了利益的区分，并有了利益的观念，才使社会产生了冲突，这些冲突才是国家产生的前提。"对权益冲突进行国家干预，实行公力救助，发轫于阶级社会的启端。"② 但国家产生的利益前提和基础是不同利益社会成员之间的相互妥协，这样的妥协导致社会秩序趋于稳定，相互妥协的结果是产生了一个解决利益纷争的途径——通过双方可信赖的第三方根据妥协的方案解决纷争。这个第三方经过被认可的异化而成为国家，妥协的方案就是法律，妥协的原则就是公正。但是，妥协必须在社会稳定的情况下进行，这个前提就是秩序。

---

① 谢佑平：《权利保障：诉讼的起源与本质》，载樊崇义：《诉讼法学研究》第三卷，中国检察出版社 2002 年版，第 8 页。

② 谢佑平：《权利保障：诉讼的起源与本质》，载樊崇义：《诉讼法学研究》第三卷，中国检察出版社 2002 年版，第 19 页。

这样，崭新的不单纯地存在于社会之中的公正和秩序的价值观念就产生了。公正是社会追求的价值目标；秩序是国家追求的价值目标。由于秩序是国家产生的前提，是国家赖以生存的生命线，这往往成为国家为自身存在而追求的价值；但是公正是社会的要求，也是法产生的基本要求，因此，社会要求国家将公正作为最高的价值目标体现出来，这样就出现了公正和秩序两大价值目标的衡量问题——当公正和秩序冲突时，哪一个位于首要位置呢？虽然根据国家的要求，秩序极端重要，但是国家必须基于社会而产生和存在，社会意志也是国家生存的前提，得不到社会意志的认可，国家同样不能生存，因此，作为社会意志集中体现公正价值也是国家生存的前提。两相比较，由于公正是社会认可的首要价值目标，公正理当作为优先于秩序的价值为国家所尊崇并体现于法律之中。

秩序尽管是国家存在的前提，但是国家一味地追求秩序的价值也未必见得就达到了秩序的目标。相反，国家对于秩序价值的过分追求从而忽视公正价值和社会感受的话，所导致的结果却反而往往是不秩序。

（六）公正是刑事诉讼法的最高价值

牧口常三郎认为，"价值"又可能是最困难的问题。但庞德认为，价值是法律科学不可能回避的问题。因为通过价值的指引，我们可以对各种事实进行评价，并权衡各种冲突的利益。如果我们不能明确法律体系的各种价值，那么我们将无法予以法律体系一个正确的界定。[①] 关于价值问题，有观点认为，"刑事诉讼价值是指刑事诉讼程序本身所固有的，不依赖于刑事诉讼主体及其需要而独立存在的，能够通过刑事诉讼活动对国家、社会和所有公民的合理需要和要求的满足具有积极意义的一种特性。"[②] 谢佑平教授总结了学者们关于刑事诉讼价值的观点后指出，"上述观点的共同之处在于，都将诉讼所追求的社会理想和实体目的——不管是自由和安全，还是秩序、公正和效益，视为诉讼的价值"，并指出，"国家设立诉讼制度的最原始动机就是解决社会生活中的各种纠纷，维护社会的秩序与安全，进而确保公民的个人自由……解释了诉讼制度存在的正当基础和终极目的就是保障自由、维护秩序；同时，自由、秩序等价值作为诉讼制度的理想，也为诉讼制度自身的发展提供了目标和导向……"[③] 以

---

① 参见周长军：《刑事裁量权论》，中国人民公安大学出版社 2006 年版，第 135 页。
② 陈建军、李立宏：《刑事诉讼价值论》，中南大学出版社 2006 年版，第 10 页。
③ 谢佑平：《刑事程序法哲学》，中国检察出版社 2010 年版，第 30 页。

上观点界定的是刑事诉讼的价值，指的是动态意义上的诉讼实践和诉讼过程及其具体制度的价值，没有提及刑事诉讼法的价值问题。

也有学者认为，"刑事诉讼价值，指的是刑事诉讼立法及其实施能够满足国家、社会及其一般成员的特定需要而对国家、社会及其一般成员所具有的效用和意义"。① 该观点将国家、社会及其一般成员作为评判刑事诉讼价值的主体范围，显然是较为全面的，但是没有进行主体的区分，也未明确社会与国家之间在法方面的关系问题，还是有一些缺憾的。首先，国家对于包括刑事诉讼法在内的法的要求和期待是不同的，国家既可以体现自身意志，也可以体现社会及其成员的意志，并且国家意志本身也是社会意志的反映，因此，国家与社会对于法的价值要求不可能是完全一致的，有时会发生分裂；其次，社会的意志本身并不是一个简单的概念，而是一个复合体，是社会各种意志相互作用进行复合后所表现出来的不同于某一部分社会意志的体现，这样的意志体现要求进入法并以国家意志体现出来，这样的意志往往不是现实的，可能根本找不到一个完全相符的个体意志。因此，探讨法的价值就必须探讨社会、国家等各个方面的意志要求，这些意志的复合体现于法并以国家意志表达出来才会是法的价值，既不能片面追求某一部分社会主体的意志，也不能离开社会谈国家意志。

作为一项现代国家的基本法律和主导刑事司法的程序性法律，刑事诉讼法的价值目标应该也必须将公正作为首要价值体现出来。"公正是现代刑事诉讼的生命，是高于其他价值目标的最高价值目标。"② 我国以前的刑事诉讼法律，由于缺乏典型的代议制的国家政治体制支撑，刑事诉讼法的价值目标并没有完整和真实地体现出来。由于不能贴切表达社会意志的被认为是独立的国家意志的体现，刑事诉讼法有时采取反映部分被称作是统治阶级的社会成员甚至是体现个别人的意志的方式表达国家意志，导致刑事诉讼法采取非常晦涩的目标价值，那就是将体现秩序价值和社会对国家的盲目服从作为主要路径，将刑事诉讼法作为单纯控制社会的手段和工具，扭曲了刑事诉讼法的本性。

随着社会的发展和进步，公正作为最能根本反映社会意志的价值目标，在当代世界各国成为法的最高价值追求。应将其纳入到刑事诉讼法的基本价值目标体系中，并且超越秩序价值目标成为刑事诉讼法的首要价值目标。在我国，

---

① 岳悍惟：《刑事诉讼法学》，中国方正出版社 2006 年版，第 38 页。
② 宋世杰：《比较刑事诉讼法学》，中南工业大学出版社 2000 年版，第 15 页。

随着社会生活的发展和变迁，社会思想观念的解放，社会文明程度的提高，公正作为解决社会纷争的基本价值观念和社会意志表达，其作为刑事诉讼法的价值目标追求的要求呼声越来越高，在刑事诉讼法中将公正作为基本和首要的价值目标，已经无可争辩地置于国家面前。

（七）刑事诉讼法原则——刑事诉讼法价值的具体体现

从源头上讲，法的价值是立法者所追求的价值倾向的表现，它直接来源于社会的价值追求。如前所述，由于法的价值来源于作为各类社会成员复合体——社会，当我们再次将价值放到社会的中去考量时，对于价值的理解又是千差万别、不可捉摸的，这样的状况似乎使价值呈现出一种不确定性和不稳定性，这就使我们仍然纠结于一种无法固定下来的法的价值的存在虚无观。因此，"应当也只能从认识论角度，即从主客体关系的角度来认识刑事诉讼的价值"，① 但是，法的价值所体现的主体是复合主体，也就是社会各成员利益及观念冲突与融合的复合体，或曰社会价值观念的冲突与融合在法上的体现。有学者将刑事诉讼价值划分为内在价值与外在价值。② 本人以为，法的价值是法对于社会价值观念的表达和反映，这种表达是内在的要求。法不是主体，它本质上是一种表达，是社会主体观念凝结于国家层面并溶于法的血液的表达，外在价值只是这样一个表达的反映形式，所谓内在与外在的差别仅仅是主体要它如何做和它是怎样做的问题，表达的不符合主体需要或者主体不满足这样的表达，必然导致法的修改以还原主体意志。

上文已经讲到，当价值转化为国家意志以法的形式展现到人们面前的时候，必然以一种复合体的形式出现，并表现出一种暂时的稳定性和行进中的变化适应性。在一定的历史阶段，法的价值当然是该阶段社会利益角逐和博弈的妥协稳定性的体现，它体现的就是这样一种状态——社会各成员价值观念的妥协和平和，既表现某一部分社会成员的价值观念，又不能完全表现他们的价值观念，这里面有对其他社会成员的让步和妥协。这样的一种状态必须要作为稳定的和固定的形式表达出来并获得国家的支撑，因此也就产生了法的价值。

毫无例外，作为决定一个国家刑事诉讼制度及其运行机制的程序法，刑事诉讼法也当然并且必须具有自身的价值。因为，公正是社会的追求，秩序是国

---

① 谢佑平：《刑事程序法哲学》，中国检察出版社 2010 年版，第 33 页。
② 参见陈建军、李立宏：《刑事诉讼价值论》，中南大学出版社 2006 年版，第 146 页。

家的追求，作为法的根本性价值，公正和秩序当然地可以非常蛮横地、排他地①，将自身列于刑事诉讼法至高位阶的价值追求。由于这两项价值尤其是公正的价值往往具有不确定性和模糊性，缺乏可操作的现实性和固定性，因此，就必须制定更加明确一些的次于价值目标但更加明确同时又不失总体框架性要求的规范性规则，以求更加明确和具体地达到刑事诉讼法的价值目标。原则作为刑事诉讼法价值的纲领性和四维纵深性运行的次级标准规范，就承担了这样的任务——承接价值目标的具体化要求并规制约束具体制度、规则以实现刑事诉讼法的价值目标。同时，刑事诉讼法原则是与刑事诉讼法目的相结合来实现其价值目标的。由于目的是二维平面结构，也就是其具有静止的固定化和被动性的特点，不能主动地和纵向地规制和约束条文规范，因此它们既需要与原则相结合实现价值目标，又需要将自身的实现寄托于原则的功能。

（八）刑事诉讼法原则——规制刑事诉讼法的基本规则

作为直接实现刑事诉讼法价值和目的的方式，刑事诉讼法有如诉讼法的骨架，支撑起刑事诉讼法的理念体系，并作为桥梁连接着价值理念、目的要求和具体制度、程序以及规则。其应具备以下几方面特性：

1. 刑事诉讼法原则是立法的指导原则。刑事诉讼法原则在立法中将价值和目的具体化为可操作的框架性要求，指导者立法者的思想，规定着立法者在制定和修改以及解释刑事诉讼法地过程中的立法行为，使法律条文接受原则的规束并不得违背原则的要求；

2. 刑事诉讼法原则约束着刑事诉讼进程，指导着司法者和诉讼参与者的思想，规范着司法者的司法行为和参与人的诉讼行为；

3. 刑事诉讼法原则指导着并支撑起刑事司法制度的建设和改革，相关的刑事司法制度的架构应当符合并适应刑事诉讼法原则的要求，以保证刑事诉讼法的实施，保障刑事诉讼的正常运行；

4. 刑事诉讼法原则还规定着刑事诉讼过程中司法者的地位，决定着各诉讼参与人的诉讼权利和诉讼地位；

5. 刑事诉讼法原则还指导和引领着社会观念的变迁，影响着社会成员对刑事诉讼法以及刑事司法的信仰和刑事诉讼行为的评价。

---

① 例如有观点将自由列为法的价值，笔者认为，此观点有所欠缺，自由是先于法而存在的，并不需要法，反而是由于自由的让渡导致了法，让渡的程度和方法是公正，因此公正才是法的价值，也是对于法限度内自由的保障。

6. 容纳性和排斥性。刑事诉讼法原则对于刑事诉讼的具体制度和条文规范而言，应当具有一定的柔性，可以容纳整个刑事诉讼法的具体制度和条文；同时，对于违反原则的制度和条文、概念等则具有排除性，可以依据原则将这样的制度和条文进行修改或者排除在刑事诉讼法之外。

同时，刑事诉讼法原则还具有体现诉讼法规律、由诉讼法规定、贯穿诉讼全过程以及具有法的约束力等特性，这些是法的原则的一般特点，非刑事诉讼法原则所特有，本文不再赘述。

二、无罪推定——公正理念的反映和渗透

（一）无罪推定——原则与理念的合一

如前文所述，当国家产生并逐步异化而凌驾于社会之上的时候，国家就开始将其自身的秩序价值追求作为首要考虑，通过国家意志的法的形式表达并强行推向社会。由于国家与社会不同的甚至是冲突的的价值追求，势必导致国家与社会不同的价值观念的对抗，也就是公正理念与秩序观念的对抗。

欧洲从中世纪开始，国家将司法职能国有化，将对犯罪的控诉作为国家的一项职能体现出来。"司法职能的国有化有利于实现对犯罪的打击和惩罚"，"为了适应封建集权统治的需要，纠问式司法模式将惩罚和控制犯罪、维护社会秩序作为刑事诉讼程序运行的唯一目的。"① 对犯罪活动进行强力打压，正是国家出于对秩序价值的考虑。虽然任何时代社会力量总是比国家要强大，但是常态下发散型的社会结构与集中型的国家结构相比，往往显得弱小和势寡，不能与国家相对抗，这就导致了常态下力量的不均衡。这种力量的不均衡使得国家有可能为了自身利益或者部分社会成员的利益，利用公诉职能任意剥夺社会利益。这样的情况往往直接导致侵犯公民的基本权利，显然有悖于社会的公正价值理念，公正与秩序的价值冲突在刑事诉讼的程序中表现得极为突出并日益尖锐化，成为资产阶级和工人、农民反抗封建统治的直接原因之一。

众所周知，无罪推定首先是作为资产阶级反抗封建统治的革命口号之一提出来的，伴随着资产阶级革命的胜利，它作为一项基本原则在近现代刑事诉讼法中被规定下来。最初，在公正价值观与封建秩序价值观的冲突和斗争中产生了无罪推定的思想，这样的思想是基于反对封建酷刑和有罪推定的刑讯等刑事司法行为。"此后，这一主张逐渐为众人所接受，成为资产阶级质疑封建司法

① 谢佑平：《刑事程序法哲学》，中国检察出版社 2010 年版，第 91 页。

乃至封建政权本身合法性的重要武器。"① 伴随着公正价值观念与秩序价值观的对抗和作为资产阶级革命的胜利成果，无罪推定作为刑事诉讼和刑事立法、司法的原则得以确立下来。也就是说，无罪推定首先是作为一种公正价值观的表达和反抗封建压迫的理念而存在，并且毫无疑问，是近现代社会一直存在的理念表达，而后在刑事立法和司法过程后才作为一种原则被确立下来。也就是说，在近现代社会，无罪推定既是表达公正价值观的一种理念，也是刑事诉讼法的一项原则，它是一种理念和原则的结合。

（二）作为理念的无罪推定

作为一种思想和理念，无罪推定表达的侧重点是公正的价值观，目的是反抗有罪推定指导下的旧式刑事司法行为。旧的封建控诉机制采取不平等的诉讼结构，封建国家掌握着控诉拘捕和审判等一切权力，被控诉人往往只处于被动的受体地位，"犯罪嫌疑人、被告人在诉讼中处境艰难，其权利遭到极度压抑，"② 他只是一个被追诉的对象和客体，根本没有任何权利可言。"有罪推定必然导致刑讯逼供"，③ 封建统治者还采取极端残酷的和不人道的刑讯和酷刑对待被控公诉人，而被控诉人没有任何反抗和对抗的余地，在诉讼的任何阶段，被控诉人的权利、自由乃至生命可能随时被剥夺。这就使得封建统治者随时可能以合法的理由，侵犯社会任何成员的权利，社会成员随时处于一种危险的状态之中，被笼罩在封建统治的恐怖之下。因此，转变刑事诉讼的方式，变革刑事司法行为，将有罪推定的刑事诉讼法原则转变为无罪推定，成为社会普遍成员保障自身安全、自由和权利，提高社会成员地位，推翻封建统治的观念焦点。这个观念来源于公正的思想，因为，封建刑事追诉活动以秩序为理由的价值倾向，明显违反了广大社会成员内心的公正观念。

作为一种理念的无罪推定的目的是保障人权。"联系当时的历史背景和贝氏的政治主张看，它是以基本人权的法律保障为宗旨的。"④ 在反抗封建压迫的的革命中，资产阶级提出了自由、平等和人权等一系列口号，人权的大旗是资产阶级革命的最为鲜明的旗帜。提出人权先于国家而存在，优于国家权力而被

① 谢佑平：《刑事程序法哲学》，中国检察出版社 2010 年版，第 92 页。
② 谢佑平：《刑事程序法哲学》，中国检察出版社 2010 年版，第 91 页。
③ 谢佑平：《刑事程序法哲学》，中国检察出版社 2010 年版，第 92 页。
④ 周士敏：《论无罪推定原则的确立》，载《诉讼法学新探——陈光中教授七十华诞贺文集》，中国法制出版社 2005 年版，第 84 页。

尊重，是法律应当追求的根本目的之一。正如我国台湾地区学者杨奕话先生所说："追根究底，法律的存在，法律的演化蜕变，实乃人的生存所呈现的一种文化现象，法律之源于人，游于人，依于人，法律之以人为本，以人的社会生活为经纬毋庸置疑。"① 而无罪推定正是在刑事司法领域和刑事诉讼程序中，保障人权，保护人的自由平等不受国家恣意侵犯的一个基本理念。

作为一种理念的无罪推定，还是限制国家司法权、控诉权，限制国家行为的一项法治观念的基本内容。国家正是利用将有罪推定的思想贯彻于刑事司法活动中，危害人的权利和自由的，"它们打破了刑事诉讼中国家权力的强制性与个人权利的合法限制之间的平衡，使强者更强，弱者更弱，国家权力容易变得不受约束，而个人权利则容易面临不合理的侵害，最终导致与宪法平等精神的背离"。② 因此，针对有罪推定的无罪推定理念也当然地包含有限制国家权力的法治理念。只有将国家权力限制于一定范围内，尤其在最为严厉、国家最可能侵犯人权的刑事诉讼活动中，才能达到保障人权的目的和法治的要求。也才可能符合公正的价值理念。

作为理念的无罪推定，也具有引导社会观念取向、支持社会公众权利请求、减除社会仇恨意识、增进社会和谐的功能。相对于社会的进步与发展而言，社会观念往往具有滞后性的特点，不能与社会的进步相同步。在我国长达二千多年的封建思想残余的影响下，官本位意识主导社会的社会状态并未从根本上得到扭转，多数社会成员往往倾向于相信官方言论，倾向于控诉方的观念认知，采取有罪推定作为判断标准。只有理顺无罪推定的理念体系，从逻辑上、法律上和认识论、价值观上形成严密的体系化和系统化的知识体系，才能引导社会观念，转变社会对于被控诉人的仇视态度，保障社会成员的人权，从法律上维护公民的基本权利。

（三）无罪推定作为刑事诉讼法原则的地位

"无罪推定和罪刑法定原则共同构成当代刑事诉讼法的基本准则，是现代刑事法律的基石。"③ 无罪推定作为刑事诉讼法的原则之一，既承担着实现刑事诉讼法价值的任务，也具有实现刑事诉讼法目的的职能，还具有规束刑事诉讼制度、保障诉讼权利、规范诉讼行为、提高被控诉人地位、限制国家控诉恣

---

① 刘涛：《刑事诉讼主体论》，中国人民公安大学出版社 2005 年版，第 42 页。
② 林劲松：《刑事诉讼与基本人权》，山东人民出版社 2005 年版，第 143 页。
③ 陈瑞华：《刑事审判原理论》，北京大学出版社 1997 年版，第 146 页。

意、增强司法权威性、管控刑事诉讼规范等功能。其具有指导整个刑事诉讼法从立法到司法以及全部刑事诉讼全部过程的统领性地位，"对于我国刑事诉讼立法和实践具有重大的指导意义"。①

作为刑事诉讼法原则的无罪推定，必须将刑事诉讼法的价值尤其是公正价值推行于刑事诉讼立法活动中，使刑事诉讼法的立法符合公正的价值观念，符合无罪推定的要求，符合保障人权的要求；也必须将刑事诉讼法的价值推行于刑事司法活动中，使被控诉人的人权得到有效保障，使控辩双方在刑事诉讼活动中具有较为平衡的地位以便相互对抗；还必须使刑事诉讼的机构、刑事诉讼各主体的地位和权利符合对抗的标准和模式，以便达到追求公正的价值要求。

无罪推定作为刑事诉讼法的原则，在刑事诉讼法的地位在于刑事诉讼法价值之下，但具有统领整个刑事诉讼法各部分的地位。它是保障被控诉人权利的集合，所有的在无罪推定原则指导下的制度设计都应当有利于保障被控诉人的人权不受非法侵犯；所有在无罪推定原则规制下的诉讼行为都应当有利于保护被控诉人的权利且约束控诉机关的权利；所有刑事诉讼法的具体规范均不应该规避该原则。

（四）无罪推定理念上的特性

首先是价值观念上的承接性。有罪推定的理念直接来源于公正价值理念，并为公正价值理念提供现实的可操作性支持。公正的价值理念由于其模糊性和宽泛性，使其经常处于概念上的不确定，人们对于公正的认识多有分歧并且往往不具备现实可操作性。在刑事诉讼法领域，一个过分宽泛和模糊的思想，每个人的理解都有不同甚至会发生极大地偏离，从而缺乏现实的可操作性，既不利于明确地立法，也不利于现实的诉讼司法运行。为了避免这一缺陷，刑事诉讼法的价值目标就需要细化和具体化为较为明确的目标，公正的价值观念在刑事诉讼法中就当然的具体化为包括程序公正、无罪推定等一些具体的立法和司法原则以及保障人权等刑事诉讼法目的。无罪推定正是承接了这样的一个价值目标，将公正现实具体化为无罪推定理念，进而规定在立法中，实践于诉讼进程中。

其次是与刑事诉讼法目的的融合性。在专制集权的刑事诉讼环境中，国家为了实现秩序最高的价值目标，先是确立排他的打击和惩罚犯罪的诉讼目的，进而确定有罪推定的思维范式。为了打击犯罪实现控制社会的秩序价值，封建

---

① 陈光中：《刑事诉讼法》，北京大学出版社、高等教育出版社 2005 年版，第 86 页。

统治者不惜牺牲公正的的价值和人权的保障，将惩罚犯罪和有罪推定有机结合起来，有效地维护了其专制统治。近现代刑事诉讼确立以来，首先确立的是公正价值高于秩序价值，进而规定保障人权的目的优先于打击和控制犯罪的目的，使保障人权和无罪推定有机结合起来，运用于刑事诉讼的立法和诉讼实践中，以保障民主社会的有效运行。

再次是对秩序价值目标的反向性和对有罪推定的反抗性。无罪推定基于公正价值目标高于秩序价值目标的前提，因此对于秩序价值目标具有相应的抑制性和反向的特点。同时，无罪推定与有罪推定是一个问题的两个方面，是此消彼长、相互矛盾和激烈对抗的关系，非此即彼，并不存在共融的关系，二者不可能同时存在与相同的时空条件下，也不能同时存在于一部刑事诉讼法典中。

最后是对刑事诉讼法的整体指导性。作为一种理念，无罪推定对整个刑事诉讼法的立法和适用具有整体上的指导意义。静态上讲，在立法过程中，每一个具体的法律条文均不得违反无罪推定的思想，甚至可以基于刑事诉讼法的基本法地位进而约束非基本法律的立法行为。动态上讲，每一个涉及到刑事诉讼的主体包括司法机关，均应按照无罪推定的要求，将无罪推定作为指导其进行刑事诉讼活动的思想原则，其在刑事诉讼活动中的一切行为均不得突破这一理念的约束。

三、无罪推定——以人权保障为核心的帝王原则

（一）动态的无罪推定的运行以静态的保障人权目的为核心

人权保障作为刑事诉讼法的目的，是一种静态的范畴。它是刑事诉讼法所要达到的目的之一，同时高于犯罪控制的目的。保障人权自身的静态性，使其无法自行规制现实刑事诉讼运作过程。在刑事诉讼过程中，保障人权是一个时间点，也就是当该诉讼过程结束后，我们才可以评判是否该诉讼过程做到了保障人权的目的，而不能在其中之某一个动态运作过程中去评判。无罪推定作为刑事诉讼的动态运作原则，无时无刻不在规范着刑事诉讼的运作过程，监视着刑事诉讼运行中的各个阶段、各类行为和各项程序，使任何一个主体、制度、程序、行为均不得违反无罪推定的原则，从而使整个刑事诉讼运行过程符合无罪推定的要求，最终达到保障人权的目的。所以说，无罪推定原则以保障人权的目的为核心。

（二）无罪推定在整个刑事诉讼原则中应当具有优先性

对于刑事诉讼原则体系，我国学界多有讨论，至今也尚未形成一个能够居

于通说地位的体系化观点。根据谢佑平教授和万毅教授的划分，将刑事诉讼法原则划分为两类十三项。① 笔者认为，将过多的规范性规则列入刑事诉讼原则，可能会导致刑事诉讼法原则体系过分繁杂进而淡化根本性原则在刑事诉讼法的统领性地位，或者致使各原则之间关系不甚明确，出现原则间的冲突；并且有些规定性要求并不具备根本性，甚至可以作为基本原则的具体性要求，不能列为刑事诉讼法原则。衡量上述两位教授所列各项原则的强度和维度和及其根本性，冒然将程序法定、司法审查、控辩平等和无罪推定原则等四项原则作为刑事诉讼原则体系的内容，而将一些缺乏根本性和空间跨度和时间维度过分狭窄，价值体现不明显的规定性要求列入这四项原则具体性要求之中。对十三项原则进行归类，分别是司法审查原则包括控审分离、审判中立；程序法定包括及时和相应；控辩平等包括参与；无罪推定包括一事不再理。现在学界通说均不认可配合制约和检察监督作为原则出现在刑事诉讼法的原则体系中，可以考虑取消这二项的原则乃至规定性要求之地位。

前述原则虽然在刑事诉讼法和诉讼程序中都具有根本性，但其却具有不同的特点。毋庸置疑，程序法定是一项静态的原则，虽然能够在整个刑事诉讼法和诉讼过程中发挥作用，但缺乏相应的价值取向；控辩平等在现实诉讼实践过程中也是缺乏动态的结构性要求；司法审查则明显的倾向于无罪推定的价值性要求。因此，我们可以认为，无论在体现刑事诉讼刑事诉讼法的价值要求和追求诉讼法目的方面，还是在贯彻的深度和广度上，另外三项原则均无法与无罪推定相比拟。"无罪推定对于被告人获得公正审判具有重大意义，在很多国家都被视为刑事诉讼制度的基石之一。"② 甚至可以说，由于无罪推定的具有主观性极强的保障人权的特性，可以深入到刑事诉讼法的立法者、司法者、诉讼参与人乃至社会各主体的内心信念之中，它可以影响、主导整个刑事诉讼法原则的体系。因此，个人将无罪推定推崇为影响整个刑事法治进程的一项帝王原则。

（三）无罪推定原则的概念内涵及其性质理解

1. 无罪推定的特性分析

要给无罪推定原则确定一个概念，就要先分析其性质和特点。作为刑事诉

---

① 谢佑平、万毅：《刑事诉讼法原则：程序正义的基石》，法律出版社 2002 年版，第 52 页。

② 陈光中：《刑事诉讼法》，北京大学出版社、高等教育出版社 2005 年版，第 88 页。

讼法原则的无罪推定是一种被控诉人地位的确认，是指在诉讼过程中被控诉人享有一个公民的权利，这些权利是得到保障的，部分自由和权利受到限制的情况下，应当被赋予救济该权利的诉讼上的权利。

无罪推定也指的是一种时间概念上的具有阶段性的法律上状态的假定。"无罪推定所设定的并不是任何事实，不等于无罪认定，而仅仅设定一种法律状态，一种具有暂时性、程序性的法律状态。"① 在诉讼进行过程中，有效判决发生法律效力之前，不应该认为被控诉人已经是罪犯，而假定他是没有犯罪的人，也不应该按照罪犯的境遇对待他。这是一种法律上的假定，具备法律上的效力。根据法律的规定，诉讼进程内应当维持这样的的状态。这个假定的状态具有时间性，是阶段性的，从被控诉人涉及到刑事诉讼程序开始一直到他或者被生效法律判决认定为有罪，或者被认定为无罪，都须以法律的效力维持这样的假定状态。

无罪推定还应该是一种诉讼程序中观念上的对待，这样的对待是对被控诉人的对待，指向的是已经涉及刑事诉讼程序的被指控具有犯罪可能性或者嫌疑的人。"应被推定为无罪，应被视为在法律上居于无罪的地位，不能被当成罪犯来看待。"② 这样的观念应该约束刑事司法程序中的所有主体——法官、检察官、警察和其他诉讼参加人——均不应该在观念认为被控诉人已经被确认为犯罪的罪犯，他们均应该被无罪假定的观念所约束，以无罪假定指导自己的诉讼行为。无罪推定是一种与有罪推定无关的法律上的假设，这样的假设涉及的是法律上的认定问题，与控诉机关的有罪推定是没有冲突的。控诉机关根据案件事实和证据举证证明某人与该案件有关并且经证据证明某人可能涉嫌该项犯罪，完全是一种逻辑上的推定。

无罪推定还是一种为了满足控辩平等的诉讼模式上衡平的考虑。近现代以来，世界各国均采取国家支持控诉职能的刑事诉讼模式。这样就造成了刑事诉讼中控辩双方严重不平衡的状态。控诉方基于国家的职能和法律的授权，被赋予极大地运用国家职能进行侦查和控诉的权力，使被控诉方处于极端劣势的状态，根本没有能力对抗强大的国家追诉，这就造成了控诉双方力量无法平等对抗。这样的诉讼模式很容易导致控诉机关利用国家强力侵犯被控诉人的权利，甚至是任意剥夺被控诉人的基本人权。为了保障被控诉人的人权不受侵害，法

---

① 陈光中：《刑事诉讼法》，北京大学出版社、高等教育出版社 2005 年版，第 88 页。
② 陈光中：《刑事诉讼法》，北京大学出版社、高等教育出版社 2005 年版，第 88 页。

律上就应当赋予被控诉人抗衡控诉机关的能力，这些能力是以无罪推定为核心的一系列的诉讼权利的组合。

从无罪推定的作用看，这项原则还具有时空四维性的特点，也就是说，它贯穿整个刑事诉讼从立法到司法的过程。从空间上说，它具有平面的限定性，任何的司法行为、追诉行为和侦查行为以及其他刑事诉讼行为均不得突破无罪推定的平面覆盖；同时，无罪推定的原则应当深入到每一个诉讼主体的每一项诉讼行为，不管这种诉讼行为是宏观的还是微观的，这意味着无罪推定是具有空间上的纵深性。从时间上说，无罪推定不是静止于某一个时间点，它贯穿整个诉讼过程，也包括立法的整个过程，具有时间上进行性的特点。也就是说，刑事诉讼法从立法到具体刑事诉讼实践过程，均要受到无罪推定原则的约束。无罪推定的时间性止于生效判决，而不论是否有罪判决。在法律判决产生并发生法律效力之前的整个刑事诉讼过程，即是无罪推定的帝国。

无罪推定也还是一种倾向于保障被控诉人的矫正性政策。"根据这一原则被告人不但与公诉人享有同等的地位，而且不是审问的对象，而是诉讼一方当事人，同代表国家的控诉方平等对抗，享有许多实际上的诉讼特权……从而最大限度增强了被告人的对抗能力和辩护功能，有足够的力量反驳起诉方的主张，有利于查明案件，改善被告人的不利情况。"① 由于刑事诉讼公诉案件采取国家追诉模式，在强大的国家追诉权面前，仅凭被控诉人个人的能力没有与之抗衡的可能，这就导致了控辩双方力量的严重失衡，在这样的诉讼结构中，被控诉人的权利无法得到保障，处于完全被动的客体地位，使刑事诉讼丧失了诉讼的结构，使诉讼完全变成一种追诉被控诉人的单方行为。这样的结构显然很容易导致侵犯人权、恣意擅断的行为，但也并不能达到追求客观真实的目的，反而会滋生大量的冤假错案。为了矫正着这一系列的问题，就需要改变诉讼结构。法律通过确认无罪推定的原则，赋予被控诉人一系列权利，使之享有诉讼主体的地位，同时将国家追诉权限制在法律规定的有限范围内，使之不能任意剥夺和侵犯被控诉人权利。还通过证明责任的倾斜性分配，使控诉方承担更大的证明责任以与之强大的追诉职权相适应；减轻被控诉人的举证负担，使举证不能和举证瑕疵的责任从由被控诉人承担转移至控诉方，以达到控辩双方的平衡，体现公平正义的要求。

---

① 宋世杰等：《比较刑事诉讼法学》，中南工业大学出版社 2000 年版，第 29 页。

2. 无罪推定的概念内涵

无罪推定经过了 200 余年的发展和变迁，也经历了世界各国革命的洗礼与法律实践的检验，其概念仍然不能脱离贝卡利亚的表述，即："在法官依法判决之前，一个人是不能被称为罪犯的，只要还不能断定他已经侵犯了给予他公共保护的契约，社会就不能取消对他的公共保护。""如果犯罪是不肯定的，就不应这麼一个无辜者，因为，在法律看来，他的罪行并没有得到证实。"①

通过上文分析，我们可以判断，无罪推定无论作为思想理念，还是作为刑事诉讼法的一项基本原则，应该具备但不限于以下几个方面的内涵：

（1）无罪推定应当是一种法律的假设，这样的假设将处于刑事诉讼进程中的被控诉人置于与没有犯罪的人同样的法律地位予以保护。

（2）无罪推定包含一种思想观念的引导，这样的思想引导使进入到刑事司法领域的每个主体以对待一般社会主体一样态度的对待被控诉人，遏制控诉方的一味认定被控诉人确定无疑即是罪犯的强势心理。

（3）无罪推定通过赋予被控诉人权利的方式，主要是通过赋予被控诉人刑事诉讼权利的方式，武装被控诉人的地位，使其能够在刑事诉讼中发挥主体作用，进行自我保护，法律也赋予其进行自我保护的相关制度。"在刑事诉讼中，他应当拥有一系列旨在对抗国家追诉权的诉讼特权和程序保障。"②

（4）无罪推定要求有独立的法官，要求证明被控诉人犯罪的责任由控诉方承担，并且将不能证明有罪的不利后果由控诉方承担；赋予被控诉人不承担证明有罪或罪轻的权利。

（5）被控诉人享有无罪推定的保护，这种保护从刑事诉讼程序开始即享有，一直持续到法庭判决发生效力；被控诉人因此也享有必须得到公正及时判决的权利。

（6）无罪推定要求控辩双方的平等，采取权利义务相对等的方式平等武装控辩双方，职能强大的控诉方承担较重的举证义务并不得豁免；相对弱势的被控诉方承担极为轻微的举证义务，同时赋予其得到相应的法律上的帮助，以弥补权利受到限制的状况和法律能力薄弱的现实。通过这样的权利义务分配，使双方具备平等对抗的条件，以达到控辩平等的目标。

---

① ［意］贝卡利亚：《论犯罪与刑罚》，黄风译，中国大百科全书出版社 1993 年版，第 31 页。

② 陈光中：《刑事诉讼法》，北京大学出版社、高等教育出版社 2005 年版，第 88 页。

（7）无罪推定还应当包含"反对强迫自证其罪"、"疑罪从无、疑问有利于被告人"[1] 和非法证据排除规则、违法自白排除规则及"排除一切合理存疑"[2] 的证明标准。

四、无罪推定理念在我国确立的范式性思考

（一）无罪推定在我国观念性普及的思考

"在我国今后的法律改革中应全面确立无罪推定原则，甚至可以将其提升至宪法权利保障的高位。"[3] 刑事诉讼法作为国家的一项基本法，首先应当受到宪法的指导和规范，宪法原则和精神应当在刑事诉讼领域有所表现。我国从1999年宪法修正案确立依法治国的基本国策和保障人权的宪法原则以后，2012年刑事诉讼法修正案也已将保障人权作为一项基本价值追求列入刑事诉讼法规范总则之中。伴随着市场经济体制的逐步完善和推向深入以及经济国际化、国家融合化进程，法治精神逐步普及，人权保障思想日益深入人心，将法治精神和人权保障作为刑事诉讼领域的基本宗旨已经势在必行。作为法治国家刑事诉讼程序的一项基本理念和保障人权的一个根本原则，无罪推定进入刑事诉讼法并成为一项现代刑事诉讼的基本原则和强势观念，也已经无可阻挡。

"无罪推定的作用首先是观念性的。"[4] 不管是在刑事诉讼的立法中，还是在具体诉讼实践中，无罪推定的原则要想得到真正的贯彻实施，发挥原则的作用，就必须首先从观念上加以落实和普及。首先是法学家和法学学者的观念认同。法学家和学者们在无罪推定的理论研究和教育工作中，深刻揭示无罪推定伟大思想的丰富内涵和光辉启迪，在广大法科学生中间积极宣传和解读这一思想，使学界和即将走向司法工作岗位的学生深刻理解并完全认同无罪推定的思想，在他们的内心深处播撒无罪推定的种子，待他们走向司法工作岗位以后，才会结出无罪推定引领的良善之果。理论的研究应该包含无罪推定的理念方面和实践方面，还应当具有逻辑上的严密性和推理上的正当性基础，这样才能被人们所理解和接受，才能真正被人们所认可。

其次，无罪推定的思想应当为立法者所接受，才能变为现实的刑事诉讼法

---

[1] 谢佑平：《刑事程序法哲学》，中国检察出版社2010年版，第95—96页。
[2] 岳礼玲：《刑事审判与人权保障》，法律出版社2010年版，第125页。
[3] 岳礼玲：《刑事审判与人权保障》，法律出版社2010年版，第138页。
[4] 马贵翔：《刑事司法程序正义论》，中国检察出版社2002年版，第81页。

原则。确立无罪推定为刑事诉讼法原则是市场经济模式的根本要求。市场经济模式在我国确立为时已久，市场经济体制需要稳定的法治环境，市场经济主体要求法治环境下的安全保障。有罪推定的诉讼法原则明显具有侵犯社会成员的意识倾向，使广大社会成员笼罩于可能被随意追究的社会环境中，市场经济主体往往就会缺乏安全感，具有对市场经济的反动作用。在依法治国和保障人权的国际国内环境中，世界各国均将无罪推定作为一项刑事诉讼法原则乃至宪法原则，无罪推定在我国进入刑事诉讼法乃至宪法已势成必然。立法者应当对此有所认识，尽快将无罪推定纳入到现实的立法体制中。

再次，无罪推定思想应当成为广大司法者以及检警人员的坚定信念。作为一项保障人权、促进法治的基本理念和刑事诉讼的基本原则，无罪推定应当深入司法者及检警工作人员内心根深蒂固的思想信念。他们应当认识到无罪推定对于司法工作和诉讼程序的重要性，应当认识到这不仅具有保障人权的作用，还具有杜绝刑讯逼供、诱供等违法事件，保护广大司法工作人员和检警人员的作用。转变工作方法，改革侦查控诉模式，将传统的从人到案的侦控模式变为从案到人的现代侦控模式，不仅不会降低侦控效率，还有利于稳定社会情绪，维护社会秩序。这也是先进国家的通行做法。

最后，无罪推定的思想应当为广大社会成员所接受。众所周知，有罪推定原则指导下的刑事诉讼程序具有扩张性，往往侵犯公民的基本人权，甚至会错误地剥夺一个无辜者的生命。这样的刑事诉讼模式引致的恶果虽然从总体的量上看起来很少，比例也较小，但是却会使广大社会成员笼罩在可能被侵权的阴霾之下，主动性和扩张性极强的强大的国家侦控机关随时扩大其范围和比例，恣意侵夺每一个社会成员的自由和权利乃至生命。广大社会成员对此一直有深刻的体会和感受，但是，长期以来一直不能以自身的力量阻抗此类事件的发生，主要原因是缺乏理性的认识，意识不到有罪推定的根源，也不明白确立无罪推定这一法治性原则才是解决此类问题的根本途径。因此，有必要在社会范围内全面宣传和推广无罪推定的思想，是广大社会成员都能深刻认识和主动接受无罪推定的思想，并将观念变为保障人权的现实行动，以推动法治的进步。

（二）刑事法目的平衡论下无罪推定的思考

传统的刑事诉讼目的是追求秩序价值指导下的惩罚和控制犯罪的目的，往往忽视人权保障的目的。在控制犯罪的目的指导下，一般采取有罪推定的原则，并将逻辑形式的和举证层面的有罪推理上升到法律层面的有罪推定，强调惩罚犯罪和追求对被纳入刑事诉讼程序的被控诉人处以刑罚处罚，经常以侵犯人权为代价。"无罪推定原则在当代的发展趋势，揭示了惩罚、控制犯罪与保障人权这两大诉讼目标之间的冲突与融合。"① 现代刑事诉讼法，大多受到近现代人权运动的影响，伴随着法治的进步，以公正价值观为指引，采取保障人权和惩罚犯罪的双重目的，强调对人权保障的目的并将保障人权优先于惩罚犯罪的目的，采取无罪推定的原则，确立被控诉人的主体地位，最大限度地避免了对无辜者的追究。

关于实事求是，它只是一个正确的指导思想而非原则。其指导意义在于，我们应该以实事求是的精神对待法律和法律的思想和规律，以实事求是的精神尊重法律；法律有其自身的规律和特性，只有按照法律自身的规律性去研究和制定、适用法律才是实事求是的精神，而不是将实事求是作为法律的指导思想。也就是说，这是一个宏观的对待法律的哲学思维，具体到法律实践中则应该按照法律的规律办事，只有按照法律的规律办事才是实事求是，反过来将实事求是作为某个具体部门法或者司法实践的指导思想和原则不是实事求是，只会是教条主义；如果将这个教条主义僭越法本身的规律，除了具有玩弄民意的独裁倾向以外，只会彰显其无知者空虚的灵魂和虚张声势的恫吓形象。

在张扬人权保护的初期，作为资产阶级反对封建统治的革命旗帜，直接指向旧的刑事诉讼法惩罚犯罪的唯一目的，要求弱化刑事诉讼法课以刑罚的功能，强调更加注重保护人权，要求尊重和重视被控诉人的保护，加强其权利保障。这样的思维模式中，往往特别强调无罪推定的功能，将无罪推定与有罪推定尖锐对立起来，以讨伐的观念对待有罪推定，将有罪推定赶出了刑事诉讼法的领域，采取矫枉过正的办法，强行树立起了无罪推定的原则。前文已有提及，有罪推定在刑事诉讼领域本来就不是一项刑事诉讼法的原则，没有法律层面上的意义。它只是侦控机关举证层面上结构性逻辑思维的和事实层面上的推理，是一种思维模式而不是观念模式，与法律层面上的推定原则根本没有关系。它既没有刑事诉讼法的全面性和完整性，也没有法律上的约束力，我们不能将二者对立起来看待。在任何国家的刑事诉讼过程中，尤其是在侦查阶段和控诉准备阶段，检警机关总是按照有罪推定的思维方法搜集和准备证据，根据有罪推定的逻辑形式罗列证据，以完成其举证推翻被控诉人无罪地位的任务，但这是事实层面上的，这样的任务也是在无罪推定的刑事诉讼法原则的整体约束下进行的。因此，此种意义上的有罪推定与无罪推定原则没有相悖关系。

---

① 谢佑平：《刑事程序法哲学》，中国检察出版社 2010 年版，第 102 页。

从无罪推定的本质上来看，它并不否定惩罚和控制犯罪的刑事诉讼目的的，也并没有挑战刑事诉讼科处刑罚的基本职能的现实要求。在无罪推定的刑事诉讼环境中，他要求的是不能伤及无辜，不能将一个本来无罪的人按照有罪的人去对待，去对他科处本不应该的刑罚处罚。这不仅不会影响到刑事诉讼科处正确和正当科处刑罚的功能，还有促进和提高刑事诉讼科处刑罚正当性的功能。刑事诉讼只有尽可能正确科处刑罚，避免伤及无辜，才能真正达到其惩罚和控制犯罪的目的。否则，越是伤及无辜，刑罚惩罚越是可能危及到没有犯罪的社会成员，就越会引发社会对刑事诉讼的攻讦，被错误科处刑罚的公民甚至普通社会成员就会怀疑刑事诉讼的正当性，导致社会的逆反心理，甚至会刺激犯罪上升，进而影响到社会的稳定。这与刑事诉讼控制犯罪的目的反而是背道而驰的。所以，刑事诉讼法的惩罚和控制犯罪与保障人权的两个目的是相辅相成的，无罪推定的原则不仅在于伸张保障人权的目的，也会有利于促进刑事诉讼法惩罚和控制犯罪的目的，而不是相反。

随着犯罪的国际化、智能化、集团化和恐怖化的时代新变迁，国际社会包括各国打击犯罪几年来呈现出打击犯罪不利的状况，也出现对被害人的保护不力的现实问题。在刑事诉讼领域开始出现倾向于限制被控诉人权利和加强被害人权利保护以及侧重于打击犯罪的新特征。一些人将对犯罪打击不力的状况归咎于无罪推定，主张对无罪推定进行限制，提出无罪推定的例外原则。笔者以为，这样的提法有失偏颇。从根本上讲，犯罪与打击犯罪本就是此消彼长的关系，是一个事物竞争和矛盾的两个方面。打击犯罪的手段往往具有滞后性，逃避打击是犯罪行为人的天性，因此，犯罪手法会不断翻新。在经济集团化和社会化形式越来越突出、国际化程度日益加深、新科技发展日新月异的当代社会，犯罪的跨国化、智能化、集团化是社会发展的必然产物；而犯罪的恐怖化往往是由于政治军事的原因所导致，是宗教信仰、种族歧视和民族矛盾的伴生物，与刑事诉讼法的价值、目的及原则没有根本联系。对这些犯罪的打击不力，除了政治原因以外，还主要与警察机关的体制、职能和发展滞后有关，与法律层面上的刑事诉讼法没有关系。解决这些问题主要还应通过改革警察体制、提高侦控机关的科技进步和侦控能力、增强侦控机关人员素质以及加强侦控机关的国际合作等途径。而不能归咎于刑事诉讼法，也不能通过修改刑事诉讼法原则的办法来解决。通过修改刑事诉讼法，对特别案件中的被控诉人科以更多的义务，分配相对较多的举证责任给被控诉人，只是新形势和具体案件对平衡控辩双方力量的要求，并非采取有罪推定的法律原则，这不能认为是对无罪推定的基本性变动；对被控诉人课以较多义务的同时，往往赋予其较多的诉讼权利予以救济，只是控辩双方的力量均衡发展，并未影响无罪推定对于公正价值目标的追求和保障人权目的的实现。另外，各国实践也表明，修改刑事诉讼法并未从根本上改变对犯罪打击不力的局面。

（三）刑罚——社会动态互动下的无罪推定

随着社会的发展，人们对于刑罚的理解已经发生了变化。以往的思路是犯罪必然导致刑罚，但是从根本上说，犯罪理应导致刑事责任，而不必然导致刑罚。刑罚只是犯罪人承担刑事责任之一种，刑法之外还存在其他承担刑事责任的方法。

我们一般根据法科名称的分类而划分行为责任的分类，并在刑事法领域只作刑事责任与民事责任的区分，而刑事责任的承担方法只规定刑罚的一种方法。但我们往往忽视在刑事责任与民事责任之外还存在许多种责任方式。社会发展的新趋势产生了资格刑（也称行政刑），这不能理解为一种刑罚方法，因为此种责任方法若不能体现于刑事法中的话，则明显违法了罪刑法定原则。我们只能理解为它是介于刑事责任和民事责任之外的一种责任方式——社会责任方式。随着社会的发展和进步，这样的责任方式将会步入刑事法领域。

随着社会的发展，人的社会化程度日益加深，可以说当今人类生活根本就离不开社会。旧的传统责任承担方式，既不利于犯罪人重返社会，也不利于其思想上的改造。传统的报应刑思想在适用于犯罪人之后却造就了一批职业的甚至终生的犯罪人群体并淡出于社会和异化于社会，甚或成为了社会的专门的负担——社会既不能抛弃他们也不能容纳他们，反而受到他们的危害却无计可施。这就使传统刑罚思想走入末路。

其实，想要解决问题，仍需着眼于刑罚最初的动因和目的。人类社会最初虽然采用报应刑思想，但其目的却是使犯罪人对其行为承担责任。包括肉刑在内的刑罚方法无非有两个目的：一是使其生活或生存受到一定的限制；二是使其对社会活存有负罪感，或不能继续犯罪行为。旧的刑罚方法不能适应新的社会环境的根本原因是社会的自身的变迁，人们赖以依存的社会生活环境和社会生产方式发生了根本变化。以前人们从对人的自身机能上寻找突破口，为了限制其行为而施加刑罚；但现在的社会则是在人的自身机能的基础之上赋予其强化的社会性技术属性，使其能够存在并融合于社会。这种技术赋予型技能是人们如果得不到赋予或者其技能受到限制，就很难自由地生存和生活，也无异于一种惩罚，同时这种限制方法又使其身处社会之中，并随时退回社会、渴望重返社会；这也会发挥其承担责任的作用，更会激发其改过自新的积极性和主动性，才不会导致一个新的社会破坏群体的出现。

刑事责任还应从惩恶与劝善两个目的去考虑。除了惩罚外，也还应该存在教育和帮助其重返社会并有益于社会的方式。以往我们关注国家与社会以及国家与个人的关系问题，但很少关注社会与个人的关系问题。个人组成了社会，个人离不开社会，同时社会也是由个人组成的，社会也需要个人，社会应当对个人给予关注和关爱、帮助。这既是个人发展的渴求，也是社会机能的必然。社会如果抛弃了个人，必然使这些个人走向社会的对立和反面，反过来侵害社会。所以，在刑事责任领域，既应体现社会对个人的关注，也应体现对社会的权利和义务，个人与社会之间的权利义务关系，也恰好地迎合了我们研究新的刑事责任方式的思路，从个人与社会关系的角度，反思社会责任承担方式，并逐步与刑罚方式和民事责任相结合，采取新的刑事责任方式。

采取社会责任承担方式，显然是与保障人权的刑事诉讼法目的相吻合的。一个人犯了罪，也未必见得都具备较大的社会恶性，刑法中存在大量的规定犯，只是由于政策性标准才规定为犯罪的，还有一些过失犯，一般不具备事后的社会危险性。这样的犯罪，对社会基本没有危害性，从社会角度看，就不应当把行为人当作罪犯看待。按照无罪推定的原则，对此类犯罪的行为人按照非罪犯看待是有必要的，不论是判决前的诉讼过程，还是判决后的执行过程。这样的对待有利于他重返社会而免于社会的歧视，促使他悔过从善，也会有益于社会稳定。

随着社会的发展和社会功能的加强，人对着会的依赖度越来越强，这样的社会状况促使我们思考科处刑罚或者课以社会责任的方式，作为替代刑罚作为唯一刑事责任方式的解决方案。

正如贝卡里亚所说的："防止这种犯罪的最好办法就是：用有效的法律保护弱者免于暴政的侵害，暴政总爱受那些不可能由美德的龙袍加以掩饰的过错吹毛求疵。……一个普遍的结论：只要法律还没有采取在一个国家现有条件下尽量完善的措施去防范某一犯罪，那么，对该犯罪行为的刑罚，就不能说是完全正义的（即必要的）。"[①] 刑事诉讼法具有程序性疏导功能，可以根据其动态性运行机制，在刑事诉讼实践过程中，转变刑事责任替代方式，锻造新的社会

---

① ［意］贝卡利亚：《论犯罪与刑罚》，黄风译，中国大百科全书出版社 1993 年版，第 113 页。

责任方式代替刑罚的执行。依据无罪推定的原则，将一些社会危害性不大，便于通过社会改造方式促使其重返社会的已决犯，不再采取传统的剥夺人身权利的刑罚方式，不再将其剥离社会，通过课以社会责任的办法对其进行改造，弱化刑罚的杀伐戾气，可能会是更好的办法。相信未来的刑事法发展趋势也会是这样的一个走向。

新刑事诉讼法中的非法证据排除规则探析

◎ 孟庆华 *

内容摘要：

新刑事诉讼法对现行刑事诉讼法作出了较大修改，并增加了许多新条文，是我国深化司法体制改革的重大成果，对于健全中国特色社会主义法律体系、完善中国特色社会主义司法制度、树立社会主义法治国家良好形象，都具有里程碑的深远意义。此次修改的较大进步之一就是增加了54—58条，将非法证据排除规则正式写入刑事诉讼法，本文就是对该规定进行了一些分析与介绍，以期加强读者对该证据规则的理解。

关键词：

非法证据排除规则　诉讼价值　新刑诉法

一、非法证据排除规则的基本理论介绍

非法证据排除规则，有广义和狭义之分。广义的非法证据排除规则，是指违反法定程序，以非法方法获取的证据，原则上不具有证据能力，不能为法庭所采纳。既包括排除非法的言词证据，也包括排除非法的实物证据。狭义的非法证据排除规则，是指与自白任意规则对应的非法搜查、扣押所得的物证、书证的排除规则。① 在我国，非法证据排除规则通常在广义上使用。而在英美国家，非法自白的排除由自白任意性规则调整，物证、书证的排除则由非法证据排除规则调整。

---

* 孟庆华，复旦大学法学院诉讼法学硕士研究生。

① 宋英辉：《刑事诉讼法学》，北京师范大学出版社 2010 年版，第 204 页。

一般认为，非法证据排除规则主要包括三种情形：一种是以违法方法获得的口供排除，即非法言词证据的排除；第二种是违反搜查、扣押等法定程序获得的实物证据的排除；第三种是"毒树之果"的排除。①

1. 关于非法口供排除规则，各国刑事诉讼法和证据法普遍规定，采取刑讯逼供或者变相刑讯逼供等非法方法获得的口供不能作为证据使用。非法口供排除规则与自白任意法则相连，凡是通过违法或者不恰当的方式获得的并非出于被刑事追究者自由意志的自白应当绝对排除。非法口供排除规则保障的不仅是口供的真实性，更重要的是口供的自愿性。非法口供排除规则世界各国的普遍规定，体现了对犯罪嫌疑人、被告人人权的重视，同时，非法证据排除规则也得到了许多国际人权公约的认可。

2. 非法实物证据排除规则。对于非法获得的实物证据是否应当排除，各国规定的差异很大，普遍采取的做法是适用利益权衡原则。美国是实行非法实物证据排除的主要国家，其联邦宪法第四修正案将不受无理搜查和扣押列为公民的一项宪法权利。英国对于非法实物证据排除的立场与美国不同，也与其排除非法口供的做法不同，对于非法搜查扣押等得到的实物证据采取的是利益权衡原则。也就是说，对于非法搜查或者以类似行为获得的证据一般是可采的。但是对于严重违法手段获得的证据，法官享有不采纳的自由裁量权。在大陆法系国家，对非法取得的实物证据一般采取自由裁量原则，在违法的严重程度与排除违法证据对国家利益损害程度之间进行利益衡量。

3. "毒树之果"及其排除规则的例外。"毒树之果"规则是指对于通过非法手段获得的证据而派生的其他证据予以排除的规则，它与非法证据排除规则存在一定差异。② 从广义上说，"毒树之果"规则也是非法证据排除规则的一部分，只是它是非法证据排除规则的范围更为扩大了。对于该规则，各国做法差别更大。大陆法系国家一般没有明确规定或者最多是交由法官自由裁量。在英国，普通法从来就不承认"毒树之果"原则的正当性，认为"毒树之果"的证据具有可采性，美国则是实行"毒树之果"规则的典型国家，认为"禁止以某种方式取得的证据的实质，并非仅指该项证据不得为本院采用，而且是根

---

① 房保国：《刑事证据规则实证研究》，中国人民大学出版社 2010 年版，第 143—147 页。

② 房保国：《刑事证据规则实证研究》，中国人民大学出版社 2010 年版，第 147—149 页。

本上就不得加以利用"。① 同时也需要注意到，在近些年的发展中，"毒树之果"原则也发展出了诸多例外。

非法证据排除规则的例外指不适用非法证据排除规则的情况或可以采纳非法取得的证据的情况。非法证据排除规则的例外情况是该规则的重要组成部分。一般主要有如下几种例外情况：

1. 非法证据排除规则不适用于大陪审团审理。② 在美国联邦诉讼和有些州的诉讼中还保留了大陪审团制度。当代美国大陪审团审理是在法庭审理之前进行的，起到调查、核实和补充证据的作用，在公诉人和被告人之间起到一个桥梁作用。很显然，非法证据排除规则会阻碍大陪审团工作，因为大陪审团并不是对被告人的最终定罪，习惯上，大陪审团不受刑事审判的程序限制。

2. 善意的例外。该概念最初是在 1976 年提出，并在 1984 年最终确立。其含义是如果一个案件的主要证据是，由警察合理的依据一个独立的和中立的治安法官签署的搜查证进行搜查所得到的，但是在后来发现该搜查证缺乏合理的依据，在这种情况下，不应援引非法证据排除规则阻止控诉方使用该主要证据，但同时，善意的例外也有很大的局限性，能否适用还要根据具体情况作具体分析。③

3. 反驳证人（被告人）的例外。这里的证人通常指被告人作证。反驳证人的意思即利用被告人前后陈述的矛盾，或实物证据与被告人陈述的矛盾说明被告人的可信度值得怀疑，使法庭不信任他。一些非法取得的证据可以在法庭上被用作反驳被告人的证据。但要同时考虑非法证据本身的性质是否可以用来反驳被告人。

4. 非法证据排除规则不适用于私人搜查。私人搜查是指政府机构之外的个人收集证据的行为。因为宪法第四修正案是限制政府对个人权利的侵犯，所以原则上私人搜查不适用非法证据排除规则。④ 其原因主要有两点：首先，非法证据排除规则的主要功能是阻止警察的违法行为，既然没有政府参与，则不需

---

① 何家弘：《毒树之果——美国刑事司法随笔》，中国人民公安大学出版社 1996 年版，第 209—211 页。

② 杨宇冠：《非法证据排除规则》，中国人民公安大学出版社 2002 年版，第 79 - 81 页。

③ 杨宇冠：《非法证据排除规则的例外》，载《比较法研究》2003 年第 3 期。

④ 宋英辉：《刑事诉讼法学》，中国人民大学出版社 2007 年版，第 251 页。

要非法证据排除规则；其次，私人搜查通常出于将被搜查人定罪的动机，而且也不是常规进行的，如果是违法的，则可以通过侵权诉讼等方式解决，不需要用非法证据排除规则约束。当然，值得注意的是，私人搜查也是有其范围限制的，并非可以任意适用。

5. 在国外取得的证据之例外。以美国为例，在美国之外取得的证据，如果其取证方式不符合美国标准，或者说如果按照美国的法律标准，取证是非法的，诸如任意搜查、强迫供述所得到的证据，在美国的法庭审理中可以使用或采纳，因为违法取证的行为不是发生在美国的管辖范围之内，美国联邦宪法修正案的效力不延伸到美国之外。当然，这只是简单的介绍，具体适用则较为复杂，需要考虑各方因素。

此外，非法证据排除规则还有一些其他例外，比如被告方自己首先引用非法证据的情况，就不一一赘述，同时对于"毒树之果"原则，有其单独的例外，此处也不再赘述。

二、非法证据排除规则的价值与意义

（一）非法证据排除规则的诉讼价值

从非法证据排除规则发展初始，就存在赞同与反对两种观点，非法证据排除规则既有积极意义，也有消极的影响。随着该证据规则的不断发展完善，学界对该证据规则的认识更加深化，有必要对其存在的诉讼价值进行一下分析。以下主要从外在价值和内在价值两个方面进行介绍。

1. 外在价值

非法证据排除规则的外在诉讼价值是指人们据以评价和判断该规则在形成某一公正裁判结果方面是否有用和有效的价值标准。[1] 一项非法证据排除规则如果能够产生好的结果或者具备产生好的结果的能力，人们就可以说它具有一种外在价值，简言之，非法证据排除规则的外在价值就是一种用以实现实体价值的工具价值，主要包括如下几个方面：

（1）正当程序的保障

所谓裁判，并非不顾一切地发现真实，而是在诉讼过程中显现的许多利益之间，实现具体的正义之制度。非法证据可能造成多重损害：一是取证过程本身对被取证人的损害；二是运用非法证据对被告人、正当程序、司法廉洁的损

---

① 肖晗：《非法证据排除规则研究》，湖南师范大学出版社2004年版，第157页。

害。非法证据排除的要求，应比判决被告有罪之要求更重要，前者是实现正义之基础，其强有力的动机，是推动法秩序所必要。由此来看，非法证据排除规则是建立在"正当法律程序"的思想上，是"正当法律程序"的保障。

（2）司法尊严的维护

在司法实践中，违法收集证据极易侵犯公民的人身自由，甚至使其遭到精神、肉体上的痛苦，使公民人身权利和其他民主权利受到损害，这些都与宪法规定相悖。任何一个国家对于违宪行为不严加禁止，不仅会使宪法在国民中失去应有的威望和尊严，导致社会秩序混乱，甚至造成政局动荡，而且将严重影响其国际地位。如果法院不加限制的使用非法取得的证据，无疑是在参与和鼓励警察的非法行为。因此，为保持司法机关的廉洁性，法院不能放任违法行为的存在。

（3）违法取证的阻止

非法证据排除规则的功能之一，即该机制降低执法机关采用以违法手段取得证据，即所谓规制犯罪追诉机关行为理论。侦查人员采用非法手段收集证据是为了收集控诉证据，以便控诉方在法庭上举证、指控被告人，因此，从法律上否定非法证据的证据价值，排除非法收集的证据，就将使控诉方的举证受措，从而遏制导致违法侦查产生的心理动机。如果警察通过违法手段所获取的证据在法庭上被排除，那么警察的违法搜查和扣押行为就将停止、至少会最大限度地减少。

在刑事诉讼中，排除违法取得的刑事证据，使侦查人员，检察人员和审判人员违法取证变得毫无意义，并且自身将会受到处罚。这样，在客观上使他们不得不自觉依法取证，不得不努力提高自己的侦破能力，以避免触犯非法证据排除规则，从而使打击犯罪与保护公民权益以及不断提高执法人员的素质之间，形成良性循环。司法机关明知是违法证据而采用的，是对民众的失信行为，应当杜绝。排除违法收集的证据是限制、防止重新出现违法侦查的最佳方法。

2. 内在价值

非法证据排除规则的内在价值是指人们据以评价和判断该规则本身是否具有善的品质的道德标准。① 一项非法证据排除规则无论是否具有产生好的结果的能力，只要它本身具备一些独立的价值标准，我们就可以认为它具有一种内

---

① 肖晗：《非法证据排除规则研究》，湖南师范大学出版社 2004 年版，第 158 页。

在价值，即作为目的的价值。非法证据排除规则的内在价值可以从以下几个方面来理解：

（1）现代法治的标志①

随着国际人权法的不断发展以及刑事司法国际准则的推广，在排除非法证据方面呈现出国际一体化的趋势，这种趋势的形成有一种观念基础，即政府只有在遵守最低限度的程序公正保障的前提下，才能采取限制或剥夺基本人权的强制性措施以及给个人定罪判刑。这种观念体现在刑事诉讼过程中，要求不能追求绝对的实体真实，对于真实的追求必须受到程序的约束，既然政府要惩罚违反刑法的行为，那么政府本身的行为也必须合法。程序法与实体法一样，也是具有强制力的法律，不仅人民必须遵守，政府追究犯罪的行为同样必须符合法律规定的程序要求。在遵守法律的问题上，法治原则要求政府与人民平等。因此，可以说非法证据排除是现代法治的标志之一，非法证据排除规则的确立是现代法治理念的体现。

（2）司法文明的体现

在证据制度发展历史上，随着人们对世界认识能力的提高，证据规则在不断丰富、发展、完善，非法证据排除规则就是人类司法文明进步的结晶。一方面非法取证行为本身侵犯个人权利，践踏人类文明，不应受到保护；另一方面非法证据排除规则符合"任何人不能从其错误行为中获利"这一古老法谚的要求。由于政府的错误行为获得的证据，政府不能利用自己的错误，从而提出或利用所知悉的情况作为证据。换言之，政府不能利用自己的错误行为而得到的信息。因而非法证据排除规则一定程度上增加了侦查工作的难度，对警察的侦查工作提出了更高的要求，迫使警察侦查手段的进步和警察的文明程度，使收集证据的工作规范、文明。②

（3）个人权利的尊重

现代刑事诉讼追求犯罪控制与人权保障双重目的的并重。现代人权保障理念要求进行刑事诉讼必须以保障人权为重要的价值目标。③人权保障重在保障被追诉者基本权利不被侵犯，即要求侦查取证行为必须尊重公民的基本权利。

---

① 黄维智：《非法证据排除规则价值论纲》，载《中国刑事法杂志》2004年第6期。

② 李文杰、罗文禄等：《证据法学》，四川人民出版社2005年版，第517页。

③ 屈新：《刑事诉讼中的权力制衡与权利保障》，中国人民公安大学出版社2011年版，第15—18页。

非法取证的方式多种多样，如刑讯逼供、非法搜查等，这些非法方法都将对犯罪嫌疑人、被告人的人身、财产、隐私等基本人权造成侵犯，非法证据排除规则通过程序的人权保障功能，实现其对个人权利尊重的内在价值。

（二）非法证据排除规则的意义

非法证据排除规则的确立，有着重要的现实意义和理论意义：

1. 有利于强化权利保障观念、权力制约观念和正当程序观念①

非法证据排除规则的确立是与一国刑事诉讼目的、主流价值观念、对公民个人权利的重视程度等因素密切相关。非法证据排除规则的确立，标志着一个国家的司法文明程度，体现着一个国家司法机关及其工作人员的权利保障观念、权力制约观念和正当程序观念的提升。

2. 有利于防止、减少冤假错案

各国诉讼史无不充分证明，证据是否真实的证明案件待证事实，决定着事实能否及时查清，案件能否及时得到处理。在刑事诉讼中，虽然采用非法搜查扣押以获取犯罪的实物证据也具有较大危害性，但其性质、其直接危害的严重程度恐怕还不及采用暴力、刑讯等非法方法获取口供。对于真正的犯罪人来说，即使依法讯问，其陈述也有可能具有虚假成分。对其采用非法手段时，又往往是侦查人员未取得其他充分证据之时，并通常认为被讯问人隐瞒了更多、更重要的犯罪事实。这样，采用非法手段取得的口供无疑具有更大的虚假性。而对于无辜者来说，通常会如实陈述，尽管可能不完全准确；但是如果采用非法手段的话，其结果反而容易使其被迫做虚假陈述。所以，侦查人员非法取证特别是刑讯逼供大量冤假错案存在的重要原因。因此，必须设立非法证据排除规则，以确保言词证据的自愿性和实物证据的程序合法性，从而达到定性、处理的准确性。

3. 有利于防止非法取证，提高办案能力和诉讼效率

在诉讼中，排除非法证据，使得侦审人员、当事人、辩护人、诉讼代理人等违法取证变得毫无意义，并且有些人还将因其违法取证行为受到法律制裁。这样在客观上使得他们不得不自觉依法取证，不得不努力提高自己的办案能力。

同时，非法证据排除规则也有利于公民法人或其他组织监督执法机关，在执法机关采取非法手段调查收集证据时，公民、法人或其他组织有权拒绝，并

① 肖晗：《非法证据排除规则研究》，湖南师范大学出版社 2004 年版，第 159 页。

且有权在以后的诉讼程序中要求排除，以否定执法人员的取证行为，从而使得执法人员和其他公民依法办案，依法实施诉讼行为。这样，既可以提高国人的法律素质，也可提高诉讼效率。

4. 有利于扭转"重实体、轻程序"的积习

"重实体、轻程序"在我国执法部门中普遍存在，其原因是多方面的。我国长期以来将诉讼法视为保证实体实施的工具，忽视诉讼法的独立价值，阻碍了非法证据排除规则的发展。随着社会的发展，人们对程序的重要性和独立价值有了新的、更高的认识，确立非法证据排除规则，有利于保证程序的公正，促进实体的公正，防止执法者滥用权力，保障当事人的合法权益，所以，非法证据排除规则有利于督促执法人员严格遵守法定程序，扭转"重实体、轻程序"的积习。①

三、我国新刑事诉讼法关于非法证据排除规则的规定及分析

2012 年 3 月 14 日第十一届全国人民代表大会第五次会议通过了新刑事诉讼法，将于 2013 年 1 月 1 日起正式实施。尽管对于新法的众说纷纭，但是笔者认为其进步性是不容忽视的，新法在很多方面做了修正，并且增加了大量新条文，特别是在非法证据排除规则方面，更是有了很大的进步。

关于非法证据排除规则，新法增加了 5 条新条文，作为新刑事诉讼法的第 54—58 条。由条文可以看出，这对我国证据制度乃至整个刑事诉讼法都是巨大的进步，其进步性主要体现在以下几个方面：

1. 第 54—58 条条文的增加，在刑事诉讼法里明确规定非法证据排除的内容，以国家基本法律的方式，将非法证据排除规则正式确立下来，无疑是诉讼法乃至整个法律体系的进步，有着重要的理论和现实意义，对于促进我国法治进步、保障人权也有着不可忽视的作用。

2. 第 54 条规定："采用刑讯逼供等非法方法收集的犯罪嫌疑人、被告人供述和采用暴力、威胁等非法方法收集的证人证言、被害人陈述，应当予以排除。"该规定表明在非法证据排除手段方面，明确规定了排除采用刑讯逼供获得的非法言词证据，而不再仅仅局限于暴力、威胁等方法取得的证据，从根本上排除了刑讯逼供所得到的证据的生存空间，这将会大大减少刑讯逼供的发生，不断降低冤假错案的数量。

---

① 李文杰、罗文禄等：《证据法学》，四川人民出版社 2005 年版，第 518—519 页。

3. 第 54 条规定："收集物证、书证不符合法定程序，可能严重影响司法公正的，应当予以补正或者作出合理解释；不能补正或者作出合理解释的，对该证据应当予以排除。"该规定将非法证据排除的种类扩展到物证、书证等实物证据，不再仅仅强调非法言词证据的排除，也体现了我国证据规则随着法治程度的不断提高而不断完善。

4. 在证明责任的承担方面，第 57 条规定："在对证据收集的合法性进行法庭调查的过程中，人民检察院应当对证据收集的合法性加以证明。"其明确将非法证据排除规则的证明责任由人民检察院承担，这一方面厘清了责任的承担主体，避免双方推卸责任所带来的诉讼时间、诉讼成本的浪费，提高诉讼效率；另一方面，也减轻了被诉方的责任，给与了被诉方一定的权利优势，一定程度的保护了犯罪嫌疑人和被告人，促进了人权的保障，利于司法公正的推进。

5. 第 57 条规定："现有证据材料不能证明证据收集的合法性的，人民检察院可以提请人民法院通知有关侦查人员或者其他人员出庭说明情况；人民法院可以通知有关侦查人员或者其他人员出庭说明情况。有关侦查人员或者其他人员也可以要求出庭说明情况。经人民法院通知，有关人员应当出庭。"该条清晰地规定了侦查人员有出庭作证的义务，这无疑也是证据制度的一大进步，有利于促进证据制度的不断发展完善。

由上述可知，新刑事诉讼法对非法证据排除的规定，较之我国以前的规定有了很大的进步，但同时我们也应该看到，相较于其他法治国家，上述规定依然存在一些不完善之处，仍待继续修正完善：

第一，非法言词证据的排除可分为实体违法和程序违法两个方面。对于实体违法的言词证据，新《刑事诉讼法》第 54 条明确规定应当予以排除，但对于程序性违法的言词证据没有作详细规定。① 这无疑是一大遗憾，也会给以后的实践工作带来一定的障碍，在此指出，以期在以后的法律修订之中，能够将其完善。

第二，从第 54 条"收集物证、书证不符合法定程序，可能严重影响司法公正的，应当予以补正或者作出合理解释；不能补正或者作出合理解释的，对该证据应当予以排除"的规定可以看出，对于非法实物证据，原则上并不排除，而是先予以补正或者作出合理解释，不能补正或解释的，才予以排除。由

---

① 陈建武：《浅谈新刑诉法"非法证据排除规则"及其给缉私侦查工作带来的挑战》，http://www.jisi.gov.cn/News/fzslt/201204/20120427111418_6949.html。

此可知，我国法律对违反法定程序的实物证据的排除力度还不够，依然存在容忍的心态，尽管这与我国的国情以及打击犯罪的需要有一定关系，但是仍然是该规则的一个缺陷之处。

第三，第 56 条关于"当事人及其辩护人、诉讼代理人有权申请人民法院对以非法方法收集的证据依法予以排除。申请排除以非法方法收集的证据的，应当提供相关线索或者材料"的规定尽管赋予了当事人及其辩护人、诉讼代理人申请非法证据排除的权利，但是也增加了提供线索或者材料的义务。也就是说，实践中，尽管上述主体由此权利，但是如果后面的义务无法履行，前面的权利也完全有可能落空，使该权利成为一纸空谈。所以，在以后的法律修订时，笔者认为这一义务应当移除，毕竟，非法证据排除规则的证明义务应该在控方身上，而非被诉方。①

综合上述，2012 年新刑事诉讼法尽管有不足之处，但其进步性却是不容忽视的，我们必须给予肯定。同时，我们也必须认识到，徒善不足以为政，徒法不足以自行。为了使新刑事诉讼法在 2013 年实施时能够充分发挥出其应有的效力，体现其进步性，当此之际，应该结合我国的国情，制定、出台相关配套措施和制度，保证新刑事诉讼法的切实有效执行。

---

① 陈永生：《非法证据排除规则的举证责任》，载《现代法学》2001 年第 6 期。

期待可能性理论研究

◎ 董　倩*

内容摘要：

古语有云：法不强人所难。其强调法律必须是人们有进行遵守的可能性的法律，不可超越这种可能的限度来要求人们守法。刑法学上的期待可能性理论便是以此思想为基础而产生的。期待可能性理论从最基本的人性出发，对犯罪人的具体行为进行审视，以判断其行为是否需要承担刑事责任。本文立足于期待可能性理论的内涵并结合各种学说，来研究期待可能性理论。结合中国国情以及刑法现有的规定，认为目前没有将期待可能性理论直接纳入刑法的必要。

关键词：

期待可能性　期待可能性的判断标准　期待可能性的适用

一、期待可能性的内涵及其思想渊源

期待可能性一词，是由德文 Zumutbarkeit 翻译而来的。原意指的是"针对他人做某种要求"，后演变为"无理的要求""强求""奢求"等含义。如今则认为是一种正当且合理的要求。

刑法学意义上的期待可能性较之于通常意义上的期待可能性而言有着特殊的意义。期待可能性，也被耶赛克等德国学者称为期待不可能性，一般认为其内涵有广义与狭义之分："在广义上，对犯罪行为人而言，指行为人从实施该行为之际的内部的、外部的一切情形观察，期待不实施该行为而实施其他适法行为是可能的情况；在狭义上，指了解上述内部的实情，从行为之际四周的外

* 董倩，复旦大学法学院诉讼法学硕士研究生。

部的情形观察，期待不实施该违法行为而实施其他适法行为是可能的情况。刑法学上，说到期待可能性时，很少指广义的意义，可以说通常指狭义的意义。"① 简而言之，所谓期待可能性就是指在行为人实施违法行为之际，根据行为时的具体情形能够期待行为人不实施该违法行为而采取其他适法行为的情况。按此理论，如果行为之际存在着实施适法行为的期待可能性，行为人却仍然实施违法行为，则需要为自己的违法行为承担法律责任；反之，如果行为之际不具有这种期待可能性，即使行为人对自己的行为有违法性的认识，也不用承担故意责任或者过失责任。学术界称此种学说为期待可能性理论。

　　期待可能性理论作为刑法学上一个占有重要地位的理论，其出现并非偶然而是有着深刻的思想渊源。"有两条线索，一条是基于亲情之爱的容隐思想，一条是基于利益冲突而迫不得已的自卫思想。"② 具体而言：第一，基于亲情之爱的容隐思想。容隐是一个与亲亲相隐非常类似的概念。根据《大百科全书·法学卷》中的解释，亲亲相隐指犯罪后亲属之间应该相互隐瞒，不告发和不作证的，不论罪，反之要论罪。从中国历史来看，儒家学派历来推崇亲亲相隐。汉朝首创"亲亲得相守匿"制度，随之唐代以此为基础建立"同居相为隐"制度，其后历代大致沿袭了唐律关于亲亲相隐的规定。此外，《德国刑法典》（1871 年）也规定"为亲属而伪证、帮助逃避或阻碍刑罚执行者免刑"。容隐思想得以法律制度化，存在的正当根据，根植于它对人类最基本的亲情倾注了终极的人性关怀。③ 亲属之间的爱是人类最基本的爱，法律不能期待有人为了遵守法律的规定而割舍亲情将犯法的亲属交给国家机器来审判或处罚。因为在这种情形下，对于帮助亲属逃避刑罚的行为是没有期待可能性的，所以不能对行为人进行非难而要求其承担刑事责任。对于这种植根于最基本人性的善良人情，法律必须退避三舍，保持崇高的敬畏，容许人命可以公然以亲情对抗法律。④ 第二，基于利益冲突而迫不得已的自卫思想。自卫思想源于每个人都具有的保全自己利益的天性。当自身利益与他人或者社会利益冲突时，人人都有

---

　　① 日本刑法学会：《刑法讲座》（3），有斐阁 1969 年版，第 18 页；转引自马克昌：《德、日刑法理论中的期待可能性》，载《武汉大学学报》（社会科学版）2002 年第 1 期。

　　② 何成：《期待可能性适用探究》，2004 年西南政法大学硕士学位论文，第 1 页。

　　③ 何成：《期待可能性适用探究》，2004 年西南政法大学硕士学位论文，第 1 页。

　　④ 游伟、肖晚祥：《期待可能性理论研究》，中国政法大学出版社，刑事法评论第 8 卷，第 108 页。

被逼无奈而进行自我保全的自然权利。英国著名古典自然学家霍布斯认为："如果一个人基于眼前丧生的恐惧，被迫作出违法的事情，或因为缺乏食物及生活必需品时，除了违法没有任何其他办法可以保全自己，即如果不做违法之事，就会马上丧生，如果做了违法之事，可以延续生存，如在大饥荒中无法购买或接受施舍食物时行劫或偷窃，该人完全可以获得宽恕，因为任何法律都不可能约束一个人放弃自我保全。"① 在人自身的生存受到重大威胁的情况下，法律不可能去期待人们在利己与利他的冲突之间选择利他而放弃利己，因为这不符合人自我保全的本性。此时不存在期待可能性，故而应当免除行为人的刑法责任。倘若法律规定行为人仍需为自己以保全自身为目的而不得已实施的违法行为承担刑法责任，这样违背基本人性背离人情的法律必将难为民众所遵守，终究只能沦为一纸空文。

二、期待可能性的理论沿革

（一）起源

学界一般认为期待可能性理论源于 1897 年 3 月 27 日德意志帝国法院对著名的"癖马案"的判决。以下是该案的案情：被告人是一名受雇于他人的马车夫，他驾驭着一匹经常喜欢用马尾巴绕住缰绳继而妨碍马车驾驭的癖马。被告人深知马的恶癖，害怕发生意外。于是就向雇主提出要求换马，但雇主不予批准仍要求车夫驾驭该癖马。马夫害怕如果不听从雇主的命令就会被解雇，只能继续使用该马。一日，该马恶癖发作将尾巴绕缰用力往下压，马夫极力制止仍然无效，最终该马将一路人撞伤。检察院将车夫以过失伤害罪向法庭提起公诉，原审法院判决车夫无罪。检察院以原判不当抗诉至德意志帝国法庭，帝国法庭最终驳回抗诉维持原判。理由是："肯定基于违反义务之过失责任（即不注意之责任），如仅凭被告曾认识驾驭有恶癖之马或将伤及行人一点者，则不能谓为得当；更应以被告当时是否得以基于其认识，而向雇主提出拒绝驾驭此有恶癖之马一点为必要条件。然而，吾人果能期待被告不顾自己职位之得失，而违反雇主之命令拒绝驾驭该有恶癖之马乎？此种期待，恐事实上不能也。因此，本案被告不应负有过失之责任。"② 简单来说，即使马车夫意识到驾驭癖马可能会造成社会危害，但是由于害怕失去工作而没办法停止驾驭癖马，即因其

---

① ［英］霍布斯：《利维坦》，黎思复等译，商务印书馆 1985 年版，第 234—235 页。
② 洪福增：《刑法之理论与实践》，刑事法杂志社 1988 年版，第 93 页。

害怕失业而不能期待其实施其他的适法行为，期待可能性的缺乏成为他实施的违法行为阻却责任的事由。其后兴起的规范责任论支持者认为"癖马案"是期待不可能阻却责任的有力证据。学者也因此称癖马案为"期待可能性"的理论源头。

（二）发展阶段

"癖马案"的判决引起了刑法学者们的进一步思考。1901 年德国学者迈耶（Mayer）在其论文《有责行为与其种类》中主张责任要素除了心理要素外，还包括非难可能性的存在，最早将责任列入规范要素，首次提出了"规范责任论"。但是迈耶只是论及非难可能性的存在并没有进一步研究形成期待可能性的正常情况（附随情况）。1907 年弗兰克（Frank）于他所撰写的《论责任概念的构成》一文中第一次提出了期待可能性理论。他认为责任的本质是非难可能性，反对仅以犯罪心理要素作为责任内容的心理责任论。他主张责任应当包括三个要素：责任能力，故意或过失，正常的附随情况。其中正常的附随情况指的是行为人实施其行为时的其他条件是一种正常的状态，法律可以期待行为人避免违法行为而实施适法行为。如果情况正常，则行为人责任重，反之则责任轻或者无。1913 年格尔德舒米特（Goldschmidt）在其文章《紧急状态为责任问题之一》中主张，除了存在要求人们遵守外部态度的"法律规范"外，更有命令人们必须采取遵守法律规范所必要的内心态度的"义务规范"，对前者的违反引起违法性，对后者的违反产生责任。他主张将"附随情况正常性"替换为"义务违反性"。规范的责任要素即以义务规范为基础。1922 年弗洛登塔尔（Freudenthal）发表《责任与非难》一文，认为责任是非难可能性乃至违反义务性，主张责任的实质在于"行为人虽应采取其他态度且能采取其他态度，但不为之，竟违反此期待而敢然实施其违法行为"。依保哈舒米特（Eberhard Schmidt）大体上完成了"期待可能性"理论。他认为"责任是违法行为的非难可能性"，责任是以具有责任能力为前提的"心理的事实与价值判断的关系及关联"。因此，哈舒米特所说的责任就是违法行为在惹起该行为的心理现象的缺陷而值得非难的情况。至此，经过多位学者的研究与发展，到 1920 年期待可能性理论已成为德国学界的通说。1928 年山村龟二将期待可能性理论介绍到日本，经过日本学者的多番努力，40 年代后期待可能性理论也为日本学界所普遍接受。

（三）现状

期待可能性理论发展至今，无论在理论方面、立法界还是司法实务中都得到了长足的发展。虽然没有作为一项原则、制度明确地写入法典当中，但是德国、日本等国家和地区的刑法学界都将期待可能性作为一项极其重要的理论，并且在刑事立法与刑事司法中都予以承认与适用。如德国现行的 1999 年《刑法典》第 34、35、49、157、258 条的规定就体现了期待可能性理论。其中第 157 条关于具有紧急避险性质的陈述的规定，"证人或鉴定人有责地实施了虚伪宣誓或未经宣誓的陈述，如行为人是为了避免其亲属或本人受刑罚处罚或剥夺自由的矫正与保全处分而说出虚假事实的，法院可根据其裁量减轻其刑罚，未经宣誓而陈述的，则全部免除其刑罚"。司法界对此期待可能性也给予了相当的关注，例如日本法院对第五柏岛丸船事件就作出了与"癖马案"非常类似的判决。德国、日本刑法界中都认为应当适用期待可能性理论，赞同期待可能性的缺乏构成阻却责任的事由。但是他们对于无期待可能性是否为超法规的责任阻却事由、是否都适用于故意犯和过失犯还是仅适用于过失犯，尚存争议。对此德国学界持严谨态度，认为无期待可能性是法律规定的阻却责任事由，其目的在于防止期待可能性理论的滥用。日本学界却普遍认为无期待可能性是超法规的阻却责任事由，在具体案件中可能存在着多种缺乏期待可能性的情况，因此不应当局限于法律法规规定的几种具体的缺乏期待可能性的情形。中国刑法学界也在逐渐地关注与重视期待可能性理论，但就如何在中国刑法中适用期待可能性理论，学者们各有自己的观点，未能一致。不过大家普遍认为中国应当结合自己的刑法理论与具体的社会现实，有选择性有针对性地移植期待可能性理论。正如有的学者建议"舍期待可能性之形而用其神，从现行立法出发将期待可能性理论彻底地化解再融入到我国现行刑法之中。在我国现行立法的基础上，根据刑事责任理论，针对不同的情况，将其合理因素融入并充实到刑法当中。"①

期待可能性理论得到如今的发展与认可，并不是一蹴而就的。该理论产生之初，因为其侧重行为人的立场而轻视国家整体立场、弱化司法、减轻刑法制裁功能等原因而备受学者批判。然而期待可能性理论凭借其所蕴藏的人类理性最终成为大陆法系刑法理论中的重要组成部分。其理性在于："第一，法律规范是国民行为的义务规范，违反义务规范产生责任的负担，基于义务规范才能期待国民遵守法律规范实施合法行为。第二，根据规范责任论，人具有相对的

---

① 舒洪水：《期待可能性理论的哲学基础与本土化思考》，载《法律科学》2008 年第 3 期。

意志自由，在正常情况下如果选择违法行为，其意志的主观恶性应当受到谴责，但是，在处于非正常情况下，不能期待行为人不选择违法行为时，如果追究责任则根本上是与人情相悖，违背刑法的人道原则。第三，期待可能性符合刑法的谦抑原则和刑法的教育、预防目的，即期待可能性理论使对缺乏期待可能性的人免予刑事追究，抑制国家刑罚权的扩张，防止对无期待可能性的人的刑事追究，造成其与社会的对立；反之有期待可能性的，刑罚的不可避免，才能使其在刑罚的威慑、教育等作用下改过自新、复归社会。"①

三、期待可能性在犯罪论体系中的地位

对于期待可能性理论属于责任论的范畴这一点，学界已经达成一致意见。认为在期待可能性的缺乏的情况下，不能对行为人科处刑罚或者至少应当减轻刑罚。但对于期待可能性理论在责任论内部的具体位置，学者们各有不同的观点。

（一）与责任能力、故意或过失并列的第三责任要素说

弗兰克、格尔德舒米特、西原春夫等持此说。该说认为期待可能性是一种客观的责任要素，因为它的有无以及强弱必须结合行为时的实际情况、有无特殊事由来判断。而故意、过失是一种主观的责任要素，责任能力则是针对行为人自身的客观事实的判断，其重点在生理与心理上。因此三者之间是并列关系共同组成责任的构成要素。只有在同时具备责任能力、故意或过失、不存在期待可能性这三个条件时，才能对行为人进行非难。

（二）为故意或过失的构成要素说

弗洛登塔尔、团藤重光、板仓宏等赞同此观点。构成要素说认为，期待可能性是故意或过失的一个组成部分，期待可能性的缺乏会阻止故意或过失的形成。如果行为时不存在期待可能性，那么主观的过错责任就会被阻却，行为人也就不用承担故意责任或者过失责任。

（三）阻却责任事由说

日本学界普遍赞同这种说法，代表性学者有佐伯千仞、大谷实、平场安治等。该说认为期待可能性既不是故意、过失的构成要素，也不是与故意或过失、责任能力相并列的第三种责任要素，而是有责性的例外情况。期待可能性的缺乏是作为阻却责任的事由而存在的，其价值在于妨碍犯罪的成立。

---

① 林亚刚：《论期待可能性的若干理论问题》，载《中国刑事法杂志》第44期。

首先，并列说将期待可能性与责任能力、故意或过失共同作为责任的要素是不妥当的。诚然，期待可能性影响着责任的成立以及责任的大小。但并不能因此将期待可能性当成责任的要素。因为并不是每个案件都要毫无例外地去考虑行为人是否有期待可能性。一般情况下，在具有责任能力与故意或过失的罪过形态的情况下就可以做出能够期待行为人实施适法行为的推定。也就是说很多案件是不需要进行期待可能性有无的判断就能直接判明行为人是否有责的。只有在存在特殊的例外的情况下才需要结合行为时的情况来判断是否存在期待可能性。因此，将期待可能性作为责任的必须要素列入责任论中是不合适的。其次，构成要素说将期待可能性作为故意或过失的构成要素也是不正确的。故意或过失是行为人在行为时对自己的行为所持有的一种内心态度，是对行为人主观心理的考察。责任能力是法律对行为人个体的客观事实的判断，其评判的依据更侧重于生理上和心理上的，是从行为者自身来考虑的。而期待可能性是对于行为时的具体情况下行为人的主观心理所进行的一种外部评价。故意、过失和期待可能性都对责任的成立与否有着重要影响，都是与行为人自身相关的。但它们是有显著性区别的，故意、过失是行为人对基本事实的认识，是责任判断的客体，而期待可能性则体现了对责任的判断，不涉及对基本事实的认识与否。因此不能认为期待可能性是故意、过失的构成要素。

笔者支持第三种学说，认为期待可能性的缺乏构成阻却责任的事由。正如日本的佐伯千仞教授所主张的"责任能力与故意或过失和在一起，构成一个责任的原则型，这个原则型的的充足就相应的推定期待可能性的存在，然而，这到底仅仅是相应的推定，如果存在例外的情况，就可以自然打破这种推定"。这种"原则—例外"的思考类型非常清晰的阐明了期待可能性与责任能力、故意或过失的关系。三者紧密相连，但又相互区别。在责任的"原则型"已经构成的前提下，期待可能性是作为一种例外因素而存在的，只有在特别的外部情况下，它才发挥起阻却责任的作用。

四、期待可能性的判断标准

要在立法中对期待可能性理论予以详细确定地规定以及在司法实践中有效地运用期待可能性，就不可避免地需要一个明确可行的标准来对期待可能性进行判断。判断的内容为期待可能性是否存在以及程度的强弱。如果缺乏这种判断标准，期待可能性理论就无法付诸实践。根据期待可能性的有无以及程度的强弱，通常认为有三种判断标准：行为人标准、通常人标准以及国家标准。

（一）行为人标准

即以行为人实施行为时具体情况下行为人自身的能力作为判断标准。如果结合行为时的具体情况不能期待行为人避免实施违法行为，可以判断此时缺乏期待可能性。判断行为人是否存在期待可能性当然要结合行为人的能力，脱离了行为人本身而去讨论期待可能性的有无是不实际的。因为责任就是对实施了符合构成要件的违法行为的行为人所进行的人格上的非难，这就决定了要以行为人本身为标准。德国学者弗洛登塔尔、海尼特斯、日本学者团藤重光、板仓弘等支持此学说。一些学者对行为人标准说进行了批判，理由是"此种学说的弊端在于：（1）使刑事司法不适当的弱化；（2）造成极端的个别化，违反法的划一性的要求；（3）确信犯常常没有期待可能性而认为无罪。"①

（二）通常人标准（平均人标准）

此为日本通说，指的是如果通常人处于行为人当时的情况下，法律是否能够期待通常人实施适法行为。如果能够期待通常人实施适法行为，则对行为人也有期待可能性；反之，如果不能够期待通常人去实施适法行为，则对行为人也不具有期待可能性。正如木村龟二所说："期待可能性有无的判断，可能有行为人自身主观的见地的场合与以社会的一般人即平均人为标准客观的见地的场合。立于主观的见地时，各人的判断标准是各种各样的，根据圣贤与普通人，勇者与怯懦者等而异，然后刑法不是对圣人、贤人的规范，不区分勇者与怯懦者，是对社会的一般人的规范。在这个意义上，期待可能性的有无，以社会的一般人为标准，根据社会的一般人处于行为人的立场适当行为的决意是否可能来决定是妥当的。"② 德国学者格尔德舒米特、日本学者木村龟二、小清野一郎持此种观点。此学说的问题在于：第一，平均人标准本身就是一个模糊不清暧昧不明的概念，没有人能准确的定义何种程度的人才是平均人或通常人。第二，即使能够界定平均人的标准，也不能不加选择的将之直接适用于行为人本身。因为对平均人有期待可能性，不等于对具体行为人有期待可能性。毕竟

---

① 马克昌：《德、日刑法理论中的期待可能性》，载《武汉大学学报》（社会科学版）2002年第55卷。

② ［日］木村龟二：《刑法总论》（增补版），有斐阁1981年版，第305页；转引自马克昌：《德、日刑法理论中的期待可能性》，载《武汉大学学报》（社会科学版）2002年第1期。

行为人的能力是个别的特殊的，而通常人的能力是大众化的平均的，行为人的能力有可能远高于通常人或者远低于通常人。

（三）国家标准说（又称法规范标准）

前面两种学说都是以被期待方（或行为人或处于相同情况下的通常人）来决定判断标准的，国家标准说则以期待方的国家或者法律秩序作为标准来衡量是否存在期待可能性。也就是说期待是国家或者法秩序对行为人的期待而非行为人对自身的期待。该说认为国家或法秩序在行为时具体情况下对行为人的期待是什么以及期待的程度是判断期待可能性的唯一标准。德国学者沃夫、日本学者平野龙一、中义胜、平场安治等赞同国家标准说。此说也招来了学者们的强烈批判，他们指出："此说问法律是在怎样的场合有期待可能性，答法律秩序认为可能的场合有之，以问等于答，没有提供任何实质的标准（泷川幸辰），结果在法规之外就不能承认期待可能性（植松正）。"①

以上三种学说，各有优劣。有我国台湾地区学者针对上述三种学说的不足，提出了第四种学说也称为综合标准说。该说认为期待可能性的判断标准，应就被期待行为人之能力及其行为当时的具体情况相联系，并参酌一般日常生活经验、法律秩序的观点，以判断是否有期待可能性。② 它的问题在于当依行为人之能力不存在期待可能性，而依法秩序存在期待可能性的情况发生时，综合标准说并不能最终判明对行为人是否存在期待可能性。

在对行为人标准说、平均人标准说以及国家标准说的优劣进行过一番比较后，笔者认为行为人标准说相对而言更为合适。平均人标准看似非常公正合理，实则不然。其问题主要在于：首先，如何准确的界定平均人这一个相当模糊的概念；其次，即使能成功界定平均人，但随之出现的问题是适用于平均人的标准并不必然适用于行为人本人，毕竟个体的差异性是显著存在的。国家标准说看似合情合理，但此说是从国家或法秩序也即期待方面来判断期待可能性的，其容易陷入一个循环怪圈：问国家或法秩序（也就是法律）规定在什么情况下存在期待可能性，答在法律认为存在期待可能性的情况下存在期待可能性。其实质是以问代答，循环论证。最后的结果是根本不可能出现法规明文规

---

① ［日］西原春夫：《刑法总论》（改定准备版下卷），成文堂1995年版，第480页；转引自马克昌：《德、日刑法理论中的期待可能性》，载《武汉大学学报》（社会科学版），2002年第1期。

② 李立众、刘代华：《期待可能性理论研究》，载《中外法学》1999年第1期。

定之外适用期待可能性理论的情况。而行为人标准说的恰当之处在于期待可能性理论本身是针对具体的行为人而言的，探讨的是在当时的具体情况下我们能否期待行为人避免违法行为而实施其他适法行为。如果撇开了具体的行为人自身而去研究期待可能性的有无，就可能背离了期待可能性理论的初衷。综上，笔者认为行为人标准说更为可取。但是要注意的是以行为人标准来判断并非让行为人自己来判断，而是由法官根据案件具体情形以及行为人自身情况，从行为人的角度来判断期待可能性的有无。

五、期待可能性的适用

德、日学者虽然都认为期待可能性是阻却责任的事由，但对于期待可能性理论的适用却持有不同态度。德国学者认为期待不可能性只能是作为法律规定的特别的免责事由，而日本学者则认为期待可能性理论是一种超法规的阻却责任事由。学者们的思想也在各国的刑事立法中也得到了体现。"德国的期待可能性体现在紧急避险、不可抗力、正当防卫等条款中。日本刑法中的期待可能性也是体现在紧急避险中的法益同价值的场合、关于过剩防卫以及过剩避险的免除刑罚的场合，因犯自己脱逃、怀孕的妇女自己堕胎，等等。"① 期待不可能性到底是作为法律规定的特别免责事由还是超法规的阻却责任事由，德、日学者之间其实并不存在实质性的冲突。两者之间的差异只是体现学者或者国家对期待可能性理论适用范围的一种或严或松的态度。德国学者将期待不可能性视为一种法律规定的特别免责事由，将期待可能性理论的运用严格的限制在法律规定的具体情形当中，其体现的是一种慎重的法律态度。日本学者并没有将期待可能性的运用仅仅局限于法律规定的情形中而是将期待不可能性作为超法规的免责事由。毕竟期待可能性缺乏的情况在理论上讲有很多种，不是法律能一一列明的，倘若局限于法律明文规定的几种情形，则难以实现期待可能性理论的价值与意义。所以日本学者更多的是追求实现期待可能性理论的真正效用。但是值得注意的是，虽然是把期待不可能性作为超法规的免责事由，日本刑法学界无论是在法规上还是在解释上，对于将期待不可能的行为作为超法规的阻

①　舒洪水：《期待可能性理论的哲学基础与本土化思考》，载《法律科学》2008 年第3 期。

却责任的情况处理，采取的都是慎重的态度。①

期待可能性理论在我国刑法没有被明确规定，但是在诸多条款中都得到了体现。如《刑法》第 16 条规定："行为在客观上虽然造成了损害结果，但是不是出于故意或过失，而是由于不能抗拒或者不能预见的原因所引起的，不是犯罪。"虽然在客观上造成了损害结果，但是由于存在着不可能抗力或不能预见的原因，在行为时的具体情况下，行为人没有办法选择去实施适法行为。此时期待可能性的缺乏构成了阻却的事由，行为人不构成犯罪，更无须承担刑事责任。第 20 条规定："为了使国家、公共利益、本人或他人的人身、财产和其他权利免受正在进行的不法侵害，而采取的制止不法侵害的行为，对不法侵害人造成损害的，属于正当防卫，不负刑事责任。"因为在紧急避险情况下，我们无法期待行为人不采取打击措施来保卫自己的合法权益，无法期待行为人面对侵害人的侵害行为而选择适法地坐以待毙不予还击。此时即使行为人的正当防卫给不法侵害人造成了损害其仍然无须承担责任，因为此种情况下不存在着期待适法行为的可能性。此外，刑法在规定毁灭证据、伪造证据等罪行时，没有将当事人作为犯罪的主体，而是将其他的案外人如辩护人、诉讼代理人等列为此类罪行的主体。将当事人自己毁灭、伪造证据等行为不规定为犯罪原因在于实施这些行为是当事人犯罪后出于自保的本能，缺乏期待当事人不去实施上述行为的可能性。而作为案件的辩护人或者诉讼代理人，基于其职业操守，当然是可以期待其不实施伪造、毁灭证据等违法行为的。另外，《刑法》第 258 条关于因自然灾害流落在外迫于生计而与人重婚的不构成重婚罪的规定等都体现了期待可能性理论的合理内涵。

上文列举了期待可能性理论在中国刑法中的一些零散的体现，那么是否需要明确地将期待可能性理论作为原则性的制度直接在刑法中进行规定呢？我认为暂时没有这个必要。期待可能性理论作为一种国外的理论，其产生发展是在特定的环境下进行的。盲目而不加选择的将其纳入中国刑法体系当中是不明智的。期待可能性理论的研究在中国尚不够成熟，将其过早的引入刑法体系当中不能够有效的贯彻与实施。值得注意的是，中国现行刑法中的一些条文也体现了期待可能性理论的实质精神，使得期待可能性理论能够在这些条文中发挥作用。同时，也可以将一些可以适用期待可能性理论的典型情况在司法解释中进

---

① 参见马克昌：《德、日刑法理论中的期待可能性》，载《武汉大学学报》（社会科学版）2003 年第 55 卷。

行规定或者对刑法中的一些规定做适当的扩大解释，以便在必要的需适用期待可能性理论的情形下进行运用。另外，我国《刑法》第13条但书中明确规定"对于情节显著轻微危害不大的，不认为是犯罪"。这样兜底式的规定，则意味着许多超法规无期待可能性从而构成妨碍犯罪、阻却责任的事由，都可以被包含在内。因此，基本上能解决期待可能性理论在中国刑法体系中的适用问题，而无须在刑法中对期待可能性进行专门规定。

论精神病人强制医疗的制度构建

◎ 王　懿*

内容摘要：

我国虽然已经确立精神病人强制医疗制度，但由于现行刑法条文规定过于原则，缺乏具体可操作性，并且新刑事诉讼法创建的"对实施暴力行为的精神病人的强制医疗程序"这一特别程序中，仅作出 6 条规定，未对精神病人强制医疗制度进一步全面细化，导致精神病人在被强制医疗时经常会陷入法律困境，使社会防卫和精神病人权利保障之间失衡。实践中出现了两种极端：涉嫌严重暴力犯罪的精神病人不能被强制医疗，以及精神正常的公民被无辜送入精神病院强制医疗。笔者通过探讨国外强制医疗制度、我国强制医疗的现状及其存在缺陷，以探讨新刑诉法关于精神病人强制医疗存在的不足，并试图构建符合我国国情的强制医疗制度。

关键词：

精神病人　强制医疗制度　正当化

我国《刑法》第 18 条第 1 款规定："精神病人在不能辨认或者不能控制自己行为的时候造成危害结果，经法定程序鉴定确认的，不负刑事责任，但是应当责令他的家属或者监护人严加看管和医疗；在必要的时候，由政府强制医疗。"这是我国设立强制医疗制度的实体法依据，从立法层面肯定了强制医疗对确保公共安全具有重要意义。但是，我国长期以来没有正式建立强制医疗程序，此次刑事诉讼法修改创建了"对实施暴力行为的精神病人的强制医疗程

---

* 王懿，复旦大学法学院诉讼法学硕士研究生。

序"作为四种特别程序之一，将填补我国刑事强制医疗程序的空白，为刑法关于精神病人犯罪强制医疗提供程序法依据，使强制医疗措施纳入了法治轨道。但也需要看到精神病人强制医疗制度仍然存在缺陷，面临着被滥用的风险。因此，本文将探讨如何构建我国精神病人强制医疗制度，使其正当化。

一、精神病人强制医疗制度的概述

在精神病人保护的立法当中，强制医疗制度与精神病人权益保护关系极为密切。对强制医疗制度性质加以界定，是讨论相关问题之前提。我国现行的强制医疗制度类似于西方国家的"保安处分"，其实质是"对患有精神疾病由此而成为无刑事责任能力或限制刑事责任能力人所适用的旨在隔离排害和强制医疗的刑事实体措施"[①]。保安处分概念由德国刑法学家克莱因提出，是指利用矫治、感化、治疗、隔离、禁戒等手段由法官做出的对于特定的具有社会危险性的行为人所采取的司法处分之总称。其目的是"预防和控制犯罪、矫正行为人的病态心理和畸形人格，确保社会平安"[②]。

（一）精神病人强制医疗制度的概念

强制医疗是刑法理论上的一个概念，是指对因患有精神疾病而成为无刑事责任能力的人所适用的，旨在消除其危险状态、社会安全的强制隔离和治疗的刑事实体措施，它对于精神病人的健康恢复、保障其合法权益以及消除其人身危险性、预防犯罪、维护社会治安秩序和保卫社会安全都有着极为重要的作用和意义。

强制医疗制度是一项法律制度，不仅包括实体制度还包括程序制度，是指通过法律程序对强制医疗适用对象及条件、决定机关、启动程序、法庭审理、救济程序、执行主体、执行场所等主客观要件加以规范，确定其范围，明确其内容，保障其实施的一系列法律规范的总称。

（二）精神病人强制医疗制度的性质

我国刑法对强制医疗的性质缺乏具体明确的界定，导致无论是理论上还是实践中对强制医疗的性质均存在不同认识。这是因为，一方面强制医疗制度首先规定在刑法当中，而且从其强制性来看，它能剥夺精神病人人身自由达数年

---

① 王伟：《精神病人强制医疗制度研究》，载《法律与医学杂志》2003 年第 3 期。

② 胡星斗：《论废除劳动教养制度的几种对策》，载 http：//www.chinavalue.net/2008/02/05。

之久，似乎应该算是刑事处罚的一种；但另一方面我国刑罚的种类中并没有包含强制医疗，虽然刑法、新事诉讼法赋予了法院对强制医疗的决定权，却将强制医疗的具体操作全部授权政府，而无论是现行刑法还是新刑诉法，都没有再为此设定具体的条件、标准和程序。这又似乎应算作某种具体行政行为的范畴。而有的学者认为是保安处分："强制医疗是我国现行刑法明文规定的一种刑法上的保安处分，也是世界各国保安处分适用范围较广的一种保安处分。"①认识的不同直接影响着强制医疗的程序设计和制度运作，即究竟是采用司法程序还是行政程序做出强制医疗决定。②

笔者认为，强制医疗既不属于刑罚，也不算是具体行政行为，而是一种刑事实体措施。根据我国刑法与新刑诉法对强制医疗的规定以及相关司法实践，强制医疗具有以下几个特征：（1）强制医疗专门适用于无刑事责任能力的精神病人；（2）强制医疗是一种弥补不能对无刑事责任能力的精神病人适用刑罚的替代性措施；（3）强制医疗是限制人身自由与医学治疗同时进行的刑事实体措施；（4）强制医疗在必要、不得已的情况下才适用。

二、国外精神病人强制医疗制度考察

1810 年的《法国刑法典》第 64 条在人类历史上第一次以刑法典的形式规定精神病人不负刑事责任，从而使精神障碍者有得以进入其他模式下进行"矫治"的可能，因此，这一规定具有里程碑意义。③

（一）国外精神病人强制医疗基本制度的比较

许多国家都在刑法中规定了对无刑事责任能力的精神障碍犯罪人适用强制收容或者强制医疗的保安处分（治疗监护处分）。④ 这是实际适用中最为普遍和常见的一种，被世界各国和地区广泛采用，由法院通过司法程序进行裁决，旨在补充刑法适用的不足，使法律更人道化、科学化和合理化。⑤

关于适用对象，各国立法中一般包括 4 种：一是实施危害行为时无刑事责

---

① 赵秉志：《刑罚总论问题探索》，法律出版社 2002 年版，第 315 页。

② 韩旭：《论精神病人强制医疗诉讼程序的构建》，中国刑事法杂志，2007 年第 6 期。

③ 萧榕主编：《世界著名法典选编刑法卷》，中国民主法制出版社 1997 年版，第 310 页。

④ 强制收容或强制医疗措施在各国刑法中的称谓是不同的，如德国称收容、日本称治疗处分、俄罗斯称医疗性强制方法、台湾称作监护处分。

⑤ 王伟：《精神病人强制医疗制度研究》，载《法律与医学杂志》2003 年第 3 期。

任能力，至诉讼时精神仍未恢复正常的精神病人。二是实施危害行为时精神正常，诉讼时患精神病者，如《苏联和各加盟共和国刑事立法纲要》第 10 条规定，"对于在有责任能力状态中实施犯罪行为，但是在法院做出刑事判决之前患了精神病，失去辨认或控制自己行为能力的人采用医疗强制方法，待其痊愈后，可对其恢复审理"①。三是侦查、起诉、审判、服刑等阶段中的负部分刑事责任能力的精神病患者，如日本刑法典规定的保安处分对象包括责任能力降低的精神病人。四是刑期届满即将释放而发现有精神病者，如《美国联邦诉讼条例》第 424 条规定：对刑期届满的犯人，若经检查，发现其有精神病，释放后可能危及政府公职安全、财产或合众国其他利益，法庭可将该犯交执法检察官予以收监。②

关于适用条件，纵观各国有关强制医疗的立法例，精神病人必须实施了一定的危害社会的行为以及人身具有公共危险性时才可适用强制医疗，从而使强制医疗的适用有章可循，防止其落入人治的窠臼。《德国刑法典》第 63 条规定："当行为人在无刑事责任能力或限制责任能力的状态下实施不法行为时，如果对行为人及其所犯罪行的全面评估表明，在目前状态下，行为人可能实施更严重的不法行为而对公众造成威胁，法院应当判令将其收容于精神病院。"

关于决定主体，通览各国刑事立法，几乎都将强制医疗的决定权授予法院。德国刑法、俄罗斯联邦刑法典以及 1974 年《日本改正刑法草案》等均有此类规定。美国同样有此规定，精神病人的人身自由权利是在法律上予以确认的，而且对其提供比较明确的保障，因为当个人权利与警察权形成对峙的时候，或者说，警察权的运作涉及到个人权利的时候，为维护个人权利，应当由作为公平力量的司法来予以解决，而且承认他们是同样的程序上的权利。③ 可见，按照现代法治原则的基本要求，凡是涉及公民生命、自由、财产等重大法益的决定，都必须由司法机关作出。对精神病人适用强制医疗还需对其是否符合强制医疗的条件做出判断，因此，各国的决定主体均为法院。

关于期限，各国法律对此有很大不同，有的国家没有规定强制医疗期限，

---

① 郑志锋：《论我国强制医疗制度之完善》，载《安阳工学院学报》2005 年 3 月第 1 期。

② 郑志锋：《论我国强制医疗制度之完善》，载《安阳工学院学报》2005 年 3 月第 1 期。

③ 时延安：《中美精神病人强制医疗制度之比较》，载《法学评论》2009 年第 4 期。

如德国、俄罗斯。而在规定期限的国家，强制医疗的期限也不一样。《意大利刑法典》规定：疗护处分的期限视行为人所犯之罪的法定刑而定；日本《更正刑法草案》规定：治疗处分的收容期限为 3 年，但裁判所认为有必要时，可以每两年予以更新；我国台湾地区"刑法"规定的疗护处分期限为 3 年。

（二）国外精神病人强制医疗程序制度的比较

关于启动程序，世界多数国家考虑到强制医疗程序重在通过约束治疗实现预防的社会功能，因而对强制医疗的提起不完全适用公诉的方式，可以申请的方式向法院提起。《德国刑事诉讼法典》第 414 条规定："申请等同于公诉。申请书代替起诉书，必须符合对起诉书的规定。"上述做法值得我国借鉴。检察官既可以提起单独的强制医疗申请，也可以在提起公诉的同时附带提起强制医疗申请。

关于法庭审理，由于审理对象可能是完全或部分丧失行为能力的精神病人，为了保证庭审活动的顺利进行，也为了保护精神病人的合法权利，法庭根据情况可实行缺席审判、鉴定人出庭作证以及指定辩护。如《德国刑事诉讼法典》第 415 条之（五）规定："在审判中要对鉴定人就被指控人的状况予以询问，鉴定人如果还未对被指控人作过检查的，在审判前要给予他作检查的机会。"

关于执行程序，以美国为例，各州的警察有权对危及社会的人进行监管。美国联邦最高法院将警察权的使用限定在，只能对"患有精神疾病且危险"的人才能予以监管。[①] 对于患有不同精神疾病的人，有三种类型的监管：到特定机构治疗；到由政府部门、私人部门或个人密切监督的社区进行看管；刑事性监管。

三、我国精神病人强制医疗制度的现状与缺陷

目前，我国《刑法》第 18 条对精神病人强制医疗制度作出了实体性规定。而刚修改的新刑事诉讼法创立的刑事强制医疗程序规定了对实施暴力行为精神病人进行强制医疗的司法程序，包括强制医疗的申请程序、审理程序、法律援助、救济程序、法律监督等，高度符合程序公正的要求。但是，由于立法上制度设计太过原则和抽象，未进行具体细化，操作性不强这使得强制医疗制度在

---

① Brian J. Pollock, Kansas v. Hendricks: A Workable Standard for Mental Illness or A Push Down the Slippery Slope toward Abuse of Civil Commitment, 40 Ariz. L. Rev. 319.

实施过程中对于精神病人权益保护存在着严重的制度隐患。

（一）我国精神病人强制医疗制度的法律规定与法律实践

《刑法》第 18 条的规定，是在实践经验基础上增加的规定，为我国强制医疗制度的建立奠定了法律基础，而在此之前我国尚不存在法定的强制医疗制度。由于刑法对于强制医疗制度规定太过粗略、模糊而有弹性，无法满足现实需要，我国许多地方政府根据各自情况制定了辖区内精神病人违法的管理条例以填补立法不足所留下的空缺。例如，《上海市监护治疗管理肇事肇祸精神病人条例》、《西安市强制收治严重危害社会治安精神病人办法》、《吉林省危害社会精神病人强制医疗规定》、《重庆市暴力精神病人收治管理办法》等，这些"条例"、"办法"对强制医疗的适用条件规定相差很大，而且根据我国《立法法》第 8 条第（五）项的规定，对限制人身自由的强制措施只能有全国人大或其常委会通过制定法律加以规定，所以以部门规章的形式规定限制人身自由，本身实际已超出立法权限。①

如今新刑事诉讼法出台后，我们期待各地司法实践有所改善甚至改革。但就我国目前的强制医疗而言，一方面囿于经费、资源等方面原因，实践中对于强制医疗的适用是非常少的，这就意味着很多应该强制医疗的精神病人却没有被强制医疗，仍然流散于社会，就像不定时炸弹一样成为巨大的隐患；另一方面，由于在强制医疗的法律制度方面很不健全，很多省市地方缺乏强制医疗具体适用的法律规范，也使得强制医疗具有侵犯公民人身权利的危险。因此，强制医疗制度亟待完善。在适用强制医疗的司法实践中，通常陷入以下两方面的窘境：

一是涉嫌严重暴力犯罪的精神病人不能被强制医疗。通常，在对疑似精神病人涉嫌犯罪的审理中，无论是控辩双方还是民众与媒体，关心的是对犯罪嫌疑人、被告人是否应当进行精神病鉴定，正如在陕西发生的邱某某特大杀人案一样，媒体沸沸扬扬讨论的就是对邱某某进行精神病鉴定的问题。至于鉴定出犯罪嫌疑人、被告人是属于精神病人后该如何处置，司法机关不关心，媒体也不关心，精神病人杀人后"没事回家"似乎天经地义。虽然《刑法》第 18 条第 1 款作出规定，但是实际中，有钱或负责任的家属、监护人会对精神病人看管和医疗，无钱或不负责任的家属、监护人往往是放任；政府部门由于经费等

---

① 董文勇：《完善精神卫生立法 规范非自愿住院治疗行为》，载 http://www. io-law. org. cn/2007/11/13。

原因，往往也疏于监管与强制医疗，任其流入社会。即便是那些被家属和政府送去强制医疗的精神病人，对其治疗时间要多久，何种情形下出院，都是随心所欲，并不需要司法裁决。这些现状导致一些精神病人由于缺乏看管而重新危害社会。所以，"每当一些重大案件的发生，律师提出要对犯罪嫌疑人进行精神病鉴定时，司法机关感到特别为难，民众的心情也很复杂，不作鉴定就是违反法律，但真正作了鉴定，判决无罪释放后无异于放虎归山"。①

二是精神正常的公民被无辜送入精神病院强制医疗。这种情况是严重侵犯公民的人格尊严与人身自由。然而，实践中，把精神正常公民当作精神病人，强行侵犯他们人身权利的不仅有公民的家属和单位，甚至还有个别地方政府。如孙法武②因上访被政府送入精神病院；邹宜均③因家庭纠纷被家属强行送入精神病院；陈淼盛④因与工作单位僵化被单位送入精神病院。精神障碍神智正常的公民之所以经常被亲属或者地方政府当作精神病人强制送往精神病院进行治疗，完全在于我们对于精神病人强制医疗制度并没有一个完善的法律程序。通常而言，对于家属、监护人和地方政府送来的"精神病人"，精神病院医生进行初步诊断后认为符合精神病症状，就会收治，并不需要任何司法裁决和法律上的手续。《民法通则》第 19 条规定："精神病人的利害关系人，可以向人民法院申请宣告精神病人为无民事行为能力人或者限制民事行为能力人。"而怎样认定精神病人，法院并不受理。如果发生家属或者个别政府出于某种动机与精神病院勾结，就会发生强制将神志正常的公民送入精神病院的情形。

（二）我国精神病人强制医疗制度的缺陷评析

新刑事诉讼法将强制医疗纳入刑事诉讼程序，在我国刑事立法上无疑是一次伟大的创举，使我国的刑事程序法更加完善。然而，就目前出台的 6 条条文来看，关于强制医疗程序的规定还略显不足，有待立法部门进一步完善。我国精神病人强制医疗制度在现实中根本就无法发挥其应有的作用，并且在理论上

---

① 杨涛、刘志海：《精神病人需要司法阳光的呵护》，载《法苑随笔》2009 年第 11 期。

② 黄玉浩：《上访者被强送精神病院》，载《新京报》A1、A13 版，2008 年 12 月 08 日。

③ 《女子因"家庭纠纷"被强行送进精神病院引发关注》，2011 年 2 月 7 日，载 http://www.chinanews.com/jk/ysbb/news/2009/03 – 25/1617665.shtml。

④ 《工程师被困疯人院 13 年，至死未与妻子相见》，2011 年 2 月 9 日，载 http://business.sohu.com/20100412/n271445814.shtml。

对强制医疗制度的关注也很少。

第一，强制医疗制度政策底蕴太强与行政色彩太浓，司法化不足。在我国，党和国家的刑事政策和其他相关的社会政策，不仅对强制医疗的立法和实践起指导作用，而且在许多场合直接填补了立法不完善所留下的空缺。就目前我国的强制医疗措施来看，法制化的水平较低，刑事法律规定得过于原则化，不具有可操作性，而新刑事诉讼法刚刚出台，仅有6条规定，目前实践中太多的依赖政策来运作。政策性的运作方式导致的直接后果就是适用条件的不明确、缺乏规范性，在这种情况下，强制医疗给公民的人身自由权带来极大的威胁，存在着强制医疗适用任意化的危险。另外，在对强制医疗的法律规定中不具备完整的法律规范逻辑结构而欠缺独立操作功能的情况下，使得强制医疗的处理要素均转至行政措施之中，就强制医疗措施的执行来看，行政立法占主导地位。

第二，强制医疗程序的规定与诉讼难以衔接，理论和实践脱节。根据新刑事诉讼法规定，强制医疗程序仅适用于实施暴力行为危害公共安全或者严重危害公民人身安全，经法定程序鉴定依法不负刑事责任的精神病人，并有继续危害社会可能的。对其他实施危害行为或者具有危险性的精神病人，不适用该程序。但在司法实践中，精神病人致人死亡、重伤的案件较少，大部分精神病人行为的危害后果并没有达到如此严重的程度。例如，具有暴力倾向的精神病人经常追打路人或邻居，造成他人轻伤，或者给他人的财产造成重大损失。这类精神病人虽没有达到新刑事诉讼法设定的危害程度，却同样具有社会危险性，符合新刑事诉讼法规定的后两个适用条件。如果强制医疗程序对这类精神病人不适用，将难以消除其社会危险性。人民检察院对强制医疗措施的监督应当是全面的，既包括对公安机关移送强制医疗是否合法、对法院决定强制医疗是否适当进行监督，也包括对强制医疗的执行是否存在违法情形进行监督。但是，新刑事诉讼法对于人民检察院如何介入强制医疗程序的决定与执行程序展开监督没有具体规定。

第三，强制医疗的执行程序疏漏较多，较为重视消极功能，对积极功能不够重视。我国现行刑事立法上没有对采用强制性医疗措施执行期限的规定。而实际上事前很难确定一个具体确定的执行期限。但是，绝对的不确定期限往往又使执行机关权力过大，加上缺少有力的监督，实践中就有可能发生某些被执行者的人身自由处于长期、无限期被剥夺、被限制的状态，这样既不利于保护人权，也违背了法制原则。我国的强制医疗措施在具体的适用过程中，较为注重其消极功能即隔离排害的功能，而对于改善恢复的积极功能重视不足。在现实的法律实践中往往是将精神病人强制性地限制在特定的医疗机构中即大功告成。至于之后精神病人的治疗和恢复状况则不被关注，其实际的治疗和恢复情况则就取决于监护人的经济实力。这就使得强制医疗措施成为一种变相的对精神病人的惩罚手段，与其社会防卫措施的最初目的相去甚远，不利于精神病人的健康恢复，也难以消除其人身危险性而重返社会。

总之，构建正当化的精神病人强制医疗制度，对于减少或消除上述弊端具有重大理论意义与实践作用。

四、我国精神病人强制医疗制度的构建

虽然在我国 20 世纪 80 年代的司法实践中，就出现了将一些攻击性强的重症精神病人送到安康医院治疗的尝试，但这只是局部范围内的探索，没有形成全国性的法律制度。直到 1997 年刑法中确立了强制医疗制度，虽然刑法对强制医疗制度的规定非常简单，存在很多弊端。笔者将结合新刑事诉讼法的相关规定，借鉴国外的做法，提出精神病人强制医疗制度的构建设想。

（一）精神病人强制医疗实体制度的构建

1. 适用条件

在 1997 年刑法和在大部分的有关强制医疗的地方性法规中，都规定只对触犯刑法的精神病人适用强制医疗，对于违反治安管理处罚法的精神病人则不适用。笔者认为，这一适用条件范围过窄，应当把精神病人肇事、肇祸的都包含进来。笔者的设想是：

（1）对于精神病人肇祸的，应当由人民法院判决适用强制医疗，并由公安机关送交安康医院执行。肇祸，是指实施了依照刑法应认定为造成了与犯罪具有相同的危害结果的行为。

这样做的理由是，精神病人在肇祸后，已经显现出了再次肇事肇祸的较大可能性，也就是具有了比较大的人身危险性。在这种情况下，把精神病人交给其家属或者监护人看管医疗，是病人家属或者监护人的巨大负担，而且很有可能看管不住，使社会再次面临侵害威胁。更合理的做法是，由国家直接采用强制力把精神病人隔离并给予治疗。这既是防卫社会、保障精神病人合法权益的需要，同时也是国家履行公共管理职责的应有之意。

（2）对于精神病人肇事的，由公安机关责令其家属或者监护人严加看管和医疗，必要的时候，由公安机关送交安康医院强制医疗。肇事，是指实施了

《治安管理处罚法》应被认定为造成了危害结果的违反治安管理的行为。必要的时候，包括无家属或监护人看管、其家属或监护人没有能力看管或医疗、家属或者监护人拒不履行看管医疗责任、或者家属或监护人的看管不足以防止其继续肇事肇祸四种情形。

把肇事行为也纳入到强制医疗的调整范围中来，是为了更好地防卫社会，保障公共安全。但同时考虑到肇事的精神病人的人身危险性比较小，故再设置一个限制性条件，即在必要的时候才适用强制医疗程序。这样，在对精神病人适用强制医疗的问题上，就能分出轻重缓急，按照不同情况分别适用。

2. 适用对象

根据 1997 年刑法第 18 条的规定，精神病人强制医疗的对象是无刑事责任能力精神病人，与之相关地方性法规、新《刑事诉讼法》第 284 条也采用了同样的规定。但是对限制刑事责任能力而被追究刑事责任判处自由刑的无服刑能力精神病人强制医疗问题规定不明确，这导致了司法实践中的适用混乱，甚至出现被判处刑罚的限制刑事责任能力的精神病人无法执行刑罚的窘状。

对此，笔者建议，对于此类限制刑事责任能力的精神病人也应适用强制医疗程序，可由人民法院在判处刑罚的同时判处强制医疗，羁押于安康医院执行，强制医疗的期间计入刑期。

同时，现行法律法规对于服刑期间患精神病的罪犯是否强制医疗规定也不明确。笔者认为，这类人也可以适用强制医疗程序。

首先，服刑的罪犯如果在服刑期间患上精神病，一旦出现攻击同监舍其他人的情况，其人身危险性与社会上其他精神病人的人身危险性没有本质差别，对他们采取强制医疗措施同样符合社会防卫的目的。

其次，尤其是对于判处无期徒刑的服刑人员，如果患有精神病且有人身危险性，那么按照目前的法律法规，如果保外就医则与《刑事诉讼法》第 214 条相冲突，而在监狱医疗机构治疗，则不能有效治愈精神疾病。如果监狱部门上报人民法院对其适用强制医疗程序，就既能限制其人身自由，又能有效治愈其精神病。

此外，诉讼期间患精神病的人，以及刑期届满即将释放而发现有精神病，释放后可能危及社会安全者，均应属于强制医疗的适用对象。

3. 完善体系

精神病人所患精神疾病的种类不同、诱因不同决定了其人身危险性的大小不同，采取"一刀切"的方式将具有不同人身危险性的精神病人都适用强制医疗，也存在着多种弊端。因此，更科学的对策是根据精神病人的人身危险性建立多层次精神病人治疗体系。

目前，我国对违法犯罪精神病人进行强制医疗的机构只有公安部门所属的安康医院，不仅数量有限难以招架全国范围内需要强制医疗的精神病人，而且在效果上只能收治部分危险性高的重症精神病人，其他的则无暇顾及。如果再扩大强制医疗适用对象的范围，将强制医疗的实施全部交与安康医院就变得不现实。笔者的设想是：

（1）无刑事责任能力精神病人的强制医疗

首先，对于肇祸的精神病人，由法院判决送交安康医院强制医疗。但其家属或监护人确有治疗和看管能力的除外；其次，对于肇事的精神病人，一般由其家属或监护人承担看管和医疗的责任，无家属或监护人看管、其家属或监护人没有能力看管或医疗、家属或者监护人拒不履行看管医疗责任，或者家属或监护人的看管不足以防止其继续危害社会的，则由公安机关送安康医院强制医疗。

（2）限制刑事责任能力精神病人的强制医疗

首先，限制刑事责任能力的精神病人犯罪的，按照刑法的规定，应当负刑事责任。如果他有服刑能力，则正常执行刑罚，同时可在执行场所给予治疗；而对于无服刑能力的精神病罪犯，根据其人身危险性的有无、大小分为三种情况处理：不会对社会造成危害的，保外就医或者在监狱内部的医疗机构就地医治；有造成社会危害一般危险的，强制在卫生部门所属的精神病医院住院治疗；有造成社会危害严重危险的，送交安康医院强制医疗。

但应明确，上述三种治疗方式的治疗时间计入刑期。人身危险性的有无、大小，可规定由司法精神病鉴定机构根据其行为的严重程度和精神疾病的严重程度、暴力程度，综合评判。

其次，对于限制刑事责任能力精神病人肇事的，根据《治安管理处罚法》的规定，应当要受到治安处罚。同时也要责令其家属或者监护人严加看管和医疗。但是，无家属或监护人看管、其家属或监护人没有能力看管或医疗、家属或者监护人拒不履行看管医疗责任、或者家属或监护人的看管不足以防止其继续危害社会的，由公安机关送交安康医院强制医疗。

（3）服刑期间患精神病服刑人员的强制医疗

对于服刑期间患精神疾病的服刑人员，丧失或基本丧失服刑能力的，参照前述办理；未丧失服刑能力的，由监狱内设医疗机构就地治疗。

（二）精神病人强制医疗程序的正当化

1. 启动程序

（1）强制医疗程序提起的主体

根据新刑事诉讼法规定，强制医疗程序的启动，是通过检察机关依职权向法院提出强制医疗的申请，或者法院在审理案件中决定强制医疗。笔者认为，公安机关、检察机关在刑事诉讼中查明应适用强制医疗的法定情况后，必须提起强制医疗程序以保证国家强制医疗权的实现，并均有权以自己的名义依法向人民法院提起强制医疗适用申请。公安机关不必写出强制医疗意见书移送检察机关，而直接向人民法院起诉，这样做有利于简化诉讼程序、节约诉讼时间，符合诉讼经济原则。

同时，为体现程序的公正性和参与性，应当赋予被追诉人及其监护人、法定代理人、辩护人一定的鉴定决定权，为维护精神病人的合法权益有权提起强制医疗程序。受害人为免遭精神病人的再次侵害有权提起强制医疗程序。从诉讼监督机制方面考虑，赋予受害人和精神病人以申请权，有利于制约公安、检察机关错误地不行使强制医疗程序的申请权。另外，在刑事自诉案件程序中，强制医疗适用申请只能由自诉人或被告人一方提起。但这种权利的行使应当受到限制：一是必须先向公安、检察机关提出精神病鉴定的申请而被驳回；二是有相当的事实和理由证明被追诉人可能患有精神疾病。通过鉴定权适度当事人化的配置，打破国家垄断的局面，实现权利对权力的制约，为强制医疗程序的顺利启动提供方便。

（2）提起强制医疗程序的期间和方式

精神病具有难诊、难治及不易识破等特点，增加了司法精神病鉴定的困难和复杂，一般需较长时间，有的可能需反复鉴定。相比较而言，由于受精神病因素影响，行为人所实施的"犯罪行为"一般均表现为直接的侵权、伤害行为等，而且缺乏正常人事先的"预谋、计划"，事后也不会"毁灭罪证"，这就使诉讼查明和确定法律条件相当容易且无须较长时日。由于追诉犯罪、维护社会利益的需要，在医学条件被诉讼查明和确定前，先行的法律条件已引起了刑事诉讼，并使行为人首先具备了犯罪嫌疑人、被告人的诉讼主体资格。所以，强制医疗程序实际上是在刑事诉讼中依法确定是否对犯罪嫌疑人、被告人适用强制医疗的步骤和方法。强制医疗不是刑罚，强制医疗程序亦非定罪量刑程序，因此不属于普通刑事诉讼程序范畴，只能是一种特别刑事诉讼程序，是利用刑事诉讼程序解决强制医疗适用问题的特别程序。因此，强制医疗程序不能与追诉犯罪的刑事诉讼程序并行，开启强制医疗程序之时应当中止追诉犯罪的刑事诉讼，如果适用强制医疗被最终确定则同时终止已被中止的刑事诉讼，反之，则恢复追诉犯罪的刑事诉讼。①

由于在整个刑事诉讼过程中都可提起强制医疗程序，为防止诉权滥用及严肃诉讼法制，应视提起主体的不同而对提起强制医疗程序的期间进行必要的限制。适用强制医疗的两大要件亦是公安、检察机关在追诉犯罪的刑事诉讼中应当查明的案件事实，如公安、检察机关申请适用强制医疗程序必须在提起公诉以前提起，不能在公诉案件进入审判程序后提起。如果是犯罪嫌疑人、被告人的法定代理人或监护人等提出申请强制医疗则无上述限制，他们在整个刑事诉讼过程中均有权提起。这不仅有利于维护精神病人的合法权益，也有利于对公安、检察机关是否正确行使国家刑罚权及强制医疗权进行诉讼监督。

强制医疗是一种特殊刑事措施，但不属于法律责任范畴，不是一种法律责任。在强制医疗程序的提起方式上，采用起诉方式并不确切，不能反映强制医疗本身的特点。借鉴有关国家（如德国）的做法，以申请方式提起强制医疗程序较为适宜。我国新刑事诉讼法也确定了以申请的方式来提起强制医疗程序。当事人以强制医疗申请书的方式向人民法院提起强制医疗程序，既体现了强制医疗措施不是法律责任的特殊性，又有利于强制医疗程序与其他刑事特别程序相区别。②

（3）提起强制医疗程序的当事人

强制医疗的非法律责任性及以申请方式提起审判程序特点，使得用原告与被告的概念界定来划分当事人在诉讼中的地位及相互关系并不合适，笔者以为用申请方与反对方界定和划分，不仅明确具体，且更符合强制医疗的特点。人民法院必须在正、反双方当事人充分陈述、举证和辩论的基础上，查明事实真相并依法作出正确的裁决。强制医疗的正确适用使国家强制医疗权得以实现，维护国家和社会利益的同时又维护了受害人及精神病人的合法权益，因此当事人均有可能主张或申请强制医疗。如果这种可能成为现实，则意味着在强制医疗程序中只有正方而无反方，显然不利于相关事实的查明，很难保证强制医疗的正确适用。刑事诉讼法应当对控辩双方进行平等武装，赋予双方对等的攻防

---

① 陈兴良：《刑法哲学》，中国政法大学出版社 2000 年版，第 170—173 页。

② 史渭华：《论强制医疗程序》，载《陕西经贸学院学报》1999 年第 5 期。

手段。① 此种情况下，考虑到检察机关的法律监督职责，应由检察机关作为反方当事人参加诉讼，以体现对正方的制衡，使刑事抗辩机制得以充分利用，保障强制医疗的正确适用。

此外，在强制医疗的法庭审理过程中，应赋予所有与强制医疗案件的处理结果有利害关系的当事人包括精神病人及其法定代理人或监护人、受害人等参与法庭审理的权利，使他们能够充分的参与到判决的形成过程中陈述自己的意见、提供证据，使判决建立在双方当事人充分辩驳的基础上，保证判决的公正性。程序上的可救济性则是要赋予有关当事人程序上的救济权，即对于法院的裁决必须赋予当事人救济的权利，允许有关当事人对第一审裁决提出上诉、复议，这也是现代法治原则的基本要求，对强制医疗的判决进行程序内救济和监督。

2. 审理程序

（1）决定机构

精神病人肇祸的，因其行为涉及违反刑事法律，对其是否适用不定期限制人身自由的强制医疗，理应由法院来判决。而且，由法院来审理宣判精神病人肇祸案件，也具有可操作性，理由在于：目前每年送交安康医院强制医疗的精神病人大约有 4000 人左右，虽然前述方案有扩大强制医疗范围之处，但司法实践中这类案件的数量相对于普通刑事案件来说，比例非常之小，分摊到全国各地法院的强制医疗案件也不会显著增加。如果再在具体审理程序上进行简化处理，并不会给审判工作造成大的负担。新刑诉法规定，法院应当组成合议庭审理强制医疗案件。我国审判组织形式有合议庭和独任制两种。对于性质轻微、法定刑较轻的案件可以适用独任制由一名法官进行审判，而强制医疗案件涉及到当事人的刑事责任能力判定问题，较为复杂，由法官一人独任审理显然不合适。

精神病人肇事的，在必要的时候适用强制医疗程序的决定，由公安机关来作出。因为处理治安案件是公安机关的职责，且公安机关在治安案件的判断和处理方面有较成熟的经验，将肇事精神病人强制医疗的决定权赋予公安机关，有利于这类案件得到灵活、适当地处理。

我国各省都设有精神疾病司法鉴定委员会，笔者建议，应提升精神病司法鉴定委员会的作用。精神病司法鉴定委员会的职责是依据专业知识，对鉴定对象是否患有精神病、精神病人的人身危险性大小等作出鉴定，并向法院或公安

---

① 谢佑平：《刑事司法程序的一般理论》，复旦大学出版社 2003 年版，第 49 页。

机关提出专业建议。人民法院或公安机关参照精神病司法鉴定委员会的鉴定结论，根据相关法律法规作出是否适用强制医疗的决定。

（2）缺席审判

由于审理对象可能完全丧失或部分丧失辨认或控制自己行为能力的精神病人，为了维护法庭秩序，保证庭审活动的顺利进行，同时也为了照顾精神病人的精神健康，法院根据情况可在精神病人不到庭的情况下，实行缺席审判。

（3）指定辩护

由于强制医疗案件比较复杂，涉及到法律和精神医学两方面的专业知识，并且由于被审理人可能是无刑事责任能力或限制刑事责任能力人，在诉讼中他们无法针对强制医疗的申请自行行使辩护权。同时，这类人的家庭经济条件一般都比较差，也无能力为他们聘请专业律师进行辩护。因此，被申请人或者被告人没有委托诉讼代理人的，人民法院应当通知法律援助机构指派律师为其提供法律帮助。此外，强制医疗涉及复杂的医学专业知识，超出了普通人的知识领域。因而要求强制医疗诉讼必须有辩护人参与，目的是为了更好地维护精神病人的合法权利。

（4）不公开审理

强制医疗诉讼案件的审理重点是被审理人的精神健康状况和人身危险性的大小，对这些问题的调查，涉及他们的家庭历史、社会背景、成长经历等个人和家庭的隐私。如果这些个人和家庭的信息资料向社会公开，将会给他们将来的生活、工作造成不良的影响，不利于他们重新回归社会和再社会化。因此，对强制医疗案件的诉讼，应当实行不公开审理原则。

（5）鉴定人出庭

司法精神病鉴定涉及复杂的医学问题和专门的知识，仅靠一纸书面的鉴定书难以做出判断，只有通过鉴定人出庭，接受询问、质证才能对相关的问题做出说明和解释。鉴定人出庭作证不仅能够贯彻直接言词原则，而且能够保证鉴定意见的科学性和准确性。

3. 救济程序

新刑诉法中规定的被强制医疗人、被害人一方有权向上一级法院申请复议，这是不够的。笔者认为，对于不服一审裁判的利害关系人，应赋予其提出上诉的权利，检察机关也有权提起抗诉。鉴于被审理人的精神状态不能行使或者不能正确行使上诉的权利，为了维护被审理人的利益，应当赋予其监护人、法定代理人或者近亲属独立的上诉权，可以代为提起上诉被害人是直接遭受侵害的人，与裁判的结果有一定的利害关系，为了防止二次被害，被害人及其近亲属也有权提起上诉。对强制医疗的诉讼应实行二审终审制，由上级法院对不服一审裁判的案件进行审查，从而监督和纠正一审裁判的错误。

4. 执行程序

笔者建议强制医疗措施应遵循不定期原则。强制医疗的精神病患者长期住院易引发暴力行为和因拒绝治疗而发生的外逃行为，此外，还会带来许多问题，如渐渐会丧失劳动能力和社会交往能力；由于出院无望会导致病情反复发作或病后的抑郁和营养不良；增加了一些躯体疾病的发病机会；长期占用床位会增加医院负担，等等。① 笔者建议，强制医疗的期限在相关法律法规中不预先加以硬性规定，法院在裁判书中或者公安机关在决定书中也不具体写明，待在执行过程中满足一定条件和标准后再予以变更或者终止。

在执行强制医疗过程中，可设定省精神疾病司法鉴定委员会负责定期或根据安康医院负责人、被强制医疗的精神病人或其家属、监护人的申请，对被强制医疗精神病人的痊愈情况和人身危险性根据法定条件进行评估，并写出鉴定报告并提交到作出强制医疗决定的人民法院或者公安机关。然后，由人民法院或公安机关参照此报告，根据相关法律法规决定是否变更或者终止强制医疗。

在强制医疗终止条件上，应采取较严格的标准，才能最大程度地治愈精神疾病，从而消除精神病人的人身危险性。笔者建议，可采用以病情痊愈或者丧失肇事能力为选择性条件、再由决定机关批准的标准。病情痊愈代表精神病人恢复了辨认能力和控制能力，成为了正常人，对社会没有威胁；丧失肇事能力表明精神病虽未痊愈，但人身危险性已经非常低，对社会安全已经不构成威胁。满足这两个条件之一的，由安康医院报请决定机关审查批准。对于患有其他严重疾病不适宜继续强制医疗的，可以设置一个中止程序来解决。②

此外，强制医疗的性质决定了立法上不应对强制医疗的期限作出硬性的规定，其期限的长短应视被处分人治疗效果和精神状态恢复的情况而定，不可实行"一刀切"的办法。因此，我国法律对强制医疗处分不应设定固定期限，宜采取不定期的方式。

---

① 王健博：《浅谈强制医疗行为的法律问题》，载《中华现代医院管理杂志》2006 年第 1 期。

② 杨晓飞：《论刑法中的强制医疗》，2007 年中国政法大学硕士学位论文。

英美法禁止双重危险规则研究

——兼谈其在我国的建构

◎ 吴承栩*

内容摘要：

禁止双重危险规则是一项古老的刑事诉讼规则，从其起源到现代刑事司法领域的运用，始终体现着法律作为一种社会伦理规范所应具有的对被追诉人的人文关怀，即禁止对被追诉人的同一犯罪行为实施重复的刑事追诉。而与此均不相同的是，我国刑事诉讼观念要求以"客观真实、有错必纠"为理论基础，允许检控方和法院对同一被告人采取多次重复的追诉和审判，从而使被告人因同一行为而面临多次危险。本文以对英美法禁止双重危险规则的研究为视角，分析了该规则的含义、价值，并对该规则进行了系统的考察，并立足我国刑事司法现状分析了我国司法实践当中的重复追诉问题，提出了在我国确立禁止双重危险规则的构想。

关键词：

禁止双重危险规则　英美法　重复追诉　人权保障

一、禁止双重危险原则的理论基础

（一）禁止双重危险规则的概念

禁止双重危险规则，是指国家不得对任何人同一行为进行再次追诉和惩罚。该规则是英美法系刑事诉讼程序中的一项基本原则，在大陆法系国家称为

---

* 吴承栩，复旦大学法学院诉讼法学硕士研究生。

"一事不再理"原则，但后者是适用于刑事和民事诉讼的通称。① 从字面上来理解，所谓"双重"是指不止一次。从逻辑上来讲，它可以是两次或更多次。所谓"危险"是指对公民个人不利或不好的一种境地或可能性，比如被交付审判或惩罚。因此禁止双重危险规则，要求任何人均不可以因其同一犯罪不止一次地被置于不利或不好境地的规则，任何人均不可以因其同一犯罪而不止一次地被进行刑事追诉。在《查士丁尼法律汇编》（the Digest of Justinian）中，这一规则被表述为："统治当局不应当允许对已被判决无罪的人再次起诉。"②

（二）禁止双重危险原则的价值

禁止双重危险规则理念的价值取向，是通过限制公权力的行使，保障被宣告无罪或罪轻的人不被重新起诉、审判，以维持国家利益与个人自由之间的平衡，体现对被追诉人的人权保障以及维护程序终局性，其核心精神是保障被告人的人权。具体而言，禁止双重危险具有以下几点价值：

1. 禁止双重危险规则体现国家权力与个人权利平衡

为确保国家与公民个人之间的平等关系，国家应当有相应的法律规则体现和维护这种价值。而禁止双重危险规则正是起到了这一价值，禁止双重危险规则中的国家与个人之间的平衡具体体现在：在第一重危险过程中，国家追诉机关已经行使了国家权力，通过采取强制措施对被追诉人进行了调查和审理，被追诉人也忍受了精神和身体上痛苦，对国家履行了自己的义务。因此，在被追诉人经历了一重危险后，就应当有一个确定的结论，国家追诉机关不应再启动追诉程序，从而实现诉讼中的平等价值。

2. 禁止双重危险规则可以避免被追诉人错误定罪，减少重复追诉带来的痛苦

不论被追诉人客观上是否有罪，第二次追诉和审判活动都会增加司法机关做出对其有罪判决的可能性。而对于无辜者而言，也可能大大增加其被定罪的风险，可能造成被错误定罪的后果。另外，从被追诉人的心理层面分析，面对强大的国家机关的二次追诉，被追诉人将陷入极大的焦虑和恐惧，造成了一种很大的心理压力和精神折磨，这种折磨还将延伸至被追诉人的家人。

---

① 陈光中、郑未媚：《论我国刑事再审监督程序之改革》，载陈光中主编：《刑事再审程序与人权保障》，北京大学出版社 2005 年版，第 202 页。

② Jay A. Sigler, Double Jeopardy（1969），p2. 转引自，张中：《解析"双重危险"——以美国禁止双重危险原则的历史擅变为视角》，诉讼法论丛第十卷，第 220 页。

3. 禁止双重危险原则对重复追诉和审判的限制，符合并体现了诉讼活动的终局性要求

根据诉讼终局性理念主张，出于公共利益的要求，一项争执必须要有一个及时确定的结局，不应当悬而不定，来回反复。如果刑事案件总保持在悬而未决，随时都有可以再重新启动司法程序的重新审判的可能性的时候，对被追诉人而言，在其经历一重危险时所忍受的讼累可以看做必须承担的义务，但国家追诉机关如果强行启动第二次"危险"程序，不但会给被追诉人带来极大的焦灼感，也将影响到司法的权威和社会的安定。

4. 禁止双重危险规则在主观上可以激励司法机关有效起诉和审判

允许重复起诉和二次审判，在观念上会导致追诉人员在侦查检查活动中有所疏忽，认为即便第一次败诉，将来还会有机会进行补救措施，重新发起对被诉人的起诉活动，妨碍诉讼效率和司法权威。如果对被告人的某一犯罪只能发起一次追诉和审判的限制，将会增强追诉人员工作的勤勉程度，督促并且激励追诉人员注重追诉活动的质量和效率。

二、英美法禁止双重危险规则内容考察

（一）关于"危险"的界定

对于"危险附着"的问题，美国学者对此的关注较多。根据美国现行判例法，在没有陪审团的审判中，当第一位证人宣誓入席之时，或当法庭开始听证之时，危险即开始附着于被告人；在有陪审团的审判中，当陪审团已选组完毕并宣誓入席之时，危险即开始附着；在少年犯罪案件的审判中，当法庭开始听证之时，危险开始附着。[①]。

对"危险终止"时间加以界定的意义主要在于为阻却第二重危险提供明确的操作标准。此处的"危险终止"，显然表现为第一次危险结束的时间结点。从本质上看，"危险附着"和"危险终止"的出发点和作用是一样的。根据英国普通法，禁止双重危险规则表现为在刑事诉讼中法律赋予公民的一种针对国家追诉的抗辩资格和理由，即所谓"前经开释"或"前经定罪"。比如，以"前经开释"为由，被告人可以辩称，在本案中被指控的犯罪系从前曾被检控过的犯罪，并在先前的诉讼中曾被法庭判决无罪而开释，则其不应当再次受到

---

① 张毅：《刑事诉讼中禁止双重危险规则论》，中国人民公安大学出版社 2004 年版，第 195—196 页。

审判。

对危险附着进行界定的意义在于，在一重危险开始附着以前，进行诉讼活动不可能引发双重危险问题，但在一重危险开始附着以后，控方进一步的诉讼活动则可能构成双重危险。根据双重危险原则的基本理论，这样的追诉活动应当被禁止。而对危险终止进行界定的意义在于使一重危险的构成更加清晰化，从而为阻却第二重危险提供明确的标准。总体上，美国法关于"危险附着"的概念显示了较"前经定罪"与"前经开释"更为严格的禁止双重危险的特征。

（二）关于"同一罪行"的界定

在英国在早期判例中，"同一罪行"意指"事实上的同一行为"，即以同一事实为基础。在现代英国判例法中，关于同一犯罪的判定标准，最具影响的是1964年上诉议员德夫林（Lord Devlin）在审理康奈利一案中提出的"康奈利原则"（Connelly Principle）。该原则将"同一罪行"认定为"同一罪名"。在康奈利原则提出后的几十年里，有关"同一罪行"的解释又曾被扩展，并回归到早期的传统中，即认为"同一罪行"意指"事实上的同一行为"。然而，1998年的比迪（Beedie）案对康奈利原则再次确认。法院认为"前已有判"并不妨碍就事实上的同一行为以另一罪名重提指控，即认为禁止双重危险原则中的"同一罪行"指"同一罪名"。①

美国关于"同一罪"的判定标准有"证明要见包含说"和"行为同一说"。根据"证明要见包含说"，如果一个法条所要求证明的事实之中有一个是另一法条所不要求证明的，那么这两个不同法条所规定的犯罪就是两个不同的犯罪。而如果两个犯罪包含相同的要件，或一个犯罪是另一个犯罪的包括罪，那么这两个犯罪即为同一犯罪。② 依据该规则，"同一罪行"不是一罪名，也不是"事实上的同一行为"，还包括可以视为"同一罪"的情况。而"行为同一说"侧重于考察前后指控的犯罪本身的事实。如果要证明后一被指控犯罪的某一构成要件，控方必须证明另一行为，而这一行为构成前一次指控的犯罪时，则后一指控构成"双重危险"。如果在第一次起诉中被证明的行为将被用

---

① 张毅：《刑事诉讼中禁止双重危险规则论》，中国人民公安大学出版社2004年版，第215—217。

② 张毅：《刑事诉讼中禁止双重危险规则论》，中国人民公安大学出版社2004年版，第215—217。

来证明第二次起诉中的任何成分，那第二次起诉就被双重危险条款所禁止。

笔者认为，禁止双重危险规则的价值主要在于保障被告人的权利若是将"同一罪"狭义理解为同一罪名，那么控方还可以依据同一事实以不同罪名再次起诉被告人，使被告人置身于双重危险之中，显然有悖于该规则建立的初衷。出于对被告人人权保障的价值指引，笔者认为这里的"同一罪"应当理解为"事实上的同一行为"较为妥当。

（三）禁止双重危险规则适用的案件范围

根据英国普通法，禁止双重危险规则表现为在刑事诉讼中法律赋予公民的一种针对国家追诉的抗辩资格和理由，即所谓"前经开释"和"前经定罪"。即禁止双重危险规则在原已作出无罪判决或有罪判决的情况下，均可适用。

而根据美国联邦和各州有关成文法的表述或法院判例，在美国联邦法院系统和绝大多数州的法院系统，禁止双重危险规则也是既适用于原已作出无罪判决的案件，也适用于原已作出有罪判决的案件。

（四）禁止双重危险原则适用的例外——再审程序

1. 对英国的再审程序考察①

（1）对未生效裁判的重新审理

在英国对于尚未生效的判决可以启动普通上诉程序，诉讼当事人②可以向上一级审判机关要求重新审理。

英国对没有生效的有罪判决设立上诉程序的目的，总的来说是为了被告人的利益。因此，被告人享有比较广泛的上诉权，可以对定罪和量刑问题提出上诉，而对控方的限制则比较严格，只能对法律问题进行上诉。对于没有生效的无罪判决而言，情况则比较复杂：首先，在简易程序案件中，控方可以以该判决"在适用法律上有错误或超越管辖权"为由向高等法院王座法庭提出上诉。其次，在上诉法院刑事庭或高等法院王座法庭作出的撤销原审法院有罪判决并

---

① 在英国，"再审"概念与以往我们所了解的再审制度不同，不是普遍意义上的再审程序。大陆法系以及我国刑事诉讼法中的再审一般指生效判决之后启动的审判程序。而在英国，只要再次进行的审判，都可以称为"retrail"（再审）。因此，它还除了我们通常理解的再审程序外，还包括上诉程序。故笔者在本文中从将英国的再审制度分为未生效再审和生效再审分别进行考察。具体参见张毅：《英国刑事再审制度》，载陈光中主编：《刑事再审程序与人权保障》，北京大学出版社 2005 年版，第 43 页。

② 在英美国家，不存在控方抗诉问题，控方与辩方都享有上诉的权利，但两者的上诉权往往不能一概而论。

改判无罪的案件，控方也可以上诉；最后，对于在按正式起诉程序审理的案件中，英国长期以来的基本制度是一经判决即发生法律效力，但《2003 年刑事司法法》赋予了控诉方针对陪审团被要求对证据进行评价之前法官作出的无罪裁定或决定的案件以上诉权。

（2）对已生效裁判的重新审理

首先是无罪判决的重新审理。长期以来，英国对无罪判决一直奉行绝对的禁止双重危险模式，禁止因为新的证据对任何无罪判决启动再审程序。但由于现代刑事司法对证据审查能力的提高，加上绝对禁止情况下产生的对放纵犯罪的不良后果，经过长时间的论证和商榷，英国于 2003 年 11 月通过《2003 年刑事审判法》对禁止双重危险规则进行了改革，允许部分例外情形。该法第十编规定了诸如谋杀罪、绑架罪、强奸罪等被认为对整个社会产生特别严重的损害的重大犯罪可以启动再审程序。此外，对于再审申请的提出的证据有一定的要求，即"符合条件的令人信服的新证据"。根据该法第 78 条的规定，"新证据"是指"在作出无罪判决的程序（如果是上诉宣告无罪的，则包括与该上诉审有关的初审程序）中没有被提交的证据"。①

其次是关于有罪判决的重新审理。对于已经发生法律效力的有罪判决，英国有专门的重新审理程序，英国学者称之为"上诉后审查程序"（post - appeal review）。启动重新审理程序的原则必须有利于被告人。实践中主要是当事人自己因不服已经生效的判决而向刑事案件审查委员会（The Criminal Cases Review Commission）申诉，对于经审查符合法定条件的，委员会及提交上诉法院审理。对于上诉时间，《1995 年刑事上诉法》没有作出限制。②

2. 对美国的再审程序考察

美国的"再审"（retrial）概念同英国一样，即它不仅包括对尚未生效的法院裁判的重新审理，也可以指对已经生效的法院裁判的重新审理。在美国，无罪判决一经判决立即生效。所以对无罪判决的上诉即为生效判决的上诉。而对于有罪判决，只有在上诉期满后才生效。美国原则上对于生效裁判的上诉限制十分严格。

---

① 在英美国家，不存在控方抗诉问题，控方与辩方都享有上诉的权利，但两者的上诉权往往不能一概而论。

② 张毅：《英国刑事再审制度》，载陈光中主编：《刑事再审程序与人权保障》，北京大学出版社 2005 年版，第 50 - 51 页。

（1）无罪判决案件

对于无罪判决的案件，美国对该判决再予追诉这一禁止性规则是绝对的。1896 年美国联邦最高法院在合众国诉保尔（United States v. Ball）一案中，正式确立被判无罪的被告人不得因同一犯罪再次予以起诉的规则。美国对于开释（无罪判决）案件绝对态度，联邦最高法院判例所持的理由是："在开释后允许进行再审，不论这开释有什么错误，都将会造成一个不能令人容忍的高度危险即政府利用其巨大的无穷无尽的资源，将会彻底击垮被告，最后甚至无辜者也被认为有罪。"①

（2）有罪裁判案件

在美国，被告人对未生效的有罪裁判享有广泛的上诉权。相反，美国对检察官提出上诉有严格的限制，检察官只能在被告人提出上诉或被告人上诉获得成功的情况下，才可以提出上诉，在作出有罪裁决后被告人又成功地提起上诉的案件，允许控方进行再诉时，再控告的追诉范围不能超出上诉人原始有罪裁决所及的内容。② 虽然美国对检察官针对定罪问题的上诉限制比较多，但对检察官针对量刑的上诉限制却比较少。比如，在联邦司法系统，只要检察官认为，法院裁量的刑罚不合法或违背量刑的基本原则，即可以向上诉法院提起上诉。如果上诉法院认可检察官的上诉，则可以指令区法院重新裁量刑罚。在重新裁量刑罚时，在针对同一犯罪的法定刑幅度以内，可以加重原判刑罚。

三、我国刑事诉讼中违背双重危险规则问题分析

在我国的刑事诉讼司法实践中，由于长期受"实事求是"、"有错必纠"思想的影响，在一审程序、二审程序和再审制度设计上，都很容易产生对被告人的重复追诉现象。

笔者从检察院和法院两个角度对重复追诉问题进行了归纳分析。

（一）检察机关的重复追诉——检察院追诉恣意

第一，一审程序中的撤诉后的重新起诉问题。《人民检察院刑事诉讼规则》

---

① ［美］以兹瑞·拉法吾：《刑事程序法》，法津出版社 1999 年影印本，第 478 页，转引自：谢佑平主编：《刑事诉讼国际司法准则研究》，法律出版社 2002 年版，第 588 页。

② 彼得·G. 伦斯特洛姆等：《美国法律辞典》，贺卫方等译，中国政法大学出版社 1998 年版，第 160 页。转引自，谢佑平主编：《刑事诉讼国际司法准则研究》，法律出版社 2002 年版，582 页。

第 348 条、第 349 的规定，法庭审理过程中发现事实不清、证据不足，或者遗漏罪行、遗漏同案犯罪嫌疑人，需要补充侦查或者补充提供证据等情形下，需要补充侦查或者补充证据的，公诉人应当要求法庭延期审理。在延期审理期间人民检察院应在补充侦查期限内提请人民法院恢复审理或撤诉。根据最高人民法院《关于执行〈中华人民共和国刑事诉讼法〉若干问题的解释》第 177 的规定，在宣告判决前，人民检察院要求撤回起诉的，人民法院应当审查人民检察院撤回起诉的理由，并作出是否准许的裁定。检察院机关在撤诉后还有重新提起公诉的权力。该《解释》第 117 条还规定，按照第 177 条的规定，人民法院裁定准许人民检察院撤诉的案件，没有新的事实、证据等，人民检察院重新起诉的，人民法院不予受理。从该规定中我们可以推知：如果检察机关有了新的事实和证据，又可以重新提起公诉，对于同一案件，人民法院依然可以受理。

这样的制度设计从追求案件的实体真实角度考虑无疑是有利的，但是从被告人的角度考虑，撤诉后又重新起诉的行为，还剥夺了犯罪嫌疑人获得"证据不足，指控犯罪不能成立"的无罪判决的权利所以检察机关无论申请撤回起诉还是法院裁定撤回起诉，都意味着重新将被追诉人再一次置于被追诉的讼累之中。

第二，检控方对无罪判决的重复追诉问题。我国 2012 年修改通过的新《刑事诉讼法》第 195 条第 3 项规定："证据不足，不能认定被告人有罪的，应当作出证据不足、指控的犯罪不能成立的无罪判决。"该规定虽在一定程序上明确了"疑罪从无"原则，但实际上依旧为重新追诉犯罪嫌疑人留有余地。最高人民法院《关于执行〈中华人民共和国刑事诉讼法〉若干问题的解释》规定，宣告被告人无罪，人民检察院依据新的事实、证据材料重新起诉的，人民法院应当依法受理。这意味着在检察机关掌握新的事实和证据时，被追诉人又将要面临一次追诉活动和重新审判。而此处的"新证据"、"新事实"应当达到什么样的证明标准才能启动该再次追诉程序，法律也没有作出具体的规定。

第三，以审判监督提起抗诉的重复追诉问题。检察院提起再审抗诉在立法上就享有优越性，检察机关的抗诉对生效判决的抗诉必然引发审判监督程序，而且检察机关发起抗诉没有明确的理由限制，只需依据"在认定事实上或者在适用法律上确有错误"的笼统规定就可以提出抗诉，同时提起抗诉也没有区分有利于被告人和不利于被告人的情形，导致将以无罪判决改判有罪判决或轻罪改判重罪为目的的追诉活动发起带有很大的随机性和随意性。实践中，检察机关可能以原提起公诉的检察机关起诉罪名不当，重新更换较重罪名抗诉；或可能以原审法院量刑过轻，应从重判处为由提出抗诉，发动不利于被告人的再审。

（二）法院的裁判中立角色"越位"

第一，法院二审全面审查原则。根据我国新《刑事诉讼法》第222条的规定和最高人民法院《关于执行〈中华人民共和国刑事诉讼法〉若干问题的解释》第246条至第249条的规定，法院在二审中应实行全面审查原则。对于共同犯罪案件，只有部分被告人上诉或检察机关只对部分人提出抗诉的情形，法院对案件进行全面审查，这不仅违背了人民法院司法裁判的被动性原理，而且很可能对没有提起上诉和检察院没有提起抗诉的被告人构成重复追诉，使得本已从诉讼中解脱出来的被告人再一次被动进入诉讼之中。

第二，法院二审反复多次发回重审。根据我国《新刑事诉讼法》第225条的规定，第二审人民法院对不服第一审法院的上诉、抗诉案件，经过审理后认为原判决事实不清，证据不足的，可以裁定撤销原判，发回重审。对于发回重审的案件，根据相关法院的规定，人民检察院还可以进行抗诉。这里有两个问题：首先，立法对于发回重审的次数没有作明确的限制；其次，假设被发回重审的案件再一次进入二审程序，而二审法院依旧可以"事实不清，证据不足"为由又一次将案件发回重审。在实践中，是否发回重审完全由二审法院自由裁量，处于"错案追究"、法官个人考核问题及上下级法院关系等因素，一般上级法院多以发回重审的方式处理。此外，根据最高人民法院《关于执行〈中华人民共和国刑事诉讼法〉若干问题的解释》第312条第4项的规定，对于再审是按照二审程序审理的案件，二审法院依然可以将案件发回重审。

第三，法院主动启动审判监督程序。法院自行发动刑事再审是法定的两种途径之一，立法对于启动再审的理由为"人民法院已经发生法律效力的裁判确有错误"，而该"错误"的具体程度，法律没有作出进一步的规定，而最高人民法院《关于执行〈中华人民共和国刑事诉讼法〉若干问题的解释》第304条解释为"在认定事实或适用法律上确有错误"。这一解释依旧过于概括，使得法院在程序启动方面有很大的随意性。此外，根据最高人民法院《关于执行〈中华人民共和国刑事诉讼法〉若干问题的解释》第257条第1款第5项的规定，只有被告人一方上诉的案件，事实清楚、证据充分，但判处的刑罚畸轻，或者适用附加刑而没有适用的案件，虽然不得直接或通过发回重审加重被告人的刑罚或者适用附加刑，但可按照审判监督程序重新审判。以上条款显然对于被告人的再审没有区分有利和不利再审，启动条件过于宽松。同时，实践中还存在法院以启动再审的方式加重被告人刑罚的情况。

四、我国引入禁止双重危险规则的设想

禁止双重危险规则符合法治要求，其内涵和价值体现了人权保障的刑事司法的基本理念，正好切中我国刑事诉讼程序中的重复追诉问题的要害。我国新刑事诉讼法虽然还没有规定双重危险原则，但是人权保障观念也已经是我国现阶段在法制建设过程中刑事司法、立法的基本理念之一，必须在司法实践中加以体现。禁止双重危险的基本精神与我国刑事司法的改革目标并不矛盾，相反，值得我们借鉴和学习。从我国现阶段刑事政策和法治发展水平来看，现阶段我国围绕禁止双重危险规则进行的改革的指导思想应当是从我国的国情出发，遵循适度原则，不宜采取"一步到位"的冒进式，而应当"循序渐进"，"量力而行"。

（一）在我国刑事诉讼的基本原则体系中加以确立

将来在我国刑事诉讼法"总则"中引入禁止双重危险规则，将其确立为新的指导性原则。该原则的确立，有利于司法机关树立人权保障观念，防止权力的恣意滥用导致的对被告人的反复追诉，实现惩罚犯罪与人权保障之间的理性平衡。

（二）"危险"的起点界定

通过上文对于英美法"危险附着"的考察，我们知道美国联邦法院是以陪审团成立作为标志，在州法院则是以第一个证人出庭作证之时或第一份证据提交之时作为起点。在该危险附着以后，接下来任何的二次危险都是被禁止的。而英国普通法中表现为危险终止于定罪判决或开释判决作出之时。显然，美国法关于"危险附着"的概念显示了较"前经定罪"与"前经开释"更为严格的禁止双重危险的特征。对于我国而言，由于没有建立陪审团制度，不可能照搬英美国家的规定。结合我国对案件纠错机制的现状，不能对检察机关的追诉活动过于严厉和苛刻。如果规定在合议庭成立之时作为第一次危险的起点，那么就意味着庭审一开始检察机关就无权再撤回起诉或追加变更起诉，这将严重影响追诉活动的顺利进行。笔者认为，第一次危险起点界定在法庭调查和辩论阶段完毕，即控方完成举证之时为宜。在此之前，检方提出变更起诉，追加起诉等要求应当予以准许。

（三）禁止双重危险规则在我国的具体设计

首先，要对判决生效前的重复追诉问题进行改革。

　　根据禁止双重危险的基本精神，我们要对代表国家和社会利益的检察机关行使刑事追诉权方进行适度的限制，逐渐从目前的追求"实体真实"转向"法律真实"，转向对被告人权利的保护。

　　1. 对检控方撤回起诉的诉讼行为的改革。人民法院在作出准许人民检察院撤回起诉后，该裁定一经送达就应当发生法律效力，该裁定应当具有终局性。如果检察机关认为确有必要重新启动追诉程序，应当纳入再审的范畴，而不是重新起诉。而且，就算提起该再审程序，也应当具备严格的再审条件。此外，检控方不得以重新起诉或者抗诉的方式发动二审，对于第一审法院所作的无罪判决，不应当成为检控方重新起诉或抗诉的对象，检察机关再依据新的事实、证据材料重新起诉，人民法院不得受理。

　　2. 对二审法院"全面审查"原则的改革。对于人民法院基于"有错必纠"基础上的"全面审查"原则应当彻底废止。无论是从禁止重复追诉的角度，还是从不告不理原则的要求，法院都只能基于控辩双方提出的有异议的内容进行重新审查，不得主动超越控辩双方上诉、抗诉的范围。

　　3. 对"证据不足、指控犯罪不能成立的无罪判决"的改革。基于无罪推定原则的精神和疑罪从无的要求，一审法院据以认定被告人事实不清、证据不足的情况下，应当作出检控方指控的犯罪不能成立并判决被告人无罪；二审法院经过审理后认为原判决事实不清、证据不足的，不应当裁定撤销原判，发回重审，而应当根据无罪推定原则和疑罪从无精神作出无罪判决。无罪判决一旦作出，检察院就不可以掌握新的事实和证据为由，发起重复追诉。

　　4. 对上级法院反复发回重审的改革。考虑到发回重审可以更利于查清事实真相，对发回重审进行绝对的限制不符合我国现状。我们可以考虑允许为了查清事实和真相的发回重审，但不能无限次地反复发回重审，应对次数进行限制。对于未生效判决的发回重审次数，以一次为限。但是对于再审案件，应当实行一审终审，不得发回重审。

　　其次，应针对终审判决生效后（再审程序）重复追诉问题进行改革。

　　再审程序是禁止双重危险规则的例外情况。设置例外的目的为了平衡控制犯罪和人权保障之间的关系，纠正在司法程序中严重错误而导致的犯罪分子逍遥法外的情况，同时，避免无辜的被告人受到不必要的刑罚。我国现行虽然存在再审程序，但是也存在很多问题与禁止双重危险规则相冲突。改革方案如下：

　　1. 废除法院依职权主动启动再审程序的权力。"控审分离"原则和"不告不理"原则的是刑事诉讼法法学理论的基本要求，法院不宜自行主动提起再审程序是世界各国的普遍共识。对目前法院可以依职权启动再审程序的规定应当予以废止，取而代之以被动接受检察院抗诉①和当事人的再审申请。同时，在再审的申请方面，应对检察院和当事人平等的再审申请以平等对待。对检察机关的抗诉对生效判决的抗诉必然引发审判监督程序的规定也应废止，取而代之以是否接受再审申请，以人民法院审查之后做出的裁决为准。

2. 提高刑事再审管辖法院的审级。根据目前我国刑诉法的规定，任何一级法院都有受理再审案件的权力。再审程序启动的管辖法院级别过低在一定程度上导致了我国再审启动的随意性，也不利于控制再审的数量，对于基层法院纠正自己的判决在实践操作中也存在困难。笔者认为对再审的管辖法院由生效审法院的上一级法院管辖较为恰当，原审法院不宜对本院的错误判决启动再审程序。

3. 应区分再审是否利于被告人。现行法律规定对于再审的提出理由过于笼统，使得程序的启动有很大的随意性。对于提出再审申请的理由，应当尽量准确和具体，避免启动的随意性。在对再审理由的划分上，可以考虑上文提到的是否有利于被告人进行区分。对不利于被告人的再审程序的启动应当更为严格。对于有利于被告的再审，出于对被告人人权保障的要求，为了防止冤假错案的产生，原则上只需有明确具体的理由，再审申请都可以接受，不受失效和次数的限制。应限制对不利于被告人的再审。对于少数的例外情形，应当由法律作出严格的限制性规定。

启动不利于被告人的再审程序时，应注意以下问题：

（1）适用案件范围的界定。对于被告人不利的再审案件，法院在审查案件时，应区分普通案件和严重案件。对于普通案件，不论以什么理由提出再审申请，均应驳回；对于社会影响恶劣的重大案件，在符合法定的申请理由的情况下，法院应当裁定提起再审。那么，对于严重案件如何加以界定呢？有学者认为："严重犯罪界定为：如果经过再审，原审被告人可能被判处无期徒刑以上刑罚的犯罪；且使用的罪名仅限于危害国家安全、危害公共安全、侵犯公民人

① 检察院作为我国的法律监督机关，在我国目前的体制下要废除抗诉制度代之以英美法国家的申请上诉制度似乎难以实现。笔者认为，鉴于现阶段检察机关在我国刑事诉讼中的地位以及我国"有错必纠"的思想指导，抗诉制度仍应当予以保留，并以在该制度存在的前提下进行适当的改革为宜。

身权利的暴力犯罪、危害国防利益犯罪、贪污贿赂罪和军人违反职务罪。"① 笔者认为，对所谓"严重犯罪"的界定是一个可以讨论的问题。该学者将严重犯罪界定为"无期徒刑及以上刑罚"，并且对罪名也进行了种类的限制，出发点是好的，体现了法律应对不利于被告再审进行限制。但是结合我国目前情况，"步子"迈得太大了，可能将导致极少数的不利于被告人的再审案件进入再审程序。禁止双重危险规则对于我国而言是一个新的制度，假设可以引入刑事诉讼法中，应当有一个循序渐进的适应过程，一步到位反而会影响其价值发挥应有的作用。在我国刑法中，有期徒刑十年是一个重要分界线，② 笔者认为可以以这一分界线作参考，对普通案件和严重犯罪进行划分，对再审改判可能判处10 年以上有期徒刑、无期徒刑或是死刑的案件启动不利于被告人的再审程序。将来在条件成熟时，再逐步调整对不利于被告人的再审限制。

（2）申请再审程序的提起时间的限定。为提高控方侦查效率，并尽快使被告人法律地位得到稳定，凡因发现新事实和新证据而对原审被告人提起不利再审申请的，必须在追诉时效内，发现新事实和新证据之日起一年内提出。同时，应当仅以一次为限。

（3）案件受理理由。对于启动不利于被告人的具体理由，不能像现有法律规定的"确有错误"这么笼统，必须加以明确和具体化，以对恣意发动不利于被告人的再审程序加以限制。笔者认为，对有下述情形之一的案件得启动不利于被告人的再审：

其一，有新的事实和证据证明原审裁判有错误。

这里的新证据不是所有的新证据都可以启动再审，其证明标准必须达到足以令人信服的高度。同时，这里的新证据必须是在原审中没有提出的或是因为法律的变化等原因使得之前没有被采纳的证据符合采纳条件的，比如法律对证据形式的规定发生了变化等。

其二，原审案件的主要证人、鉴定人有严重的伪证行为。

发现据以定罪量刑的证据是伪造、变造或是虚假的时候，检察机关可以再次启动追诉程序；原审法官存在贪污受贿、徇私舞弊、枉法裁判等情形的，影响裁判公正的，检察机关可以再次启动追诉程序。

---

① 成凤明：《对英国禁止双重危险规则的借鉴》，知识产权出版社 2007 年版，第216 页。

② 陈光中主编：《刑事再审程序与人权保障》，北京大学出版社 2005 年版，第 192 页。

五、结语

刑事诉讼是一个涉及多种利益和价值的冲突解决过程。在这一过程中，最根本的是必须协调和平衡好惩罚犯罪与保障人权的关系。禁止双重危险规则，不仅是防止国家权力滥用的一种有效的制度，更是对被追诉人一项基本人权的保障。结合我国实际情况，引入禁止双重危险规则对我国司法实践中存在的重复追诉问题以及再审程序中不合理问题的改进具有重要的借鉴意义。

研讨与报告

YanTao Yu BaoGao

英国模拟法庭录像资料发布与理论研讨会实录*

英国模拟法庭演示 DVD 发布与理论研讨会于 2011 年 11 月 18 日下午在复旦大学召开，该会议由复旦大学司法与诉讼制度研究中心与英国驻上海总领事馆联合举办，英国外交部国务大臣杰里米·布朗先生、英国驻沪总领事戴维申先生、法学院张光杰副院长等出席会议。来自复旦大学、西南政法大学、辽宁大学、华东政法大学、上海市第一中级人民法院、上海市人民检察院和恒建律师事务所、德恒律师事务所等单位代表 40 多人参加了会议。

谢佑平（复旦大学司法与诉讼制度研究中心主任）：首先请复旦大学法学院副院长张光杰教授致演讲辞。

张光杰：尊敬的杰里米·布朗国务大臣阁下，尊敬的布莱恩·戴维申总领事，谢佑平教授，各位代表，下午好！

今天，我非常高兴有机会出席这次重要会议，首先，请允许我代表学院对各位代表的到来，表示热烈欢迎！并预祝会议圆满成功！

我国是一个法治后进的国家，尤其在司法与诉讼制度领域，与发达国家相距甚远。在某种意义上说，一个国家是否有科学的诉讼制度和程序法，是衡量其法治程度和法治水平的重要标志。在一个国家内部，诉讼法，只是司法领域中的程序法，它并不是程序法的全部。法治国家的程序法更重要的表现在国家管理和行政决策当中。比如选举法，在法治国家普遍被视为最典型、最重要的程序法。宪法中也包括国家管理的重要程序和基本原则。就个人而言，是否有良好的规则意识和程序观，关系其素养和品质。无视规则和随心身欲的人，普遍被视为缺乏素质。因此，可以说，程序法无处不在，诉讼法只是广义程序法中的一部分。改革开放三十多年来，我国法律制度建设取得了重大成果，程序法制的进步也是有目共睹的。但是，也应当看到，与法治国家比较，仍相当落

---

* 录音整理：姚荣武、张莱茵、张章江、孟庆华，复旦大学法学院诉讼法学硕士研究生。

后。在司法领域，冤、假、错案的产生，究其原因，无不与程序不科学、程序虚无和践踏程序相关。因此，大力开展司法与诉讼制度研究，提升程序法制的水平，是建设社会主义法治中国的不二选择。

程序法，是一个与司法实践联系十分紧密的部门法。程序理论的研究，需要司法实务部门提供鲜活的案例与素材，为理论研究提供课题与研究对象，否则，理论研究会成为无源之水、无本之木。闭门造车式的研究，从根本上不适合诉讼法学。同时，司法实务和司法实践，也离不开诉讼理论的支持，需要与理论研究相结合，司法实践中时刻在产生各种各样、纷繁复杂的新问题，这些问题的解决，需要得到理论上的解释与配合。在此背景下，有必要在理论上加强司法和诉讼制度的研究，繁荣程序法学。

谢佑平教授领导的复旦大学司法与诉讼制度研究中心，是经复旦大学校长办公室批准正式成立的专门研究机构。中心现有专职研究员 8 名，兼职研究员 18 名。复旦大学司法与诉讼制度研究中心的任务，在于强化科研与教学的组织和管理，制定长远研究规划，建立起与司法实务的联系和研究机制，实现理论与实务的互动与双赢，进一步做大做强，发挥其在促进和推动我国司法与诉讼制度进步中的应有作用。研究中心是一个开放型学术与实务成果交流平台，中心致力于研究基地建设，共享研究成果和资源。目前已有研究基地四个，分别是：上海恒建律师事务所、上海宝山区人民检察院、宁波市海曙区人民检察院和南京东南司法鉴定中心。中心建有"司法与诉讼制度研究中心"专业网站。

自 2001 年以来，在复旦大学的重视和法学院的关怀下，复旦大学司法与诉讼制度的教学和科研水平有了飞跃式发展。以刑事司法研究方向为例，该方向从无到有，从小到大，现已具有培养硕士、博士研究生的水平和能力；完成和正在研究的国家重点课题、一般课题和省部级课题有 10 多项；主编和参加编写的教育部、司法部和复旦大学校级教材有 8 本；在《中国法学》、《法学研究》等权威和核心期刊发表的论文有近 100 篇；在法律出版社、中国检察出版社等出版的专著有 10 多部。经过近几年的建设，复旦大学司法与诉讼制度的研究，已经在全国取得重要地位，得到了兄弟单位和相关部门的认可。

在谢佑平教授的领导下，研究中心的学术活动频繁，成果丰富。本次会议，是司法与诉讼制度研究中心与英国领事馆共同召开的专业研讨会，对于推动我国刑事诉讼制度的进步，必将具有重要意义。我希望并预祝研究中心越办越好，在我国法制建设中发挥越来越重要的作用！

谢佑平：现在请杰里米·布朗国务大臣致辞。

杰里米·布朗：谢谢!

感谢复旦大学邀请我来这里演讲。

重游上海,倍感荣幸。我的报告并非关于去年9月访问上海和参观世博会。在那次访问期间,我参观了一个很成功的在大英展览馆举办的法律周,法律周活动的一项重要内容就是在复旦大学进行的一次模拟法庭的演示。该活动的参与者包括参观访问的英国法官,还邀请了中方中心以及中国的专家组成陪审团。

那是一个非常好的机会,英中双方的专家就证据的使用交换了观点和信息。令我感到兴奋的是,现在我们可以提供 DVD 光盘,作为中国下一代法律人的学习资源。希望两国继续在法律规则和司法独立方面加强深入对话,这是重要方式之一。

今天,我想谈一下我们两国在司法领域进行的合作。不过,首先,我想与各位分享我的观点,即为什么使用证据对于我们两国的稳定和繁荣如此之重要。我在这里先声明,我不是法律方面的专家,但是我看到过在英国议会、政府的人进行谈判以及立法的情况。

在英国,现政府是由英国民选的议会产生的,议会有权解散政府并推动下届选举。英国政府的一个主要方式是推行通过包括法律谈判在内的国内政策。为了高效地开展各项工作,我们保存了广泛的证据,例如,经济的、科技的和法律方面的证据,从法律方面讲,这些可能会用于交流,还可以展示它们对于国际社会人权领域的价值。

议会的职责就是检查并票决法律议案以及有效监控现行法。为了做到这点,议会有一系列证据规则,包括我们所代表的国内、国际社会和地方的社区。的确,近来的数字通信技术极大地缩短了政治家和公民的距离。他们讨论什么样的政策应该通过、如何运用可操作方式说服公民等问题,并且预作决定,因此,使用政治体系运作的 DNA 技术就成为一件很正常的事情。

无论如何,独立的司法机关与政府和议会一道并列成为主要的机构,都是很重要的。大家都能够知道司法法官在法律程序中的作用,包括最高法院的法官。解释议会的立法目的和发展普通法是法官的职能。依据宪法,法官独立于议会,并不受议会和议员选举的影响。司法独立于议会和政府是一个大家都耳熟能详的观念,那就是权力分立。权力分立就是保证居于关键位置的主要机关、个人及权力不集中于一个机关或个人。它是确保功能实现而不是权力操控的集中。根据英国宪法,权力分立并不是形式化地分化到任何地方。我们进行检查和平衡以保证权力不被滥用,或许这样说更准确一些。因此,如果不能提供足够数量的相关证据，那么，其他证据就会挑战它。结果是，分权的根本目的是避免权力滥用，以此可以检测每一位英国公民的权利和自由。

这一典型的分权方式作为宪政体制的一部分已经存在了几个世纪。但是在2009年，我们迈出了比以往更加明智的一步，由最高法院取代上议院上诉委员会作为英国最高等级的法院。这一改革至关重要，因为它使得英国的法官与上议院明确区分开来。这一制度强调对于议会法的独立，增加了议会与法院之间的透明度。与政府和议会的独立一样，英国法院系统独立于但并不脱离产生它的人民。

各位知道，国际法和英国的传统要求法官公正裁判，因为偏见之于法官恰如独立之于当局。法官必须抵制腐败，不受外界压力的干扰。他们总要冷静对待受害者群体，冷静对待来自于公司、媒体的影响，因为法官们应以一种准确的方式裁决以免判决的缺陷。但是法律规则要求他们抵制压力并要求他们基于当庭的证据做出裁判。因此我要说，在英国如何使用证据的核心作用取决于法律体系的规则。但是，很显然法律规则进步更快一些。无论谁将哪一个案件诉诸法院，他们也必须公正行事，以确保任何人不能凌驾于法律之上。在刑事诉讼程序中，任何裁判都要有独立的决策。法院应尽最大可能向公众和媒体公开，但是证据的运用才是问题的核心。

我兼任外国普通法律部部长，非常高兴地看到在与中国进行的司法国际合作取得不断的进展。中国已经在法律的规则方面进行了强有力的司法改革。修改中的中国刑事诉讼法正是一个明证，我知道在这方面正在做大量的工作。我认为，英国和中国在这一领域交换观点交流技术会是完美的合作伙伴。我可以指出英中两国在司法改革方面不断进展的许多例证。但是我将在我的演讲中特别强调一个例子，那就是在我对中国进行的首次正式访问中，有4名英国最高法院的大法官同行。前面我提到，英国最高法院是一个新机构，但它已经在改变我们的社会，直接影响了我们的日常生活。例如，在第一年，法官们就作出了一个具有里程碑意义的判例，判决同性恋的教师拥有权利并可通过法律途径在婚前自由达成协议。

在法官们访问中国期间，他们有幸访问了北京、上海和香港。在北京，他们会见了中国最高法院的院长和副院长，还会见了北京大学法学院刑事诉讼专业的同学和教授们。我们的法官们说，他们讨论了诸如法律规则、刑事审判改革、司法独立等问题，当然，还有证据使用问题。

我们热情地开放国门并热切期待进一步的合作。我也期待各位中的代表将来可以开启英国之旅，与我们的学生和教授们讨论。像司法改革这样我们可以互相理解提高的问题，是一个只有通过努力才可以解决的重要和复杂问题。我也在北京和中国其他地方提到过，我们通过交流观点和信息达成一致的是，中国正在推动权利进步方面进行努力，这也正是我为什么将在上海结束我们的商谈的原因。我想通过观看法律的广泛规则作为结束，关于走向自由、独立的司法案件的法律规则如此之多，因此，我期待一个有助于了解如何在英国进行的案例。

首先，我坚信法律规则是自由民主社会的基础。英国在这一领域也不是完美无缺的。在实现社会平等和缩小贫富差距方面，我们还有很长的路要走。这也是中国社会所关注的问题。但是，到目前为止，保障每一个公民的人权是最基本的。法律规则在英国扮演了一个重要角色，法律对弱势群体与强势群体同等对待。

英国政府有法律上的义务继续推进对社会所有群体都有影响的政策。政府的政策通过各种不同的渠道来源于不同的群体，但是法律为自由和平等的社会提供了基本保障。权利和自由从观念上使社会的基础得以复兴，这将激励创造和繁荣。我们的企业特别需要公平的法律，它们需要施行公正的裁决，需要保持社会的稳定以利于向它们的人民、它们的产品进行投资；在这个国度，缺乏知识的人应受保护和鼓励，必须促进有助于工人们安全的涉及工资、福利和被尊敬的劳动权利，以确保我们获得最好的劳动力资源。

包括来自于中国的世界各地的人来英国生活、工作，为我们的国内和国际市场作出了贡献。我认为，他们是被我们法律所巩固的社会公平和机遇所吸引来到英国的。因此法律规则很重要，如果我们想要我们的社会稳定和稳定保障下的经济繁荣，它就是至关重要的。

来到这里我的确很兴奋，我看到了将会在中国成为下一代法律专家的杰出人才的面孔，毫无疑问，他们将为中国的司法改革作出贡献。强化官方和经济联系使我们共同强大，但是，民间交流也至关重要。我们必须拓宽和加强我们两国在教育、文化和体育方面的联系，就像现在这样。正是人的交往关系使我们大家依赖于参与，使我们大家生活在 21 世纪！像在座的各位一样的专家们，将会在建立我们两国交流和专业领域的桥梁工程中发挥重要作用。

请各位观看 DVD，希望在中国激起进一步的高端讨论和热议。

谢佑平：尊敬的杰里米部长，布莱恩－戴维申总领事，各位代表，下午好！

今天，我非常高兴有机会再次与英国领事馆合作，召开英国模拟法庭录像资料发布与理论研讨会。本次会议是英国法律周在中国的重要活动之一，也是去年复旦大学司法与诉讼制度研究中心与英国领事馆交流合作的继续。

2010年9月14日，为了深入理解和正确执行我国新近颁布实施的《关于办理刑事案件排除非法证据若干问题的规定》和《关于办理死刑案件审查判断证据若干问题的规定》的内容，直观了解发达国家法庭质证技术与相关规则，推动我国刑事诉讼法相关内容的进一步修改完善，复旦大学司法与诉讼制度研究中心、英国英中协会共同召开"英国法庭质证规则模拟演示与制度比较国际研讨会"。由英国法官、检察官、律师通过模拟法庭审判的形式，向与会代表展示英国法庭质证技术与规则，并且开展庭审制度的比较与理论研讨。出席会议的除英方代表外，我们邀请了全国人大、最高人民检察院、最高人民法院、全国律师协会、中国人民大学、中国政法大学、北京师范大学、华东政法大学、上海交通大学、复旦大学、苏州大学、上海社会科学院、上海政法学院等领导、专家到会，同时，邀请了上海市高级人民法院、上海市第一中级人民法院、上海市第二中级人民法院、上海市人民检察院、浙江省人民检察院、上海市公安局、上海市人民检察院第一分院、上海市人民检察院第二分院、上海律师协会、有关区县司法机关领导、律师事务所主任等参加，会议代表120多人。会议同时邀请《法制日报》、《人民法院报》、《检察日报》、《北京青年报》、《中国检察官》、《上海法治报》等媒体采访报道。会议分为两个部分。上午模拟法庭审判，全体代表出席；下午理论研讨圆桌会议，部分代表参加。主办方将对理论研讨会进行全程录音，会后进行录音整理，会议成果已经在司法与诉讼制度研究中心网站 www.fdprocedurallaw.com 和《司法评论》上发表和出版，并取得了良好的社会效果。

今天召开的会议，是上次会议成果的一部分。会议主办方英国领事馆已经将去年会议的录像制作成了精美的 DVD 光盘，等一会儿我们会在会议上放映和观摩。我认为，这次会议的意义有：第一，有利于扩大我们交流合作成果的影响。我们知道，英国是法庭质证规则成熟和发达的国家，世界上很多国家的刑事诉讼法，都在学习和借鉴英美国家对抗制诉讼的优点。法庭质证规则的细化与严格，关系到证据的审查和判断，关系到案件事实的认定，关系到裁判的公正。我们学习和借鉴英美国家的法庭质证规则，目的也是为了完善我国的相关法律制度，提高我国法庭审判的技术和水平，促进我国的司法公正。这次会议，我们邀请了辽宁大学、西南政法大学、华东政法大学以及上海有关司法部门、律师事务所等代表到会，希望通过会议代表将我们取得的成果带回去，用于司法实践，并将我们的成果向社会大众传播，扩大其影响，推动我国法制的进步。第二，有利于我们正在进行修改的刑事诉讼法进一步完善。我国刑事诉讼法正在进行修改，我们大家都看到了草案。这次修改，在很多方面都有进步，体现了我国在程序法治过程中进一步保障人权的基本方向。但是，也应该看到，这次修改，在法庭质证规则方面，没有太大的变化。这可能与我国的审判体制有关。真正的法庭质证规则，是用于有陪审团的法庭的，精密的规则，目的是使陪审团成员明了案件细节和事实认定的。遗憾的是，我国没有陪审团制度，我们采用的更多的是专业法官对案件的审理，因而，在法庭质证规则的重要性上，没有英美国家那么凸显。但是，随着我们对司法规律认识的深化，随着我国非法证据排除规则写进法典，我们将越来越意识到法庭质证规则的重要性。因此，我认为，我们今天研讨国外的证据规则，对于我们将来进一步完善我国的有关制度，是有重要意义的。

最后，我要感谢英国领事馆与我们的合作，我已经看到我们的合作卓有成效，我希望这样的合作能够长期进行，继续下去。

下面请各位观摩 DVD 版英国法庭证据规则质证程序播放。

谢佑平： 下面围绕 DVD 观摩演示中的模拟庭审，结合中国法律实践中的具体制度，大家可以从不同角度，谈一下感想、看法和建议。现场有上海市的法院、检察院的实践工作者，还有学者，以及两位教授，两位教授最后做点评。

下面先请上海市第一中级人民法院刑庭副庭长余剑，他曾在英国呆过一段时间，对英国的法律制度比较熟悉，同时也是模拟法庭陪审团的成员。

余剑： 谢谢主持人！大家下午好！

按照会议要求，做一个简单的发言。刚才看庭审录像，感到非常亲切。一年后，模拟法庭的过程仍历历在目。去年模拟法庭审的活动，我感觉很有意义，在此，向积极促成该活动的英方同仁表示感谢。

下面就英国的质证规则以及我国刑事诉讼法的修改，谈一点自己的看法。正如谢教授刚才所说，英国的质证规则对我国具有重要的借鉴意义。我国刑事诉讼法没有对质证规则进行规定，最高人民法院的司法解释虽有所规定，但内容很简短，没有形成一个成体系的规则。英国具有完整的体系化的质证规则，通过这样直观方式的演示，给了我们很大的启示。但是，同时我们也要看到我国的国情和司法制度与英国存在的差异：英国实行陪审团制度，我国实行的是职业法官制。尽管我们也有陪审员，但我国是由职业法官和陪审员共同组成审判庭，且以职业法官为主。其中，认定事实、适用法律以及定罪量刑等环节都由法官完成，陪审员只起辅助的作用，不像英国那样，由陪审团决定有罪还是无罪。因此，我国的质证规则与英国的肯定要有区别，不可能完全照搬英国的制度，我们要借鉴，根据我国的司法现状对此进行调整。

根据个人的经验，我认为我国需要建立完整的质证规则。在我国，证人不出庭违背了直接言辞的原则。新刑事诉讼法虽没有涉及质证规则，但加大了要求证人出庭的力度，包括侦查人员等的出庭。我国法庭出示证据，除言词证据外，物证、书证、鉴定意见等以公诉人宣读的方式进行。在英国，包括大陆法系的德国，都要求将其转化为言词证据。甚至物证、书证、鉴定意见，都是以警官或者作出鉴定意见的鉴定人当庭宣读的方式作证，然后接受质证。而我国是由公诉人宣读的方式出证，所有证据都转化为鉴定人的言词证据出示。鉴定人只在很少的情况下出庭。我们应该加强证人出庭的比率，让所有的证据转化为言词证据。这是前提。有了这样的前提，我们才可能建立质证规则。没有这样的前提，质证规则就很难实行。

当然，这次刑事诉讼法修改稿也有一些进步。我们近几年在司法实践中也作了一些改革，作了很多尝试，包括案件人员、侦查人员出庭，在证人出庭、鉴定人出庭方面也取得了一定的效果。从中级法院来讲，受理案件的范围比较窄，但是一般是比较重大或者比较复杂的案件。2012 年刑事诉讼法修改后，刑事诉讼法解释也会相应出台，我本人也参与了刑事诉讼法解释的起草，在证人出庭方面会加强，届时会凸显质证规则重要性。因此，我们对质证规则进行研究和探讨，非常有必要。设置证据规则问题，在一段时间内会凸显其重要性。我本人没有进行系统的研究，仅谈其中几点。比如非法证据排除规则如何细化，《关于办理刑事案件排除非法证据若干问题的》在实践中不好实施，因为缺乏具体的程序性的操作方案。该规定没有明确何时适用，到底是在审前，还是审中？如果是在审前，由于我们没有庭前准备制度，应采取怎样的方式运作？如果是在审中，则会影响庭审效率。比如，被告人提出请求排除非法证据并质证，是否需要休庭，然后由检察官证明不存在刑讯逼供或者收集其他证据？如此一来，庭审效率将大受影响。所以如果没有具体规定，就不好实施。在模拟法庭中，法官会让陪审员离席对证据进行质证。我主张建立像美国那样的审前准备程序，将程序问题在审前解决，这符合我国现行的司法制度。我们观察到有些案件在法庭审理中被告人会提出很多程序性问题，庭审效率很低，如果这些问题能在庭前程序中解决的话庭审效果比较好，有利于保证庭审的效率。

二是交叉询问的问题。我们设立交叉询问以后，控辩双方对于质证规则的程序掌握得不好。我们一直强调证人出庭，然而证人真的出庭后，辩护人反而不知道怎么询问，何为主询问、反询问都不清楚。交叉询问是有规则的，我所知的主询问要求有五个 W 原则，即 WHO/ WHEN/ WHERE/ WHAT/ WHY。而反询问，是先把答案想好，只要对方答是或不是。刚才看到模拟法庭的演示，控方询问被告人的妻子，都是事先想好答案，只是要证人回答是或不是，通过这样的方法让陪审团感到证人在回避问题，最后才会得出真实的答案。我们是双方一样的问法，这样的效果不是很好。诉讼法学者在这方面的介绍也不多，我觉得这方面既要在制度上加强，也要加强理论研究。

三是法官应如何掌握规则的问题。去年的模拟庭审中，并未出现控辩双方提反对对方提问方式的情形。据当时的英国法官介绍，在英国的庭审质证中，很少出现质证双方提出"我反对"这样的状态，双方是想如何问就如何问。英国法官介绍说这样的情况在美国比较多，而且是在美国的电影中比较多。令人不解的是，我国在庭审中控辩双方却经常出现反对对方提问方式的状况，唯恐别人不知自己没有掌握质证技巧一般。在法庭上，如何界定诱导询问，应遵循什么样的法律程序，会产生什么样的法律后果，这值得我们去研究。此外是法官讯问的问题。在我国，法官可以向被告人随意讯问，其讯问内容甚至作为控辩双方提问的补充，是法官职业能力的展现。在去年的模拟庭审中，法官并没有询问证人。据当时控方律师介绍，在英国，并没有规定法官不能询问证人问题，也就是说是允许其提问的。而当时的辩护律师则表示，最害怕法官询问证人，因为法官的询问对陪审团有引导作用。我们制定的规则是否要有这样一个规定，法官询问的程度，都是值得探讨的。

以上是我根据实务经验产生的一些感想，希望各位专家批评指正。

谢佑平： 下面有请上海德恒律师事务所合伙人王军旗律师发言。

王军旗： 很荣幸再次从 DVD 上看到自己参加陪审的模拟法庭的情况。通过模拟法庭，我看到了英国法庭的庭审中的质证规则和非法证据排除规则。这些规则将最"干净"的证据呈现给陪审团，从而防止陪审团被误导。刚才，英国外交部国务大臣杰里米先生讲到，证据的使用对社会的繁荣稳定有重要作用，这句话我印象深刻。挖掘证据是律师的核心价值体现，这一点，我深有感触。我认为，律师的核心价值就在于对事实的挖掘，对证据的挖掘，并通过合法的形式将其展现出来。在我国刑事诉讼法修改的过程中对于证据质证规则应该引起重视。针对刑事诉讼法的修改，结合律师的价值，我谈下两个观点。

首先，制度应支持辩方深挖证据事实形成证据。辩方具有挖掘事实和证据的强烈冲动和愿望，但实际上的效果却不好。其中的原因，一方面在于辩方挖掘事实有一定风险；另一方面在于相关制度不完善。没有制度的支持，律师挖掘事实会缩手缩脚，不能充分行使权利。刑事诉讼的共同目标是把事实真相呈现给各方，对于控方，由于其本身已经有较完善的手段，从公平的角度讲，应赋予辩方相应的权利，所以在制度上应制定完善的细则，支持辩方挖掘事实。这也是今后完善的方向。

其次，关于庭审前置程序问题。正如余庭长刚才所言，在刑事诉讼中，呈现合法的证据，排除非法证据，这是非常有必要的，也是很值得研究的。个人认为，在刑事诉讼中留给各方的时间比较有限，尤其是留给辩方律师进行质证的时间。就民事诉讼而言，对于复杂的民事案件，一般是组织诉讼双方进行证据交换，即在庭审前法院组织双方互换证据，过一段时间再进行质证。这一点也可以供刑事诉讼借鉴。即设置一个比较完备的庭前准备，给各这是我目前不成熟的观点，希望各位批评。

谢佑平： 下面请青浦区人民检察院潘志峰科长发言。

潘志峰： 我从在基层一线的实践出发，谈谈对于庭审质证模式的看法。通过刚才观摩英国模拟法庭的演示，我认为我国的质证规则跟英国的差距还是很大的。就司法实践而言，在基层法院中，质证过程还是走过场、走形式，缺乏实质内容，比如对证据合法性、关联性等要素，几乎没有人提出来。自从最高人民法院出台"两个证据规定"以后，我们公诉部门对公安机关取证合法性、证据来源的合法性等问题加强了审查，但目前来看还是流于形式，也可能是由于业务水平较低，很少能发现这方面的问题。总体而言，控辩双方在证据的合法性审查方面还是欠缺的。这是第一点。

第二点，尽管刑事诉讼法对少年司法增加了相应的条款，但与我们希望形成独立的少年司法体系还有很大距离。上海近几年在这方面发展相对较好，三级法院都有独立的少年刑事审判庭，检察机关、公安机关也有相应的专门办案机构。在上海，未成年人刑事案件，由于涉案人员大多为外来人员，从侦查阶段、起诉阶段到审判阶段，都很难找到其监护人。在法庭讯问中，需要特定的程序保障其合法权利。这需要一个有利于未成年人的制度支撑，现在还缺乏相关的具体制度，比如像公设辩护人制度或者其他法律援助制度等方面都应跟进。另外,对未成年人的质证规则应不同于成年人。因为质证规则制定的过分详细、具体,特别是涉及到一些敏感性的问题的时候,可能会对未成年人形成伤害。特别是质证规则在未成年案件的时候,我觉得应当适当地简化。

张栋华（华东政法大学副教授）：感谢看了这个模拟法庭的 DVD 演示,很羡慕前几位参加模拟庭审陪审团的同仁。但由于没有看到完整的版本,有一些情况还不是很清楚,有些费解的地方。对里面涉及的品格证据、具有免证权的配偶作证以及量刑规则等都有疑问。

我最大的感想是,我们的质证规则不能离开我们现有的模式。比如交叉询问是在有陪审团的当事人主义模式下实行的,通过交叉询问将事实真相在法庭上展示出来。但根据刑事诉讼法,我国总体上实行的是职权主义,我国法官在庭前阅卷,在这样的传统职权主义模式下,是否需要交叉质证,在这样的情况下如何实行质证?在陪审团制度中,陪审团成员事前对案件一无所知,没有丝毫的成见,因此可以进行交叉询问。我认为,我们属于大陆法系国家,法官在庭前阅卷,在法庭上就可以由被告人完整陈述。在这样的情况下,质证规则如何设计是我们需要考虑的首要问题。而职权主义模式下,法官可以庭前阅卷,对案件很熟悉,进行交叉询问必要性可能减弱。交叉询问被认为是发现事实真相的"发现器",通过该规则可以将案件细节展现在法庭上。很多大陆法系国家并不实行交叉询问。质证规则一般分为两种:一种是普通法系完整意义上的交叉询问的规则,陪审团通过该规则了解案件事实。另一种是大陆法系的质证规则,在该规则中,证人在法庭上先完整陈述自己对案件了解的所有情况,再由法官针对其中的疑点引导询问。个人认为,我国应该学习大陆法系国家的质证模式。英美法系的正当程序原则对我国有很大的启示,但是如何在我国的诉讼模式下制定质证模式,需要进一步研究。

本次刑事诉讼法修改有几个突破:一是证人要出庭,证人不出庭要强制其出庭。今后证人不出庭的状况应该会改善。但是对鉴定人、警察的质证跟普通证人质证是否应该有所区别?比如对鉴定人提问,涉及的都是专业问题,律师很难进行有效询问。而且本次刑事诉讼法修改引进了专家证人,如何保证对这些特殊证人的质证质量等,都有待谢老师等专家深入研究。刚才几位专家也提到非法证据排除问题,我认为非法证据排除也属于质证规则的一部分。目前我国已经有庭前会议程序,庭前会议实质上就是交换证据,可以通过该会议先将非法证据排除,然后再进入庭审。总之,质证规则应结合我国职权主义模式设计质证规则,再研究在该模式下如何保证质量和效率。这是我目前的一些不成熟的想法，请大家评判。

潘书鸿 （上海恒建律师事务所主任）：前面几位嘉宾的发言都觉得英国庭审的质证模式非常好，似乎很科学，但是是否适合我们中国的土壤，这是一个我们要思考的问题。我参加了去年模拟法庭的庭审以及讨论，当时陪审团在讨论有罪还是无罪的时候出现了非常大的分歧，最后结果是五票有罪对七票无罪。这个案例实际上是一个发生在英国泰晤士的真实案例，在英国是判有罪的，但是到我们中国怎么就变无罪了？为什么会出现这么大一个差异，这也是我们要思考的问题。

说实话，仅仅凭那天的庭审情况，我站在一个局外人的角度仅凭自己的良知去判断，我认为他是无罪的。这无非是关于质证模式的问题，这种质证模式在我国目前刑事司法的实践中有没有可借鉴性，我认为有两大问题是值得我们好好反省和思考的。其一，在英国模式下，陪审团作为判断有罪无罪的关键是不会介入非法证据排除的整个过程。而在我们中国，案卷到法院首先由法官过目，然后由其来判断有罪无罪，当一个有权定罪的人有一个先入为主的理念时，怎么再将它排除？这是我们要思考的。在英国的庭审模式下，涉及非法证据的排除问题时，有权定罪的陪审团是不在现场的，这是非常科学的。其二，那天我们陪审团之所以出现判定其无罪的结果是我们认为这个案件没有直接证据，所以用我们的良知和思维方式去判断，出现这样的结果也是无可厚非的。我是一名主要做刑事辩护工作的律师，去年参加讨论时，我问英国的皇家大律师：为什么辩方律师开始一直是做无罪辩护，后来却对量刑问题又发表意见？他回答说在英国就存在这样一种现象，虽然做无罪辩护但在量刑时又可向法官求情。后来我想这也是人之常情。

在我国目前质证过程中，我结合做刑辩律师的感受，谈几点看法。我国目前刑事质证过程中存在几大诟病，我认为这是冤假错案滋生的温床。现在证人出庭是一种偶然，不出庭是一种必然，公诉人将证据材料在法庭上面空读为什么这次刑事诉讼法修改要强调证人出庭呢？我认为不需要强调。之前的刑事诉讼法，就有这个规定。而现在强调说，证人要出庭、鉴定人要出庭，坦率地讲，我认为这是一个非常滑稽的现象。诉讼程序的规则设置应当是科学合理的。关于证人出庭的问题，刚才刘教授谈到妻子出庭。妻子出庭我没见过，但我见过妻子作为证人形式的 10 份以上的笔录。这一类证人出庭作证，或者是说其在公安机关、侦查机关作的笔录能不能作为呈堂证供？我国古代从西周开始就有 "亲亲得相首匿" 制度，这是我们要反思和思考的。

刚才一些律师、法官和教授谈到目前我们国家正在修改的刑事诉讼法。在修改的过程中，谢教授和复旦大学司法与诉讼制度研究中心在几个月前开展过一次研讨会。几周以后上海市律师协会在华政也搞过一次，因为我是律协的行政委员会副主任，所以领了一些课题，做了一些功课。老实讲，我不看好我们的刑事诉讼法修改，里面有部分条款不是进步，反而是一种倒退。就像刚才张教授谈的一个观点——在中国当事人主义模式和职权主义模式到底哪种更适合？是我们司法实践和司法理念都要考虑的问题。现在刑事诉讼法的修改涉及的内容，是在头痛医头，脚痛医脚，在打补丁。有些部门利益在博弈的过程中，看到这块补丁对他们不太有利就把它撕掉。

董明亮（上海市第二人民检察院研究室主任）：第一个方面，法庭质证规则作为法治文明，它是人类文明的一个重要组成部分，确实应该由人类共同分享。在今天这个录像中，我认为有一件事情是值得我们学习的——余庭长肯定有感受，潘科长也有感受——是不是你们在开庭的时候感到累？因为我们要求坐姿端庄，举止文明，脖子不能扭。我出庭的时候我感觉特别累。在法庭上死板地坐着，肯定是不符合人体规律的，所以有时候我出庭的时候坐在法庭上一边讲一边晃脑袋，是为了保持清醒。英国的做法就很人性化，个人感觉有些东西是可以学习的。但是在学习的过程中，就是我们还要考虑对基本国情的认识和尤其是对我们自己的文化传统的认识和尊重。我们吸收外来的东西，如果水土不服，恐怕公众不一定会认成与英国相比较，我们是职权主义，而不是当事人主义。在由于职业法官的专业化，社会公众对法律、对法官能够正确认识案件事实给予了充分的信任。反过来说，因为陪审团成员不是专业的，所以公众对他们认识案件、判断证据的能力产生了不信任，于是就产生了证据规则非常丰富发展的这样一个土壤。而我们没有。我们的公诉人不仅是控方，还负有法律监督的职责，是一个法律监督者。那么，作为一个法律监督者，宪法赋予他该职能的时候，在诉讼过程中间肯定要对警察的侦查进行监督，看其是否守法、合法。于是就产生了余庭长所说的，在上海的法庭上很少或者很难看到有非法证据被拿出来。比如我，作为一个法律监督者，又是一个公诉人，是控方的主要承担者，我怎么可能把我发现的一些非法证据拿到法庭上让法官去判断？我要履行我的职责就要先阻止它上法庭，不能让它成为证明案件事实的证据。当然另一个方面，作为公诉人来说，一个证据拿出来让你法官判断，说这是非法证据，我多没面子。还有一个方面我们要考虑的就是一些客观条件，比方说，证人出庭。为什么我们没有说全部证人出庭呢？我想是基于这样一些考虑。第一，有很多案件尤其是中级法院以上判决的案件，理论上说是可能判处无期徒刑或者说是死刑的案件，证人出庭，他们的压力很大，对于保证他们的人身安全方面，我们没有这个制度。第二，绝大多数证人都是普通民众，经济条件决定了他能否出庭，国家能否对他因出庭带来的经济利益损失予以补偿，这个制度我们也没有。第三，我们现在是人口大流动。由于没有办法保护证人的经济利益，但一些证人在上海找不到工作就要到外地去，不能陪法庭在这等着，再去找他就很难了，这是由人口流动所引来的后果。所以我想，这里面一方面好的东西我们要吸收，另一方面，我们还是要阶段性地吸收，而且这中间还一个稳妥化的问题。

第二个方面，实体公正和程序公正的兼顾的问题，个人认为，两者都不可偏废。

刑事诉讼到底要做什么事情，我们承担着什么任务？古人说，打官司就是为了定纷止争。用我个人的语言来注释，定纷止争无非就是说要化解因为犯罪人的犯罪而引发的犯罪人与被害人、社会及国家之间的紧张关系。要构建和谐社会，就必须要把这个矛盾化解掉。化解的过程中，不能把这个因为犯罪而引起的这种紧张关系所产生的冤情加重，仇恨加重。

第三个方面要考虑的就是法庭质证要解决的是什么问题。法庭质证首要的是为了认识案件事实，无非是解决两个方面的问题。第一个问题是举证，不管是控方还是辩方的，这个证据材料是不是具有证据能力。第二个要解决的是所举的证据材料对案件事实的证明能力问题。事实上，首先，要形成一个平和文明规范的法庭调查质证，而不是公诉人看到被告人像仇人一样，义愤填膺。其次，整个法庭质证应该有利于我们正确地认识案件事实。刚才余庭长提到在法庭上交叉询问也好，询问也好，要制定一些复杂的规则解决技术上的问题。我个人认为，技术的问题是通过经常的锻炼和培训来解决，而不是通过规则来解决，规则不应该用来解决基础性的技能问题。同时，我也不主张法庭上质证规则过细，过细等于机械，过细意味着死板。每一个案件的事实情况都是不一样的，所以，我非常反对"同案不同判"，就我几十年的检察经验而言，遇到一个"这样的"案件是，它不论是事实还是情节总有很多不同的因素，所以不存在同案不同判这样一个判断。也就是说，每一个案件都有它特别的一面，如果我们用一个机械的、固定的程式去套，套用到调查的每个案件上去，就陷入了死胡同，禁锢了我们法官、检察官和律师的思维。那么，要建立一些什么规则呢？对证人和被告人的询问检察官和律师常用到两个方法：其一是诱惑、诱导，让证人、被告人搞不清楚，不知道问的是什么，思维跟着你跑，自我交代。我经历过一个案件，很典型。两个警官出庭作证，被律师和检察官问到后来，法官也听不明白了，问他们到底在说什么，他们不知道，晕了。后来，法官要控辩求双方注意各自的发问，此后的证人，在公诉人和律师都是很本分地询问下，才把事情讲清楚。诱惑、诱导，我们要避免。其二，威胁和恐吓。例如，公诉人说，被告人你知不知道我们国家刑事诉讼法中有一个条文是怎么样的，那我告诉你一下是什么。说完后，再说，为了你自己的利益请你如实地回答我问题。被告人被吓到了。能不老实交代吗？因此，这一点也是需要注意的。

个人认为，对于非法获得的言词证据绝对应当是排除的，没有任何的保留余地的言词证据本身是不尽可靠的，具有很大的可变性。其次，非法言词证据它是非法获得的，就必须要排除。但是对于客观证据或者说物证，书证等以其客观形态来反映案件事实的证据，个人认为，即便是非法的，也应该保留。一是因为国家的错误，责任不应当让被害人和社会来承担。刚才我讲到，刑事诉讼是因为犯罪而引起的被告人与被害人、国家和社会三个方面的紧张关系，作为被害人，其实体的报复权被剥夺了，诉权也被国家剥夺了，还留下什么？他无非就是希望国家能维护他，对犯罪予以惩罚。在这种情况下，这些非法获得的客观证据如果被排除，对他是不公正的，对社会来说，也是不公正的。非法证据虽由侦查人员收集，但其他履行的是国家公职人员的职责，他实施的是国家行为，所以这是国家的错误，不单单是他个人的错误。由被害人和社会来承担这样一个错误责任，我认为是不公平的。

高一飞（西南政法大学教授）：刚才听了大家的发言，提到的问题有涉及法庭的出庭作证、交叉询问非法证据排除、全案移送以及有投票机制的问题。我先回答刚才潘律师关于英国有没有伪证罪的问题。英国1985年《藐视法庭法》把律师妨害证据的行为作为藐视法庭罪来处理。现在很多律师主张废除我们这个律师伪证罪，我觉得没有道理，任何一个国家绝对不会允许律师去做伪证，去毁灭证据，只能说，我们在立法的技巧上要考虑对律师的行为和普通公民的行为要不要分开。整体上，我更支持刚才董明亮主任的观点。首先我们要肯定，人类社会发展到今天，法律制度很多是人类共同的问题，英美法体系的这些东西应该是值得学习的，或者说我们现在整个刑事诉讼法，从这个清朝末年引进这个西方的法律来看，它的体系，或者说它整体上是西方的，所以说，否认移植、否认普世价值的看法肯定是没有道理的。同样的，首先我们要看到的是英国的庭审制度里面很多东西，即使是在我们职权主义的模式之下，也有值得学习的地方。我在这里谈几个方面。第一个方面，比如说这个警察作证，我注意到我们这次刑事诉讼法的修改只是强调了警察作为目击证人的时候应当出庭作证，实际上警察取证的过程，他所看到的东西本身应该说可以形成一种新的言词证据，也应该属于警察作证的范畴。我们注意到这个录像里面，警察的取证情况，他自己要出庭作证。我在美国也看到，警察不仅是公诉人的助手，同时也是证人，身兼两职。对取证过程中的情况最熟悉，公诉人发言的时候还可以提供咨询。我开始都不理解这个人本来站在公诉人旁边，后来又到了证人席上去。

第二方面，现在的询问规则，除了询问顺序有法律规定，哪些内容、哪些方式是不允许的，在我们整个法律体系里面没有规定，所以询问的规则确实应该建立起来。第三个方面是，非法证据排除的时间的问题。通过在开庭之前排除非法证据，或者说陪审团有裁判权的人不在场的情况之下来排除非法证据，这个当然是非常好的，也是必要的。尽管我们的法官是职业法官，是理性的法官，可以说他看到这个非法证据以后在思考的时候也可以把它从自己的思维里面排除出去，但是人性的思维肯定是有弱点的。我想如果是在开庭之前把它排除掉，效果会更加好。我们过去一些冤案，比如说杜培武案件，其中影响法官思维的很重要的一个方面就是几次测谎都认为他是说了谎的。我这地方举这个例子说明什么问题呢？测谎的结论按规定是不能拿到法庭去的，它不是证据的一种，最高法的解释也是非常明确的。但是你看这个结论，因为法官知道了这个情况，公诉人在出庭的时候以破案经过的形式让法官了解到这个情况，实际上对法官产生的影响非常大，先入为主了。所以我们过去说我们理性的职业的法官不会受影响这个说法，在杜案中不成立，尽管它不是非法证据，但它属于不能用的证据。

第四个方面，我觉得很值得借鉴的是投票机制。在我们国家是多数票决制，在中级法院判一个人死刑的时候，意味着三分之二的人同意他判死刑就够了，到最高法院死刑复核的时候，也没有一致裁判。认为对重大案件采取一致裁决的方式，是非常必要的。英国现在陪审团审判也是一概要求一致裁决，在一定的时间之内，比如几个小时之内是一致裁决，过了几个小时后，是绝大多数的裁决。认为一致裁决的制度对于我们重大案件、死刑案件有借鉴性。

中国人对事实真相的发现的思维方式是通过反复的检测，通过更高权威监督的方式来发现真相，所以在中国不存在类似于英美的事实审一次性的做法。

在我国，很多死刑案件，没有一个证人出庭，但我也相信这个案件也不会错。原因何在？因为这个案件要经过多次的事实性审理，错了以后可以纠正过来。如果发现重大的证据有问题的，还可以到庭外去问，至少检察官可以去问证人。们是经过反复的审理事实，达到了案件质量的保障。我们为什么不学习英国的事实审一次性呢？这也与中国人的思维方式有关，我觉得这个几百年也不会变，中国人相信更高权威。我们过去将这个问题简单地进行比较的时候夸大了很多规则的作用，比如说证人出庭。所以，我主张，对重大的有疑问的问题应该要尽可能地通知证人出庭。

还有一个问题和中国文化有关，就是中国人不愿意出庭，这与英美是完全不一样的。很多法官、检察官提出如果规定证人必须要出庭这个证据才能用，那么将来这个证人就会说"我没看到、我不知道"。英国有藐视法庭罪，证人知道情况而不出庭作证，这在 1985 年《藐视法庭法》中也是有规定的。但前提是他曾经承认知道这个情况，如果说他从来就不承认知道这个情况，也是没有办法的。所以这个问题跟中国的国民性格有关。谈不上素质的高低、优劣，没有好坏之分。这就决定了在刑事诉讼的方式上面就会有很多的差异。比如这次我们刑事诉讼法的修改，为什么要改回到全案移送，其中一个很重要的原因就是，中国的理性法官对于开庭之前看了案卷的这个情况，我们过去说可能会先入为主，形成预断，这是我们想象中的夸大的一种思维，根本不可能的。法官如果发现有错了，就能纠正。个人只要当过法官就知道，我们这里也很多法官，我们的法官和临时召集的陪审团是不可相提并论的。如果不注意到这两点差别而简单地照搬，我觉得根本就解决不了问题。法官和检察官都会拒绝接受这样的法律规定。

还有一个很重要的问题就是，我们能不能引进英国模式的陪审团？过去几年，我主张引进陪审团，还有看到具有东方文化传统的一些地区、国家，像韩国，韩国的评审团类似于荷兰的评审团，没有法律效力，特别是俄罗斯，应该说它有一些方式类似于东方，我们是学习它的刑诉法而来的。中国人很难接受陪审团的原因就是，我们不可能引进事实审一次性。陪审团要有陪审团的权威，就必然是事实只能审一次，这是肯定的。否则，陪审团审了案子，上级法院又否定，那陪审团有什么用呢？所以，陪审团要存在必须要存在事实审一次性。中华民族是讲实体正义的，把实体正义放在第一位，一定得要一个真相。如果陪审团把一个不该放的人放了，那么受害人就会实实在在告下去，社会不可能稳定和谐。所以我后来得出的结论是，中国可能也只能引进类似于韩国的评审团，要引进英美模式的陪审团，与人们的正义观是不相符合的，民族文化决定了很多东西我们是没有办法完全照搬的。

谢佑平：最后，请辽宁大学的杨明教授进行点评。

杨明：感谢谢教授给我这个机会，也感谢以上几位专家的发言，因为每个人的发言都给了我很大的启发。通过 DVD 看到的英国的法庭庭审，一个最基本的感受就是英国这种庭审质证模式，质证规则应该说是非常完美的。我们必须明确一点，这是英国人向人类社会法治文明作出的一个重大贡献，对我们中国人来说是有启发性的。

接下来一个问题是这样的规则在中国是否可以适用的问题，能够借鉴到什么程度的问题，或者说通过一个什么样的路径或者说是过程来实现对这比较完美的质证规则的借鉴。在我们目前的这个法律框架下，如果仅仅将这样一个质证规则移植到中国的庭审程序当中，在我个人看来是不可行的。基本上我和前面几位来自控辩审三方的专家的观点大致相同，就是我们现在还不具备把类似规则移植到中国法律当中来的基础性条件。因为质证的对象是证人证言。证人不出庭有多种多样的原因，当然有很明显的法律规定缺陷导致的原因。这个问题是否可以在短时间内解决，我跟大多数人的观点也一样，解决不了。尽管这次立法提出了法庭可以强制证人出庭作证，但是这个强制我相信实践当中几乎落实不了。《关于办理刑事案件排除非法证据若干问题的》从去年的 7 月 1 日到现在实施一年多，各地几乎无案例。我就没有说。我们辽宁地区，到目前为止，一个判例都没有。我通过对辽宁省检察院、省法院的一些司法人员的一个调研发现，这绝不是上海和辽宁的现象，全国几乎都没有判例。为什么呢？一个无罪案件就可能引发我们检察机关对审判人员的一系列的追诉活动，这使我们的法官无限地担心个人安危。所以，在这种权力配置之下，如果要实现非法证据排除确实是不可行的。那么，我们为什么还要出台这样的规则？其实大家知道，这个规则本身具有相当的合理性，但是不具备贯彻和落实的保障性基础。反思和讨论我们庭审质证的时候，我也联想到这个问题：质证规则要不要研究？要研究。但是我们现在有没有这样的基础性的机制？我认为没有。在这个问题上，是不是太悲观了？我们现在是不是只能固守现有的法律制度，对这些大家公认的，或者说具有普适性的这些活动的诉讼规则不接受？其实，我也不是这个观点，我个人一直抱有积极的立法憧憬，中国的刑事司法改革一直都在摸索当中进行。

陪审团制度，我个人认为是实现司法独立的一个保障性的制度，我们在

2011 年的时候在河南省进行了 7 个市的陪审团试点，实践的结果是效果非常好，裁判的结果不仅被双方当事人认可，而且得到了公众的高度认可。所以，我相信陪审团制度是有可能在中国变成立法的，当然它需要通过一段实践的摸索，积累经验和教训之后才能变成一个成熟的立法。但是，我们毕竟看到了希望，就是当审判可以独立的时候，我们才可以再研究其它的规则，当审判不能独立的时候，这些规则的研究就只能是一种美好的憧憬，研究再细也没有意义。所以，我个人的意见是，要进行各种司法改革的尝试，第一是陪审团制度。第二，我们可以考虑在重大的刑事案件被告人不认罪的重罪重刑案件当中，试行庭审质证规则。当然这个试行依然免不了"走形式"的色彩。刚才有位检察官说，中国现在的庭审，包括对非法证据的排除审理全都是走过场、走形式，实践当中是这样的。但是，探索不能够因为现在是走形式，我们就放弃，积累了一些东西之后，可能会让我们发现更多的问题，在解决了基础性问题之后，可能对技术性的规范有一定的推动作用。所以，庭审质证规则要讨论，细化的东西可以再进一步探讨，但是，根本性的问题应该是学术界、理论界共同关注的问题。

谢佑平：感谢大家对下半场的贡献，讨论得很好。大家的讨论给了我很多启发。我在想，庭审的功能到底是什么？讨论技术规则的时候会反映最本质的问题，法庭的功能是什么？法庭功能在发挥过程中会遇到什么样的障碍？这个障碍是怎么产生的？如何去更高效地发挥法庭的功能？因为法庭功能的发挥直接关系到司法公正，如果说前期侦查起诉可以错，那么审判是不能错的。也正因为如此，所以在法庭，控辩审三方和证人都要到场，共同查明案件真相。最本质意义上的理解，法庭的功能首先应该是查明真相。我们刚才也讨论到，中西方查明真相的方式有差别，中国可能更多依赖于官方权力的审定审查和讨论，而西方，特别是英美国家可能更多地依赖于一种架构，一种程序架构，以公民自身权利的表达方式来发现真相。这两种发现真相的模式孰优孰劣，是值得比较的。再回到法庭的功能讲，这是一个技术问题还是一个价值观问题，我认为是一个技术问题，不要过度夸大传统、政治、国情的作用以及价值观不能接受，这只是一个技术问题。在全力研究真相，或表达真相的时候，我们发现，这种表达方式是有很多弊端的，它不透明，受一个法官的素质高低影响，里面有很多内幕交易，就算最后表达出的真相是真实的，也有可能不为大众所接受，这是一种官方认可的真相所带来的巨大弊端。而以民间的、权利的方式来表达和发现真相是透明的，就像我们刚才通过 DVD 所看到的规则一样，大家看得见。它不会有内幕交易，司法腐败的现象一定比官方的方式要少得多，甚至就没有。从这两种方式的比较当中，我认为可以比较出哪种更合适，肯定它作为法庭功能的技术规则的定位的前提，然后去比较这种功能的发挥当中孰优孰劣，应该说答案是很清楚的。所以我比较倾向于从现有条件下以权力方式，包括审委会、院长拍板，甚至政法委决定的方式发现真相，转向为以程序的方式，以个人权利表达的方式来发现真相，这可能更可靠，更容易为大众接受。这里面涉及到很多制度，给我们留下了很多遐想的空间，或者值得我们进一步去挖掘和思考的问题。

今天的讨论由于时间关系只能到此为止了，非常感谢大家给予我们支持，特别是英方代表，一直在听我们的讨论，您的支持给了我们很多鼓舞。我还要感谢今天在会上会前做准备的同学们，他们做了很多工作，使这个会议能够如期的举行。谢谢！

完善《刑事诉讼法（草案）》研讨会综述

◎ 汤景桢*

2011 年 9 月 8 日下午，完善《刑事诉讼法（草案）》（以下简称《草案》）研讨会在复旦大学法学院顺利召开。此次研讨会由复旦大学司法与诉讼制度研究中心、《上海法治报》和上海恒建律师事务所联合举办，来自上海法学界、司法界、律师界和传媒界近 50 多名代表和学生参加了会议，与会代表对《刑事诉讼法（草案）》在我国法制建设过程中的重要性及其修改内容进行了认真解读，对引起社会重大关注的非法证据排除，技术侦查，犯罪嫌疑人、被告人合法权益的保护，强制措施，不得强迫自证其罪等多方面的焦点问题和重要条文进行了研讨，提出了许多有价值的完善建议和意见。

复旦大学司法与诉讼制度研究中心主任谢佑平教授在此次研讨会上介绍了自己参与《草案》制定的有关经过及其所了解的立法背景和动态，充分肯定了《草案》的进步性，得到了与会专家的一致同意。谢教授指出，刑事诉讼法既是一个限制公共权力的法，又是一个保障个人权利的法律，在中国现行的一元化领导体制不能改变的前提下，在公检法三机关分工负责、互相配合、互相制约原则不能动摇的前提下，刑事诉讼活动涉及公检法等重要部门的重大利益，加上问题本身的复杂性，因此刑事诉讼法的修改要受到很多限制。任何改革都不是一蹴而就的，《草案》吸收了不得强迫自证其罪的条文，增设了近亲属免证特权，明确了非法证据排除，完善了相关证据规则等，这些在维护司法公正、推进人权保障方面起到了积极的作用，有利于我国刑事诉讼法进一步符合诉讼规律和国际司法准则。另一方面，《草案》理顺了此前分散于不同法律、规定和司法解释中的相关内容，吸收了近年来司法改革的成果，这对提升诉讼

---

* 汤景桢，复旦大学法学院博士研究生。

程序的法律层级有着重要作用。此外，《刑事诉讼法（草案）》向全社会公开征求意见，这种对公权法律的大规模讨论是史无前例的，体现了立法程序的民主化，这本身也是一种很大的进步。

《上海法治报》副主编赵月樑在主持研讨会时指出，《草案》公开征求意见以来，社会上的反响非常大，而且在主流民意方面已经形成了一些误导性的群体性忧虑。而真正这部法律为何如此修改，修改的本意在哪里，许多人都说不清楚。作为媒体，希望通过这样一次研讨会，把理性的和正确的东西传播给社会公众，从而更好的推动法制改革的进步。

研讨会上，代表们就《草案》中的亮点问题和存在的缺陷性展开热烈讨论，现归纳为以下几个方面：

一、关于刑事诉讼法修改的指导思想和理念问题

华东司法研究中心主任游伟教授认为，刑事诉讼法的修改应该注意以下方面：第一，应该有个基本的指导思想，不仅仅是对以前成熟经验的总结和吸纳，更重要的是要保障人权，要体现宪法精神，要为将来刑事司法观念的进一步转变、司法体制和机制的改革提供一个方向性的法律指导文本；第二，中国国情的特殊性导致刑事诉讼法的修改属于渐进式的，一次性跨越到很高的层次有一定的难度，但是国际上的一些基本的刑事诉讼规则和原则还是必须遵守的，以此保证权力分配的科学性和程序设置的正当性；第三，刑事诉讼法的修改要增强操作性，增加配套的操作性措施，不能将条文仅仅停留在宣言和口号的层面；第四，刑事诉讼法的修改要注重司法机关权力的制约，刑事诉讼更多的是一个公共权力的行使过程，在公检法权力的配置中不仅要合理而且要形成一种制衡，要少谈配合多谈制约；第五，刑事诉讼法的改革要注重在整个法律体系中与实体法和其他法律的衔接。

上海刑辩大律师、翟健律师事务所主任翟健在发言中指出，刑事诉讼法的修改首先要解决的是理念问题。只有当我们对刑事诉讼中诸如关押是常态还是例外、证人出庭是常态还是例外、二审开庭是常态还是例外等这些问题有了明确的价值取向后，才有智慧去设计一套制度来保证刑事诉讼活动的顺利进行。

二、关于刑事诉讼管辖问题

恒建律师事务所主任潘书鸿律师认为，草案没有把刑事管辖问题包括进去，而这又往往会在实践中产生问题。潘律师以刑法中的拒不履行判决裁定罪

为例，指出刑事诉讼法对管辖规定的含糊，往往会使法院处于尴尬地位，出现违背控审分离、审判中立基本诉讼原则的现象。翟健律师也指出，刑事诉讼的管辖问题主要是管辖了不该自己管的案件，在新形势下应该增加管辖的异议程序，从而更好的保障当事人的诉讼权益。

三、关于证据制度问题

证据制度是贯彻全部诉讼活动始终的一项重要制度，对于公正审判和正确定罪量刑起到关键作用，草案中的刑事诉讼证据制度部分引起了与会代表们的热情关注。对于草案中新增的有关证据的修改建议，比如规定了非法证据排除规则、不得强迫自证其罪、不强制近亲属出庭指证等内容，增加了电子数据等证据类型，明确了举证的责任分配，解释了"证据确实、充分"的证明标准，并建立了证人保护制度，代表们给予充分肯定的同时，也提出了相应的完善建议。

浦东新区人民法院肖波指出，这次草案对证人保护下了比较大的力度，但证人保护不应仅限于人身危害性的这几种特定犯罪。审判实践中遇到的更多情况是证人受到干扰作证，建议学习国外做法：未经控方允许，辩方不得接触控方证人；未经辩方允许，控方不得接触辩方证人。并提出对于证人受到干扰作证活动的也应可以申请排除干扰，从而受到保护。

在讨论到被称为草案亮点之一的不得强迫自证其罪时，翟健律师认为，这样一个重要的条文应该放到刑事诉讼法的第一章任务和基本原则中去，而不应埋没在其中的一个法律条文中。有代表指出，不得强迫自证其罪的规定和《草案》第117条规定犯罪嫌疑人对侦查人员的提问应当如实回答的规定是相矛盾的，这就容易使得强迫自证其罪这样原则性的规定在实践中难以得到贯彻，建议将第117条的如实供述删除。

对于"不强制近亲属出庭指证"这一点，有代表质疑是否只有在法院庭审阶段才可以拒绝作证，而在侦查阶段和审查起诉阶段不可以拒绝作证，建议《草案》能进一步明确。对此，谢佑平教授认为，"出庭指证"应该不单是在庭审阶段，而是从调查阶段就可拒绝指证。犯罪嫌疑人的近亲属可以在办案人员调查时，拒绝回答或回答"不知道"，但一旦开口，就必须保证自己证言的真实性，否则将可能涉嫌伪证罪。

为了遏制刑讯逼供，《草案》规定拘留逮捕后的讯问必须在看守所进行，并确定了对讯问过程的录音录像制度。有律师代表认为，录音录像对保障律师的调查取证权和非法证据排除规则的实施起到很重要的作用。但《草案》对不录音录像的后果和制裁措施，律师或者被告人能否申请调取录音录像并没有相应的规定，并建议不仅仅对可能判处无期徒刑或者死刑的应当录音、录像，对其他案件的犯罪嫌疑人的讯问不应留给侦查人员选择权，也应当规定录音、录像。

四、关于强制措施问题

《草案》对强制措施的修改在社会上引起了极大的关注和讨论，特别是涉及监视居住或羁押后通知家属的条款令外界担心，是否会导致"秘密拘捕"泛滥成灾。谢佑平教授结合刑事诉讼法修法大背景指出，考虑到我国的关押率过高，修法者是将监视居住定位于减少羁押的替代性措施，监视居住和羁押是有本质区别的，希望通过对监视居住这种强制措施的改造来降低羁押率。对于监视居住措施的重新定位，既能保证刑事诉讼的正常进行，也体现了人权保障和对公民人身权利的维护。在这样一个前提下，如何科学设计监视居住制度是另外一个有关制度完善的问题。有律师代表指出，取保候审和监视居住在司法实践中运用的比例很小，如果按照《草案》再加这么多限制，操作性将更弱。

关于通知家属的问题，有代表澄清了外界对该条款的一些误读，并认为与现行的刑事诉讼法中"有碍侦查"和"无法通知"这两种相对宽泛的表述相比，草案将可能有碍侦查的案件限定在涉嫌危害国家安全犯罪和恐怖活动犯罪等严重犯罪，实际上是扩大了应当通知家属的范围，这在保障人权方面应该说是一种进步。还有代表指出，对于"无法通知"和"所列两种严重犯罪以外的严重犯罪"应当尽量列明包括哪些具体情形和条件。对于这个条款引起的争论，有代表指出《草案》应当提高立法技术，斟酌立法语言，避免在文义上造成误读和曲解，从而背离修法最初的本意和想法。

对于《草案》中规定案情重大、复杂的，传唤、拘传时间可以延长到 24 小时，有律师代表对此持有较大的不同意见，认为司法实践中对现行的 12 小时有延长的做法，如果把 12 小时再延长，那么实践过程中对犯罪嫌疑人的拘传时间会更长，这将对犯罪嫌疑人极其不利。而且哪些情形属于"案情重大、复杂"，《草案》并未明确，建议修法部门加以慎重考虑。

五、关于律师辩护权的问题

研讨会中，律师界代表对保障律师辩护权的呼声仍旧是比较高的。德尚律师事务所副主任汪敏华律师在讲到律师的调查取证问题时指出，《草案》中规定律师向被害方证人调查取证，还是要经过检察院和法院的同意，这就严重阻碍了律师调查取证权的行使，损害了控辩平等原则，与现行律师法相比有一定的差距。恒建律师事务所主任潘书鸿律师认为，对于侵犯律师辩护权利后的制裁以及辩护律师可以采取的救济措施，《草案》中并没有明确，而这恰恰是在律师执业过程中经常要面临的问题。比如，根据《草案》，侦查机关在第一次讯问犯罪嫌疑人或者对犯罪嫌疑人采取强制措施时，应当告知犯罪嫌疑人有权委托辩护人。对于这一条，如果侦查机关没有告知怎么办？怎么追究没有告知的责任和给予相应的制裁？

华东政法大学王俊民教授就有关辩护制度的具体条文进行了剖析，认为《草案》第3条规定"犯罪嫌疑人在被侦查机关第一次讯问后或者采取强制措施之日起，有权委托辩护人"与现行《律师法》中相应的规定比较，多了一个"后"字，这样的差别会在今后的司法实践中出现执法矛盾，建议两者要一致。另外，刑事诉讼法修改应当明确，对于辩护律师在侦查期间可以为犯罪嫌疑人提供的法律帮助到底包括哪些内容。还有律师代表指出，《草案》没有涉及律师在场权的相关规定，建议把保障律师在场权纳入刑事诉讼法的修改中。

六、关于技术侦查问题

对于草案在侦查一章新增的"技术侦查"这部分内容，上海市人民检察院研究室副主任张少林指出，把原来已经在司法实践中的做法纳入刑事诉讼法的修改中这是应该值得肯定的，但是条文中规定"经过严格的批准手续"是缺乏可操作性的，对于技术侦查这种容易侵犯犯罪嫌疑人人权、容易被滥用的权力，法律更需要明确和清楚的限制。有代表指出，既然把技术侦查纳入修正草案，出于技术侦查可能对公民权利造成侵犯的巨大风险，不应该由侦查机关自己决定，并且要严格限制使用期限和次数。还有学者指出，公民的权利因技术侦查而受到侵害以后有没有救济、如何救济，这也需要《草案》进一步加以规定。

七、有关其他问题

研讨会中，代表们对《草案》的讨论面非常宽泛。汪敏华律师指出，保障人权就刑事诉讼法而言，不仅要保障犯罪嫌疑人和被告人的权益，而且还要保护刑事案件被害人的权利。这次《草案》中关于整个被害人制度没有任何进展，这不得不说是一种遗憾。在实践中被害人立案难、上诉抗诉难、自身利益容易受到公诉人的侵害，这些问题希望能在刑事诉讼法的修改中引起关注。

肖波法官在分析简易程序修改条文时指出，《草案》对适用简易程序审理公诉案件，检察院应当派员出席法庭的规定过于严格，结合目前的司法实践情况，建议把"应当"改为"可以"。华东政法大学副教授张栋对《草案》新增加的四个特别程序提出了自己的看法，他认为刑事诉讼程序需要有对抗性，需要有控辩双方的存在，因此除了未成年人犯罪案件程序能真正够格称得上程序外，其他如强制医疗和刑事和解是制度而非程序。至于没收程序，借鉴美国的做法不应该是刑事程序，应是民事程序。而对于死刑复核程序来说，现行刑事诉讼法把本来属于程序的制度化了。虽然《草案》将死刑复核程序适度地程序化了，但是仅有的几个条文规定很粗糙，对基本的律师的会见权、阅卷权、调查取证权都没有落实，建议细化死刑复核程序的内容。

本次研讨会各位代表畅所欲言，取得了良好的效果，对完善《刑事诉讼法（草案）》起到了积极的推进作用。复旦大学司法与诉讼制度研究中心将对本次会议的成果进行系统整理，并形成法律文本提交全国人大法工委。

稿　约

为了繁荣我国司法与诉讼制度研究，展示理论与实务工作者的学术研究成果，复旦大学司法与诉讼制度研究中心编辑出版《司法评论》。《司法评论》立足上海，面向全国，连续出版，每年由中国检察出版社出版一至两卷。欢迎广大理论研究和司法实务工作者踊跃投稿。

1.《司法评论》所载文章以学术论文为主，兼有其他形式文章。暂设理论前沿、法学专论、检察制度、审判研究、辩护与律师、立法建议、硕博论坛、域外司法、研讨与报告、书评、法学随笔、法条解析、案例评析、司法逸事等栏目。

2.《司法评论》向国内外征集稿件。学术论文可长可短，但务求观点鲜明，论述缜密、充分。其他文章力求灵活多样、文字精湛。

3.《司法评论》采用页下连续注。一般结构次序为：著者、书名、出版社、出版时间、页码。如引用期刊、报纸文章，注释次序为：著者、论文名、刊物名称、卷（期）号、页码（版号）；如引用外文书刊，请按国际标准注释。

4.《司法评论》聘请学科专家审稿。请通过电子邮件投稿，以 Word 文档，采取附件方式，将电子文本发至：sfpl2010@163.com。投稿包括英文标题、中英文摘要及作者简介。

5. 稿件涉及版权问题（如译文、图片及较长引文），请事先征得原作者或出版者同意，本刊不负版权责任。同时，任何转载、收录须事先获《司法评论》编辑部许可。

《司法评论》编辑部
2012 年 9 月